Geschichte des britischen Films

Jörg Helbig

Geschichte des britischen Films

Verlag J. B. Metzler
Stuttgart · Weimar

Angaben zum Autor:

Jörg Helbig,
geb. 1955; Studium der Anglistik, Romanistik und Philosophie; Promotion 1987, Habilitation 1994; 1985 bis 1996 Dozent an den Universitäten FU Berlin, Halle und Trier; seit 1996 Professor für Englische Literatur- und Kulturwissenschaft an der Universität Köln. Zahlreiche Veröffentlichungen zur britischen und amerikanischen Literatur und Kultur.

Die Deutsche Bibliothek – CIP-Einheitsaufnahme

Helbig, Jörg:
Geschichte des britischen Films / Jörg Helbig.
– Stuttgart ; Weimar : Metzler, 1999
ISBN 3-476-01510-6

Gedruckt auf chlorfrei gebleichtem, säurefreiem und alterungsbeständigem Papier

ISBN 3-476-01510-6

Dieses Werk einschließlich aller seiner Teile ist urheberrechtlich geschützt. Jede Verwertung außerhalb der engen Grenzen des Urheberrechtsgesetzes ist ohne Zustimmung des Verlages unzulässig und strafbar. Das gilt insbesondere für Vervielfältigungen, Übersetzungen, Mikroverfilmungen und die Einspeicherung und Verarbeitung in elektronischen Systemen.

© 1999 J. B. Metzlersche Verlagsbuchhandlung und Carl Ernst Poeschel Verlag GmbH in Stuttgart

Einbandgestaltung: Willy Löffelhardt
Satz: A & M dtp, Stuttgart
Druck und Bindung: Franz Spiegel Buch GmbH, Ulm
Printed in Germany
Verlag J. B. Metzler Stuttgart · Weimar

Inhaltsverzeichnis

Einleitung IX

1. »The Unknown Country«:
   Anfänge und Frühzeit des britischen Kinos 1
   1.1 Anfänge einer Filmnation 1
   1.2 Die britischen Filmpioniere 3
   1.3 Cecil Hepworth 6
   1.4 Die zweite Generation 8

2. Ökonomie und Ideologie:
   Die britische Filmindustrie und der Staat 10
   2.1 Ökonomie: Die Quotengesetze und ihre Folgen 10
   2.2 Ideologie: Zensur im britischen Film 16

3. Die britischen Filmstudios 22
   3.1 Die britische Studiolandschaft 22
   3.2 Twickenham 26
   3.3 Elstree 27
   3.4 Ealing 32
   3.5 Shepperton 35
   3.6 Pinewood 36

4. Zwischen den Weltkriegen:
   Alfred Hitchcock und Anthony Asquith 39
   4.1 Hitchcocks Stummfilme 39
   4.2 Hitchcocks britische Tonfilme 45
   4.3 Hitchcock in Hollywood 50
   4.4 Anthony Asquith 53

5. Alexander Korda:
   Die Internationalisierung des britischen Films 60
   5.1 Die Gründung von London Film Productions 60
   5.2 Kordas Filmproduktionen der 30er Jahre 65
   5.3 Die Krise der britischen Filmindustrie nach 1936 69
   5.4 Kordas Neuanfang 70

6. Die Rank Organisation 74
   6.1 J. Arthur Rank 74
   6.2 Die Goldene Ära des britischen Films 78
   6.3 Der Niedergang des Rank-Imperiums 84

7. Michael Powell und Emeric Pressburger 89
   7.1 Champion der Quota Quickies 89
   7.2 Die Archers 91
   7.3 »Put on Your Red Shoes and Dance the Blues« 95
   7.4 Die Peeping Tom-Affäre 96

8. Carol Reed 102
   8.1 Die frühen Jahre 102
   8.2 Auf dem Höhepunkt des Erfolgs 105
   8.3 Spätphase 111

9. David Lean 114
   9.1 Vom Cutter zum Regisseur 114
   9.2 Vom britischen zum internationalen Regisseur ... 119
   9.3 Die großen Epen 122

10. »Always Look on the Bright Side of Life«:
    Britische Filmkomödien 128
    10.1 Die Music Hall-Tradition 128
    10.2 Die Ealing-Komödien 131
    10.3 Komödien-Serien 138
    10.4 Peter Sellers und Blake Edwards 140
    10.5 Monty Python 144

11. Geschichten aus der Gruft: Der britische Horrorfilm 147
    11.1 Die Wiege des Grauens 147
    11.2 Die Ära der Hammer Studios 150
    11.3 Der Niedergang des ›viktorianischen‹ Horrorfilms 153
    11.4 Neue Dimensionen des Schreckens 158

12. Im Geheimdienst Ihrer Majestät: Der britische Agentenfilm ... 162
    12.1 Haupttypen des britischen Agentenfilms 162
    12.2 Die James Bond-Serie 166
    12.3 Agentenkomödien 175
    12.4 Serienhelden im britischen Kriminalfilm 177

13. Swinging London: Der britische Popmusikfilm 180
    13.1 Richard Lester und die Beatles 180
    13.2 Von YELLOW SUBMARINE zu BACKBEAT 187
    13.3 Der britische Musikfilm nach 1970 190

14. »Famous Quotes from *Hamlet*«:
    Britische Shakespeare-Verfilmungen 194
    14.1 Shakespeares Dramen im britischen Film 194
    14.2 Laurence Olivier 196
    14.3 Kenneth Branagh 200

15. Free Cinema und New Wave:
    Die *angry young men* des britischen Kinos 203
    15.1 Vom Free Cinema zur British New Wave 203
    15.2 Die Filme von Lindsay Anderson, Tony Richardson
         und Karel Reisz 207

16. Talent-Import:
    Ausländische Regisseure im Großbritannien der 60er Jahre 216
    16.1 London als Anziehungspunkt für den internationalen Film .. 216
    16.2 Stanley Kubrick 222
    16.3 Roman Polanski 228

17. Auf den Spuren der New Wave:
    Vom *kitchen sink*-Film zum New British Cinema 235
    17.1 Der Niedergang des *kitchen sink*-Films 235
    17.2 Kenneth Loach und Mike Leigh 236
    17.3 Die Filme von Stephen Frears und Hanif Kureishi 242
    17.4 New British Cinema 248

18. Die »Mad Poets«: Abkehr vom Realismus 251
    18.1 Das »Britische« und das »Un-Britische« 251
    18.2 Nicolas Roeg 254
    18.3 Ridley Scott 260

19. »The British Are Coming!«: Erfolgsfilme der 80er Jahre 265
    19.1 Das Ende der Talfahrt der 70er Jahre 265
    19.2 Der Aufstieg und Fall von Goldcrest 271
    19.3 Merchant Ivory und das Heritage Cinema 276

20. Film-Kunst: Peter Greenaway und Derek Jarman 280
   20.1 The Cinema of Exhaustion: Peter Greenaway 280
   20.2 Derek Jarman 293

21. The State of the Art: Das britische Kino der Gegenwart 298
   21.1 Aktuelle Entwicklungstendenzen: Daten und Personen 298
   21.2 Genres: Von Four Weddings and a Funeral
        zu Trainspotting 300

Anhang:

Bibliographie 307
Personenregister 315
Titelregister 323
Bildquellenverzeichnis 344

Einleitung

Dieses Buch präsentiert, erstmals in deutscher Sprache, eine umfassende Geschichte des britischen Films. Es spannt dabei den Bogen von den Pionieren der Stummfilmzeit bis zur jüngsten Generation britischer Regisseure, die mit erfolgreichen Debüts wie SHALLOW GRAVE (1995, Danny Boyle), BRASSED OFF (1996, Mark Herman) und THE FULL MONTY (1997, Peter Cattaneo) auf sich aufmerksam machte.

Die Tatsache, daß eine britische Filmgeschichte erst jetzt, mehr als 100 Jahre nach der Geburtsstunde des britischen Kinos, in Deutschland erscheint, ist nahezu unverständlich. Eine mögliche Ursache für dieses Defizit liegt in der vergleichsweise geringen und wenig repräsentativen Wahrnehmung, die der britische Film hierzulande erfahren hat. So besitzen zahlreiche Meisterwerke des britischen Kinos wie Alfred Hitchcocks BLACKMAIL (1929), David Leans BRIEF ENCOUNTER (1945), Carol Reeds ODD MAN OUT (1947), Laurence Oliviers RICHARD III (1956), Michael Powells PEEPING TOM (1960), Tony Richardsons A TASTE OF HONEY (1961) oder Nicolas Roegs PERFORMANCE (1970) einen weit geringeren Bekanntheitsgrad als die populären britischen Unterhaltungsfilme, die sich mit Begriffen wie Secret Service, Pink Panther und Frankenstein assoziieren. Diese Sachlage veranlaßte den Regisseur Ken Russell 1993 zu der zynischen Bemerkung, daß das britische Kino im Ausland weitgehend mit James Bond-Filmen gleichgesetzt werde.

Nicht ganz schuldlos an diesem falschen Bild sind die Briten selbst, deren Verhältnis zu ihrer nationalen Filmgeschichte in der Vergangenheit häufig durch Minderwertigkeitsgefühle, Gleichgültigkeit oder Selbstironie geprägt war. Auch ein Großteil der britischen Filmkritik stand der heimischen Filmproduktion lange Zeit eher distanziert gegenüber und tendierte dazu, die Schwachstellen der Filmindustrie überproportional zu betonen, so daß die vielen Erfolge des britischen Films oft in den Hintergrund rückten. Dieser »Zustand kollektiver Amnesie«, wie es der englische Filmwissenschaftler Charles Barr ausdrückte, trug sicherlich dazu bei, daß sich der britische Film international häufig unter Wert präsentierte.

Längst jedoch haben sich die Vorzeichen gewandelt. In Großbritannien hat die nationale Filmgeschichte heute den Rang eines bedeutsamen Kulturerbes und bildet einen Eckpfeiler der modernen Kulturwissenschaft. Zunehmend wird sie auch als zentraler Beitrag zur Konstituierung einer nationalen Identität erkannt – jüngere Buchveröffentlichungen wie Jeffrey Richards' *Films and British National Identity* (1997) und Sarah Streets *British National Cinema* (1997) signalisieren diese Sichtweise bereits im Titel.

Vor diesem Hintergrund verfolgt dieser Band eine doppelte Zielsetzung: Zum einen soll er die britische Filmgeschichte für das interessierte Kinopublikum erschließen, zum anderen soll er dazu beitragen, den britischen Film stärker in den Blickpunkt akademischer Lehre und Forschung zu rücken.

Die Filmtitel werden in der Regel bei der ersten Nennung durch einen Klammerzusatz ergänzt, in dem das Erscheinungsjahr, der Regisseur sowie der deutsche Verleihtitel genannt werden. Z.B.: THE LADY VANISHES (1938, Alfred Hitchcock, EINE DAME VERSCHWINDET)
 Eine Angabe des Herstellungslands erfolgt nur dann, wenn es sich nicht um eine britische Produktion handelt.

Berlin, im Januar 1999   Jörg Helbig

1. »The Unknown Country«:
Anfänge und Frühzeit des britischen Kinos

1.1 Anfänge einer Filmnation

Der Filmhistoriker Charles Barr beschrieb 1997 die Geschichte des britischen Stummfilmkinos als »an unknown country« (Barr 1997, 5). Kein britischer Beitrag gehöre zum Kanon der international beachteten Stummfilme, und selbst die nationale Filmkultur habe nie an die künstlerischen Errungenschaften der eigenen Stummfilmzeit angeknüpft oder diese auch nur zur Kenntnis genommen. Dieses Fazit ist um so erstaunlicher, als die britische Filmindustrie gerade in ihrer Frühzeit weltweit eine Führungsrolle einnahm.

Aus Sicht des Publikums fiel die Geburtsstunde des britischen Stummfilms auf den 20. Februar 1896, als die Brüder Lumière, bzw. deren Repräsentant Félicien Trewey in der Marlborough Hall in der Londoner Regent Street die erste Filmvorführung in Großbritannien veranstalteten. Unbemerkt von der Öffentlichkeit hatte die Geschichte des britischen Films zu diesem Zeitpunkt freilich längst begonnen. Seit längerem befaßten sich mehrere britische Erfinder unabhängig voneinander mit der Entwicklung von Aufnahme und Wiedergabe laufender Bilder. Einzelne von ihnen stellten ihre Ergebnisse bereits vor den Brüdern Lumière in Fachkreisen vor. So veranstaltete z. B. Birt Acres eine Demonstrationsvorführung seiner Filme am 14. Januar 1896 vor der Royal Photographic Society.

Die Kinematographie etablierte sich schnell zu einem kommerziellen Unterhaltungsmedium. Zu den frühesten Vorführstätten zählten in erster Linie die Varietétheater oder Music Halls, die ihr Publikum mit einer Nummernrevue aus Akrobatik, Tanz, Stand up-Comedy und Gesang unterhielten. Als erstes Varieté integrierte das Empire am Londoner Leicester Square Filme in sein Programm, und bald gehörte eine Filmvorführung als letzte Nummer zum festen Repertoire vieler Music Halls. Während das Interesse des Varietépublikums an diesen Darbietungen nachließ, verlagerte sich die Präsentation von Filmen zunehmend auf Jahrmärkte und in erste primitive Kinos, die oft in umfunktionierten Ladenräumen eingerichtet wurden. Die Vorführungen in diesen Spielstätten bestanden aus rund zehn kurzen Filmen mit verschiedensten Inhalten. Der spätere Regisseur George Pearson schilderte in seiner Autobiographie seinen ersten Kinobesuch folgendermaßen:

> »For the price of a penny I entered a derelict greengrocer's shop and waited. Suddenly things happened, someone turned down a gas-jet, the tin apparatus burst into a fearful clatter, and an oblong picture slapped on to the screen and began a violent dance. After a while I discerned it was a picture of a house, but a house on fire. Flames and smoke belched from the windows, and miracle of miracles, a fire-engine dashed in, someone mounted a fire-escape, little human figures darted about below, and then ... Bang! ... the show was over. Exactly one minute ... I had been to the Cinema!« (Pearson 1957, 14).

Die architektonische Entwicklung der Vorführstätten schritt indes schnell voran. 1908 entstanden die ersten Gebäude, die ausschließlich Filmvorführungen dienten, und 1914 verzeichnete das *Kinematograph Year Book* bereits 1.167 Filmtheater in Großbritannien. Wie sehr sich die Vorstellungen von einem heutigen Kinobesuch unterschieden, läßt der Wortlaut von Texttafeln erahnen, die während einer Vorstellung auf die Leinwand projiziert wurden: »Please read the titles to yourself. Loud reading annoys your neighbours.« – »Just a moment please while the operator changes a reel.« – »Ladies! Kindly remove your hats.«

Die Länge der Filme wurde zunächst nicht in Minuten, sondern in *foot* angegeben. In der Regel besaßen die frühesten Filme 40 bis 50 Fuß Länge und dauerten knapp eine Minute. In den folgenden Jahren stieg die Durchschnittslänge der Filme kontinuierlich an. Um 1900 lag sie bei ca. 100 Fuß, und 1906 brachten es einzelne Filme bereits auf 850 Fuß, so etwa FALSELY ACCUSED, den Lewin Fitzhamon für Cecil Hepworth inszenierte.

Bevor die ersten Filme mit Ansätzen einer narrativen Handlung aufkamen, beschränkten sich die kinematographischen Darbietungen weitgehend auf die Präsentation von Bewegungsabläufen. Oft fingen die Kameras in einer einzigen statischen Einstellung alltägliche Begebenheiten wie laufende Menschen oder vorüberfahrende Pferdefuhrwerke ein. Allein der Effekt der bewegten Bilder reichte zunächst aus, um das Publikum in die Vorstellungen zu locken. Besonders typische und oft variierte Motive waren die Meeresbrandung, einfahrende Züge und Feuerwehrmänner bei einem Löscheinsatz. Daß diese Filme schon nach wenigen Jahren immer komplexer wurden, zeigt u.a. James Williamsons knapp fünfminütiger Film FIRE (1902), in dem aus mehreren Einstellungen eine fortlaufende Handlungssequenz konstruiert wurde.

Als die Projektion von Bewegungen allmählich den Reiz des Neuen verlor, trat der Film stärker als Nachrichtenmedium in den Vordergrund.

Viele Produzenten betrachteten das dokumentarische und journalistische Moment sogar als zentrales Anliegen des neuen Mediums. Gefilmt wurden daher tagespolitische oder sportliche Ereignisse wie OPENING OF THE KIEL CANAL (1895, Birt Acres) oder OXFORD AND CAMBRIDGE BOAT RACE (1898, Cecil Hepworth) sowie wichtige Begebenheiten der Zeitgeschichte wie QUEEN VICTORIA'S DIAMOND JUBILEE (1897, Robert Paul) oder FUNERAL OF QUEEN VICTORIA (1901, Cecil Hepworth). Mitunter wurden politische Geschehnisse auch nachgestellt, wie im Fall von James Williamsons Film über den Boxeraufstand, ATTACK ON A CHINESE MISSION STATION (1900), der im Garten von Williamsons südenglischer Villa entstand.

Neben aktuellen Dokumentationen gehörten auch schon in den Anfangsjahren kurze narrative Handlungen zum Gegenstand des Films. Meist handelte es sich dabei um Slapstick-Komödien und einzelne Sketche (z. B. THE SOLDIER'S COURTSHIP, 1896, Robert Paul), sensationelle Kriminalgeschichten (z. B. A DARING DAYLIGHT ROBBERY, 1903, Frank Mottershaw) oder um melodramatische Spielszenen (z. B. FIGHTING WITH SLEDGEHAMMERS, 1902). Die Filmkopien wurden in Verkaufskatalogen mit kurzen Inhaltsangaben angepriesen. Der Werbetext des letztgenannten Films lautete:

> »Two blacksmiths bash each other to pulp with hammers, throw iron bars at each other, and all for the love of a girl. See the sensational ending in which Joe holds Fred's head on his anvil and is about to bang his brains out with a sledgehammer but is prevailed upon by the girl to spare the other's life. See the victor crawl battered and bleeding across the floor, his all but senseless form dragged up on to its feet by the policeman who takes him into custody.« (Warren 1993, 2).

1.2 Die britischen Filmpioniere

Die Pioniere des britischen Films fanden meist über ein technisches Interesse ihren Weg in das neue Medium. Viele von ihnen betätigten sich erfolgreich als Erfinder: William Friese-Greene erfand eine der ersten funktionierenden Filmkameras, Robert Paul verbesserte die Einsatzmöglichkeiten der Filmkamera u.a. durch das erste schwenkbare Kamerastativ, Cecil Hepworth konstruierte 1896 eine elektrische Filmleuchte und ließ sich 1910 ein erstes Tonfilmsystem patentieren, Birt Acres gelang es als erstem Briten, einen Film im 35 mm-Format herzustellen, George A. Smith meldete 1906 das zweifarbige Filmsystem ›Kinemacolor‹ zum Patent an, das er in Filmen wie THE

DURBAR AT DELHI (1911) effektvoll einsetzte, und das bis 1914 verbreitet blieb. (Als erster ›echter‹ britischer Farbfilm gilt der 1914 von F. Martin Thornton inszenierte THE WORLD, THE FLESH AND THE DEVIL.) Typischerweise zogen sich viele dieser Männer nach einigen Jahren wieder aus der Filmproduktion zurück oder führten zumindest nicht mehr aktiv Regie.

Dank der Leistung dieser und anderer Pioniere war Großbritannien im ersten Jahrzehnt nach Erfindung des Films neben Frankreich die bedeutendste Filmnation der Welt. Der technischen Brillanz der britischen Filmpioniere stand jedoch häufig ein Mangel an künstlerischer Vision gegenüber, so daß das britische Kino hinter dem internationalen Standard zurückblieb, als das neue Medium eine eigene Grammatik zu entwickeln begann und komplexere Erzählstrukturen die Regel wurden. Das wohl bekannteste Beispiel für den geringen Wirkungsgrad der britischen Pioniere bot der Porträtfotograf William Friese-Greene (1855–1921), dem es trotz vieler Rückschläge gelang, eine funktionierende Filmkamera zu entwickeln. Noch vor seinem amerikanischen Konkurrenten Thomas Edison (1847–1931) ließ er sich 1889 und 1893 Patente für Schwarzweiß-Kinematographie sowie 1898 und 1905 für Farbkinematographie ausstellen, zudem experimentierte er frühzeitig mit der Möglichkeit, die Filmprojektion mit einem Phonographen zu koppeln. Dennoch fand Friese-Greene für seine Erfindungen nur wenig Anerkennung. Er starb gänzlich verarmt unter spektakulären Umständen: Während einer Konferenz zur Lage der britischen Filmindustrie, die am 5. Mai 1921 in London stattfand, brach Friese-Greene tot zusammen, bevor er seine geplante Rede halten konnte. Seine Identität wurde erst festgestellt, nachdem man seinen Anzug durchsucht hatte. Im Manuskript seiner Rede befand sich u.a. die folgende Passage: »Shall we have a film produced of the truth of the history of the Cinematography? I flatter myself I am the only one that could help to produce it truthfully« (Chanan 1996, 93). Zu einer solchen filmischen Würdigung des nahezu vergessenen Erfinders kam es erst dreißig Jahre später in dem Film THE MAGIC BOX (1951), der auf der Basis von Ray Allisters verklärender Friese-Greene-Biographie entstand. Diese von Ronald Neame produzierte und von John Boulting inszenierte Hommage war der Beitrag der britischen Filmindustrie zum *Festival of Britain*. Den Part des Filmpioniers spielte der seinerzeit bereits todkranke Robert Donat. (William Friese-Greenes Sohn Claude wurde in den 30er Jahren ein bekannter Kameramann und fotografierte in John Maxwells BIP-Studios u.a. die Filme ELSTREE CALLING, THE FLYING FOOL und MY WIFE'S FAMILY.)

Zu den wichtigsten Persönlichkeiten des ersten Jahrzehnts der britischen Filmgeschichte zählen Birt Acres (1854–1918) und Robert William Paul (1869–1943). Beide entwickelten gemeinsam eine Filmkamera und drehten zwischen Februar und Juni 1895 mehrere dokumentarische und komödiantische Kurzfilme, bevor sie im Streit auseinandergingen. Acres, dem das Verdienst zukommt, die frühesten britischen Filme gedreht zu haben, war an der Kinematographie vor allem wissenschaftlich interessiert. Er betrachtete die Kommerzialisierung des neuen Mediums mit größter Skepsis und sah die Zukunft des Films eher im Bereich von Bildung und Erziehung. Während ihm seine Vorträge und Vorführungen hohes Ansehen einbrachten, blieb er als Unternehmer glücklos und mußte seine Führungsrolle schon nach wenigen Jahren anderen Filmpionieren überlassen. Acres' große Bedeutung für die Frühzeit des britischen Films wurde lange verkannt und erst durch spätere Publikationen wie die 1987 veröffentlichte Biographie von Hauke Lange-Fuchs bestätigt.

Robert Paul dagegen setzte vorbehaltlos auf die kommerzielle Nutzung des Films. Paul drehte den Film THE SOLDIER'S COURTSHIP (1896), einen kurzen Sketch um ein flirtendes Pärchen auf einer Parkbank, und gilt seither als erster britischer Regisseur eines Kurzfilms mit Spielhandlung. 1899 ließ Paul im Londoner Stadtteil New Southgate das erste britische Filmstudio errichten, in dem nicht unter freiem Himmel gefilmt werden mußte. Dort produzierte er rund fünfzig Filme im Jahr und beschäftigte den ersten professionellen Filmschauspieler Großbritanniens, Johnny Butt, für eine Tagesgage von fünf Schillingen. Seine technische Erfindungsgabe setzte Paul auch zur Herstellung von Trickfilmen wie THE HAUNTED CURIOSITY SHOP (1901) und THE MOTORIST (1906, Walter Booth) ein, in denen u.a. eine ›zersägte‹ Frau durch ein Zimmer läuft und ein Auto über die Ringe des Saturn fährt. Bereits 1910 zog sich Paul wieder aus der Filmproduktion zurück. Seine ehemaligen Angestellten, die Kameramänner C.H. Cricks und Frank Mottershaw, wurden erfolgreiche Filmproduzenten.

Zu den Pionieren des britischen Films gehörten auch die in Brighton wirkenden George Albert Smith (1864–1959) und James Williamson (1855–1933), die oft gemeinsam mit Esmé Collings und William Friese-Greene zu der sogenannten ›Brighton School‹ zusammengefaßt werden. Der ehemalige Porträtfotograf Smith entwickelte 1896 eine eigene Filmkamera und drehte zunächst handlungslose Kurzfilme, die er »actualities« nannte. Ab 1900 produzierte er in seinem St. Anne's Well Studio in Hove, das die Warwick Trading Company unter Federführung seines Freundes Charles Urban (1871–1942) für ihn errichtet hatte. Smith entwickelte innovative filmische Möglichkeiten wie Überblendungen und einfache Kamerabewegungen. Sein Einsatz von Großaufnahmen wurde besonders bekannt durch den Kurzfilm GRAMMA'S READING GLASS (1900), in dem ein kleiner Junge verschiedene Objekte durch ein ›Vergrößerungsglas‹ betrachtet: Bei dieser frühen Verwendung einer subjektiven Kameraperspektive erblicken die Zuschauer im Inneren einer kreisförmigen Blende u.a. das Auge der Großmutter, ein Uhrwerk und einen Kanarienvogel.

Auch James Williamson, ein aus Schottland stammender Chemiker, richtete sich sein Studio im südenglischen Hove ein. Wie vielfach üblich, bestanden Wände und Dach des Studios vollständig aus Glas, damit das Tageslicht für Filmaufnahmen genutzt werden konnte. Williamsons Film STOP THIEF! (1901) gilt als erstes britisches Beispiel für die Herstellung einer Handlungssequenz durch Filmmontage: »a thief is chased out of one frame and into the next in a different location, and is finally caught in the third frame. This became the basic grammar of the chase sequence.« (Caughie/Rockett 1996, 161). Das populäre, aber anspruchslose Motiv der Verfolgungsjagd war möglicherweise deshalb so weit verbreitet, weil es auch ohne erklärende Zwischentitel unmittelbar verständlich war und sich daher besonders leicht filmisch umsetzen ließ. Wie viele seiner Kollegen experimentierte auch Williamson mit Trickfilmen; sein bekanntester wurde THE BIG SWALLOW (1901), in dem ein Mann scheinbar die ihn filmende Kamera verschluckt.

1.3 Cecil Hepworth

Der bedeutendste Filmproduzent der Frühzeit des britischen Kinos war Cecil Hepworth (1874–1953), der Sohn eines bekannten Laterna Magica-Vortragsreisenden. Lange bevor er als Regisseur und Produzent für hunderte von Filmen verantwortlich zeichnete, trat Hepworth als vielseitiger Erfinder, Kameramann, Projektionsassistent und Buchautor hervor. Er optimierte die herkömmlichen Projektorlampen und verkaufte sie an Robert Paul, im Juli 1896 assistierte er Birt Acres bei einer Filmvorführung für den Prince of Wales, und er schrieb das Buch *Animated Photography, the ABC of the Cinematograph* (1897), das als das erste Handbuch der Kinematographie gilt. Für seine Produktionsfirma Hepwix richtete er im Jahr 1899 in einem angemieteten Haus in Walton-on-Thames das erste größere britische Filmstudio ein. Für seinen Kurzfilm THE ECCENTRIC DANCER (1900) entwickelte Hepworth als erster eine Zeitlupentechnik, in THE BATHERS (1900) erzielte er verblüffende Effekte, indem er einen gefilmten Sprung ins Wasser bei der Projektion rückwärts ablaufen ließ, und bereits zu Beginn des 20. Jahrhunderts experimentierte er mit Tonfilmverfahren. Als einer der ersten Filmproduzenten ging er auch dazu über, keine Darsteller vom Theater zu verpflichten, sondern ein eigenes Ensemble von Filmschauspielern aufzubauen. Er selbst entdeckte die beiden Schulmädchen Alma Taylor (1895–1975) und Chrissie White (1894–1989) für die Schauspielerei und baute sie zu Filmstars auf.

Neben der Herstellung kurzer Trickfilme wie HOW IT FEELS TO BE RUN OVER (1900), in dem ein Auto scheinbar direkt in die Zuschauer fährt oder HOW TO STOP A MOTOR-CAR (1902), in dem ein Polizist von einem Auto in

Stücke gefahren wird, erwarb sich Hepworths Firma ihr Renommee vor allem durch ambitionierte Spielfilme, wie der mit 800 Fuß weit über die damals übliche Filmlänge hinausgehenden Lewis Carroll-Verfilmung ALICE IN WONDERLAND (1903). Hepworths bedeutendste Produktion wurde der von Lewin Fitzhamon (1869–1961) inszenierte 6minütige Film RESCUED BY ROVER (1905). Dieser Film, dessen Budget angeblich 7 Pfund und 13 Shilling betrug, erzählt folgende Geschichte: Ein Kindermädchen führt das Baby eines wohlhabenden Ehepaars im Park spazieren. Während das Kindermädchen mit einem Soldaten flirtet, wird das Baby von einer Zigeunerin gekidnappt. Als das Kindermädchen der Mutter von dem Unglück berichtet, nimmt der Familienhund Rover die Spur auf und entdeckt das Versteck der Zigeunerin. Er läuft zurück nach Hause, bringt den Vater dazu, ihm zu folgen, und führt ihn zu dem Baby, das auf diese Weise gerettet wird.

Neben den professionellen Darstellern des Kindermädchens und des Soldaten übernahm in diesem Film die Familie Hepworth (einschließlich Baby und Hund) die Hauptrollen. Beeindruckend an RESCUED BY ROVER ist vor allem die ausgefeilte Erzählstruktur. In 21 Einstellungen, die an elf Schauplätzen spielen, vermittelt der Film das Geschehen ohne Zuhilfenahme von Zwischentiteln. Wie Charles Barr (1997, 7–9) in einer strukturellen Analyse zeigen konnte, folgt die Dramaturgie sowohl inhaltlich als auch formal einem rhythmischen Muster aus symmetrisch angelegten Wiederholungen und Variationen. Auf dieser Basis gelang es Hepworth, eine vergleichsweise komplexe Geschichte auf sehr ökonomische Weise zu erzählen, so daß RESCUED BY ROVER bereits die Entwicklung des späteren populären Erzählkinos vorausdeutet. Wegweisend war auch die Kombination von Kunstlicht- und Außenaufnahmen sowie die Kameratechnik, die die Aktionen des Hundes oft aus einer tiefen Position heraus effektvoll präsentierte.

RESCUED BY ROVER wurde einer von Hepworths größten Erfolgen. Er verkaufte 395 Kopien zu je zehn Pfund. Da das Negativ schnell verschlissen war, mußte Hepworth zwei Neufassungen des Films drehen, um alle Bestellungen ausliefern zu können. Hepworths spätere Filme blieben jedoch meist hinter dem in RESCUED BY ROVER erreichten Standard zurück. Zwar gelangen ihm noch einige populäre Erfolge wie COMIN' THRO' THE RYE (1915) und ALF'S BUTTON (1920), doch verschlechterte sich in den 20er Jahren die wirtschaftliche Situation seines Studios – zum einen aufgrund einer generellen Schwächeperiode der britischen Filmindustrie, zum anderen, weil Hepworth zu konservativ war, um sich neuen filmischen Entwicklungen anzupassen, und er sich zudem mit einem aufwendigen Remake von COMIN' THRO' THE RYE finanziell übernahm. 1924 mußte Hepworth Konkurs anmelden. Seine branchenfremden Gläubiger lösten das gesamte Inventar auf, einschließlich sämtlicher Negative, die zur Rohstoffgewinnung eingeschmolzen wurden.

Hepworths Bankrott ist bezeichnend für die erste Generation der britischen Filmemacher. Bereits um 1906 wurde eine Krise der Filmproduktion spürbar. Die meist fotografisch vorgebildeten Filmpioniere hatten zehn Jahre lang auf technischem Gebiet einen herausragenden Beitrag zum Aufbau des neuen Mediums geleistet. In dem Maße aber, wie sich der Charakter des Films von der technischen zur künstlerischen Seite verlagerte, verlor die britische Filmindustrie international an Boden. Im Jahr 1910 wurden bereits 85 Prozent aller Filme aus dem Ausland importiert, wobei Frankreich mit 40 Prozent und die USA mit 35 Prozent die größten Anteile stellten.

Zwei Entwicklungen führten ab 1911 zu einem erneuten Aufschwung der britischen Filmproduktion: Erstens setzte sich ein Trend zu längeren Filmen durch, der seinerseits die Folge einer beginnenden Mode von Literaturverfilmungen war. Der erste britische Spielfilm, der eine Länge von 2.000 Fuß erreichte, war HENRY VIII (1911, William George Barker), es folgte die Walter Scott-Adaption ROB ROY mit 2.500 Fuß (1911, Arthur Vivian). Danach fielen in schneller Folge weitere Längenrekorde: Hepworth produzierte die Charles Dickens-Verfilmungen OLIVER TWIST (1912, Thomas Bentley), den mit 3.700 Fuß (ca. eine Stunde Laufzeit) bis dahin längsten britischen Film und im folgenden Jahr DAVID COPPERFIELD mit 7.500 Fuß Länge (1913, Thomas Bentley).

Zweitens erfuhr die britische Filmindustrie zu diesem Zeitpunkt eine Belebung durch neue Regietalente wie George Pearson und Will Barker.

1.4 Die zweite Generation

Nachdem sich Hepworth und Smith frühzeitig aus der Regietätigkeit zurückgezogen hatten, füllten vor allem Will Barker und George Pearson die entstandene kreative Lücke. Als Mann der ersten Stunde begann der Filmpionier William George Barker (1867–1951) seine beachtliche Karriere 1896 als Amateurfilmer. Fünf Jahre später gründete er die Firma Autoscope und errichtete in London ein einfaches Open Air-Studio. 1907 erwarb er einen Landsitz in Ealing, wo er drei verglaste Ateliers für seine neue Produktionsgesellschaft Barker Motion Photography erbaute, die er im folgenden Jahr gründete. Seine gute Reputation verdankte er vor allem dem vielgelobten Spielfilm HENRY VIII (1911), dessen Erfolg nicht zuletzt Barkers professioneller Weitsicht zuzuschreiben war. Nicht nur hatte er – erstmals in einem britischen Spielfilm – mit Edward German einen angesehenen Komponisten für die Filmmusik verpflichtet, sondern mit Herbert Beerbohm Tree auch einen der bekanntesten professionellen Schauspieler. Sein ausgeprägtes Talent für Publicity bewies Barker, als er werbewirksam bekanntgab, daß er für Trees Darstellung des Kardinal Wolsey die gewaltige Gage von eintausend Pfund für einen einzigen Drehtag gezahlt habe. Die hohen Produktionskosten dieses Films konnte Barker dadurch auffangen, daß er, entgegen der üblichen Praxis, die Kopien nicht verkaufte, sondern gegen eine hohe Gebühr verlieh, die er rechtfertigte, indem er die Kopien nur für einen kurzen Zeitraum verfügbar machte: Als werbestrategischer Geniestreich erwies sich seine Ankündigung, daß er nach einer Spieldauer von sechs Wochen sämtliche Kopien des Films zurückziehen und öffentlich verbrennen werde (eine Ankündigung, die er am 13. April 1911 in seinem Studio in Ealing tatsächlich einlöste). Während des Ersten Weltkriegs geriet Barker zunehmend in wirtschaftliche Schwierigkeiten, so daß er 1918 das Filmgeschäft aufgeben mußte.

Einer der wichtigsten britischen Stummfilmregisseure zwischen Hepworth und Hitchcock war der ehemalige Schullehrer George Pearson (1875–1973). Nach einigen Dokumentar- und Kurzfilmen inszenierte er seinen ersten Spielfilm, THE FOOL (1913). Pearson arbeitete zunächst für verschiedene Studios (Pathé, Samuelson, Gaumont) in unterschiedlichen Genres. Neben Kriegsdokumentationen und einigen Edgar Wallace-Verfilmungen schuf er mit A STUDY IN SCARLET (1914) die erste bedeutende Adaption einer Sherlock Holmes-Erzählung. Auf Anregung von Léon Gaumont kreierte er mit der *Ultus*-Reihe (1915–1917) eine äußerst populäre Abenteuerfilmserie. 1918 gründete Pearson gemeinsam mit Thomas A. Welsh, dem Mitbegründer der Gaumont Company, die Welsh-Pearson Produktionsgesellschaft, für die er die junge Betty Balfour (1903–1978) entdeckte und bis 1925 unter Vertrag nahm. Während dieser Zeit stieg Balfour zum größten britischen Kinostar der 20er Jahre und zur einzigen britischen Schauspielerin auf, die es an Popularität mit den berühmtesten amerikanischen Darstellerinnen aufnehmen konnte. Sie trat in zahlreichen von Pearson inszenierten und produzierten Filmen auf, darunter mehrmals in der beliebten Rolle eines Cockney-Mädchens, SQUIBS (1921), SQUIBS WINS THE CALCUTTA SWEEP (1922), SQUIBS' HONEYMOON (1923) und SQUIBS, MP (1923). Größere künstlerische Ambitionen verfolgte Pearson mit LOVE, LIFE AND LAUGHTER (1923) und REVEILLE (1924), beide ebenfalls mit Betty Balfour. In den 30er Jahren inszenierte Pearson eine Vielzahl unbedeutender Quotenfilme (s. Kap. 2). Seine letzte Spielfilm-Regie führte er 1937 in den Pinewood Studios bei dem Film THE FATAL HOUR. Mit einer Reihe von Dokumentarfilmen beendete Pearson seine Regielaufbahn zu Beginn der 40er Jahre.

Die Zeit des Stummfilms endete im Juni 1929, als mit Alfred Hitchcocks BLACKMAIL der erste britische Tonfilm erschien.

2. Ökonomie und Ideologie: Die britische Filmindustrie und der Staat

2.1 Ökonomie: Die Quotengesetze und ihre Folgen

Kaum eine Abhandlung zur Geschichte des britischen Films verzichtet darauf, die periodisch auftretenden Krisen der britischen Kinoindustrie zur Sprache zu bringen. Wahlweise wird dabei die notorische Labilität dieses Wirtschaftszweigs als Symptom dafür gesehen, daß die heimische Filmindustrie von der Politik stets nur unzureichende Unterstützung erfahren habe, oder daß deren Produkte nicht attraktiv genug seien, um dauerhaft auf dem internationalen Markt bestehen zu können. Tatsächlich hatte die britische Filmindustrie in nahezu regelmäßigen Abständen mit Konjunkturschwächen zu kämpfen, die teilweise dramatische Formen annahmen:

- in den Jahren nach 1914, als die Industrie durch den Ausbruch des Ersten Weltkriegs personelle Einbußen hatte und viele Studios schließen mußten;
- Mitte der 20er Jahre, als die Tatsache, daß ca. 90 Prozent der in britischen Kinos gezeigten Filme amerikanischer Herkunft waren, zur Verabschiedung eines umstrittenen Quotengesetzes führte;
- Ende der 30er Jahre, als der panikartige Rückzug zahlreicher Investoren die Branche an den Rand des Ruins trieb;
- während des Zweiten Weltkriegs, als die meisten Studios von der Regierung für Lagerungszwecke requiriert wurden und die Filmindustrie nur deshalb überlebte, weil der Film als Propagandainstrument entdeckt wurde;
- in den späten 40er Jahren, als die Attlee-Regierung durch eine aggressive Steuerpolitik ein Hollywood-Embargo und letztlich den Niedergang der mächtigen Rank Organisation heraufbeschwor;
- ab Mitte der 50er Jahre, als das Kino erstmals die starke Konkurrenz des Fernsehens zu spüren bekam;
- Ende der 60er Jahre, als sich die amerikanischen Studios nach dem Boom der Pop-Revolution aus Europa zurückzogen;

- in den 70er Jahren, als nach der Euphorie des vergangenen Jahrzehnts eine tiefe Talsohle des wirtschaftlichen Niedergangs und künstlerischen Leerlaufs durchschritten werden mußte;
- Mitte der 80er Jahre, als die Thatcher-Regierung die einzigen Subventionen für die heimische Filmindustrie abschaffte;
- zu Beginn der 90er Jahre, als Branchenkenner angesichts sinkender Produktivität – wieder einmal – vom drohenden Ende der britischen Filmindustrie sprachen.

Bereits diese kurze Übersicht macht deutlich, daß es nicht selten politische Eingriffe waren, die die Wettbewerbsfähigkeit der britischen Filmindustrie schwächten. Ein markantes Beispiel dafür, wie die Filmindustrie von staatlichen Maßnahmen unmittelbar betroffen war, bildet die im Ersten Weltkrieg eingeführte Vergnügungssteuer, die als temporäre Maßnahme zur Unterstützung der Kriegswirtschaft geplant war, jedoch als lukrative Einnahmequelle beibehalten wurde, obwohl die gesamte britische Filmindustrie von den Produzenten bis zu den Kinobetreibern erheblich unter der Steuer zu leiden hatte. Ende der 40er Jahre legte die Film-Gewerkschaft ACT Berechnungen über die Verteilung der Einspielergebnisse eines Films vor. Danach flossen 40 Prozent aller britischen Kasseneinnahmen an den Staat (dies entsprach im Jahr 1950 rund 37 Millionen Pfund), 36 Prozent gingen an die Kinobesitzer, 6 Prozent an die Verleiher, und lediglich ein Anteil von 18 Prozent verblieb für die Produzenten (vgl. British Film Academy 1950, 11). Erst 1960 wurde die Vergnügungssteuer von der konservativen Regierung unter Harold Macmillan abgeschafft.

Den rezessiven Phasen standen aber auch ebenso regelmäßig erfolgreiche Perioden der britischen Filmindustrie gegenüber, beispielsweise:

- Ende der 20er Jahre, als die amerikanische Konkurrenz die durch die Erfindung des Tonfilms notwendig gewordenen Umstellungen noch nicht völlig verkraftet hatte;
- in den Jahren nach 1933, als Alexander Kordas Sensationserfolg THE PRIVATE LIFE OF HENRY VIII für eine Aufbruchstimmung in der Filmindustrie sorgte;
- nach dem Ende des Zweiten Weltkriegs, als die in der Rank Organisation zusammengeschlossenen Produzenten und Regisseure die »Goldene Ära« des britischen Films begründeten;
- Mitte der 60er Jahre, als das kreative Flair des Swinging London zahllose Künstler und Investoren anlockte;
- in den frühen 80er Jahren, als die Produktionen der Firma Goldcrest das internationale Renommee britischer Filme anhoben und der neugegrün-

dete Fernsehsender Channel Four damit begann, zahlreiche ambitionierte Filmprojekte zu finanzieren;
- Ende der 90er Jahre herrscht wieder Aufbruchstimmung in der britischen Filmindustrie, ausgelöst durch ein von Premierminister Tony Blair angekündigtes Subventionsprogramm aus Lotteriemitteln und Steuererleichterungen in Höhe von 100 Millionen Pfund.

Wie der letzte Punkt belegt, gab es vereinzelt auch staatliche Bestrebungen zur Unterstützung der britischen Filmindustrie. Das erste und zugleich berühmteste Beispiel hierfür war der ›Cinematograph Films Act‹ von 1927, das sogenannte Quotengesetz. Auslöser des Quotengesetzes war die Tatsache, daß der heimische Kinomarkt immer mehr von US-amerikanischen Produktionen dominiert wurde. War 1914 noch ein Viertel aller in Großbritannien gezeigten Filme britischen Ursprungs, so fiel dieser Anteil bis 1925 auf ganze 5 Prozent. Im Jahr 1926 standen lediglich 37 britische Filme rund 500 US-Importen gegenüber. Wie stark die Dominanz Hollywoods auf dem britischen Markt stets war, verdeutlicht die Tatsache, daß selbst 1946, einem der erfolgreichsten Jahre für die britische Filmindustrie, amerikanische Filme ca. 80 Prozent der gesamten Spielzeit in britischen Kinos für sich in Anspruch nehmen konnten.

Unter dem Eindruck dieser Entwicklung verabschiedete das Parlament 1927 zum Schutz der heimischen Filmindustrie den ersten ›Cinematograph Films Act‹. Anstatt dem naheliegenden Beispiel anderer Länder zu folgen und den Produktionszweig finanziell zu stützen, schrieb das Gesetz den prozentualen Anteil vor, mit dem einheimische (d.h. im britischen Empire produzierte) Filme bei den Verleihern und in den Kinos vertreten sein mußten. Zudem galt für alle unter die Quote fallenden Filme, daß 75 Prozent aller Gehälter an britische Staatsbürger auszuzahlen waren, daß alle im Studio hergestellten Szenen in einem Land des britischen Empire gedreht werden mußten, und daß es sich um eine im britischen Empire ansässige Produktionsfirma handeln mußte, die mehrheitlich britische Regisseure beschäftigte. Im Detail legte das Gesetz für seinen zehnjährigen Gültigkeitszeitraum folgende Progression der Quote fest:

Jahr	Quote
1929	7,5%
1930/31	10%
1932	12,5%
1933	15%
1934/35	17,5%
1936	20%

Tatsächlich stieg der Anteil britischer Filme bis 1936 auf 29,5 Prozent. Zu den positiven Begleiterscheinungen des Gesetzes gehörte darüber hinaus eine steigende Beschäftigungsnachfrage, von der viele spätere Regisseure profitierten, indem sie erste filmische Erfahrungen sammelten. Der Zündstoff des Quotengesetzes verbarg sich jedoch in der Regelung, daß allen Filmen mit »quota ticket« eine Buchung in den großen britischen Kinoketten garantiert wurde. Dies führte dazu, daß zahlreiche unabhängige Produzenten ins Filmgeschäft einstiegen – allein zwischen 1930 und 1935 wurden rund 400 neue Produktionsfirmen registriert. Sie versorgten den Markt mit billigen, oft qualitativ minderwertigen Filmen, die nur der Erfüllung der Quote dienten und bald unter dem Spitznamen »Quota Quickies« berüchtigt wurden. Außer der Tatsache, daß die Quota Quickies britische Produkte waren, zeichneten sich diese Filme vor allem durch zwei Merkmale aus: Sie mußten erstens schnell fertig sein (gewöhnlich wurden sie innerhalb von zwölf Tagen abgedreht), zweitens sollte ihre Herstellung trotz eines angestrebten Anscheins von Qualität so kostengünstig wie möglich erfolgen. Während das durchschnittliche Budget herkömmlicher britischer Filmproduktionen bei rund 30.000 Pfund lag, erhielten die Produzenten von Quota Quickies lediglich ein Pauschalhonorar von 1 Pfund pro foot, was einem Budget von 4.000 bis 6.000 Pfund entsprach. Um dennoch einen Gewinn zu erzielen, setzten viele Produzenten alles daran, die Herstellungskosten möglichst weit unter dem Pauschalhonorar zu halten. Um ihre Dominanz über den britischen Markt nicht einzubüßen, reagierten auch die großen Hollywood Studios auf die neue Gesetzesregelung und produzierten vermehrt Filme in ihren englischen Dependencen – Warner Brothers in Teddington, Fox in Wembley, Paramount in Elstree.

Wie die Meinung der ehemaligen Shepperton-Mitarbeiterin Martha Robinson andeutet, hatte das Quotengesetz ausgesprochen ambivalente Folgen für die britische Filmindustrie:

»The Cinematograph Films Act of 1927 rescued an almost dying industry in England. The subsequent rush of productions demanded more technical assistance than could be found in the country. Even with the absorption of an allowed number of foreign technicians, there was a shortage. The film companies were forced to take on apprentices who were rushed through a rapid training and pushed into positions they were totally unqualified to occupy. Those who showed any special technical or artistic ability found themselves filling two or three positions at once merely because of the incompetence around them.« (Threadgall 1994, 7).

Die Tatsache, daß das Quotengesetz einen künstlichen Markt für britische Filme geschaffen hatte, ohne nach deren Qualität zu fragen, führte vorübergehend zu einer fatalen Gleichsetzung von ›britisch‹ und ›minderwertig‹. Die unbeabsichtigte, aber schwerwiegendste Folge des Quotengesetzes lag daher in einem rapiden Ansehensverlust des britischen Films. Obwohl die Quotenfilme meist nur als *second features* oder zu unattraktiven Tageszeiten gezeigt wurden, wuchs der Unmut des Kinopublikums, das den Hinweis »British Made Picture« schon bald als Warnsignal interpretierte. Der Schauspieler Robert Donat berichtete verärgert, wie er einer Vorstellung des Films Cash (1933) im Londoner Plaza beiwohnte und sich das Publikum über den Film lustig zu machen begann, sobald es den Hinweis »British Made Picture« gelesen hatte (Trewin 1968, 69). Manche Kinobesitzer schämten sich offenbar so sehr für die schlechte Qualität der Quotenfilme, daß sie ihr Publikum in einem auf die Leinwand projizierten Dia ausdrücklich darauf hinwiesen, aufgrund einer gesetzlichen Verfügung dazu verpflichtet zu sein, den folgenden (britischen) Film zu zeigen. Wenngleich die Quotenfilme zu den am wenigsten erforschten Kapiteln der britischen Filmgeschichte gehören und das Urteil über sie möglicherweise zu pauschal ausfällt, spiegelt Karol Kuliks Ansicht das Meinungsbild der meisten Kritiker wider: »quota film production didn't deserve to succeed, for it was an affront to both British film-makers and the British public and gave British films a bad reputation« (Kulik 1975, 81).

1938 verabschiedete die britische Regierung eine Novelle des alten Quotengesetzes mit dem Ziel, den billigen Quotenfilmen und der damit verbundenen schlechten Reputation des britischen Kinos ein Ende zu bereiten. Das neue Gesetz verfügte, daß ein Film, dessen Budget die alten Vorgaben deutlich überschritt, zukünftig höher gewertet wurde. So zählte beispielsweise ein Film, der mindestens 5 Pfund pro foot und insgesamt mehr als 37.500 Pfund kostete, nunmehr soviel wie zuvor drei Quotenfilme. Die Erwartung, daß hierdurch weniger, dafür aber qualitativ hochwertigere und international erfolgreichere Filme produziert werden würden, erfüllte sich jedoch kaum.

Die nächste Novelle des Quotengesetzes trat 1948 vor dem Hintergrund in Kraft, daß das britische Handelsbilanzdefizit gegenüber den USA seit dem Zweiten Weltkrieg stark angewachsen war. Ein finanzielles Gefälle bestand auch im Filmverleih, und jährlich flossen große Geldsummen von England in Richtung Hollywood. Ohne sich mit der Filmindustrie abzusprechen, verfügte die Labour-Regierung unter Premierminister Attlee eine 75prozentige Steuer auf alle nach Großbritannien importierten ausländischen Filme. Dieser Schritt erwies sich freilich als wirtschaftspolitisches Desaster. Hollywood reagierte mit einem Ausfuhrverbot amerikanischer Filme nach England und einem totalen Boykott britischer Filme in den USA. Die britischen Verleiher waren gezwungen, vorwiegend ältere amerikanische Produktionen, die nicht der Steuer unterlagen, in die Kinos zu bringen, so daß die Profite der amerikanischen Produzenten nahezu unverändert hoch blieben. Als der Einfuhrzoll acht Monate später abrupt wieder aufgehoben wurde, sahen sich die Briten mit einem ungebremsten Zustrom amerikanischer Spielfilme konfrontiert. Das Gesetzesnovelle von 1948, die die Quote britischer Produktionen auf 45 Prozent anhob, verfolgte daher eine protektionistische Zielsetzung. Dagegen wehrten sich jedoch die Kinobesitzer, so daß die Quote bereits 1950 auf 30 Prozent gesenkt wurde. Auf diesem Niveau blieb sie unverändert bestehen, bis sie im Jahr 1983 abgeschafft wurde.

Nach dem Scheitern ihrer Importzoll-Politik beschloß die britische Regierung erste staatliche Maßnahmen zur direkten finanziellen Unterstützung der heimischen Filmindustrie. Auf Initiative des Handelsministers und späteren Premierministers Harold Wilson wurden zwei wichtige Finanzquellen geschaffen, die National Film Finance Corporation (NFFC) und die Eady-Abgabe. Die mit zunächst 5 Millionen Pfund ausgestattete NFFC wurde auf der Grundlage des »Cinematograph Film Production Act« im April 1949 ins Leben gerufen und sollte der finanziellen Unterstützung unabhängiger Produzenten dienen. Im Laufe ihres 35jährigen Bestehens subventionierte die NFFC über 750 britische Filme, darunter zahlreiche Erfolgsfilme von Carols Reeds THE THIRD MAN (1949) bis zu Marek Kanievskas ANOTHER COUNTRY (1984).

Die nach dem Finanzpolitiker Sir Wilfred Eady benannte Abgabe beruhte auf einer zunächst freiwilligen, ab 1957 gesetzlich vorgeschriebenen Übereinkunft mit den Kinobesitzern: Sie brauchten zukünftig weniger Vergnügungssteuer zu entrichten, im Gegenzug zahlten sie eine geringe Abgabe für jede verkaufte Eintrittskarte in einen Fonds ein, der prozentual zu den Einspielergebnissen an die Produzenten zurückfloß.

Im Zuge ihrer Politik des freien Wettbewerbs schaffte die konservative Regierung unter Maragret Thatcher 1984 sowohl die NFFC als auch die Eady-Abgabe ab. Die NFFC wurde teilweise durch die Finanzierungsgesellschaft British Screen ersetzt, deren Ziel es war, jährlich bis zu zehn Spielfime mit geringem Budget teilzufinanzieren. Hinter British Screen standen neben Thorn-EMI und Rank auch der 1982 gegründete Fernsehsender Channel 4, der seither zu einem der wichtigsten Förderer unabhängiger britischer Filmproduktionen wurde. Für die Sendereihe FILM ON FOUR erteilte der Sender Produktionsaufträge an unabhängige, meist kleinere Produktionsfirmen. Zu den von Channel 4 geförderten Filmen gehören u.a. Peter Greenaways THE DRAUGHTSMAN'S CONTRACT (1982) und Stephen Frears' MY BEAUTIFUL LAUNDRETTE (1985).

2.2 Ideologie: Zensur im britischen Film

Obwohl der britische Film ursprünglich keinen staatlichen Reglementierungen ausgesetzt war, wurde er doch im Lauf des 20. Jahrhunderts, stärker als jede andere künstlerische Ausdrucksform, zum Objekt von Zensurmaßnahmen. Unterschiedlichste Interessen spielten hierbei eine Rolle: die Sorge um innenpolitische Stabilität und die moralische Integrität der Bevölkerung, außenpolitische Rücksichtnahmen und insbesondere die Befürchtung, daß das Kino der Verrohung und Kriminalisierung der Jugend Vorschub leiste. Zwar wurden bereits Ende des 19. Jahrhunderts erste Rufe nach einer Filmzensur laut, doch dauerte es noch ein Jahrzehnt, bis eine gesetzliche Möglichkeit hierzu geschaffen wurde. Die in rascher Folge entstehenden Filmtheater galten den lokalen Behörden als potentielle Brandherde, und die Gefahr, die von dem aus leicht brennbarem Cellulosenitrat bestehenden Filmmaterial ausging, wurde von der (generell kinofeindlichen) Presse aufgebauscht. Unter dem Druck von Kommunalpolitikern und Presse verabschiedete das Innenministerium im Jahr 1909 den »Cinematograph Act«. Dieses Gesetz war von der Regierung als reine Feuerschutzmaßnahme gedacht, doch nutzten Stadt- und Gemeindeverwaltungen die neue Handhabe sogleich für wesentlich weitergehende Reglementierungen. Es wurden nicht nur Öffnungszeiten für Kinos festgelegt, sondern auch inhaltlicher Einfluß auf die Filmprogramme ausgeübt: Galt ein Film in den Augen der örtlichen Behörden als unschicklich, so fühlten sie sich nunmehr autorisiert, Filmvorstellungen zu untersagen. Dabei waren die Entscheidungen der einzelnen Gemeindeverwaltungen willkürlich und hatten für die junge Filmindustrie ein unberechenbares Durcheinander zur Folge.

Um diesen Zustand zu beenden, gründete und finanzierte die Cinematograph Exhibitors Association 1912 das British Board of Film Censors (BBFC), um eine freiwillige Selbstkontrolle der Filmwirtschaft zu etablieren. Primäres Ziel dieser Maßnahme war es, durch verbindliche Zensur-Richtlinien das Vertrauen der Behörden zu gewinnen und so den Wildwuchs lokaler Sonderregelungen zu beenden. Das unabhängige Zensur-Gremium bestand im Kern aus einem Präsidenten (meist ein ehemaliger Politiker), einem Sekretär und vier anonymen Assistenten, deren Aufgabe darin bestand, die Filme zu begutachten und ihnen ein Zertifikat auszustellen. Die Palette der Maßnahmen, die dem Gremium zur Verfügung standen, reichte von der Beanstandung einzelner Wörter (z. B. ›Prostituierte‹, ›Nymphomanin‹, ›Bastard‹; das Wort ›shit‹ mußte noch 1973 aus dem James Bond-Film LIVE AND LET DIE getilgt werden), über die Anordnung von Schnitten, bis hin zur Ablehnung eines Drehbuchs bzw. zur Verweigerung eines Zertifikats für einen fertigen Film – was diesen von öffentlichen Vorführungen ausschloß.

Die Industrie besaß nun eine unabhängige Kontrollkommission, die eine gesetzliche Regelung verhindern sollte. Tatsächlich kam eine gesetzliche Verfügung über die Begutachtung oder gar Zensierung von Filmen nie zustande. Eine völlige Befreiung von politischen Abhängigkeiten bestand dennoch nicht, da die Zensurkommission stets einen Konsens mit dem Innenministerium angestrebte. Julian Petley beschrieb diese Gratwanderung folgendermaßen: »As operated until the last war, the BBFC was one of those typically British institutions whose legitimacy depends on an artfully constructed mask of political neutrality but which are, in fact, forms of quasi-state apparatus helping ruling interests maintain their hegemony.« (Barr 1986, 44).

Das BBFC nahm seine Tätigkeit im Januar 1913 auf und begutachtete allein im ersten Jahr 7488 Filme, von denen 166 beanstandet und 22 gänzlich verboten wurden. In den dokumentierten Beanstandungen wird immer wieder deutlich, daß die britische Zensur weniger politisch als moralisch motiviert war und dem puritanischen Erbe des Landes verpflichtet war. So monierte das BBFC u.a. die Darstellung unzüchtiger Tänze, geschmackloser oder aufreizender sexueller Situationen, unmoralischer Lebensführung von Frauen, exzessiver Trunkenheit und anstößiger Bekleidung; ferner zweideutige Untertitel, Verspottung von Geistlichen sowie die Darstellung von »Eingeborenen-Gebräuchen, die britischen Vorstellungen zuwider sind« (vgl. Warren 1993, 9). Generell läßt sich beobachten, daß das Gremium nicht duldete, daß Ehe und Familie, Religion und britische Institutionen diffamiert oder in Zweifel gezogen wurden. Realistische Darstellungen von Verbrechen oder Angriffe auf Ausländer wurden ebenfalls nicht akzeptiert. Der einflußreiche BBFC-Sekretär John Trevelyan, der das Gremium von 1958 bis 1971 lenkte, schrieb hierzu: »Up to the last war the Board clearly considered itself the guardian of public morality, allowing no departure from the accepted code of conduct and behaviour, the protector of the establishment, the protector of the reputation and image of Britain in other countries and the protector of cinema audiences from such dangerous themes as those involving controversial politics.« (Phelps 1975, 32).

Mit Beginn seiner Arbeit im Januar 1913 führte das Board zwei Bewertungskategorien ein: ›U‹ (= Universal) und ›A‹ (= Public). Die Kategorie ›U‹ wurde für Filme vergeben, die besonders für Kindervorstellungen geeignet schienen, während ›A‹-Filme eher für ein erwachsenes Publikum empfohlen wurden, ohne daß dadurch Kinder von der Vorstellung ausgeschlossen waren. Die Empfehlungen des BBFC standen zunächst jedoch auf tönernen Füßen: Zum einen erfolgte die Vorlage eines Films zur Prüfung auf freiwilliger Basis, so daß viele Produktionsfirmen das Gremium ignorierten, zum anderen blieb die Entscheidungsbefugnis der lokalen Behörden unangetastet, und nur wenige Gemeindeverwaltungen schenkten den Empfehlungen des BBFC Beachtung.

Diese Situation änderte sich erst 1921, als der Londoner Stadtrat beschloß, den Nachweis eines BBFC-Zertifikats zur Voraussetzung der Lizenzerteilung für einen Film zu machen. Allerdings nahm der Stadtrat zum Mißfallen der Filmindustrie eine entscheidende Veränderung des Bewertungssystems vor: Kinder unter 16 Jahren sollten fortan Filme der ›A‹-Kategorie nur noch in Begleitung eines Erziehungsberechtigten sehen dürfen. 1923 empfahl das Innenministerium allen kommunalen Verwaltungen, die Londoner Regelung zu übernehmen, und bis Ende 1924 wurde sie mit wenigen Ausnahmen landesweit akzeptiert. Diese Entwicklung verschaffte dem BBFC die gewünschte Autorität. Im November 1923 legte der Londoner Stadtrat seine nochmals revidierten Richtlinien vor, die fortan als Orientierungsrahmen der britischen Filmzensur fungierten:

a) No cinematograph film shall be exhibited which is likely to be injurious to morality or to encourage or incite to crime, or to lead to disorder, or to be in any way offensive in the circumstances to public feelings, or which contains any offensive representations of living persons.
b) No cinematograph film [...] which has not been passed for ›universal‹ or ›public‹ exhibition by the British Board of Film Censors shall be exhibited without the express consent of the Council.
c) Immediately before the exhibition of each cinematograph film [...] a reproduction of the certificate of the Board [...] shall be exposed in such a manner that it shall be legible to all persons attending the exhibition.
d) No cinematograph film [...] which has not been passed for ›universal‹ exhibition by the British Board of Film Censors shall be exhibited at the premises without the express consent of the Council during the time that any child under or appearing to be under the age of 16 years is therein, provided that this rule shall not apply in the case of any child who is accompanied by a parent or bona fide guardian of such child.
e) Nothing in the foregoing shall be deemed to relieve the licensee of his personal responsibility for any cinematograph film shown which may, in the opinion of the Council, be detrimental to the public interest.
(*Kinematograph Weekly*, 6. November 1924).

Das ursprüngliche Klassifizierungssystem wurde im Lauf des 20. Jahrhunderts mehrfach revidiert. Im Jahr 1932 wurden die Kategorien ›U‹ und ›A‹ durch die Kategorie ›H‹ ergänzt. Sie war eine Folge der wachsenden Zahl von Horrorfilmen und diente als Warnung für die Eltern, galt aber nicht als Zutrittsverbot für Kinder. Es erhielten freilich nur sehr wenige Filme das Prädikat ›H‹. Im Jahr 1948 beispielsweise stufte das Board 1.230 Filme in die Kategorie ›U‹ ein, 372 in ›A‹ und lediglich 5 in ›H‹.

Um einen effektiveren Schutz der Kinder zu erreichen, wurde im Januar 1951 die Kategorie ›X‹ eingeführt, zu denen nur Zuschauer über 16 Jahren zugelassen waren. Bei den britischen Produzenten und Verleihern galt das ›X‹ als abschreckend, und man akzeptierte bereitwillig gravierende Schnitte, um einen Film noch in die gewinnträchtigere ›A‹-Kategorie zu bekommen. Das Prädikat ›X‹ blieb daher zunächst relativ selten und wurde meist für Sexfilme ausländischer Herkunft vergeben, die in kleinen Spielstätten außerhalb der großen Kinoketten liefen. Während der gesamten 50er Jahre brachte beispielsweise der Rank-Verleih lediglich 14 Filme der ›X‹-Kategorie in die Kinos. Die Einstellung von Publikum und Filmwirtschaft gegenüber dem ›anrüchigen‹ Prädikat änderte sich erst ab 1958, als mit Jack Claytons ROOM AT THE TOP der erste der naturalistischen *kitchen sink*-Filme anlief (vgl. Kapitel 16), die bei Kritik und Publikum hohes Ansehen genossen und dem ›X‹ das Stigma des Minderwertigen und Schmuddeligen nahmen. Die Zahlenverhältnisse drehten sich in den folgenden Jahren nahezu um: Während 1954 347 Filme der Kategorie ›U‹ lediglich 28 Filmen der Kategorie ›X‹ gegenüberstanden, erhielten im Jahr 1974 nur noch 72 Filme das Prädikat ›U‹, aber 266 wurden als ›X‹ eingestuft.

Gegen Ende der 60er Jahre kristallisierte sich heraus, daß das gültige Klassifizierungsraster der Praxis nicht mehr gerecht wurde, da eine echte Erwachsenen-Kategorie fehlte. Im Juli 1970 wurde daher die neue Kategorie ›AA‹ eingeführt, die zwischen ›A‹ und ›X‹ lag. Die Kategorie ›A‹ bedeutete nun, daß ein Film Szenen beinhaltet, die für Jugendliche möglicherweise ungeeignet erscheinen können, dennoch durften diese ohne eine erwachsene Begleitperson Zutritt erhalten. (1982 wurde die Kategorie ›A‹ abgeschafft, sie entsprach in etwa der heutigen Kategorie ›PG‹ = ›Parental Guidance‹). ›AA‹ bedeutete, daß Kinder unter 14 Jahren keinen Zutritt hatten, auch nicht in Begleitung Erwachsener. (Auch die Einstufung ›AA‹ wurde 1982 abgeschafft, ihre heutige Entsprechung ist die Kategorie ›15‹.) Das Zutrittsalter für die Kategorie ›X‹ wurde auf 18 Jahre heraufgesetzt.

Die Einführung des Tonfilms Ende der 20er Jahre stellte Filmproduzenten und BBFC kurzfristig vor erhebliche Probleme. Mit ihrer unzureichenden technischen Ausrüstung besaßen die Zensoren zunächst keine Möglichkeit, den Filmton abzuhören, sie mußten daher die Drehbücher parallel zum Film lesen. Als gravierend erwies sich dabei, daß die Technik des Tonschnitts noch nicht ausgereift war, so daß während der Einführungsphase des Tonfilms die unbefriedigende Alternative bestand, einen Film entweder völlig zu verbieten oder ihn ohne Schnitt zu akzeptieren. Als *modus operandi*, der noch lange Gültigkeit besitzen sollte, etablierte sich das Verfahren, anstelle des fertigen Films bereits das Drehbuch zu prüfen. Diese Vorgehensweise erregte jedoch bald den Unmut der britischen Produzenten, die zu der Ansicht kamen, daß die Zensoren mit den Drehbüchern strenger verfuhren als mit fertigen ausländischen Filmen, und man daher zu Recht einen Wettbewerbsnachteil befürchtete.

Den nächsten großen Einschnitt brachte der Ausbruch des Zweiten Weltkriegs mit sich, da nun die Filmzensur dem Informationsministerium unterstellt wurde. Hiermit trat eine strikte militärische Informationssperre in Kraft, und die politische Seite der Zensur wurde ausgeprägter.

In den 50er Jahren kam es, u.a. bedingt durch künstlerische Entwicklungen im Ausland, zu weiteren Verschiebungen und Umgewichtungen der Zensur. So wurde die Einstellung gegenüber der Darstellung nackter Körper allmählich toleranter und die Mehrzahl der erforderlichen Schnitte betraf nun die Gewaltdarstellung. In den 60er Jahren geriet unter der Ägide von John Trevelyan auch das Dogma vom BBFC als moralischem Wächter ins Wanken. Zumindest in der Öffentlichkeit schlug Trevelyan betont liberale Töne an:

> »The British Board of Film Censors cannot assume responsibility for the guardianship of public morality. It cannot refuse for exhibition to adults films that show behaviour which contravenes the accepted moral code, and it does not demand that ›the wicked‹ should always be punished. It cannot legitimately refuse to pass films which criticize ›the Establishment‹ and films which express minority opinions.« (*Encounter*, September 1960, 63).

Trevelyans pragmatische Politik führte dazu, daß sich die Zensurmaßnahmen des BBFC vornehmlich auf Unterhaltungsfilme mit einem breiten Zielpublikum richteten. Filme bedeutender Regisseure, die einen hohen künstlerischen Anspruch erkennen ließen, wurden hingegen toleranter beurteilt und blieben ebenso häufig ungeschnitten wie billige Sexfilme. Beide Arten von Filmen liefen vorwiegend in bestimmten Kinos und kamen jeweils nur einem relativ fest umrissenen Zuschauerkreis zu Gesicht, so daß eine schädliche Wirkung auf die breite Masse des Publikums ausgeschlossen wurde. Insbesondere der künstlerische Anspruch fand nun auch vonseiten der staatlichen Behörden größere Anerkennung. Filme wurden nicht länger beanstandet, wenn sie unbequem erschienen, sondern nur noch, wenn sie gegen bestehende Gesetze verstießen. Durch die liberalere Begutachtungspolitik des BBFC gerieten die kommunalen Verwaltungen allerdings zunehmend unter den Druck moralistischer Gruppierungen, so daß vorübergehend wieder mehr Filme verboten wurden. Prominente Opfer dieser Maßnahmen waren u.a. Ken Russells THE DEVILS (1971) und Stanley Kubricks A CLOCKWORK ORANGE (1972), aber auch ausländische Produktionen wie Bernardo Bertoluccis L'ULTIMO TANGO A PARIGI (Italien/Frankreich 1972).

Seit 1975 liegt der Arbeitsschwerpunkt des BBFC (das 1982 in British Board of Film Classification umbenannt wurde) im juristischen Bereich. Das

Gremium achtet seither darauf, daß Filme nicht gegen das Jugendschutzgesetz oder das Gesetz gegen obszöne Publikationen verstoßen. Das Zertifikat des BBFC ist so zu einem wirksamen, wenngleich unverbindlichen Schutz der Filmindustrie gegen willkürliche strafrechtliche Verfolgung geworden.

Das heutige Bewertungssystem des BBFC kennt fünf Kategorien: ›U‹ repräsentiert weiterhin die universelle Kategorie ohne Altersbeschränkung. ›PG‹ weist Eltern darauf hin, daß ein Film für Kinder möglicherweise ungeeignet ist. Die Kategorien ›12‹, ›15‹ und ›18‹ schließlich bedeuten, daß niemand unter 12, 15 bzw. 18 Jahren zur Vorstellung zugelassen ist.

3. Die britischen Filmstudios

3.1 Die britische Studiolandschaft

Beim Blick auf den Werdegang vieler britischer Filmstudios – angefangen vom ersten Atelier, das 1897 von der Mutoscope & Biograph Company an der Rückseite des Londoner Tivoli Theatre errichtet wurde, bis zum aktuellen Produktionsbetrieb in Pinewood oder Shepperton – werden zahlreiche Gemeinsamkeiten in der Entstehungs- und Entwicklungsgeschichte erkennbar.

In der Frühzeit des britischen Films wurden nur wenige Studios eigens zum Zweck der Filmproduktion erbaut. Im Regelfall wurden bestehende Gebäude zu Filmstudios umfunktioniert, darunter ehemalige Lagerhäuser (Rotherhithe), Schulgebäude (Craven Park), Rollschuhbahnen (Alexandra Palace), Fabrikgebäude (Cricklewood), Ballsäle (Kew), Flugzeughangars (Kingsbury) und selbst Kirchen (Dickenson Road Studio). Beliebt waren in der Anfangszeit vor allem Gewächshäuser, da man zunächst auf Tageslicht angewiesen war. Mit der Optimierung künstlicher Beleuchtung verloren Gewächshäuser und Open Air-Studios jedoch rasch an Bedeutung. Das letzte britische Studio, das nach dem Ersten Weltkrieg noch mit Tageslicht operierte, war das 1913 gegründete Shoreham Studio in West Sussex.

Zunächst zogen viele Produzenten einen ländlichen Standort der Londoner City vor, da man außerhalb des berüchtigten Londoner Nebelgürtels über besseres Tageslicht verfügte, und die ländliche Umgebung zudem ideale Settings für Außenaufnahmen bereitstellte. Auch andere Überlegungen spielten bei der Standortwahl eine Rolle: Der Filmpionier George A. Smith hatte seine beiden Studios bei Brighton an der englischen Kanalküste errichtet, weil er sich in dem beliebten Ausflugsgebiet ein besonders zahlreiches Publikum für seine kinematographischen Darbietungen erhoffte. Häufig gab auch die Nähe eines Bahnanschlusses nach London den Ausschlag bei der Standortwahl. Gerade dies brachte freilich nach der Umstellung auf den Tonfilm erhebliche Nachteile mit sich, denn bei Durchfahrt eines Zuges mußten die Dreharbeiten unterbrochen werden. Einige Studios postierten daher einen Ausguck auf dem Dach, der frühzeitig die Annäherung eines Zuges meldete.

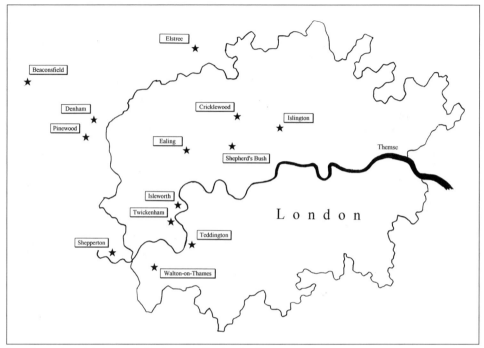

Standorte der wichtigsten britischen Studios im Großraum London

Ab 1910 trat eine Konzentration der Filmindustrie in und um London ein, die es den Studios in der englischen Provinz zunehmend schwerer machte, wettbewerbsfähig zu bleiben. Bereits 20 Jahre später hatten sich im Großraum London rund 30 Studios angesiedelt. Dazu kamen viele kleine Ateliers, die in Zeiten der Auslastung als Ausweichplätze für die großen Studios dienten, insbesondere für die Produktion von Quotenfilmen.

Der Erste Weltkrieg brachte für die meisten britischen Studios eine tiefe Zäsur. Die Reduktion des Personals durch Einberufungen und Kriegsopfer sowie die Einführung der Vergnügungssteuer, die die Kasseneinnahmen schmälerte, zwangen zahlreiche Produktionsfirmen in den Konkurs. Studios, die nicht vom Kriegsministerium requiriert wurden, produzierten in dieser Zeit zumeist Wochenschauen sowie Kriegs- und Propagandafilme. Nach Kriegsende setzte erneut eine Aufbruchstimmung ein. Eine spürbare Tendenz zu größerer wirtschaftlicher Professionalität zeigte sich u.a. in der Eröffnung der Londoner Cricklewood Studios, dem damals größten britischen Filmstudio mit moderner Kamera- und Lichtausrüstung. 1920 wurden in Harrow Weald Park sowie in Torquay sogar (letztlich gescheiterte) Versuche unternommen, Studiostädte nach dem Vorbild Hollywoods zu errichten.

Während der folgenden Jahrzehnte erlitt die britische Filmindustrie durch politische Entwicklungen immer wieder empfindliche Rückschläge. Der Generalstreik von 1926 und die Rezession der späten 30er Jahre trieben viele Filmstudios in den Ruin. Zu Beginn des Zweiten Weltkriegs wurden 13 der 22 Studios, die vor Kriegsausbruch in Betrieb waren, für Lagerungs- und Fabrikationszwecke beschlagnahmt, und die Filmproduktion konzentrierte sich auf die wenigen verbliebenen Produktionsstätten wie John Maxwells Studio in Welwyn und J. Arthur Ranks Studio in Denham. Daß Denham geöffnet blieb, war einem Zufall zu verdanken: Als eine staatliche Kommission das Studio inspizierte, um es für den Bau von Flugzeugteilen zu beschlagnahmen, befand sich der damals hochangesehene Produzent Gabriel Pascal bei der Produktion der George Bernard Shaw-Verfilmung MAJOR BARBARA, und die Kommission gewährte eine Frist bis nach Produktionsschluß. Als dieser Zeitpunkt kam, bestand kein Bedarf mehr für das Gebäude.

In der Nachkriegszeit ging die Zahl der Studios trotz periodischer Aufschwünge der Filmwirtschaft kontinuierlich zurück. Viele ehemalige Studiogebäude verfielen oder wurden umfunktioniert – günstigenfalls zu Fernsehstudios oder filmischen Ausbildungsstätten, mitunter aber auch zu Lagerhallen. Im *British Film and Television Year Book* für 1955/56 veröffentlichte Peter Noble eine Liste der geschlossenen Studios: »The following studios are no longer active in film production either temporarily or permanently: Highbury, Islington, Lime Grove, Teddington, Isleworth, Welwyn, Denham, Ealing, Riverside, Wembley.«

Um international konkurrenzfähig zu bleiben, gingen Elstree und Shepperton, zwei der drei verbliebenen großen Studios, zu dem flexibleren *four walls*-System über. Hierbei mietete eine Produktionsfirma lediglich den Studioraum an und schloß für alle weiteren Serviceeinrichtungen separate Verträge ab. Dadurch reduzierte sich der feste Mitarbeiterstab der Studios erheblich, und Filme konnten billiger produziert werden. Allein in Shepperton siedelten sich in den 80er Jahren rund sechzig Spezialfirmen an, die ihre Dienste für Filmproduktionen anboten. Seither verfügte lediglich Pinewood über den traditionellen kompletten Studioservice. Die nachstehende grafische Darstellung der Produktionszahlen in Shepperton und Pinewood kann mit dem Boom der 30er Jahre, der Schließung im Zweiten Weltkrieg und dem typischen Kurvenverlauf der Nachkriegszeit als repräsentativ für viele britische Studios gelten.

Während die Überlebenschancen der britischen Filmstudios noch in den 80er Jahren überaus skeptisch beurteilt wurden, hat sich die Situation der Filmproduktion in den 90er Jahren deutlich verbessert, so daß einige traditionsreiche Studios nach langer Zeit wieder eröffnet werden konnten und sogar neue Studios erbaut wurden, wie das Leavesden Studio in Watford, wo u.a. der James Bond-Film GOLDENEYE (1997) und die STAR WARS-Episode THE PHANTOM MENACE (1999) entstanden.

Die britische Studiolandschaft 25

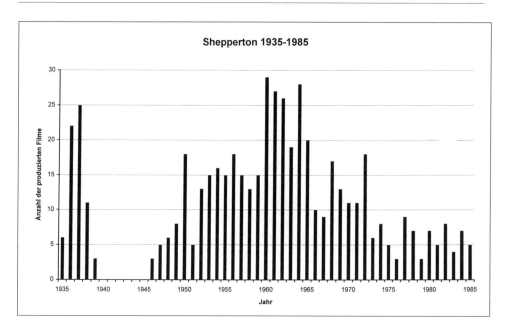

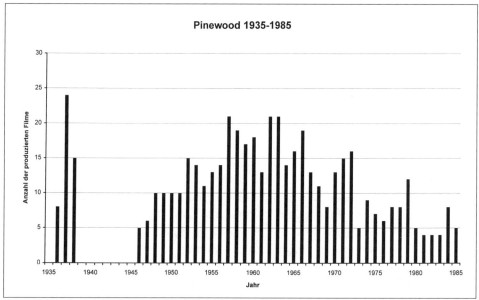

Filmproduktionen in den Shepperton und Pinewood Studios, 1935–1985

Zu den bekanntesten Standorten britischer Filmstudios gehörten Twickenham, Elstree, Ealing, Shepperton und Pinewood (vgl. außerdem Kap. 5 zu Denham und Kap. 6 zu Islington).

3.2 Twickenham

1912 erwarb der Mediziner Ralph Tennyson Jupp eine ehemalige Rollschuhbahn in Twickenham, um sie in ein Atelier umzuwandeln. Jupp begann 1913 mit der Produktion eigener Spielfilme für seine Produktionsfirma London Film Company. Mit dem Ziel, auch für den amerikanischen Markt zu produzieren, holte er die erfahrenen Produzenten Harold M. Shaw, George Loane Tucker und Percy Nash sowie den Schauspieler John East als Besetzungschef nach Twickenham und spezialisierte sich auf aufwendige Filme mit hochrangigen Bühnendarstellern, u.a. Herbert Beerbohm Tree und Lillian Logan. Obwohl er auf diese Weise ein hohes künstlerisches Niveau erreichte, währte der kommerzielle Erfolg nur kurz: 1914 schieden East und Nash aus der Firma aus, da sie sich entschlossen hatten, in Elstree ihr eigenes Filmstudio zu gründen. Auch Shaw und Tucker verließen das Studio, und Jupp, der die Studioleitung aus gesundheitlichen Gründen niederlegen mußte, verkaufte die Twickenham Studios 1920 an die Alliance Company. Alliance investierte sogleich 23.000 Pfund in eine neue Beleuchtungsanlage und verfolgte ehrgeizige Pläne: So wollte die Firma u.a. einen Verleih für die USA aufziehen und eine Studiostadt nach Hollywood-Vorbild errichten. Um diese Ziele zu erreichen, stellte Alliance einen straffen Produktionsplan auf und engagierte erstrangige britische Schauspieler (u.a. Ivor Novello, C. Aubrey Smith und Gladys Cooper), die in Filmen wie Carnival (1921, Harley Knoles) und The Bohemian Girl (1922, Harley Knoles) für außerordentliche Kassenerfolge sorgten. Wegen ihrer Überzahl an Projekten verausgabte sich die Alliance jedoch und stand 1922 vor dem Ruin.

Die Twickenham Studios wurden nun nacheinander von verschiedenen Produzenten genutzt, unter ihnen Herbert Wilcox, der wenige Jahre später eine der Gallionsfiguren von Elstree wurde und in Twickenham mit Filmen wie The Only Way (1925) und Mumsie (1927) erste Erfahrungen als Produzent und Regisseur sammelte. 1927 mietete der Produzent Julius Hagen die Studios an, gründete die Twickenham Film Studios Ltd. und leitete sie bis 1938. In den 30er Jahren war Twickenham durch zahlreiche Quotenfilme so stark ausgelastet, daß Hagen zusätzlich auf die Londoner Riverside und Merton Park Studios ausweichen mußte. Wie viele andere Studios geriet Twickenham aber nach dem kurzen Boom der 30er Jahre in finanzielle Schwierigkeiten und ging im Januar 1937 in Konkurs. Hagens anschließender Versuch, das Studio noch einmal auf die Beine zu stellen, scheiterte, und Twickenham wurde 1938 geschlossen. Julius Hagen starb ruiniert kurz vor Ausbruch des Zweiten Weltkriegs.

Nach dem Krieg geriet Twickenham in den Besitz der 1946 gegründeten Alliance Film Studios Company, und es begann eine lange Phase, in der das kleine Studio hauptsächlich für Kurzfilme und Fernsehproduktionen genutzt wurde. Eine Wende trat 1959 ein, als der ehemalige Two Cities-Mitarbeiter Guido Coen die Studioleitung übernahm und den bedeutendsten Abschnitt in der Geschichte der Twickenham Studios einleitete. Beginnend mit Karel Reisz' New Wave-Film SATURDAY NIGHT AND SUNDAY MORNING (1960) kamen in den 60er Jahren viele bemerkenswerte Spielfilmproduktionen in das Studio. Stärker ins Licht der Öffentlichkeit rückte Twickenham 1964, als die Beatles hier A HARD DAY'S NIGHT drehten und hunderte hysterischer Teenager die Studiotore belagerten. Diese beispiellose Publicity lockte auch internationale Produktionen an, und Twickenhams wirtschaftliche Basis blieb fortan gesichert. In den 80er Jahren beherbergte das Studio u.a. die Produktionen von THE FRENCH LIEUTENANT'S WOMAN (1981), SHIRLEY VALENTINE (1988) und A FISH CALLED WANDA (1988).

3.3 Elstree

Elstree gilt als das ›britische Hollywood‹, sein Name steht für sechs benachbarte Studiokomplexe in Borehamwood, nahe dem 30 Kilometer nördlich der Londoner City gelegenen Städtchen Elstree. In chronologischer Reihenfolge entstanden in Elstree folgende Studios:

- Neptune Studios (gegründet 1914); spätere Namen: Ideal Studios, Blattner Studios, Leslie Fuller Studios, Rock Studios, British National Studios, National Studios, ATV/Central Television Studios, BBC TV Elstree Studios
- British National Studios (gegründet 1925); spätere Namen: BIP Studios, ABPC Studios, EMI Studios, EMI-MGM Studios, EMI Studios, Thorn EMI Studios, Cannon Studios, Goldcrest Studios
- Imperial Studios (gegründet 1926); späterer Name: British and Dominions Studios
- Whitehall Studios (gegründet 1929); spätere Namen: Consolidated Studios, MP Studios, Gate Studios
- Amalgamated Studios (gegründet 1935); späterer Name: MGM British Studios
- Danziger Studios (gegründet 1956)

Neptune

1913 faßten die ehemaligen Mitarbeiter der Twickenham Studios John East und Percy Nash den Entschluß, eine eigene Produktionsfirma zu gründen.

Im Londoner Umland suchten sie nach einem geeigneten Studiogelände mit Bahnanschluß. Mit ihrer Entscheidung für ein Grundstück in Borehamwood bei Elstree legten sie den Grundstein für das spätere ›britische Hollywood‹. Im Januar 1914 gründeten sie die Firma Neptune Films und errichteten das modernste Studio Großbritanniens mit Projektionssaal, Verwaltungsgebäuden, Entwicklungslabor, eigener Stromversorgung sowie einem fensterlosen Atelier, das als erstes Dunkelstudio Europas galt.

Die Neptune Studios florierten jedoch nur wenige Jahre, bis der Erste Weltkrieg einen wirtschaftlichen Einbruch brachte. 1917 mußte Neptune die Produktion einstellen und wurde 1920 liquidiert. Anschließend hatte das Studio zahlreiche wechselnde Besitzer und Nutzer, ab 1928 Ludwig Blattner, den Erfinder des ersten kommerziellen elektromagnetischen Tonaufzeichnungsgeräts (»Blattnerphone«), und ab 1935 den amerikanischen Produzenten Joe Rock, der u.a. Michael Powells THE EDGE OF THE WORLD (1937) produzierte. Anfang der 40er Jahre wurden die ehemaligen Neptune Studios von Lady Yule erworben und in British National Studios umbenannt. Sie besaß das Studio bis 1948, vier Jahre später wurde es von dem als Schauspieler glücklosen Douglas Fairbanks jr. angemietet, der hier für NBC Fernsehsendungen produzierte. Seither ist das erste Elstree-Studio ein Fernsehstudio geblieben, 1962 kaufte es ATV, seit 1984 produziert dort die BBC.

British National

Die Geschichte des bedeutendsten Elstree-Studios geht zurück auf das Jahr 1925, als die von J.D. Williams, I.W. Schlesinger und Herbert Wilcox geführte Firma British National Films in Elstree Land kaufte, um dort die British National Studios zu erbauen. Die wichtigste Persönlichkeit bei diesem Vorhaben kam jedoch erst aufgrund eines Rechtsstreits zwischen Williams und Schlesinger ins Spiel, der dazu führte, daß sich der Glasgower Rechtsanwalt John Maxwell in die Firma einkaufte. Als der amerikanische Filmpionier Williams in die USA zurückging, und Wilcox seine eigene Produktionsfirma British and Dominions gründete (für die er auf dem Nachbargrundstück ein Studio errichtete), besaß Maxwell wenige Wochen vor Inkrafttreten des protektionistischen Quotengesetzes von 1927 die alleinige Kontrolle über das Studio. Die Modifizierung des Firmennamens zu British International Pictures (BIP) deutete Maxwells Anspruch an, ein auf die internationalen Märkte ausgerichtetes Unternehmen aufzubauen. Den Weg zum führenden Studio in Elstree ebnete sich Maxwell nicht zuletzt durch eine gute Personalpolitik. Bereits 1927 schloß er einen Dreijahresvertrag mit dem als Wunderknaben gehandelten Alfred Hitchcock über zwölf Filme ab. Da in den geräumigen scheunenartigen Studios zwei Stummfilme zur selben Zeit gedreht werden konnten, war es durchaus üblich, daß Hitchcock an dem einen und John Saville, den Maxwell als zweiten Regisseur zu BIP geholt hatte, am anderen Ende des Studios gleichzeitig Regie führten.

Durch den wirtschaftlichen Anschub des Quotengesetzes konnte Maxwell schnell expandieren. 1928 gründete er die Kinokette Associated British Cinemas (ABC), die bis 1930 auf 120 Kinos anwuchs und damit eine Konkurrenz für C.M. Woolfs Gaumont British-Kette bildete, die 1929 280 Kinos umspannte. Um seine Quotenproduktionen bewältigen zu können, kaufte Maxwell 1930 die Welwyn Studios in Hertfordshire hinzu, in denen viele spätere Stars des britischen Films wie Margaret Lockwood, Ralph Richardson und Ann Todd ihre ersten Rollen erhielten. 1933 überführte Maxwell das Kapital seiner Firmen in die Holdinggesellschaft Associated British Picture Corporation (ABPC).

Zwei spektakuläre Expansionsversuche, die Maxwell zum unangefochten mächtigsten Mann der britischen Filmindustrie gemacht hätten, schlugen allerdings fehl: Die geplante Übernahme seines Hauptkonkurrenten Gaumont-British scheiterte 1936 in letzter Minute, und als drei Jahre später die hochmodernen, aber hochverschuldeten Amalgamated Studios zum Verkauf standen, kam J. Arthur Rank dem zögernden Maxwell zuvor. John Maxwell starb 1940, kurz nachdem er seine gesamte Produktion von den im Krieg requirierten Elstree-Studios nach Welwyn verlagert hatte.

Nach dem Ende des Zweiten Weltkriegs erwarb Warner Brothers die Mehrheit der Anteile von ABPC. Dadurch wurden die ehemaligen British National Studios endgültig zu einem transatlantischen Unternehmen, das von britischen und amerikanischen Managern geführt wurde und den hier produzierten Filmen einen direkten Zugang zum amerikanischen Markt eröffnete. Nach einer umfassenden Modernisierung des Studios wurde 1948 die erste Nachkriegsproduktion fertiggestellt, Lawrence Huntingtons Thriller MAN ON THE RUN. Der Film bildete den Auftakt zu einer Glanzzeit des Studios. Alfred Hitchcock kehrte für den Film STAGE FRIGHT (1950) in sein altes Studio zurück, und Mitte der 50er Jahre begann für ABPC eine lange Reihe erfolgreicher, teils internationaler Produktionen, darunter John Hustons MOBY DICK (1955), Tony Richardsons LOOK BACK IN ANGER (1959) und Stanley Kubricks LOLITA (1961).

Im Gegensatz zu anderen Elstree-Studios überstand ABPC die 60er Jahre nicht nur unbeschadet, sondern konnte sogar ein Wachstum verzeichnen. Trotz rückläufiger Besucherzahlen in den britischen Kinos verbuchte ABPC 1964 den höchsten Profit seiner Geschichte. Um wettbewerbsfähig zu bleiben, verzweigte sich die Gesellschaft in diverse Tochterunternehmen und war ähnlich wie die Rank Organisation vertikal strukturiert: Neben dem Produktionszweig besaß ABPC den Verleih Associated British Pathé und die

Kinokette Associated British Cinemas (ABC). Darüber hinaus produzierte das Unternehmen nicht mehr ausschließlich für das Kino, sondern auch für das Fernsehen, und in den ABPC-Studios entstanden erfolgreiche Fernsehserien wie SIR FRANCIS DRAKE (1961–62), THE AVENGERS (1961–1969), THE SAINT (1962–69), THE BARON (1966–67) und DEPARTMENT ›S‹ (1969).

Im Februar 1969 erlangte der Elektrokonzern EMI (Electrical and Musical Industries) durch Übernahme der Warner-Anteile die Aktienmehrheit von ABPC. EMI setzte ein neues Management ein, an dessen Spitze der Schauspieler, Regisseur und Produzent Bryan Forbes stand. Es wurde ein ehrgeiziges Produktionsprogramm aufgestellt, und man versuchte bald, weiter zu expandieren. Als MGM sein benachbartes Studio schloß, und ABPC als letztes aktives Filmstudio in Elstree verblieb, einigten sich EMI und MGM im April 1970 auf die Bildung des gemeinsamen EMI-MGM Elstree Studios.

In den krisenhaften 70er Jahren wurde auch dieses Studio vom allgemeinen Abwärtstrend der Filmwirtschaft erfaßt. Als sich MGM 1973 ganz aus Großbritannien zurückzog, geriet EMI finanziell unter Druck: Die Zahl der festen Angestellten mußte von 479 auf 256 reduziert werden, und die Schließung des Studios schien unvermeidlich. Der neue Studioleiter Andrew Mitchell war dennoch entschlossen, das Studio zu retten und brachte 1974 elf z.T. beachtliche Produktionen auf den Markt, darunter MURDER ON THE ORIENT EXPRESS, den bis dahin ambitioniertesten Film von EMI. Trotz des beachtlichen Kassenerfolgs dieser Agatha Christie-Verfilmung machte das Studio weiterhin Verluste, da das Fernsehen Mitte der 70er Jahre immer mehr Vorsprung gewann, und landesweit zahlreiche Kinos schließen mußten. Vor diesem Hintergrund entschied sich Mitchell für eine kompromißlose Rationalisierung. Von den neun Ateliers wurden sechs geschlossen, das ständige Personal schrumpfte auf 48 Personen. Das Studio konnte nun effizient arbeiten und wurde für unabhängige Produzenten wieder attraktiv. Unter den zahlreichen US-Produktionen, die jetzt nach Elstree kamen, befand sich auch George Lucas' Hit STAR WARS (USA 1977), der die Initialzündung für eine ganze Reihe von Großproduktionen bildete: Neben dem zweiten und dritten Teil der STAR WARS-Saga entstanden ab 1980 an der Eldon Road u.a. Stanley Kubricks THE SHINING, Steven Spielbergs INDIANA JONES-Trilogie, der James Bond-Film NEVER SAY NEVER AGAIN, Monty Pythons THE MEANING OF LIFE und Peter Greenaways THE COOK, THE THIEF, HIS WIFE AND HER LOVER.

In den 80er Jahren wechselten erneut mehrfach die Besitzverhältnisse. Dabei ging das Studio zunächst an die Cannon Organisation, eine unabhängige kalifornische Filmgesellschaft, anschließend an die Brent Walker Entertainment Group. Als diese vor juristischen Problemen stand, mußte zum Entsetzen der britischen Öffentlichkeit das bedeutendste Elstree-Studio

1994 vorübergehend seine Tore schließen, seit 1996 ist es jedoch wieder in Betrieb.

Imperial

Der 1891 im irischen Cork geborene Herbert Wilcox gründete 1926 gemeinsam mit dem Schauspieler Nelson Keys die British and Dominions Film Corporation (B & D). Direkt an John Maxwells BIP-Studio angrenzend, das Wilcox mitbegründet hatte, bezog B & D ihr neues Tonstudio.

Ähnlich wie Alexander Korda war Wilcox ein extrovertierter Filmschaffender, der auf den breiten Publikumserfolg bedacht war. Sein Credo formulierte Wilcox 1935 so: »The guiding principle of my company will be productions based on outstanding star personalities with music, romance and comedy as the basic ingredients.« (Caughie/Rockett 1996, 161). Wilcox wurde eine der treibenden Kräfte des ›britischen Hollywood‹. Er knüpfte Kontakte nach Amerika, vermietete eines seiner Ateliers an die Paramount und an Alexander Korda, der hier u.a. THE PRIVATE LIFE OF HENRY VIII (1933) inszenierte. Vertraglich sicherte sich Wilcox herausragende Talente wie den Kameramann Freddie Young und den Schauspieler Jack Buchanan. Seine größte Entdeckung wurde die Schauspielerin Anna Neagle (1904–1986), die er ab GOODNIGHT VIENNA (1932) zum Star aufbaute und 1943 heiratete.

Im Februar 1936 wurde das British and Dominions-Studio durch ein Feuer zerstört, ein Übergreifen der Flammen auf das benachbarte BIP-Studio konnte nur mit Mühe verhindert werden. Die Katastrophe war ein schwerer Schlag für ganz Elstree, das einen seiner wichtigsten Arbeitgeber verlor. Wilcox machte einen Neuanfang in Ranks Pinewood Studios. Nach dem Zweiten Weltkrieg inszenierte er die populären ›Mayfair‹-Melodramen (z. B. THE COURTNEYS OF CURZON STREET, 1947 und MAYTIME IN MAYFAIR, 1949), die um Wilcox' Ehefrau Anna Neagle konstruiert waren. Dauerhaft konnte Wilcox jedoch nicht mehr an frühere Erfolge anknüpfen und endete im Bankrott. Er starb 1977 in London.

Whitehall

1929 baute der Schauspieler, Autor und Regisseur Adelqui Millar ein kleines Studio neben dem Bahnhof von Borehamwood bei Elstree für seine Firma Whitehall Films. Dem Studio war eine kurze, bewegte Geschichte beschieden: Noch im Jahr seiner Gründung ging Whitehall in Konkurs. 1933 wurde das Studio renoviert und ein Jahr später in Consolidated Film Studios umbenannt. Als 1935 die Twickenham Studios teilweise durch Feuer zerstört wurden, gründete Julius Hagen die Firma JH Productions und kaufte die

Consolidated Studios. 1937 übernahm J. Bamberger das Studio, das nun MP Studios hieß. Von 1936 bis 1939 entstanden hier zahlreiche Quotenfilme unabhängiger Produzenten. 1947 kaufte die Rank Organisation das Studio, um dort religiöse Filme zu produzieren, 1952 wurde der Produktionsbetrieb jedoch eingestellt.

Amalgamated

Das Amalgamated Studio am Elstree Way wurde 1935 auf Betreiben des Produzenten Paul Soskin errichtet. Die veranschlagten Baukosten von 500.000 Pfund erwiesen sich für das seinerzeit modernste Studio Großbritanniens jedoch als zu gering, und 1939 stand es zum Verkauf. J. Arthur Rank erwarb das Studio, vermietete es im Krieg als Lagerhalle an die Regierung und veräußerte es 1947 an die Prudential, die es sogleich an MGM weiterverkaufte. 1948 eröffnete MGM hier ihre neue britische Niederlassung, und nach der ersten bedeutenden Produktion, George Cukors EDWARD MY SON (1949), sorgten ab 1950 vor allem die von Richard Thorpe inszenierten Kostümfilme IVANHOE (1952), KNIGHTS OF THE ROUND TABLE (1953) und QUENTIN DURWARD (1955) für Erfolge.

Trotz vieler aufwendiger Produktionen in den 60er Jahren wie THE YELLOW ROLLS-ROYCE (1964, Anthony Asquith), GOODBYE MR CHIPS (1968, Herbert Ross) und 2001 – A SPACE ODYSSEY (1968, Stanley Kubrick) mußte MGM das Studio 1970 schließen, nachdem die amerikanische Muttergesellschaft in wirtschaftliche Turbulenzen geraten war.

Danziger

Eine vergleichsweise geringfügige Rolle in der Geschichte von Elstree spielte das 1956 von den Brüdern Edward und Harry Danziger erbaute Studio. Neben einigen Spielfilmen wurden hier vorwiegend amerikanische Fernsehserien produziert, bevor das Studio 1965 wieder geschlossen wurde.

3.4 Ealing

Das erste Filmstudio in Ealing errichtete der Filmpionier Will Barker im Jahr 1904 ungefähr dort, wo später die berühmten Ealing Studios entstehen sollten. Als sich Barker 1918 aus der Filmindustrie zurückzog, wurde das Studio von unabhängigen Produzenten genutzt, bevor es 1929 von Associated Radio Pictures (ab 1933: Associated Talking Pictures) erworben wurde. 1931 baute die von Basil Dean (1888–1978) gegründete Firma dicht neben dem alten Studio das erste britische Filmstudio, das eigens für den Tonfilm errichtet wurde. Dean, der ursprünglich vom Theater kam, führte das Studio bis 1938 und wirkte dabei als Produzent und Regisseur. Als Dean aus der Firma ausschied und zum Theater zurückging, trat Michael Balcon seine Nachfolge an.

Michael Balcon (1896–1977) war in Birmingham aufgewachsen und 1919 mit seinen Geschäftspartnern Victor Saville (1897–1979) und John Freedman in die Filmbranche eingestiegen. 1924 gründete er gemeinsam mit dem Regisseur Graham Cutts die Produktionsfirma Gainsborough Pictures, die in den Islington-Studios ansässig wurde. Dort bewies Balcon frühzeitig seine Fähigkeit, herausragende Filmtalente zu entdecken. So förderte er u.a. den jungen Alfred Hitchcock und produzierte dessen Filme THE LODGER (1926), DOWNHILL (1927) und EASY VIRTUE (1927). Als Gainsborough 1928 von Gaumont-British übernommen wurde, leitete Balcon mehrere Jahre lang die Produktionen beider Gesellschaften. 1936 wurde er Produktionsleiter von MGM British, bevor er 1938 in den Vorstand der Ealing Studios wechselte.

Während seiner zwanzigjährigen Studioleitung in Ealing pflegte Balcon die Atmosphäre eines Familienbetriebs. Balcons Leitgedanke war es, in einem vergleichsweise bescheidenen Rahmen, aber mit dem Anspruch solider Qualität, Filme mit spezifisch britischer Thematik zu produzieren. Um die Kontinuität dieses Anspruchs zu gewährleisten, wurden Regisseure und Autoren möglichst langfristig an das Studio gebunden und erhielten ein Mitspracherecht. Getreu dem Ealing-Motto »The studio with the team spirit« trafen sich Produzenten, Regisseure und Autoren wöchentlich am runden Tisch zum Meinungsaustausch. Ealings wichtigste Drehbuchautoren blieben länger als ein Jahrzehnt bei dem Studio. Hierzu zählten Angus Macphail (1903–1962), Thomas Ernest Bennett Clarke (1907–1989) und John Dighton (1909–1989), die zusammen mehr als die Hälfte aller Drehbücher schrieben. Neben Macphail, der auch an Drehbüchern für einige amerikanische Hitchcock-Filme gearbeitet hat (SPELLBOUND, THE WRONG MAN), lieferte vor allem T.E.B. (»Tibby«) Clarke die Bücher zu einigen von Ealings erfolgreichsten Filmen (u.a. DEAD OF NIGHT, PASSPORT TO PIMLICO, THE BLUE LAMP). Für sein Drehbuch zu THE LAVENDER HILL MOB erhielt Clarke 1953 den Oscar.

Eine ähnliche Konstanz galt für Ealings Regisseure. In seinem Standardwerk *Ealing Studios* lieferte Charles Barr zu diesem Aspekt einige aufschlußreiche Statistiken. Danach wurden 60 Prozent der 95 Spielfilme, die unter Balcons Leitung in Ealing entstanden, von nur sechs Regisseuren inszeniert, nämlich von Charles Crichton (geb. 1910), Basil Dearden (geb. 1911), Charles Frend (1909–1977), Robert Hamer (1911–1963), Alexander Mackendrick (1912–1993) und Harry Watt (1906–1987). Bezogen auf den Zeitraum von

1944 bis 1958 betrug ihr Anteil sogar 80 Prozent (52 von 65 Filmen). Barr faßte diese sechs Regisseure zu zwei Gruppen zusammen: auf der einen Seite die überaus produktiven Dearden (21 Filme in 15 Jahren), Crichton (13 Filme in 14 Jahren) und Frend (12 Filme in 16 Jahren), die gemeinsam für 46 Ealing-Filme von recht großer thematischer und stilistischer Bandbreite verantwortlich zeichneten, auf der anderen Seite Hamer, Mackendrick und Watt, die insgesamt nur 17 Filme für das Studio inszenierten und dabei einen persönlicheren Stil entwickelten (Barr 1993, 39f., 46f.). Regisseure wie Henry Cornelius (1913–1958), Seth Holt (1923–1971) und Michael Relph (geb. 1915), die das Studio nach nur einer Inszenierung wieder verließen, blieben die Ausnahme.

Robert Hamer war einer der talentiertesten und markantesten Regisseure des Ealing-Stabes. Unter Balcons Leitung inszenierte er in acht Jahren fünf Ealing-Filme, darunter das viktorianische Familiendrama PINK STRING AND SEALING WAX (1945), das realistische East End-Drama IT ALWAYS RAINS ON SUNDAY (1947), die berühmte »Haunted Mirror«-Episode aus dem Horrorfilm DEAD OF NIGHT (1945) sowie sein Meisterwerk KIND HEARTS AND CORONETS (1949). Hamers zunächst unverkennbarer Stil verlor sich jedoch in seinen späteren Inszenierungen HIS EXCELLENCY (1951), FATHER BROWN (1954), SCHOOL FOR SCOUNDRELS (1960) und A JOLLY BAD FELLOW (1963).

Alexander Mackendrick und Charles Crichton profilierten sich als Ealings herausragende Komödienregisseure. Mackendrick wurde 1912 in Boston geboren, studierte an der Kunsthochschule von Glasgow und kam 1946 nach Ealing. Während seiner siebenjährigen Zugehörigkeit zum Studio machte er sich einen Namen mit den Komödien WHISKY GALORE! (1949) und THE MAN IN THE WHITE SUIT (1951), vor allem aber mit THE LADYKILLERS (1955). Außer diesen Komödien inszenierte Mackendrick noch das einfühlsame und sentimentale Drama MANDY (1952) um ein taubes Mädchen sowie THE MAGGIE (1954), eine leicht modifizierte Kopie von Charles Crichtons Erfolgskomödie THE TITFIELD THUNDERBOLT. Nach THE LADYKILLERS kehrte Mackendrick in sein Geburtsland zurück, wo er jedoch mit Ausnahme von SWEET SMELL OF SUCCESS (USA 1957) keinen beachtenswerten Film mehr inszenierte. Ende der 60er Jahre schied er aus der Filmindustrie aus und lehrte am Filmwissenschaftlichen Institut der California School of the Arts. Mackendrick starb 1993 in Kalifornien.

Ein ganz ähnliches Schicksal schien Charles Crichton vorgezeichnet. Er begann seine Laufbahn als Cutter und wirkte am Schnitt vieler Korda-Filme mit, darunter THE PRIVATE LIFE OF HENRY VIII, ELEPHANT BOY und THE THIEF OF BAGDAD. 1940 stieß er zu Balcons Team in Ealing, wo er mit den Komödien HUE AND CRY (1947), THE LAVENDER HILL MOB (1951) und THE TITFIELD THUNDERBOLT (1953) seine bekanntesten Filme inszenierte.

Crichton blieb bis 1957 in Ealing und inszenierte anschließend zwei Filme, die deutlich in der Tradition der Ealing-Komödien standen: die Gaunerkomödie Law and Disorder (1958) mit Michael Redgrave (1908–1985) und Robert Morley (1908–1992) sowie The Battle of the Sexes (1959) nach einer Erzählung von James Thurber. Während Crichtons Karriere danach beendet zu sein schien, feierte er dreißig Jahre später eines der erstaunlichsten Comebacks der britischen Kinogeschichte, als John Cleese den mittlerweile 78jährigen überreden konnte, nochmals die Regie einer Komödie zu übernehmen. Mit dem Erfolgsfilm A Fish Called Wanda (1988) rechtfertigte Crichton das in ihn gesetzte Vertrauen auf brillante Weise und wird möglicherweise für dieses Alterswerk am stärksten in Erinnerung bleiben.

1944 wurden die Ealing Studios Teil der Rank Organisation. J. Arthur Rank war bei den Vertragsbedingungen überaus entgegenkommend und gewährte Balcon vollkommene Autonomie in der Studioleitung. Gegen eine 50-prozentige Beteiligung garantierte Rank den Verleih der Ealing-Filme und bot Balcon einen Sitz im Vorstand der Rank Organisation. Trotz dieses Rückhalts mußte das kapitalschwache Studio 1955 Konkurs anmelden, als ein veränderter Publikumsgeschmack und der Aufstieg des Fernsehens ihre Wirkung zeigten. Balcon verkaufte das Studio für 300.000 Pfund an die BBC. Nach seinem letzten in Ealing produzierten Film, The Long Arm (1956, Charles Frend), beendete er die Geschäftsbeziehungen mit der Rank Organisation und produzierte sechs weitere Filme in den MGM-Studios in Elstree sowie einen letzten Film, The Siege of Pinchgut (1959, Harry Watt), für ABPC.

In den 90er Jahren konnte die traditionsreiche Produktionsstätte erfolgreich als Filmstudio wiederbelebt werden. Seit die BBC das Studio 1992 verkaufte, wurden hier außer Fernsehspielen und Werbespots auch wieder Spielfilme produziert, darunter auch internationale Projekte wie Franco Zeffirellis Jane Eyre (USA 1995). Ealing, das sich seit 1995 im Besitz der National Film and Television School befindet, gehört damit wieder zu den florierenden britischen Filmstudios.

3.5 Shepperton

1928 erwarb der schottische Geschäftsmann Norman Loudon (1902–1967) den im 17. Jahrhundert erbauten Landsitz Littleton Park in Middlesex außerhalb von Shepperton, der das Zentrum seiner 1932 gegründeten Sound City Studios bildete. Die komplett für den Tonfilm ausgerüsteten Studios beschäftigten einen festen Stab von Regisseuren: Ivar Campbell, Arthur Maude, John D. Cousins, Anthony Kimmins, Adrian Brunel und Ralph Ince. Die herrliche

Anlage mit einem 60 Hektar großen Studiogelände direkt am Themse-Ufer zog viele unabhängige Filmproduktionen an, und schon bald erwirtschaftete das Studio große Gewinne, so daß Sound City 1936 auf sieben Ateliers, zwölf Schneideräume und drei Projektionssäle erweitert und dabei erheblich modernisiert werden konnte. Loudon erhob daraufhin den Anspruch, über das räumlich größte Tonfilm-Atelier Europas zu verfügen.

Zwei Jahre später mußte Loudon das Studio aufgrund der unsicheren Lage der Filmindustrie und der Revision des Quotengesetzes schließen. Erst 1945 wurde es wiedereröffnet, doch Loudon zog sich aus dem Filmgeschäft zurück, und Alexander Korda erwarb das Studio, das er in British Lion Studio umbenannte. Gemeinsam mit ihrem Worton Hall Studio besaß British Lion damit nach der Rank Organisation die zweitgrößten Studiokapazitäten in England und wurde zu einer der mächtigsten Produktionsgesellschaften der Nachkriegszeit.

Anfang der 50er Jahre geriet British Lion in finanzielle Schwierigkeiten und ging 1954 bankrott. Danach hatten die Shepperton-Studios häufig wechselnde Besitzer, u.a. ab 1995 ein Konsortium, an dessen Spitze die Regisseure Ridley und Tony Scott standen. Trotz seiner wechselvollen Geschichte gehört Shepperton zu den wenigen britischen Studios, die alle Krisen der Filmindustrie überlebt haben und nach wie vor zu den international begehrten Produktionsstandorten zählen. Zur langen Reihe der Produktionen, die über einen Zeitraum von siebzig Jahren in Shepperton entstanden, gehören Klassiker des britischen Films wie Carol Reeds THE FALLEN IDOL (1948) und THE THIRD MAN (1949), Laurence Oliviers RICHARD III (1956), Tony Richardsons THE ENTERTAINER (1960), Ridley Scotts ALIEN (1979) und Neil Jordans THE CRYING GAME (1992), aber auch amerikanische Produktionen wie Sidney Pollacks OUT OF AFRICA (USA 1985), Franco Zeffirellis HAMLET (USA/GB 1990) und Mel Gibsons BRAVEHEART (USA/GB 1995).

3.6 Pinewood

Durch die berühmte Zeile im Filmabspann »Made at Pinewood Studios, London, England« ist Pinewood für das internationale Kinopublikum zu einem der bekanntesten britischen Filmstudios geworden. Die Studioanlage in Buckinghamshire entstand auf einem 156 Hektar großen Areal um den luxuriösen Landsitz Heatherden Hall, eine viktorianische Villa zwanzig Meilen westlich von London, die historische Berühmtheit erlangte, als hier im Dezember 1921 der britisch-irische Vertrag über die Gründung des Freistaates Irland unterzeichnet wurde. 1934 erwarb der Bauunternehmer Charles Boot das Anwesen, um hier ein modernes britisches Filmstudio zu errichten, das sich mit dem höchsten Hollywood-Standard messen konnte, und das er in ostentativer Anspielung auf Hollywood »Pinewood Studios« taufte. Im November 1935 begannen die Bauarbeiten, und schon am 30. September 1936 wurde das Studio eröffnet.

Pinewood bestach durch seine revolutionäre Architektur: Es entstanden fünf separate scheunenartige Gebäudeeinheiten, jeweils bestehend aus einem großen und einem kleinen Atelier sowie Büros und Garderoben. Bis in die Details hatte Boot die zukunftsweisende Anlage geplant. So ließ er beispielsweise auf dem Freigelände unterirdische Stromanschlüsse verlegen, um Außenaufnahmen zu erleichtern. Die großzügigen Kapazitäten überzeugten vor allem J. Arthur Rank, der sich zu dieser Zeit auf der Suche nach einem geeigneten Studio für seine Filmproduktionen befand, und er stieg als Geschäftspartner in Pinewood ein. Einen weiteren Kapitalgeber fand man in Herbert Wilcox, der sein zerstörtes British and Dominions-Studio in Elstree aufgeben mußte und nun mit der Versicherungssumme einen 50prozentigen Anteil an Pinewood erwarb, wo er sogleich seinen in Elstree begonnenen Spielfilm LONDON MELODY (1936) fertigstellte. Der erste reine Pinewood-Spielfilm war Carol Reeds TALK OF THE DEVIL (1936).

Der Zeitpunkt für die Neugründung eines großen Studios hätte indes kaum unglücklicher gewählt sein können. Pinewood wurde durch das Quotengesetz von 1938 besonders hart getroffen, denn um seine fünf Ateliers auszulasten, war es auf Buchungen durch unabhängige Produzenten angewiesen, doch durch British National und British and Dominios wurden nur zwei Ateliers genutzt. Einen Ausweg aus der Misere wies der British and Dominions-Manager Richard Norton, indem er Pinebrook ins Leben rief, eine kleine Produktionsgesellschaft, die Filme mit schmalem Budget herstelle und damit die Pinewood Studios in Gang halten sollte. Das Unternehmen war ein Wagnis, und Norton ging als einer der ersten Produzenten dazu über, den Schauspielern prozentuale Gewinnbeteiligungen anzubieten, um Pinebrook verlustfrei zu halten. Bei Ausbruch des Zweiten Weltkriegs wurde das Studio jedoch von der britischen Regierung beschlagnahmt, und die Filmproduktion mußte eingestellt werden.

In der Nachkriegszeit stieg Pinewood zu einem der wichtigsten und bekanntesten britischen Studios auf und konnte, im Gegensatz zu vielen anderen großen Produktionsstätten, selbst in wirtschaftlich schwierigen Phasen expandieren. Pinewoods erster Film nach der Wiedereröffnung im April 1946 war der Kriminalfilm GREEN FOR DANGER (1946, Sidney Gilliat). Ihm folgte eine lange Reihe von Klassikern des britischen Films, beginnend mit David Leans OLIVER TWIST (1948) und Michael Powells THE RED SHOES (1948). Eine der erfolgreichsten Pinewood-Produktionen überhaupt inszenierte der ehemalige Ealing-Regisseur Henry Cornelius mit der Komödie GENEVIEVE (1952), der Geschichte eines unkonventionellen Oldtimer-Rennens. Für Lewis Gilberts Kriegsfilm SINK THE BISMARCK! (1959) wurde auf dem Studiogelände der größte Wassertank Europas errichtet, der seither bei zahlreichen Produktionen Verwendung fand. Ab Mitte der 60er Jahre wurden die James Bond-Filme zur unumstrittenen Hauptattraktion in der Erfolgsgeschichte der Pinewood Studios, aber auch die langlebige CARRY ON-Serie bildete einen wichtigen Wirtschaftsfaktor.

4. Zwischen den Weltkriegen: Alfred Hitchcock und Anthony Asquith

4.1 Hitchcocks Stummfilme

Alfred Hitchcock wurde am 13. August 1899 in London geboren. Der Sohn des katholischen Kaufmann-Ehepaars William und Emma Hitchcock war bereits als Kind ein Einzelgänger mit eigentümlichen Angewohnheiten. So unternahm er schon als Fünfjähriger mit dem Autobus ausgedehnte Erkundungsfahrten durch London. Als er von einer seiner Touren verspätet heimkehrte, ereilte ihn ein prägendes und vielfach kolportiertes Erlebnis. Anstatt mit dem Jungen zu schimpfen, schickte ihn sein Vater mit einer handgeschriebenen Notiz zum benachbarten Polizeirevier. Der wachhabende Polizist las den mitgebrachten Zettel und sperrte den Jungen daraufhin für einige Minuten in eine Zelle. Ohne Erklärung schickte er ihn anschließend mit den Worten nach Hause: »This is what we do to bad little boys.«

Hitchcocks Aufstieg zum bedeutendsten und stilistisch einflußreichsten britischen Filmregisseur begann 1920 in den Islington Studios als Titelillustrator für die britische Niederlassung der amerikanischen Produktionsgesellschaft Famous Players-Lasky. Seine Arbeit bestand darin, Titelvignetten und die Typographie für die Zwischentitel der Stummfilme zu entwerfen. 1922 wurde ihm die Regie für den Film NUMBER THIRTEEN übertragen, doch genau zu diesem Zeitpunkt zog sich Famous Players-Lasky aus Großbritannien zurück, und der Film blieb unvollendet. Die Studios in Islington wurden anschließend an verschiedene englische Produzenten vermietet, und Hitchcock erhielt eine Beschäftigung als Regieassistent. Gemeinsam mit Seymour Hicks und Hugh Croise inszenierte er 1922 den Spielfilm ALWAYS TELL YOUR WIFE. Im folgenden Jahr produzierte hier die Firma Balcon-Saville-Freedman den Film WOMAN TO WOMAN (1923) nach einem melodramatischen Bühnenstück um eine Affäre zwischen einem englischen Offizier und einer französischen Tänzerin. Die Regie dieses überaus erfolgreichen Films führte Graham Cutts (1885–1958), für den Hitchcock in den folgenden Jahren unter anderem als Drehbuchautor, Cutter, Filmarchitekt und Regieassistent arbeitete. Cutts hatte 1922

WOMAN TO WOMAN (Betty Compson, Clive Brook)

erstmals in dem Film COCAINE Regie geführt. Gemeinsam mit Michael Balcon gründete er 1924 die Firma Gainsborough Pictures, die nun die Islington Studios übernahm. Cutts war zunächst unangefochten der wichtigste Regisseur des Studios. Unterstützt von seinem talentierten Assistenten inszenierte er nach WOMAN TO WOMAN die Filme THE WHITE SHADOW (1923), THE PASSIONATE ADVENTURE (1924), THE BLACKGUARD (1925) und THE PRUDE'S FALL (1925). Der Ruf des erfolgreichsten britischen Regisseurs, der Cutts noch Mitte der 20er Jahre anhaftete, sollte jedoch schon bald auf Hitchcock übergehen. Offenbar versuchte Cutts, seinen jungen Assistenten loszuwerden, bevor dieser zu einer ernsthaften Konkurrenz heranwuchs. Nach Beendigung der Dreharbeiten zu THE PRUDE'S FALL teilte er der Studioleitung überraschend mit, daß er keine Verwendung mehr für Hitchcock habe.

Michael Balcon bot Hitchcock daraufhin an, Regisseur zu werden. Hitchcock selbst äußerte sich hierzu später folgendermaßen: »Michael Balcon hat mich gefragt: ›Möchten Sie nicht selbst einen Film inszenieren?‹ Ich habe ihm geantwortet: ›Daran habe ich nie gedacht!‹ Und das war die Wahrheit.

Ich war ganz zufrieden damit, Drehbücher zu schreiben und die Dekorationen zu entwerfen. Als Regisseur sah ich mich überhaupt nicht.« (Truffaut 1977, 28). Hitchcock akzeptierte Balcons Angebot und inszenierte seine beiden ersten Filme in München im Rahmen eines Kooperationsvertrags zwischen Gainsborough und Emelka (Münchener Lichtspielkunst): The Pleasure Garden (1926, Irrgarten der Leidenschaft), eine melodramatische Geschichte um das Schicksal zweier Revuemädchen nach einem Roman von Oliver Sandys, sowie The Mountain Eagle (1926, Der Bergadler), einen Film um die dramatische Beziehung zwischen einer Dorflehrerin und einem Einsiedler in den Bergen Kentuckys. Als Regieassistentin fungierte in beiden Filmen Alma Reville (1900–1982), die Hitchcock noch im selben Jahr heiratete, und mit der er bis zu seinem Tod verheiratet blieb.

Obwohl beide Filme auf Vorbehalte bei den britischen Verleihern stießen, vertraute Balcon seinem nach England zurückgekehrten Hoffnungsträger die Regie eines britischen Films an. So schuf Hitchcock in den Islington Studios mit dem Thriller The Lodger, A Story of the London Fog (1926, Der Mieter) einen Meilenstein des britischen Stummfilms. Bei der Probevorführung fiel freilich auch dieser Film durch und verblieb zunächst im Archiv. Der einflußreiche Verleiher C.M. Woolf beurteilte den Film als zu anspruchsvoll und künstlerisch zu ambitioniert. Finanziell in Druck geraten, schaltete Balcon Ivor Montagu (1904–1984) ein, ein Gründungsmitglied der London Film Society, der sich seinerzeit auf Schnittbearbeitungen fertiger Filme spezialisiert hatte und The Lodger gemeinsam mit Hitchcock überarbeitete. Dabei konnte aufgrund von Hitchcocks ausgeprägt visuellem Stil besonders die Zahl der Zwischentitel reduziert und dadurch der Film flüssiger gestaltet werden. (François Truffaut spielte auf diesen Stil an, als er Hitchcock als den einzigen Filmemacher der Welt bezeichnete, der ohne Zuhilfenahme des Dialogs die Gedanken einer Person verdeutlichen könne. Vgl. Truffaut 1977, 15.) Als The Lodger schließlich in die Kinos kam, wurde er von der Kritik in höchsten Tönen gelobt. Das Fachblatt *The Bioscope* feierte ihn im Juli 1926 gar als den besten englischen Film, der bis dahin produziert worden war.

Angeregt wurde Hitchcock zu The Lodger durch das Theaterstück *Who Is He?* nach einem Roman von Marie Adelaide Belloc-Lowndes. Hauptdarsteller des Films war der Theaterschauspieler, Dramatiker und Komponist Ivor Novello (d.i. David Ivor Davies, 1893–1951), der in England als romantischer Held ein großer Bühnen- und Leinwandstar war und in mehreren Verfilmungen seiner eigenen Theaterstücke auftrat. Er war auch der Hauptdarsteller in dem von Maurice Elvey inszenierten Lodger-Remake The Phantom Friend (1932). The Lodger wurde vielfach, nicht zuletzt vom Regisseur selbst, als erster ›echter‹ Hitchcock-Film bezeichnet. Die Gründe hierfür sind sowohl thematischer als auch stilistischer Natur: Erstens steht in diesem Film erstmals das für Hitchcock typische Motiv des Mannes im Mittelpunkt, der unschuldig in Verdacht gerät, ein Verbrechen begangen zu haben. Zweitens läßt sich bereits hier eine charakteristische Verbindung von spannender Unterhaltung und künstlerischem Experiment beobachten. Dabei verrät THE LODGER dramaturgisch den Einfluß Hollywoods und formal eher den der russischen Montage-Theorie und des deutschen Expressionismus; Fritz Langs DER MÜDE TOD (1921) beeinflußte Hitchcock ebenso wie die Filme von F.W. Murnau, den er bei der Arbeit zu DER LETZTE MANN (1924) während seines Deutschlandaufenthalts persönlich beobachten konnte. Hitchcock fand auch einfallsreiche visuelle Äquivalente für den fehlenden Ton. So wollte er beispielsweise vermitteln, daß der soeben eingezogene Mieter (Ivor Novello) im Obergeschoß unruhig auf und ab geht. Da er das Geräusch der Schritte nicht wiedergeben konnte, ließ Hitchcock einen Fußboden aus dickem Glas konstruieren, durch das der Mieter von unten zu sehen war. Drittens entwickelte Hitchcock in THE LODGER seinen visuellen Stil, Ereignisse mit rein kinematographischen Mitteln darzustellen. Eindrucksvoll gelang ihm dies beispielsweise in der dokumentarisch gehaltenen Anfangssequenz, die der Regisseur so schildert:

> »Fünfzehn Minuten lang habe ich einen späten Winternachmittag in London gezeigt. Es ist zwanzig nach fünf. Die erste Einstellung des Films ist der Kopf eines blonden Mädchens. Sie schreit. [...] Dann Schnitt und Blick auf die Leuchtreklame einer Musikrevue: ›*Tonight – Blond Curls*‹. Die Reklame spiegelt sich im Wasser. Das Mädchen ist ertrunken, sie wird aus dem Wasser gezogen und auf den Boden gelegt. Die Leute sind bestürzt, man ahnt, es handelt sich um einen Mord. Die Polizei kommt, dann Journalisten. Man folgt einem Journalisten zum Telefon. [...] Dann sieht man, wie die Neuigkeit sich ausbreitet. Zuerst wird die Nachricht in der Agentur in die Maschine geschrieben, dabei kann man ein paar Sätze lesen. Dann läuft sie über den Fernschreiber. In den Clubs erfahren die Leute davon. Dann kommt sie übers Radio, Leute hören zu. Schließlich leuchtet sie als Laufschrift auf über einer Straße, wie am Times Square. Jedesmal gebe ich eine zusätzliche Information, und man erfährt etwas mehr über das Verbrechen. Der Mann mordet nur Frauen. Immer nur Blondinen. Er tötet immer dienstags. [...] Diese Informationen werden durch alle möglichen Medien verbreitet. Schließlich ist die Abendzeitung raus und wird auf der Straße verkauft. Dann zeige ich den Effekt der Lektüre auf die verschiedenen Leser. [...] Die Blondinen sind in großer Angst, die Brünetten machen Witze. [...] So habe ich den Hauptdarsteller erst nach fünfzehn Minuten eingeführt.« (Truffaut 1977, 38–40).

THE LODGER (Ivor Novello)

Darüber hinaus begründete THE LODGER auch die Tradition, daß Hitchcock in seinen Filmen persönlich in Erscheinung trat. Diese Kurzauftritte entstanden aus Zweckmäßigkeit (sie sparten einen Komparsen) und entwickelten sich im Lauf der Zeit zu einem vom Publikum erwarteten rituellen Gag. (In THE LODGER ist Hitchcock in der dokumentarischen Eingangssequenz in einer Zeitungsredaktion zu sehen.)

In den ausführlichen Interviews, die er 1962 mit François Truffaut führte, und die 1966 unter dem Titel *Le Cinéma selon Hitchcock* in Buchform erschienen, äußerte sich Hitchcock im Zusammenhang mit THE LODGER mehrfach zum Konzept des Suspense, das im weiteren Schaffen des Regisseurs eine zentrale Rolle einnahm:

> »Der Unterschied zwischen Suspense und Überraschung ist sehr einfach, ich habe das oft erklärt. Dennoch werden diese Begriffe in vielen Filmen verwechselt. Wir reden miteinander, vielleicht ist eine Bombe unter dem

Tisch, und wir haben eine ganz gewöhnliche Unterhaltung, nichts besonderes passiert, und plötzlich, bumm, eine Explosion. Das Publikum ist überrascht, aber die Szene davor war ganz gewöhnlich, ganz uninteressant. Schauen wir uns jetzt den Suspense an. Die Bombe ist unterm Tisch und das Publikum weiß es. Nehmen wir an, weil es gesehen hat, wie der Anarchist sie da hingelegt hat. Das Publikum weiß, daß sie um ein Uhr explodieren wird, und jetzt ist es 12 Uhr 55 – man sieht eine Uhr –. Dieselbe unverfängliche Unterhaltung wird plötzlich interessant, weil das Publikum an der Szene teilnimmt. Es möchte den Leuten auf der Leinwand zurufen: Reden Sie nicht über so banale Dinge, unter dem Tisch ist eine Bombe, und gleich wird sie explodieren! Im ersten Fall hat das Publikum fünfzehn Sekunden Überraschung beim Explodieren der Bombe. Im zweiten Fall bieten wir ihm fünf Minuten Suspense. Daraus folgt, daß das Publikum informiert werden muß, wann immer es möglich ist.« (Truffaut 1977, 64).

Seinen folgenden Film, DOWNHILL (1927), drehte Hitchcock nochmals mit Ivor Novello in der Hauptrolle, diesmal nach dessen eigenem Theaterstück. Das Schauspiel und die Dialoge waren indes so schwach, daß der Film die mit THE LODGER begonnene Entwicklung nicht fortsetzen konnte. Hitchcocks vorläufig letzter Film für Balcon war die Noël Coward-Adaption EASY VIRTUE (1927).

Bereits im Mai 1926 hatte der umworbene Jungregisseur einen Vertrag bei den neugegründeten British National Studios in Elstree (später BIP) unterzeichnet, der ihn mit einem Jahresgehalt von 13.000 Pfund zum bestbezahlten Regisseur Englands machte. Während der fünf Jahre in Elstree (1927 bis 1932) inszenierte Hitchcock zehn Spielfilme für BIP, wobei er stets mit dem versierten und einfallsreichen Kameramann Jack Cox (1896–1960) zusammenarbeitete. Am Beginn stand, erstmals nach einer eigenen Idee, der Film THE RING (1927), eine visuell innovative und symbolisch angereicherte Dreiecksgeschichte aus dem Boxermilieu. THE RING war die erste Produktion von British International Pictures und wurde von der britischen Filmkritik – im Jahr des Quotengesetzes vielleicht bewußt etwas patriotisch überhöht – enthusiastisch gelobt. Der Film festigte Hitchcocks Reputation als führender und kreativster britischer Regisseur. Dennoch erwies sich THE RING als kommerzieller Fehlschlag, so daß Hitchcock ab der Komödie THE FARMER'S WIFE (1928) vorerst wieder auf das bewährte Rezept der Adaption populärer Theaterstücke zurückgreifen mußte. Gemeinsam mit den beiden anschließenden Filmen, CHAMPAGNE (1928), einem belanglosen Film um den führenden weiblichen Star Betty Balfour, und Hitchcocks letztem Stummfilm THE MANXMAN (1928), fiel THE FARMER'S WIFE in die Schaffensphase, die Hitchcock später selbst als den Tiefpunkt seiner Laufbahn betrachtete.

4.2 Hitchcocks britische Tonfilme

Die Einführung des Tonfilms brachte für den Regisseur zunächst eine positive Wende. Die Premiere des ersten Tonfilms am 6. Oktober 1927 in New York, Warners THE JAZZ SINGER (USA 1927, Alan Crosland), gab auch in Großbritannien das Startsignal zum Wettlauf um den ersten in einem britischen Studio produzierten Tonfilm. So entsandte beispielsweise John Maxwell seinen Mitarbeiter John Thorpe schon 1928 nach Amerika, um eine Tonausrüstung zu erwerben, und im April 1929 begann British International Pictures mit dem Bau eines Tonstudios. Noch im selben Jahr erhoben gleich mehrere Produktionsgesellschaften den Anspruch, den ersten britischen Tonfilm in die Kinos gebracht zu haben, darunter British and Dominions mit WOLVES (Albert de Courville), Associated Talking Pictures mit ESCAPE (Basil Dean), Neo-Art Productions mit WHITE CARGO (J.B. Williams) und British Lion mit THE CLUE OF THE NEW PIN (Arthur Maude), dessen Ton noch von Schallplatten kam.

Dennoch wird allgemein Hitchcocks zweiter Thriller, BLACKMAIL (1929, ERPRESSUNG), als erster britischer Tonfilm angesehen. Der Film nach einem Theaterstück von Charles Bennett kreist um die junge Alice White (Anny Ondra), die sich im Fadenkreuz sowohl eines Erpressers als auch der Ermittler von Scotland Yard befindet, nachdem sie einen Vergewaltiger erstochen hat. Die zu kontroversen Deutungen Anlaß gebende Ambivalenz des Films spiegelt sich in der Personalunion von Vergewaltigungsopfer und Täterin ebenso wider wie in der abschließenden (im Schüfftan-Trickverfahren realisierten) Verfolgungsjagd durch die Räume des Britischen Museums, bei der Hitchcock ironisch den Kontrast zwischen profaner Handlung und erhabenem Schauplatz ausspielt.

Die Produzenten hatten BLACKMAIL ursprünglich als Stummfilm vorgesehen – mit Ausnahme der letzten Rolle, die als Tonfilm geplant war, um den Film, wie zeitweilig üblich, als »teilweise vertonten Film« ankündigen zu können. Hitchcock hatte jedoch die Dreharbeiten vorausschauend im Hinblick auf den Tonfilm konzipiert, so daß es nur geringfügiger Änderungen bedurfte, als die Produzenten die kommerziellen Vorteile des Tonfilms erkannten und und eine Tonfassung von BLACKMAIL in Auftrag gaben. Zur Premiere im Juni 1929 in Maxwells Marble Arch Kino wurde die neuartige Attraktion auf dem Werbeplakat deutlich herausgestellt, und BLACKMAIL wurde angekündigt als: »The first full length all talkie film made in Great Britain!«

Die Einführung des Tonfilms hatte gravierende Auswirkungen auf alle Bereiche der Kinoindustrie. Abgesehen von den erforderlichen Investitionen zur Umrüstung von Studios und Kinosälen begannen die Probleme bereits bei der konkreten Aufnahmesituation: Da die Filmkameras zu laut waren, ging man dazu über, Kameras und Kameraleute in eigens konstruierten schalldichten Holzverschalungen unterzubringen, aus denen heraus durch eine Glasscheibe gefilmt wurde. Wegen der großen Hitzeentwicklung im Studio mußten die Kameraleute ihre »sweat boxes« genannten Kisten in regelmäßigen Abständen verlassen und Erholungspausen einlegen. Zahlreiche etablierte Schauspieler wurden den Anforderungen des Tonfilms nicht gerecht. So wurden auch die Dreharbeiten von BLACKMAIL dadurch verkompliziert, daß die tschechische Hauptdarstellerin Anny Ondra nur unzureichend Englisch sprach. Da das Verfahren einer Nachsynchronisation technisch noch nicht ausgereift war, löste Hitchcock das Problem, indem er die junge englische Schauspielerin Joan Barry in eine Kabine außerhalb des Bildausschnitts setzte und sie die Dialoge in ein Mikrophon sprechen ließ, während Ondra die Wörter nur markierte.

Im Gegensatz zu vielen anderen Regisseuren verstand es Hitchcock in BLACKMAIL sogleich, den Ton als expressives Gestaltungsmittel zu nutzen – etwa bei der effektvollen Verknüpfung zweier zeitlich getrennter Ereignisse durch einen Entsetzensschrei (später in THE 39 STEPS wiederverwendet) oder zur Darstellung subjektiver Wahrnehmung, als während einer Konversation stets nur das Wort ›knife‹ ins Bewußtsein der Protagonistin Alice White vordringt. Dennoch blieb der Stummfilm für Hitchcock die reinste Form des Kinos. Er monierte, daß die Einführung des Tonfilms eine Abkehr von den zuvor entwickelten filmsprachlichen Prinzipien zur Folge hatte, und der Film mitunter zu einem »Fotografieren von redenden Leuten« verkam:

> »Wenn man im Kino eine Geschichte erzählt, sollte man nur den Dialog verwenden, wenn es anders nicht geht. Ich suche immer zunächst nach der filmischen Weise, eine Geschichte zu erzählen durch die Abfolge der Einstellungen, der Filmstücke. Es ist bedauerlich, daß das Kino mit dem Aufkommen des Tonfilms in einer theaterhaften Form erstarrt ist. [...] Die Folge ist das Verschwinden des filmischen Stils und auch ein Schwund an Phantasie. Wenn man einen Film schreibt, kommt es darauf an, den Dialog und die visuellen Elemente säuberlich zu trennen und, wann immer es möglich ist, dem Visuellen den Vorrang zu geben vor dem Dialog.« (Truffaut 1977, 53f.).

Am Set von BLACKMAIL nahmen auch die Karrieren zweier späterer Regisseure ihre Anfänge: Michael Powell arbeitete als Standfotograf, und Ronald Neame betätigte die Klappe; beide werden in den *credits* als Assistenten von Kameramann John Cox geführt. In der Folgezeit drehte Hitchcock wiederum einige Filme, die aus heutiger Sicht erstaunlich weit von seinem späteren Image als Thriller-Regisseur abweichen. Dies erklärt sich dadurch, daß sich Hitchcock seine Filmprojekte keineswegs selbst auswählen konnte, sondern zahlreiche Auftragsarbeiten erfüllen mußte (wie z. B. THE SKIN GAME und NUMBER SEVENTEEN), zumal es in seiner Position als führender Regisseur von BIP unvermeidlich war, persönlich die Verfilmung prestigeträchtiger zeitgenössischer Bühnenstücke zu übernehmen. Hierzu zählten insbesondere die Adaptionen von Sean O'Caseys JUNO AND THE PAYCOCK (1929) und John Galsworthys THE SKIN GAME (1931, BIS AUFS MESSER). Beide Filme wurden von der zeitgenössischen Kritik positiv aufgenommen und trugen dazu bei, das künstlerische Renommee des jungen Regisseurs zu heben.

Im Oktober 1930 kam einer der wenigen Thriller dieser Phase und eines von Hitchcocks seltenen Mörderrätseln in die Kinos: MURDER! (SIR JOHN GREIFT EIN). Der aufgrund seiner subjektivierenden Darstellungstechniken bemerkenswerte Film um eine unschuldig zum Tod verurteilte Theaterschauspielerin verrät Hitchcocks obsessive Auseinandersetzung mit möglicher Willkür der Strafverfolgungsbehörden. Auf sinnbildliche Weise spiegelte Hitchcock in MURDER! den juristischen Drahtseilakt zwischen Schuld- und Freispruch erstens im Verhältnis von Schein und Sein in der Theaterwelt, zweitens in der Person des wahren Mörders, einem Trapezartisten und Transvestiten.

Auf den weniger überzeugenden, wenngleich mit originellen parodistischen Momenten versehenen Quotenfilm NUMBER SEVENTEEN (1932, NUMMER SIEBZEHN) nach einem Bühnenstück von J. Jefferson Farjeon folgte mit der satirischen Komödie RICH AND STRANGE (1932, ENDLICH SIND WIR REICH) einer der interessantesten, kommerziell jedoch erfolglosen britischen Filme Hitchcocks. Im Zentrum dieses Films, dessen Titel Shakespeares Romanze *The Tempest* entnommen ist, steht ein junges, naives Ehepaar (Joan Barry und Henry Kendall), das nach einer Erbschaft dem tristen Alltagsleben entfliehen möchte und eine Weltreise auf einem Luxusschiff bucht. Das erhoffte Abenteuer mündet jedoch in eine Serie von Desillusionierungen und Demütigungen und entläßt das Paar zurück in den Alltag. Wenngleich auch dieser Film kaum etwas mit Hitchcocks späteren Thrillern zu tun zu haben scheint, so findet sich hier doch das für ihn typische Thema der latenten Bedrohung des bürgerlichen Lebens durch eine feindselige Umwelt. Eine Anekdote von den Dreharbeiten zu RICH AND STRANGE belegt, daß Hitchcock seinen berühmten Humor gerne auf Kosten anderer einsetzte: Mitten in der Produktion verlangte er nach einem Kissen, legte dieses dann auf den Boden, kniete sich vor seiner Hauptdarstellerin Joan Barry nieder, hob die Hände gen Himmel und rief: »God, give me an actress!« (Warren 1983, 63). In der schwachen Besetzung der Hauptrollen sah Hitchcock auch den Hauptgrund für die schlechte Rezeption dieses Films.

Im Anschluß an RICH AND STRANGE inszenierte Hitchcock sein einziges Musical, WALTZES FROM VIENNA (1933) mit Jessie Matthews in der weiblichen Hauptrolle. Diese Geschichte um Johann Strauß und seinen Sohn lag thematisch fernab vom sonstigen Schaffen des Regisseurs. Der Film machte überdeutlich, daß sich Hitchcocks Karriere seit Beginn der 30er Jahre in einer kritischen Phase befand. Ohne sich dessen bewußt zu sein, besaß der BIP-Regisseur zu dieser Zeit einen sehr schlechten Ruf in der britischen Filmindustrie. In dieser Phase stand Michael Balcon, der inzwischen Produktionsleiter von Gaumont-British war, Hitchcock abermals zur Seite, indem er dessen Drehbuch zu THE MAN WHO KNEW TOO MUCH akzeptierte. Dies wurde der Auftakt zu den wichtigen Filmen, die Hitchcock für Gaumont-British inszenierte. Es waren diese zwischen 1934 und 1938 in Shepherd's Bush entstandenen sechs Filme, mit denen sich der Regisseur seine endgültige Reputation als Thriller-Spezialist und als *auteur* mit einem unverwechselbaren Stil erwarb. Das sogenannte ›klassische Thriller-Sextett‹ bestand aus THE MAN WHO KNEW TOO MUCH (1934, DER MANN, DER ZUVIEL WUSSTE), THE 39 STEPS (1935, DIE 39 STUFEN), SECRET AGENT (1936, GEHEIMAGENT), SABOTAGE (1936, SABOTAGE), YOUNG AND INNOCENT (1937, JUNG UND UNSCHULDIG, Hitchcocks erklärter Lieblingsfilm unter seinen britischen Produktionen) sowie THE LADY VANISHES (1938, EINE DAME VERSCHWINDET).

Mit diesem eindrucksvollen Filmzyklus konnte Hitchcock seine bisherigen Erfolge übertrumpfen und einen Schlußstrich unter die durchwachsenen Anfangsjahre bei Gainsborough und British International Pictures ziehen. Der Spionagefilm THE MAN WHO KNEW TOO MUCH, Hitchcocks erfolgreichster britischer Film, erzählt die Geschichte des englischen Ehepaars Lawrence (Leslie Banks und Edna Best – in Hitchcocks 1956 inszeniertem Remake spielten James Stewart und Doris Day die Hauptrollen). Das als Touristen in der Schweiz weilende Paar wird zufällig Zeuge des Mordes an einem französischen Agenten, der sie im Sterben über ein geplantes Attentat auf einen ausländischen Botschafter in London informiert. Obwohl die Gegenseite ihre Tochter gekidnappt hat, gelingt es Mrs. Lawrence, das Leben des Botschafters in einem dramatischen Finale zu retten: In einer berühmt gewordenen Szene stößt sie genau in dem Moment einen Schrei aus, als der Botschafter während eines Konzerts in der Royal Albert Hall erschossen werden soll. Um hierbei die für ihn charakteristische Form des Suspense aufzubauen, setzte Hitchcock größte Sorgfalt daran, das Publikum vorher darüber zu informieren, bei welchem Takt des Musikstücks der tödliche Schuß geplant war.

THE 39 STEPS nach einem Roman von John Buchan war der gewinnträchtigste britische Film des Jahres 1935. Roy Armes bezeichnete ihn als Anthologie der kinematographischen Erfahrungen, die Hitchcock im ersten Jahrzehnt seines Schaffens gesammelt hatte, und spielte damit auf typische Verfahren und Motive an, die in diesem Film zu beobachten sind: die strikte

Funktionalität von Schauplätzen und Figurenbiographien, die nicht als Selbstzweck eingesetzt werden, sondern im Dienste der Narration stehen; die Verwendung von Symbolen, oft mit sexuellem Unterton (hier die Handschellen); die Manipulation der Zuschauer im emotionalen Wechselbad zwischen distanziertem Voyeurismus und Identifikation mit den Figuren; die kühle, blonde Protagonistin (hier Madeleine Carroll, später u.a. Grace Kelly, Tippi Hedren, Kim Novak), in deren Alltag eine unerwartete Bedrohung einbricht; schließlich der Hauptdarsteller, der unschuldig eines Mordes bezichtigt wird, und zum Zentrum einer ›double chase‹-Struktur wird, d.h. er wird von der Polizei gehetzt, während er selbst den wahren Mörder jagt, um seine Unschuld zu beweisen (vgl. Armes 1978, 109).

Mit den beiden folgenden Filmen vollzog Hitchcock den Schritt von der Bestseller-Adaption zur Verfilmung anspruchsvollerer literarischer Vorlagen. SECRET AGENT (1936) entstand nach W. Somerset Maughams Kurzgeschichten »The Traitor« und »The Hairless Mexican« aus der Sammlung *Ashenden*. SABOTAGE (1936) basiert auf dem Roman *The Secret Agent* von Joseph Conrad. Beide Filme blieben jedoch kommerziell hinter den Erwartungen zurück, obwohl SECRET AGENT mit einer hochkarätigen Besetzung um Madeleine Carroll, John Gielgud, Peter Lorre und Robert Young aufwartete. Die geringe Publikumswirkung wurde häufig darauf zurückgeführt, daß die Filme im Vergleich zu ihren beiden Vorgängern im Ton wesentlich düsterer gehalten sind. So beinhaltet SABOTAGE eine von Hitchcocks grausamsten Suspense-Sequenzen: Der in Diensten des deutschen Geheimdienstes stehende Saboteur Verloc (Oscar Homolka) trägt seinem zehnjährigen Schwager Stevie auf, ein Päckchen für ihn abzuliefern. Das Publikum weiß, daß sich in dem Päckchen eine Zeitbombe befindet, die um 13.45 Uhr explodieren wird. Als Stevie auf seinem Weg immer wieder aufgehalten wird, wird die Spannung auf die Spitze getrieben, und entgegen der Erwartungshaltung des Publikums, daß der sympathische Junge den gefährlichen Gegenstand rechtzeitig los wird, detoniert die Bombe in seinen Händen und reißt die Passagiere eines Linienbusses mit in den Tod. In späteren Interviews bezeichnete Hitchcock diese Lösung als unverzeihlichen Fehler, da den Zuschauern keine Möglichkeit der Erholung nach dem langen Suspense gewährt wurde.

Die beiden anschließenden Filme YOUNG AND INNOCENT und THE LADY VANISHES waren im Ton wieder leichter und heiterer, zugleich konnte Hitchcock kommerziell an den Erfolg von THE 39 STEPS anknüpfen. YOUNG AND INNOCENT, die Geschichte eines jungen Schriftstellers (Derrick de Marney), der zu Unrecht des Mordes an einer Schauspielerin beschuldigt wird, beinhaltet eine legendär gewordene Kamerafahrt. Die Kamera befindet sich dabei oberhalb einer Hotellobby, fährt dann herab durch die Lobby in den Ballsaal, vorbei an den Tanzpaaren in Richtung auf die Kapelle und stoppt erst unmittelbar vor dem Schlagzeuger, der nun in Großaufnahme zu sehen ist und sich durch sein nervöses Augenzucken als der gesuchte Mörder verrät.

The Lady Vanishes wurde – auch international – Hitchcocks bekanntester britischer Thriller und gilt vielen Kritikern als Quintessenz seiner europäischen Phase. Der nach einem Drehbuch von Frank Launder und Sidney Gilliat entstandene Film erzählt vom spurlosen Verschwinden einer britischen Spionin während einer Zugfahrt durch den Balkan und der Aufklärung des mysteriösen Falles durch zwei Mitreisende (Margaret Lockwood und Michael Redgrave). Unter Zuhilfenahme von Modellen und Rückprojektionen konnte Hitchcock die Aufnahmen in einem beengten Atelier in Islington herstellen, in dem nur ein einziger Eisenbahnwaggon stand. Der Film brachte Hitchcock den New York Critics Award für die beste Regie ein – ein deutliches Zeichen für die zunehmende Aufmerksamkeit, die sein Schaffen in den USA fand. Während der zweiten Hälfte der 30er Jahre orientierte sich Hitchcock zunehmend in Richtung Hollywood und stand nun unmittelbar vor einem Wechsel über den Atlantik, ein Schritt, auf den sein Entdecker und Förderer Michael Balcon mit Verärgerung und teilweise wütender Polemik reagierte (vgl. Kap. 6). Nachdem Hitchcock bereits einen Vertrag mit dem amerikanischen Produzenten David O. Selznick (1902–1965) unterzeichnet hatte, inszenierte er seinen vorläufig letzten britischen Film, den für ihn untypischen Piratenfilm Jamaica Inn (1939, Riff-Piraten), produziert von Erich Pommer und Charles Laughton, der zugleich eine Hauptrolle übernahm.

In seinen Interviews mit François Truffaut zog Hitchcock folgendes Resümee seiner englischen Phase: »Meine Arbeit in England hat meinen Instinkt entwickelt und erweitert, meinen Instinkt für Ideen. Das Technische war meiner Meinung nach schon mit The Lodger ganz solide ausgebildet. Meine Meinung über die Technik habe ich seit The Lodger nicht mehr geändert. Man könnte die erste Periode mit ›Gefühl fürs Kino‹ überschreiben. Die zweite Periode war die Entwicklung der Ideen.« (Truffaut 1977, 112).

4.3 Hitchcock in Hollywood

Mit der Daphne du Maurier-Verfilmung Jamaica Inn endete Hitchcocks britische Regielaufbahn, und sein erster amerikanischer Film, Rebecca (USA 1940, Rebekka), entstand nach einer Vorlage derselben Autorin. Sein amerikanisches Debüt erwies sich als großer Publikumserfolg und siegte bei den 13. Oscarverleihungen als erster und einziger Hitchcock-Film in der Kategorie Bester Film (einen Oscar für die beste Regie konnte Hitchcock dagegen nie gewinnen). Hitchcock, der 1955 die US-Staatsbürgerschaft erhielt, inszenierte nach seiner Übersiedlung 27 Spielfilme in Hollywood, dazu drei britische Spielfilme sowie die französischen Propaganda-Kurzfilme Bon Voyage (1944) und Aventure Malgache (1944). Zahlreiche der von Mitte der 40er bis in die frühen 60er Jahre entstandenen amerikanischen Thriller galten schon bald als Filmklassiker, darunter insbesondere Notorious (USA 1946, Berüchtigt), North by Northwest (USA 1959, Der unsichtbare Dritte), Rear Window (USA 1954, Das Fenster zum Hof), und Vertigo (USA 1958, Aus dem Reich der Toten).

Nach dem phänomenalen Publikumserfolg North by Northwest vollzog Hitchcock zu Beginn der 60er Jahre einen vielbeachteten Genrewechsel vom Agententhriller zum Horrorfilm, als er mit Psycho (USA 1960, Psycho) und The Birds (USA 1963, Die Vögel) weltweit das Kinopublikum schockierte. Insgesamt bewegte sich die thematische, stilistische und typologische Spannbreite der amerikanischen Filme aber weitgehend im Rahmen des Thriller-Sextetts aus Hitchcocks Gaumont British-Periode und blieb somit deutlich enger als die experimentellere Zeit bei Gainsborough und British International Pictures.

Auch während seiner Hollywood-Zeit inszenierte Hitchcock sporadisch noch einige Filme in England. Hierzu zählen die beiden in Elstree entstandenen Filme Under Capricorn (1949, Sklavin des Herzens) und Stage Fright (1950, Die Rote Lola). Ein letztes Mal kehrte Hitchcock Anfang der 70er Jahre nach England zurück, um in den Pinewood-Studios den Thriller Frenzy (1972, Frenzy) zu drehen – ein Entschluß, der nach den vorausgegangenen mäßigen Erfolgen von Torn Curtain (USA 1966, Der zerrissene Vorhang) und Topas (USA 1969, Topas) einen nicht zu unterschätzenden Werbeeffekt besaß.

Hitchcocks letzter Film war Family Plot (USA 1976, Familiengrab). Den Film *The Short Night* konnte der nahezu Achtzigjährige nicht mehr vollenden. Im Mai 1979 zog sich der wohl populärste Regisseur der Welt aus der Filmproduktion zurück. Wenige Monate vor seinem Tod wurde er für seine Verdienste um den britischen Film geadelt. Hitchcock, der letzte noch aktive Regisseur aus der Stummfilmzeit, starb am 29. April 1980 in Los Angeles. Zu Lebzeiten gefragt, was einst auf seinem Grabstein stehen solle, hatte er geantwortet: »This is what we do to bad little boys.«

Titel	Jahr	Produktion
The Pleasure Garden	1925	Michael Balcon
The Mountain Eagle	1925	Michael Balcon
The Lodger	1926	Michael Balcon
Downhill	1927	Michael Balcon
Easy Virtue	1927	Michael Balcon/C.M. Woolf
The Ring	1927	John Maxwell
The Farmer's Wife	1928	John Maxwell
Champagne	1928	John Maxwell
The Manxman	1928	John Maxwell
Blackmail	1929	John Maxwell
Juno and the Paycock	1929	John Maxwell
Murder!	1930	John Maxwell
The Skin Game	1931	John Maxwell
Number Seventeen	1932	Leon M. Lion
Rich and Strange	1932	John Maxwell
Waltzes from Vienna	1933	Tom Arnold
The Man Who Knew Too Much	1934	Michael Balcon/Ivor Montagu
The 39 Steps	1935	Michael Balcon/Ivor Montagu
Secret Agent	1936	Michael Balcon/Ivor Montagu
Sabotage	1936	Michael Balcon/Ivor Montagu
Young and Innocent	1937	Edward Black
The Lady Vanishes	1938	Edward Black
Jamaica Inn	1939	Erich Pommer/Charles Laughton
Under Capricorn	1949	Alfred Hitchcock/Sidney Bernstein
Stage Fright	1950	Alfred Hitchcock/Fred Aherne
Frenzy	1972	Alfred Hitchcock/William Hill

Alfred Hitchcocks britische Spielfilme

4.4 Anthony Asquith

Parallel zu Alfred Hitchcocks Aufstieg begann die Karriere von Anthony Asquith (1902–1968), dem Sohn von Lord Herbert Henry Earl of Oxford and Asquith, der von 1908 bis 1916 britischer Premierminister und anschließend Führer der liberalen Opposition war. Asquith wurde von der zeitgenössischen Kritik als Hitchcocks größter Rivale um den Titel des bedeutendsten britischen Regisseurs gesehen, und beide Männer wurden oft in einem Atemzug genannt. Die einflußreiche Kritikerin Caroline A. Lejeune (1897–1973) beispielsweise schrieb 1931, daß Hitchcock und Asquith die beiden einzigen englischen Filmemacher seien, »who might, with some justice, be expected to figure in any survey of the screen« (Armes 1978, 96). Dieser Vergleich erscheint aus heutiger Sicht schmeichelhaft für Asquith, und präziser beschreibt sein Nachruf in der Londoner *Times* die Sachlage, wo es hieß: »He holds a minor but secure place among the world's best film directors.« Das *International Dictionary of Films and Filmmakers* zeigte mögliche Ursachen dafür auf, daß Asquith rückblickend eher als solider Filmhandwerker gilt, weniger als inspirierter Künstler:

> »Asquith's place in the pantheon of Great British Filmmakers is far from established. Perhaps it is that with the anglophobia endemic in the history of British film criticism [...], the auteurs of British cinema tend to be seen as working outside a mainstream which, though dismissed, is never clearly defined. Asquith ›fails‹ as an auteur because, despite attempts to categorize him as a director of ›mere‹ literary adaptations, his œuvre contains a wide range of generic styles and influences, making an authorial, individuated presence difficult to detect. Yet in this very ›failure‹ he may be said to represent, to a greater degree than any other director, the diverse and often contradictory nature of British cinema's mainstream.« (Thomas 1990/2, 32f.).

Asquith begann seine Laufbahn als Gelegenheitsarbeiter in den Cricklewood Studios. 1925 verbrachte er ein halbes Jahr in Hollywood und kam dort, dank seines bekannten Namens, auch mit arrivierten Filmgrößen wie Charlie Chaplin und Ernst Lubitsch zusammen. Von ihnen lernte er aus erster Hand vieles über Filmproduktion, Kameraarbeit und Montage. Nach England zurückgekehrt, trat er 1926 Harry Bruce Woolfes Produktionsfirma British Instructional Films in Welwyn bei. Dort entwickelte Asquith das Drehbuch zu SHOOTING STARS (1928), einer im Schauspielermilieu angesiedelten, selbstreflexiven Komödie, die filmhistorisch interessante Einblicke in die Mechanismen der frühen Kinoindustrie bietet. Offiziell lag dieser Film in den Händen des Regieveteranen A.V. Bramble, es gilt jedoch als sicher, daß der nominell

SHOOTING STARS
(Annette Benson)

als Koautor und Regieassistent geführte Asquith zumindest teilweise selbst Regie führte und mitverantwortlich für die bemerkenswerte stilistische Qualität des Films war.

Im Aufwind des Erfolgs von SHOOTING STARS führte Asquith alleinverantwortlich Regie in drei weiteren Stummfilmen. Nach UNDERGROUND (1928) und der deutsch-britischen Koproduktion THE RUNAWAY PRINCESS (1929) folgte sein handwerklich bester (teilweise von der deutschen Firma Klangfilm nachvertonter) Stummfilm, A COTTAGE ON DARTMOOR (1929). Es war vor allem dieser Thriller um eine tödlich endende Dreiecksgeschichte, der die zeitgenössischen Vergleiche zwischen Asquith und Hitchcock heraufbeschwor. Auch mit seinem ersten Tonfilm TELL ENGLAND (1931) hatte Asquith Erfolg bei der Kritik, doch fand die Antikriegsgeschichte um zwei junge Offiziere, die Asquith gemeinsam mit Geoffrey Barkas inszenierte, nur wenig Anklang beim

Publikum – allzu unglaubwürdig wirkten die Soldaten, die in stoischer Pflichterfüllung für eine sinnlose Militäroperation ihr Leben gaben.

Bereits 1930 war British Instructional Films von John Maxwells British International Pictures in der Absicht übernommen worden, das Studio in Welwyn zur Produktion billiger Quotenfilme zu nutzen. Die kommerziellen Mißerfolge von TELL ENGLAND und Asquiths nächstem Film DANCE PRETTY LADY (1932) mußten unter diesen Voraussetzungen Maxwells Unmut erregen. Ebenso wie Bruce Woolfe verließ Asquith das Studio, um zunächst für Michael Balcon bei Gaumont-British und anschließend für Alexander Korda in Denham zu arbeiten. Asquiths Karriere mündete während dieser Zeit jedoch in einen Abwärtstrend, der mehrere Jahre anhielt, und aus dem lediglich die unterhaltsame Komödie THE LUCKY NUMBER (1933) herausragt.

Als Asquith schon über einen Ausstieg aus der Filmindustrie und einen Wechsel zur BBC nachdachte, kam unverhofft der Wendepunkt in seiner Karriere mit der Verfilmung von George Bernard Shaws populärer Komödie PYGMALION (1938, PYGMALION – ROMAN EINES BLUMENMÄDCHENS), die bis heute als eine der besten Shaw-Adaptionen überhaupt gilt. Produziert wurde der in den Pinewood Studios gedrehte Film von dem ungarischen Emigranten Gabriel Pascal (1894–1954), dem es überraschenderweise und scheinbar mühelos gelungen war, von Shaw (1856–1950) jene Filmrechte zu erhalten, um die sich zuvor viele Produzenten vergeblich bemüht hatten. Das Zustandekommen des Films kommentierte der Dramatiker später so:

> »Until he [Pascal] descended on me out of the clouds, I could find nobody who wanted to do anything with my plays on the screen but mutilate them, murder them, give their cadavers to the nearest scrivener. [...] When Gabriel appeared out of the blue, I just looked at him, and handed him *Pygmalion* to experiment with.« (Perry 1986, 41).

Shaw selbst empfahl die filmisch nahezu unerfahrene Wendy Hiller (geb. 1912) für die Rolle der Eliza Doolittle, da sie ihn bei einem Shaw-Festival auf der Bühne beeindruckt hatte. Seinen Vorschlag, die Rolle des Professor Henry Higgins mit Charles Laughton zu besetzen, konnte Shaw jedoch nicht durchsetzen. Statt dessen fiel die Wahl auf den gebürtigen Ungarn Leslie Howard (1893-1943), der als romantischer Kinoheld etabliert war. Nach Shaws Ansicht ließ Howards Darstellung den egoistischen Phonetikprofessor indes viel zu sympathisch erscheinen, und er bemerkte hierzu: »It is amazing how hopelessly wrong Leslie is. However the public will like him and probably want him to marry Eliza which is just what I don't want.« (Richards 1984, 237). Hiller und Howard erhielten für ihre Darstellungen je eine Oscarnominierung. Den Schnitt besorgte der spätere Regisseur David Lean.

PYGMALION (Wendy Hiller, 3.v.l.)

PYGMALION, in der Kategorie Bester Film ebenfalls für den Oscar nominiert, wurde ein internationaler Erfolg und etablierte Asquith als einen der führenden britischen Regisseure. Nach Alexander Kordas THE PRIVATE LIFE OF HENRY VIII (1933) wurde PYGMALION der erste britische Film, der an amerikanischen Kinokassen für großen Publikumsandrang sorgte.

Es ist nicht verwunderlich, daß sich Asquith bei vielen seiner folgenden Filme am Erfolg von PYGMALION orientierte. So lag das Hauptgewicht seiner Filme nachfolgend meist auf den Dialogen und den Darstellern. Im Gegensatz zu früheren Filmen wie UNDERGROUND und A COTTAGE ON DARTMOOR, die im unteren sozialen Milieu spielten, verlagerte sich das Geschehen nun eher in die gehobenen Gesellschaftsschichten. Außerdem schrieb Asquith mit wenigen Ausnahmen keine eigenen Drehbücher mehr. Er bevorzugte fortan literarische Stoffe, insbesondere Dramen-Verfilmungen, und ging 1939 eine langjährige Zusammenarbeit mit dem britischen Dramatiker Terence Rattigan (1911–1977) ein. Rattigan adaptierte für den Regisseur sowohl fremde als auch eigene literarische Vorlagen, darunter sein erstes Bühnenstück FRENCH WITHOUT TEARS (1939), das Gerichtsdrama THE WINSLOW BOY (1948, DER FALL WINSLOW) und das Kammerspiel THE BROWNING VERSION (1951, KONflikt des Herzens). Der wohl erfolgreichste Film des Autor-Regisseur-Gespanns war der Kriegsfilm The Way to the Stars (1945), der 1945 von britischen Zeitungslesern zum populärsten Film der Kriegsjahre gewählt wurde (Aldgate/Richards 1994, 277). Ein eigenes Drehbuch schrieb Asquith nochmals für The Importance of Being Eearnest (1952, Ernst sein ist alles) nach Oscar Wildes Komödie von 1895.

Die 50er Jahre waren mit zehn Inszenicrungen Asquiths produktivste Zeit. Zu seinen bekannteren Filmen dieser Zeit zählen die George Tabori-Adaption Chance Meeting (1954, Die jungen Liebenden), der vorzügliche Spionagefilm Orders to Kill (1958, Der lautlose Krieg) und, abermals nach einem Schauspiel von George Bernard Shaw, die Gesellschaftssatire The Doctor's Dilemma (1959, Arzt am Scheideweg). Hatte Asquith bis zu diesem Zeitpunkt bereits mit zahlreichen führenden britischen Schauspielern gearbeitet – darunter Margaret Lockwood, Michael Redgrave, James Mason, Robert Donat und Laurence Olivier – so geriet er in den 60er Jahren zunehmend in den Ruf eines Regisseurs, der internationale Topstars in trivialen Geschichten in Szene setzte. Dies gilt bedingt bereits für The Millionairess (1960, Die Millionärin) mit Peter Sellers und Sophia Loren in ihrer ersten Komödienrolle. Vor allem aber seine beiden letzten Filme The V.I.P.s (1963, Hotel International) und The Yellow Rolls-Royce (1964, Der gelbe Rolls-Royce), beide von Terence Rattigan geschrieben, haben durch ihre Klischeehaftigkeit maßgeblich dazu beigetragen, daß Asquiths künstlerische Reputation erheblichen Schaden erlitt.

Zu Asquiths schärfsten Kritikern zählte die junge Generation sozialkritischer Filmemacher um Lindsay Anderson und Tony Richardson. Der Aristokrat Asquith, dessen Unterhaltungsfilme den Mainstream des britischen Kinos repräsentierten, galt ihnen als exemplarische Verkörperung dessen, was überholt und verbesserungsbedürftig sei. Nur langsam hat sich Asquiths Ansehen von diesem Angriff wieder erholt.

Es gehört zu den Widersprüchen von Asquiths Persönlichkeit, daß er neben seiner Tätigkeit als Regisseur eleganter bürgerlicher Unterhaltungsfilme maßgeblich an der Gründung einer britischen Filmgewerkschaft beteiligt war und von 1937 bis zu seinem Tod Vorsitzender der wichtigsten Filmgewerkschaft ACT (Association of Cine-Technicians) war. Die Anfänge der Gewerkschaftsbewegung in der britischen Filmwirtschaft liegen im Jahr 1933, als eine Gruppe von Gaumont-British-Filmtechnikern regelmäßige informelle Treffen in Shepherd's Bush abhielten. Diese führten zur Gründung der ACT, deren konstituierende Sitzung im Februar 1935 stattfand. Die Gewerkschaft änderte 1956 ihren Namen zu Association of Cinematograph, Television, and Allied Technicians (ACTT), um auch die Beschäftigten des Fernsehens und angrenzender Bereiche zu vertreten.

Titel	Jahr	Produktion
Shooting Stars	1927	H. Bruce Woolfe
Underground	1928	H. Bruce Woolfe
The Runaway Princess	1929	H. Bruce Woolfe
A Cottage on Dartmoor	1929	H. Bruce Woolfe
Tell England	1931	H. Bruce Woolfe
The Lucky Number	1932	H. Bruce Woolfe
Dance Pretty Lady	1932	H. Bruce Woolfe
Moscow Nights	1936	Alexis Granowski
Pygmalion	1938	Gabriel Pascal
French Without Tears	1939	Mario Zampi
Quiet Wedding	1940	Paul Soskin
Freedom Radio	1941	Mario Zampi
Cottage to Let	1941	Edward Black
Uncensored	1942	Edward Black
We Dive at Dawn	1943	Edward Black/Maurice Ostrer
The Demi-Paradise	1943	Anatole de Grunwald
Fanny by Gaslight	1944	Edward Black
The Way to the Stars	1945	Anatole de Grunwald
The Winslow Boy	1948	Anatole de Grunwald
The Woman in Question	1950	Teddy Baird
The Browning Version	1951	Teddy Baird
The Importance of Being Earnest	1952	Teddy Baird
The Net	1953	Anthony Darnborough/ Earl St. John
The Final Test	1953	R.J. Minney
Chance Meeting	1954	Anthony Havelock-Allan
Carrington V.C.	1955	Teddy Baird
Orders to Kill	1958	Anthony Havelock-Allan
Libel	1959	Anatole de Grunwald
The Doctor's Dilemma	1959	Anatole de Grunwald

THE MILLIONAIRESS	1960	Pierre Rouve
TWO LIVING, ONE DEAD	1961	Karl Moseby
GUNS OF DARKNESS	1962	Thomas Clyde
THE V.I.P.s	1963	Anatole de Grunwald/ Roy Parkinson
THE YELLOW ROLLS-ROYCE	1965	Anatole de Grunwald

Die Spielfilme von Anthony Asquith

5. Alexander Korda: Die Internationalisierung des britischen Films

5.1 Die Gründung von London Film Productions

Im Jahr 1933 wurde der 95minütige Film THE PRIVATE LIFE OF HENRY VIII (DAS PRIVATLEBEN HEINRICHS VIII.) uraufgeführt, der in Großbritannien einen dreijährigen Boom der Filmproduktion auslöste und zu einem Meilenstein der britischen Filmgeschichte wurde, obwohl (abgesehen von Hauptdarsteller Charles Laughton) nur ein einziger Brite maßgeblich an der Produktion beteiligt war, nämlich der Koautor des Drehbuchs, Arthur Wimperis. Regisseur und Produzent war der Ungar Alexander Korda, hinter der Kamera stand der Franzose Georges Périnal, Cutter war der Amerikaner Harold Young, Koautor der Ungar Lajos Biró, die Musik komponierte der Deutsche Kurt Schroeder. Angesichts dieses Internationalismus entbehrt es nicht einer gewissen Ironie, daß THE PRIVATE LIFE OF HENRY VIII die erste britische Filmproduktion war, die außerhalb der Insel größeren finanziellen Erfolg verbuchen konnte. Der Film, dessen Herstellung rund 60.000 Pfund gekostet hatte (eine Summe, die sich während der folgenden Jahre als allgemein akzeptierte Obergrenze für Filmbudgets einbürgerte), brach bei seiner Premiere am 12. Oktober 1933 in New York den Kassenrekord und spielte bereits im ersten Anlauf weltweit 500.000 Pfund ein. Diese Zahlen dürfen freilich nicht darüber hinwegtäuschen, daß britische Filme auch in der Folgezeit vergleichsweise selten in amerikanische Kinos gelangten, und wenn, dann liefen sie meist in kleineren Programmkinos. Ein vergleichbarer Erfolg eines britischen Films stellte sich erst fünf Jahre später mit Anthony Asquiths PYGMALION ein. Der Erfolg von THE PRIVATE LIFE OF HENRY VIII war indes kein Zufallstreffer, denn der Film basierte auf langjährigen Erfahrungen, die der Kosmopolit Alexander Korda in Paris, Budapest, Wien, Berlin, und Hollywood gesammelt hatte.

Alexander Korda wurde am 16. September 1893 als Sándor László Kellner in der Nähe von Turkeve (Ungarn) geboren. Unter dem Pseudonym Sander Korda schrieb er während seiner Schulzeit Zeitungsartikel, verzichtete nach dem Schulabschluß jedoch auf eine journalistische Laufbahn zugunsten einer Filmkarriere. 1911 ging Korda nach Paris, wo er sich als Gelegenheitsarbeiter in den Pathé Frères Filmstudios viele Kenntnisse über die Filmproduktion aneignete. Im folgenden Jahr nach Budapest zurückgekehrt, wurde er Redakteur einer Theaterzeitschrift, übersetzte Zwischentitel ins Ungarische und gründete eine eigene Filmzeitschrift (*Pesti Mozi*, ab 1915 *Mozihet*). Ab 1914 inszenierte Korda erste Filme, zunächst als Koregisseur mit dem Schauspieler Gyula Zilahy für dessen Tricolor Films, dann für die Produktionsgesellschaft Korona, wo sein erster Spielfilm entstand, A TISZTI KARDBYJT (1915). Nach einigen erfolgreichen Inszenierungen gründete Korda 1917 seine eigene Produktionsfirma Corvin, für die er in Budapest ein Studio errichtete. Zielstrebig arbeitete er sich zum führenden ungarischen Filmproduzenten empor, bevor die Folgen des Ersten Weltkriegs seine Karriere entscheidend veränderten. Durch politische Kontakte wurde Korda unter der liberalen Administration des Grafen Mihaly Karolyi zum Filmbeauftragten ernannt. Als im März 1919 das kommunistische Regime von Béla Kun die Regierungsgeschäfte übernahm, wurde Korda, obwohl er kein Parteimitglied war, in das Kommunistische Direktorat für die Künste berufen. Korda nutzte seinen Einfluß, um die Verstaatlichung der ungarischen Filmindustrie zu veranlassen (und damit die Produzenten vom Einfluß der Verleiher zu befreien). Im August 1919 stürzte das Kun-Regime, und als das konterrevolutionäre Horthy-Regime Säuberungsaktionen durchführte, flüchtete Korda, der als Liberaler, Jude und Filmemacher in der Schußlinie der Konterrevolutionäre stand und vorübergehend inhaftiert war, nach Österreich.

Unter Ausnutzung zahlreicher Beziehungen zu Exil-Ungarn arbeitete er von 1920 bis 1922 als Regisseur in Wien, anschließend inszenierte er zwischen 1923 und 1927 sechs Filme in Berlin (DAS UNBEKANNTE MORGEN, JEDERMANNS FRAU, TRAGÖDIE IM HAUSE HABSBURG, DER TÄNZER MEINER FRAU, MADAME WÜNSCHT KEINE KINDER, EINE DUBARRY VON HEUTE), meist mit seiner Frau Maria Corda in der Hauptrolle. 1927 ging Korda nach Hollywood, dem er jedoch drei Jahre später nach einem Zerwürfnis mit der Fox Film Corporation (und der Perspektive anhaltender Arbeitslosigkeit) enttäuscht den Rücken kehrte. Nach Europa zurückgekehrt, arbeitete Korda zunächst in Paris, bevor seine Odyssee im November 1931 in Großbritannien endete.

Hier inszenierte Korda zunächst für den britischen Zweig der Paramount eine Adaption von Ernest Vajdas Roman *The Head Waiter* unter dem Titel SERVICE FOR LADIES (1932). Die Hauptrolle spielte der eigens aus Hollywood zurückgeholte Leslie Howard. (Der 1893 als Leslie Howard Stainer geborene ungarnstämmige Schauspieler wurde 1943 in seinem Flugzeug während eines Geheimauftrags von der deutschen Luftwaffe abgeschossen. Die britische Armeeführung, die von den Abschußplänen wußte, opferte Howard, um nicht preiszugeben, daß man den Code der deutschen Chiffriermaschine Enigma entschlüsselt hatte.) Bereits im Februar 1932 stellte sich Korda wirtschaftlich auf eigene Füße. Gemeinsam mit seinen Brüdern Zoltán und Vincent sowie Lajos Biró, George Grossmith Sr. und anderen gründete er die Firma London Film Productions, als deren später weltberühmt gewordenes Markenzeichen er die elf Uhr schlagende Turmuhr von Big Ben wählte.

Kordas jüngere Brüder, Zoltán (1895–1962) und Vincent (1897–1979) wirkten lange verantwortlich bei London Films mit. Vincent Korda erwarb sich den Ruf eines der besten Filmarchitekten der britischen Filmgeschichte. Er schuf die Kulissen für Filme wie THINGS TO COME (1936, WAS KOMMEN WIRD), REMBRANDT (1936, REMBRANDT), THE FOUR FEATHERS (1939, VIER FEDERN) und THE THIRD MAN (1949, DER DRITTE MANN). Für seine Farbaustattung von THE THIEF OF BAGDAD (1940, DER DIEB VON BAGDAD) erhielt Vincent Korda 1941 den Academy Award, drei weitere Oscar-Nominierungen brachten THE JUNGLE BOOK (1942, DAS DSCHUNGELBUCH), THE LONGEST DAY (USA 1961, DER LÄNGSTE TAG) und LADY HAMILTON (1939, LORD NELSONS LETZTE LIEBE, für den Winston Churchill eigene Textbeiträge geliefert hatte). Zoltán Korda arbeitete als Regisseur und wurde vor allem durch seine exotischen Abenteuerfilme bekannt: SANDERS OF THE RIVER (1935), ELEPHANT BOY (1937, ELEFANTEN-BOY), THE DRUM (1938, GEFAHR AM DORO-PASS), THE FOUR FEATHERS (von dem er 1955 gemeinsam mit Terence Young ein Remake unter dem Titel STORM OVER THE NILE inszenierte), THE THIEF OF BAGDAD und THE JUNGLE BOOK, der letzte gemeinsame Film der Korda-Brüder.

Für die Leitung der übrigen technischen Ressorts von London Films sicherte sich Korda internationale Spitzenkräfte. So wurde Georges Périnal (1897–1965) der stilbildende Kameramann von London Films, der maßgeblich zur visuellen Qualität von Kordas Produktionen beitrug. Seine Kameraarbeit in THE THIEF OF BAGDAD wurde mit dem Oscar ausgezeichnet. Der amerikanische Cutter William Hornbeck (1901–1983), bei dem u.a. David Lean sein Handwerk lernte, wurde 1934 Nachfolger von Harold Young als Leiter des Filmschnitts und begann seine Arbeit mit THE SCARLET PIMPERNEL (1934, DAS SCHARLACHROTE SIEGEL).

Um die Produktionskosten niedrig zu halten, konstituierte Korda nach Hollywood-Vorbild ein eigenes Ensemble junger Schauspieltalente. Sie blieben z.T. viele Jahre bei Korda, und einige von ihnen, wie Laurence Olivier, Charles Laughton und Vivien Leigh, fanden in ihm einen lebenslangen Freund. Zu Kordas erfolgreichsten Entdeckungen gehörte Robert Donat (1905–1958). Als junger Bühnendarsteller von Korda unter Vertrag genommen, sammelte Donat erste Leinwanderfahrungen in mehreren Quotenfilmen, bevor er durch Auftritte in THE PRIVATE LIFE OF HENRY VIII, THE COUNT OF

Monte Christo (USA 1934, Das Rätsel von Monte Christo) und The 39 Steps (1935) zu Ruhm gelangte. Sein schnell erworbenes Renommee als bester britischer Filmschauspieler jener Zeit festigte sich in der zweiten Hälfte der 30er Jahre mit Filmen wie The Ghost Goes West (1936, Ein Gespenst geht nach Amerika), Knight Without Armour (1937, Tatjana) und Goodbye Mr Chips (1939, Goodbye Mr Chips). Als es zu Spannungen im Verhältnis zwischen Donat und Korda kam, bat der Schauspieler um seine Entlassung aus dem Vertrag. Durch chronisches Asthma schwer beeinträchtigt, spielte Donat in den 40er und 50er Jahren nur noch in wenigen Filmen, darunter Perfect Strangers (1943), The Winslow Boy (1948) und The Magic Box (1951, Der Wunderbare Flimmerkasten).

Eine Entdeckung der ersten Stunde war auch die 1911 als Estelle Thompson in Bombay geborene Merle Oberon. Die Halbinderin arbeitete als Statistin, bevor Korda auf sie aufmerksam wurde und sie durch Filme wie Wedding Rehearsal (1932), The Private Life of Henry VIII und The Scarlet Pimpernel binnen kurzem zum Star machte. In der Folgezeit übernahm Oberon Rollen in Hollywood, u.a. die der Catherine Earnshaw in William Wylers Wuthering Heights (USA 1939, Stürmische Höhen). 1939 heiratete sie ihren Entdecker Alexander Korda, die Ehe hielt jedoch nur sechs Jahre. Merle Oberon verbrachte den Rest ihres Lebens in Kalifornien und Mexiko, drehte jedoch keine bedeutenden Filme mehr; sie starb 1979 an Tuberkulose.

Ralph Richardson (1902–1983), bekannt geworden als Bühnendarsteller am Londoner Old Vic – dem er auch während seiner Filmkarriere verbunden blieb – stieß nach einigen Leinwandauftritten 1934 zu Kordas Team. Neben seinen Rollen in Things to Come und The Four Feathers fielen besonders seine Hauptrollen in Carol Reeds The Fallen Idol (1948, Kleines Herz in Not) und David Leans The Sound Barrier (1952, Der unbekannte Feind) ins Gewicht. Nach dem Tod seines Förderers und Freundes Alexander Korda blieb Richardsons filmisches Wirken vorwiegend auf Nebenrollen beschränkt, die bis zu Time Bandits (1981, Time Bandits) und seinem Auftritt in dem postum erschienenen Greystoke – The Legend of Tarzan (USA 1984, Greystoke – die Legende von Tarzan, Herr der Affen) reichten.

Vivien Leigh (1913–1967), als Vivien Hartley im indischen Darjeeling geboren, hatte 1934 ihr Leinwanddebüt in Things Are Looking Up und wurde im folgenden Jahr von Alexander Korda unter Vertrag genommen. Während ihres ersten Films für Korda, dem Historienfilm Fire Over England (1937, William Howard, Feuer über England), lernte sie Laurence Olivier kennen, den sie 1944 heiratete. 1938 folgte sie Olivier nach Hollywood, wo sie als Scarlett O'Hara in Gone With the Wind (USA 1939, Vom

Winde verweht) ihre wichtigste Hauptrolle erhielt. Nach England zurückgekehrt, spielte Leigh in mehreren Korda-Filmen sowie die Titelrolle in Gabriel Pascals spektakulärer Inszenierung Caesar and Cleopatra (1946, Cäsar und Cleopatra).

Charles Laughton (1899–1962) gewann für seine Titelrolle in The Private Life of Henry VIII den ersten Oscar für einen britischen Film und konnte mit seinen Auftritten in Rembrandt und Hobson's Choice (1954, Herr im Haus bin ich) für weitere darstellerische Höhepunkte sorgen. Sein hauptsächliches Betätigungsfeld hatte Laughton indes in Hollywood, wo er durch Charakterrollen wie die des Captain Bligh in Mutiny on the Bounty (USA 1935, Meuterei auf der Bounty) und des Quasimodo in The Hunchback of Notre Dame (USA 1939, Der Glöckner von Notre Dame) berühmt wurde.

Zu den bemerkenswertesten Darstellern in Kordas Ensemble gehörte der Waisenjunge Sabu (d.i. Selar Shaik Sabu, 1924–1963), ein ehemaliger Elefantentreiber am Hof des Maharadschas von Mysore, der als Elfjähriger von Regisseur Robert Flaherty (1884–1951) entdeckt und sogleich für die Titelrolle von Elephant Boy ausgewählt wurde. Zur Beendigung der Dreharbeiten begleitete Sabu Flahertys Team nach Denham. Nach der Premiere der romantischen Geschichte um den kleinen Toomai, der seinen geliebten Elefanten Kala Nag vor dem Tod rettet, stand Sabu im Mittelpunkt einer entzückten Öffentlichkeit. Korda nutzte Sabus Popularität, um ihn effektvoll in The Drum, The Thief of Bagdad und The Jungle Book einzusetzen.

Der internationale Erfolg von The Private Life of Henry VIII wirkte als Katalysator für einen rapiden Aufschwung der britischen Filmindustrie und verlieh dem charismatischen Korda die Aura des erfolgreichen Filmproduzenten, die er für seine ehrgeizigen Pläne benötigte. Korda öffneten sich praktisch alle Türen, von denen zwei besonders wichtig wurden: Zum einen erhielt London Films einen Kooperationsvertrag mit United Artists über ein halbes Dutzend Filme mit einem Budget von jeweils 100.000 Pfund. Im September 1935 stieg Korda neben Douglas Fairbanks, Mary Pickford, Charlie Chaplin und Samuel Goldwyn als vollwertiger Partner bei United Artists ein. Zum anderen begann die Prudential Assurance Company, große Summen in Kordas Filmproduktion zu investieren. Korda wurde damit zur Schlüsselfigur der britischen Filmszene. Sein persönlicher Ruhm, sein loyaler und fähiger Mitarbeiterstab, der starke Investor im Rücken und der Kooperationsvertrag mit United Artists – dies waren die Säulen, auf denen Korda ein Filmimperium errichten wollte, dessen Zentrum ein eigenes Studio in Denham werden sollte.

Als Standort wählte Korda ein ca. 165 Morgen großes Gelände in Buckinghamshire nordwestlich von London. Der Bau des Studios begann im Juni

1935 und wurde im Mai 1936 abgeschlossen. Es wurde kein übliches Studio, sondern eine komplette Studiostadt mit sieben Ateliers, eigener Elektrizitäts- und Wasserversorgung, eigenen Handwerksabteilungen, Kinosälen und einem Restaurant mit französischem Küchenchef. So wurde Denham nicht nur das größte Studio in Großbritannien, sondern auch das modernste in Europa. Vorausschauend hatte Korda darüber hinaus in die Farbfilmtechnologie investiert und in langwierigen Verhandlungen erreicht, daß er in Denham über das erste europäische Technicolor-Labor verfügte.

Denham wurde zu einem Zentrum internationaler Filmschaffender, und bei Beobachtern der Szene stellte sich der Eindruck ein, daß Kordas Umfeld zu einem polyglotten Sammelbecken für europäische Emigranten wurde, insbesondere aus Ungarn. Der Vorwurf der Vetternwirtschaft wurde zu einem *running gag*: Es machte der Witz die Runde, daß die drei Union Jacks, die über Denham wehten, die Anzahl der britischen Staatsbürger unter den zweitausend Angestellten der Studiostadt anzeige. Einer dieser britischen Angestellten hängte ein Schild mit der Aufschrift »Britisches Konsulat« an seine Bürotür. Korda bewies sympathische Selbstironie, als er seinerseits an seinem Büro ein Schild anbringen ließ: »It is not enough to be Hungarian.« Diese nonchalante Attitüde konnte indes nicht die wachsenden Befürchtungen verdecken, die britische Filmindustrie werde von Ausländern unterwandert. Der Schriftsteller und Filmkritiker Graham Greene, später einer der engsten Freunde Alexander Kordas, formulierte mit spitzer Feder:

> »England, of course, has always been the home of the exiled; but one may at least express a wish that émigrés would set up trades in which their ignorance of our language and culture was less of a handicap [...]. The Quota Act has played into foreign hands, and as far as I know, there is nothing to prevent an English film unit being completely staffed by technicians of foreign blood. We have saved the English film industry from American competition only to surrender it to a far more alien control.« (*The Spectator*, 5. Juni 1936)

5.2 Kordas Filmproduktionen der 30er Jahre

Die erste Produktion von London Films, WEDDING REHEARSAL (1933), inszenierte Korda selbst. Mit Hilfe von Michael Balcon, den Korda in Berlin kennengelernt hatte, konnte der Verleih gesichert werden sowie eine Finanzierung, die den Film über das Niveau der gewöhnlichen Quotenfilme hin-

THE PRIVATE LIFE OF HENRY VIII (Charles Laughton, Binnie Barnes)

aushob. Dennoch wirkt die Komödie künstlerisch eher bescheiden. Der französische Kritiker Marcel Ermans schrieb 1937, also zu einem Zeitpunkt, als Korda bereits eine bekannte Größe im europäischen Filmgeschäft geworden war: »If I were Korda, I would get up in the night, steal the negative, and quietly drop it in the Thames.« (Kulik 1975, 78).

Einer Reihe von fünf Quotenfilmen, die London Films im Auftrag der Paramount produzierte (MEN OF TOMORROW, THAT NIGHT IN LONDON, STRANGE EVIDENCE, COUNSEL'S OPINION und CASH, alle 1933), folgte die zweite London Films-Produktion, THE PRIVATE LIFE OF HENRY VIII, die das Liebesleben des Tudorkönigs von der Hinrichtung Anne Boleyns (Merle Oberon) bis zur Ehe mit Catherine Parr (Everley Gregg) schildert. Dieser in den British and Dominions-Studios in Elstree hergestellte Film rückte nicht nur Korda schlagartig ins nationale und internationale Rampenlicht, sondern stilisierte das britische Kino vorübergehend zum größten Rivalen Hollywoods hoch. Seinen phänomenalen Erfolg verdankte THE PRIVATE LIFE OF HENRY VIII unterschiedlichen Faktoren: Dank der Kulissen von Vincent Korda und der hervorragenden Fotografie von Georges Périnal erreichte der Film einen überdurchschnittlichen optischen Standard; der eindrucksvoll agierende Charles Laughton, der für seine Titelrolle einen Oscar erhielt, war besonders in den USA ein etablierter Star und Kassenmagnet; zudem verfügten amerikanische Verleiher zu diesem Zeitpunkt über eine unzureichende Anzahl qualitativ hochwertiger Filme. Da Korda mit seinem Film auf den internationalen Markt abzielte, fand die Weltpremiere nicht in London, sondern in der New Yorker Radio City Music Hall statt.

Trotz des Ruhms, den seine Inszenierung ernten konnte, verlagerte sich Alexander Kordas Interesse frühzeitig von der Regieführung auf das Produktionsgeschäft. Wenngleich er sich häufig in die Inszenierungen seiner Regisseure einmischte und Teile ihrer Filme eigenmächtig nachbesserte (z.B. in THE RISE OF CATHERINE THE GREAT und THE GHOST GOES WEST), übernahm er nur noch in vier britischen Spielfilmen die Regie: THE PRIVATE LIFE OF DON JUAN (1934), REMBRANDT, PERFECT STRANGERS (1945) und AN IDEAL HUSBAND (1947, EIN IDEALER GATTE). Die von der Kritik hoch gelobte Komödie THE PRIVATE LIFE OF DON JUAN wurde vom Publikum nicht angenommen, obwohl der Stummfilm-Held Douglas Fairbanks Sr. die Titelrolle spielte. Das selbstironische Porträt des alternden Liebhabers war zugleich Fairbanks' Abschied von der Leinwand.

Andere Folgeprojekte festigten hingegen Kordas Ruf als führender britischer Filmproduzent. THE RISE OF CATHERINE THE GREAT (KATHARINA DIE GROSSE) und THE SCARLET PIMPERNEL brachten London Films erneut hohe Gewinne. THE RISE OF CATHERINE THE GREAT wurde 1934 von dem in Ungarn geborenen Deutschen Dr. phil. Paul Czinner (1890–1972) inszeniert, der ein Jahr zuvor mit seiner Frau Elisabeth Bergner (1900–1986) nach England emigriert war. THE SCARLET PIMPERNEL (1934) ist eine eindrucksvoll ausgestattete Abenteuerromanze aus der Zeit der Französischen Revolution. Im Mittelpunkt der von Harold Young inszenierten Verfilmung eines Romans der ungarischen Baronin Orczy steht Sir Percy Blakeney (Leslie Howard), der, im Alltagsleben als harmloser Geck getarnt, französische Adlige vor der Guillotine rettet. Die mit 81.000 Pfund vergleichsweise teure Produktion wurde zu einem großen Publikumserfolg und spielte 420.000 Pfund ein. Korda veranlaßte zwei Fortsetzungen des Stoffes: THE RETURN OF THE SCARLET PIMPERNEL (1937, Hans Schwartz) und THE ELUSIVE PIMPERNEL (1951, DAS DUNKELROTE SIEGEL), für den er den zögerlichen Michael Powell überreden konnte, die Regie zu führen.

Nach der Geisterkomödie THE GHOST GOES WEST, die bei Publikum und Kritik auf äußerst positive Resonanz stieß, verfolgte Korda sein bis dahin ehrgeizigstes Projekt: die Verfilmung des Buches *The Shape of Things to Come* von H.G. Wells. Kordas langfristiges Ziel war es, ein attraktives, spektakulä-

REMBRANDT

res Kino zu erschaffen, das der Konkurrenz aus Hollywood Paroli bieten konnte. Daß er hierfür einen hohen Produktionsaufwand betrieb, zeigte u.a. der Zukunftsfilm THINGS TO COME (1936, WAS KOMMEN WIRD). Vor aufwendigen futuristischen Kulissen inszenierte Regisseur William Cameron Menzies diese allegorische Warnung vor dem bevorstehenden Weltkrieg. Wells selbst schrieb das Drehbuch voller Enthusiasmus, wenngleich ohne jegliche filmische Erfahrungen, so daß die unübersehbaren strukturellen und inhaltlichen Schwächen den Film aus heutiger Sicht veraltet erscheinen lassen. Die zeitgenössische Kritik lobte THINGS TO COME hingegen z.T. überschwenglich. In der Rezension des *Observer* hieß es 1936:

> »There has never been anything in the cinema like THINGS TO COME. No film, not even METROPOLIS, has even slightly resembled it. An extraordinary thing, a miracle has happened in the picture house. The film has been used for the first time to state a hard and fairly complex argument, and to state it with a force and beauty that gives you no choice but to follow and attend.« (Stockham 1992, 71)

Der erste Film, der komplett in Denham produziert wurde, war REMBRANDT (1936), vorläufig Kordas letzte Inszenierung und für viele Kritiker zugleich seine beste künstlerische Leistung. Erneut mit Charles Laughton in der Titelrolle, zeichnet der 85minütige Film die späte Phase des niederländischen

Malers nach, der nach dem Tod seiner Frau Saskia und der skandalösen Aufnahme seiner *Nachtwache* (1642) in Einsamkeit und Armut stürzt. Korda wurde während der Dreharbeiten zu REMBRANDT britischer Staatsbürger.

5.3 Die Krise der britischen Filmindustrie nach 1936

Wenige Wochen nach der Premiere von REMBRANDT trat ein für die britische Filmindustrie folgenschweres Ereignis ein. Die Situation war folgende: Das Beispiel Alexander Kordas und der offensichtliche Erfolg, den die Prudential Assurance Company mit ihrer Investition in das Filmgeschäft hatte, veranlaßte zahlreiche Finanziers der Londoner City zur Nachahmung. Um am Aufschwung der britischen Filmindustrie teilzuhaben, steckten die Investoren gewaltige Summen in teilweise unseriöse und waghalsige Unternehmen. Auf naive Weise wurde dabei nach einem neuen Alexander Korda Ausschau gehalten, und europäische Emigranten wurden oft auf bloße Versprechen hin mit großzügigen Budgets ausgestattet. Die Investoren verdrängten die Tatsache, daß ihre Protegés mitunter nur wenig vom Film verstanden, denn die britische Filmindustrie, so glaubten alle, ging unaufhaltsam einer großen Zukunft entgegen.

In seiner Januar-Ausgabe des Jahres 1937 veröffentlichte das Magazin *World Film News* aktuelle Wirtschaftsdaten über die Filmindustrie, die zeigten, daß zu schnell zu viel Geld investiert worden war und die gewährten Kredite in keinem Verhältnis zu den erwirtschafteten Gewinnen standen. Diese ernüchternde Bilanz traf die Finanzwelt wie ein Schock. Viele Gläubiger forderten ihre Kredite zurück, zahlreiche Produktionsfirmen und Studios gingen bankrott, und die gesamte britische Filmindustrie stürzte in eine mehrjährige tiefe Krise. Kordas Biographin, Karol Kulik, zieht daher ein ambivalentes Fazit der Entwicklung von 1933 bis 1936: »Korda's particular model for making films and the way he had them financed both made and destroyed the British film industry. He gave the British cinema its first taste of international success and then undermined it all by trying to pull himself and the industry up too quickly.« (Kulik 1975, 173).

Zwar führte der von Korda ausgelöste Boom Mitte der 30er Jahre zu einem beispiellosen Produktionsanstieg (1936 erreichte die Jahresproduktion die Rekordhöhe von 192 Spielfilmen), doch konnte der wichtige amerikanische Markt nicht erobert werden, so daß eine Rezession in der britischen Filmindustrie früher oder später unvermeidlich war. Der Impresario Korda wies freilich jegliche Verantwortung von sich – im Gegenteil, er machte das, wie er sagte, törichte Krisengerede für die plötzliche Trendwende verantwortlich: »the worst enemies of British pictures are the depression-mongers«. Von einer Visite aus Hollywood zurückgekehrt, verwies Korda darauf, daß dort Produktionskosten von einer Million Dollar als moderat empfunden würden, während in Großbritannien die Presse schon Alarm schlage, wenn hunderttausend Pfund in einen Film investiert würden. Mit dem Argument, daß ein Produkt, das Millionengewinne erwirtschaften soll, auch erhebliche Verluste mache, wenn der Erfolg einmal ausbliebe, rief Korda zu Geduld und Gelassenheit auf. Korda blieb optimistisch, obwohl London Films Ende 1936 bereits mit 1,8 Millionen Pfund verschuldet war. 1937 wurde in Denham mit dem von dem Belgier Jacques Feyder inszenierten KNIGHT WITHOUT ARMOUR ein letzter großer Film produziert. Mit 350.000 Pfund Produktionskosten (davon allein ein Viertel als Gage an Marlene Dietrich) überzog dieser Film sein Budget jedoch hoffnungslos und trieb London Films noch tiefer in die roten Zahlen. 1938 konnten nicht einmal mehr Kordas legendäre Verhandlungskünste sein Film-Imperium zusammenhalten, und er verlor jegliche Kontrolle über die Denham-Studios, die zunächst von der Prudential, später von J. Arthur Rank übernommen wurden. Rank mußte das Studio 1952 schließen; es wurde später abgerissen, das ehemalige Studiogelände diente danach als Industriestandort.

Nach Ausbruch des Zweiten Weltkriegs konnte Korda Winston Churchill das Kino als Propagandamedium schmackhaft machen und dadurch eine generelle Schließung der Lichtspielhäuser verhindern. Churchill war mittlerweile einer von Kordas engsten Freunden; Korda hatte ihm zehntausend Pfund für die Filmrechte an seinem Buch *Marlborough* gezahlt, ihn 1934 als Berater in Geschichtsfragen für London Films engagiert, und war während des Zweiten Weltkriegs in den USA geheimdienstlich für ihn tätig, um für die Herstellung pro-britischer Propagandafilme zu werben. Wohl nicht zuletzt aufgrund seiner wenig bekannten Verflechtungen mit Politik und Geheimdienst wurde Korda 1942 als erster Filmschaffender in der Geschichte des britischen Kinos geadelt (vgl. Kulik 1975, 253ff.).

5.4 Kordas Neuanfang

Nachdem er durch erfolgreiche Wiederaufführungen seiner Vorkriegsproduktionen sowie durch den Verkauf seiner Anteile an United Artists und der noch in seinem Besitz befindlichen Labors in Denham finanziell wieder unabhängig geworden war, nahm Korda nach dem Zweiten Weltkrieg abermals den Aufbau eines Filmimperiums in Angriff. Im Januar 1946 rief er seine alte Produktionsgesellschaft London Films wieder ins Leben und erwarb zugleich die

Anteilsmehrheit des 1927 gegründeten Filmverleihs British Lion Film Corporation, dem auch 50 Prozent der Worton Hall Studios in Islington gehörte (die andere Hälfte kaufte Korda im Mai hinzu). Im April 1946 übernahm British Lion 74 Prozent der Produktionsfirma Sound City, der Eigentümerin der Shepperton Studios, und im August rundete der Kauf des Rialto-Kinos am Londoner Leicester Square die neue Firmenstruktur ab.

Mit diesen beeindruckenden Transaktionen hatte Korda seinem Hauptkonkurrenten J. Arthur Rank den Kampf angesagt. Ranks wenig später eintretende finanzielle Schwäche (s. Kap. 6) nutzte Korda daher entschlossen aus. Mit einem Regierungs-Darlehen über drei Millionen Pfund für British Lion im Rücken warb er die Regie-Stars der Rank Organisation ab, die bei Rank neuerdings zu ungewohntem Sparen angehalten waren und sich von Kordas attraktiven Angeboten bereitwillig ködern ließen. Einer nach dem anderen wechselten die Independent Producers die Fronten: Den Anfang machte Carol Reed, und als Michael Powell und Emeric Pressburger ihm folgten, gab es kein Halten mehr; Frank Launder und Sidney Gilliat gingen zu Korda, obwohl sie soeben mit THE BLUE LAGOON (1948) ihren erfolgreichsten Film für Rank produziert hatten; es folgte Ian Dalrymple, und schließlich David Lean, nachdem er mit THE PASSIONATE FRIENDS und MADELEINE in Pinewood zwei Flops hintereinander inszeniert hatte.

Im November 1947 führte Korda seine letzte Regie in der Oscar Wilde-Adaption AN IDEAL HUSBAND, und im folgenden Jahr zog er sich fast völlig aus dem aktiven Filmgeschäft zurück. Während er sich fortan auf die Finanzierung konzentrierte, entstanden unter seinem Dach bis 1956 zahlreiche bedeutende Filme, darunter Anthony Asquiths THE WINSLOW BOY, Carol Reeds THE FALLEN IDOL und THE THIRD MAN, Michael Powells THE TALES OF HOFFMANN, David Leans SUMMER MADNESS sowie Laurence Oliviers RICHARD III.

Sir Alexander Korda starb am 22. Januar 1956 an einem Herzinfarkt. Graham Greene schrieb nach dem Tod seines Freundes: »There was never a man who bore less malice, and I think of him with affection – even love – as the only film producer I have ever known with whom I could spend days and nights of conversation without so much as mentioning the cinema.« (Stockham 1992, 33).

Titel	EA	Regie
Service for Ladies	Juni 1932	Alexander Korda
Wedding Rehearsal	Jan. 1933	Alexander Korda
Men of Tomorrow	März 1933	Zoltán Korda/ Leontine Sagan
That Night in London	April 1933	Rowland V. Lee
Strange Evidence	Juli 1933	Robert Milton
Counsel's Opinion	Aug. 1933	Allan Dwan
The Private Life of Henry VIII	Aug. 1933	Alexander Korda
Cash	Okt. 1933	Zoltán Korda
The Rise of Catherine the Great	Feb. 1934	Paul Czinner
The Private Life of Don Juan	Sep. 1934	Alexander Korda
The Scarlet Pimpernel	Dez. 1934	Harold Young
Sanders of the River	April 1935	Zoltán Korda
The Ghost Goes West	Dez. 1935	René Clair
Things to Come	Feb. 1936	William Cameron Menzies
Rembrandt	Nov. 1936	Alexander Korda
Men Are not Gods	Nov. 1936	Walter Reisch
Forget-Me-Not	Dez. 1936	Zoltán Korda
The Man Who Could Work Miracles	Feb. 1937	Lothar Mendes
Dark Journey	April 1937	Victor Saville
Elephant Boy	April 1937	Zoltán Korda/ Robert Flaherty
Knight Without Armour	Juli 1937	Jacques Feyder
The Squeaker	Nov. 1937	William K. Howard
The Return of the Scarlet Pimpernel	Dez. 1937	Hans Schwartz
The Divorce of Lady X	Jan. 1938	Tim Whelan
The Drum	April 1938	Zoltán Korda
The Challenge	Mai 1938	Luis Trenker/Milton Rosmer

PRISON WITHOUT BARS	Sep. 1938	Brian Desmond Hurst
Q PLANES	März 1939	Tim Whelan
THE FOUR FEATHERS	April 1939	Zoltán Korda
THE LION HAS WINGS	Nov. 1939	Michael Powell/ Brian Hurst/Adrian Brunel
OVER THE MOON	Feb. 1940	Thornton Freeland/ William Howard
TWENTY-ONE DAYS	April 1940	Basil Dean
THE THIEF OF BAGDAD	Dez. 1940	Michael Powell/ Tim Whelan/ Ludwig Berger
PERFECT STRANGERS	Okt. 1945	Alexander Korda
AN IDEAL HUSBAND	Nov. 1947	Alexander Korda
ANNA KARENINA	Jan. 1948	Julien Duvivier
THE ELUSIVE PIMPERNEL	Jan. 1951	Michael Powell

Von Alexander Korda produzierte britische Spielfilme

6. Die Rank Organisation

6.1 J. Arthur Rank

Auch wer noch nie etwas von der Rank Organisation gehört hat, kennt vermutlich deren berühmtes Markenzeichen, den britischen Schwergewichts-Boxchampion Billy Wells (und verschiedene ihm nachfolgende Bodybuilder), der vor jedem Rank-Film einen riesigen Gong schlug. Keine Persönlichkeit aus dem nicht-kreativen Bereich hat so deutliche Spuren in der britischen Filmgeschichte hinterlassen wie Joseph Arthur Rank, der 1888 in Hull geborene Mehlfabrikant mit dem dezenten Menjou-Bärtchen, das, wie das *Time Magazine* vom 19. Mai 1947 berichtete, bei jedem Rasieren seinen Standort wechselte.

Als einflußreichster Magnat der englischen Filmgeschichte erfuhr Rank äußerst kontroverse Beurteilungen. Vielen Filmschaffenden galt er als unwahrscheinlicher Glücksfall in Gestalt eines philanthropischen und integren Mäzens, der ihrem künstlerischem Potential willkommene Entfaltungsmöglichkeiten bot und nur durch eine kurzsichtige, ideologisch motivierte Politik daran gehindert wurde, dem britischen Film den lang ersehnten Durchbruch auf dem amerikanischen Markt zu verschaffen. Ranks systematische Förderung der einheimischen Filmindustrie und seine großzügige Finanzierungspraxis von Filmprojekten ermöglichten das Zustandekommen zahlreicher bedeutender Filme des britischen Kinos, darunter einige der besten Filme von Michael Powell, Carol Reed und David Lean. Stellvertretend für diese Einschätzung steht David Leans enthusiastische Beschreibung seiner Arbeit bei Ranks Independent Producers:

> »We of Independent Producers can make any subject we wish, with as much money as we think that subject should have spend on it. We can cast whichever actors we choose, and we have no interference with the way the film is made. No one sees the films until they are finished, and no cuts are made without the consent of the director or producer, and what's more, not one

of us is bound by any form of contract. We are there because we want to be there.« (*Penguin Film Review*, 4/1947, 35).

Auf der anderen Seite entsprach Rank exakt dem Feindbild mancher Vertreter von Gewerkschaft, Presse und Politik. Ihnen galt er als Archetypus des skrupellosen Kapitalisten, und Autoren wie Frederic Mullally warfen ihm vor, sein Film-Imperium in monopolistischer Absicht und ausschließlich zum eigenen wirtschaftlichen Vorteil errichtet zu haben.

Ranks erster Schritt in Richtung Filmindustrie erfolgte 1933. Als praktizierender Methodist begann er, Gemeindehäuser und Sonntagsschulen mit Filmprojektoren auszustatten, überzeugt, daß der Film das ideale Medium sei, um die christliche Botschaft zu den Menschen zu tragen. Auf publizistischem Sektor hatte Rank sein religiöses Sendungsbewußtsein bereits in den 20er Jahren durch den Erwerb der *Methodist Times* unter Beweis gestellt. Im Bereich des Films engagierte er sich zunächst in der 1933 gegründeten Religious Film Society, die sich als moralistisches Gegengewicht zum Unterhaltungskino verstand. Als Rank jedoch erkannte, daß sich die meisten religiös inspirierten Filme auf einem beklagenswerten künstlerischen Niveau bewegten, beschloß er, eigene Filme zu produzieren. Religiöses Sendungsbewußtsein, Instinkt für Profit, aber auch eine patriotische Neigung, der leistungsschwachen britischen Filmindustrie zu Hilfe zu kommen, waren Ranks Motive für sein Engagement in der Kinowirtschaft, die dem Quereinsteiger zunächst kaum Beachtung schenkte.

Begünstigt wurde Ranks Aufstieg durch ein Zusammentreffen glücklicher Umstände. Zum einen blieb Rank ohne ernsthafte Konkurrenz – Alexander Korda (Denham) befand sich auf einer wirtschaftlichen Talfahrt und mußte notgedrungen an Rank verkaufen, John Maxwell (ABC) und Oscar Deutsch (Odeon) verstarben, Lady Yule (British National) verfolgte eigene Interessen, die Ranks Pläne nicht tangierten, Isidore Ostrer (Gaumont-British) zog sich aus privaten Gründen aus dem Filmgeschäft zurück. Zum anderen befand sich die gesamte britische Filmindustrie in einer äußerst kritischen Phase. Die 1938 von der britischen Regierung verabschiedete Novelle des Quotengesetzes (s. Kap. 3) führte in der Praxis zu einem dramatischen Einbruch der Produktionsleistung und zu steigenden Arbeitslosenzahlen. In dieser Situation, in ihrer Wirkung noch verschärft durch den Ausbruch des Zweiten Weltkriegs, konnte Rank (bei einem entsprechend hohen unternehmerischen Risiko) sein Firmenimperium für einen Bruchteil seines tatsächlichen Wertes einkaufen. In der Ausgabe des *Daily Express* vom 4. März 1945 kalkulierte Stewart Gillies, daß Rank für eine Investition von ca. 1,7 Millionen Pfund einen Vermögenswert von rund 50 Millionen Pfund erhalten hatte.

Als unbedarfter Neuling in der Kinoindustrie ging Rank dank seiner Erfahrungen als Geschäftsmann und durch die kluge Anleitung des einflußreichen Verleihers C.M. Woolf mit bewundernswerter Logik vor. Auf der Suche nach geeigneten Partnern knüpfte er zunächst eine Geschäftsbeziehung zu der exzentrischen Millionärs-Witwe Lady Yule (1874–1950). Gemeinsam mit ihr und John Corfield gründete Rank im Oktober 1934 die Firma British National Films. Eine geplante Verfilmung von John Bunyans puritanischer Allegorie *The Pilgrim's Progress* wurde nicht realisiert, statt dessen produzierte die neue Gesellschaft in den British and Dominions Studios für 30.000 Pfund THE TURN OF THE TIDE nach einem Roman von Leo Walmsley.

Als Rank für diesen Film einen unvorteilhaften und verlustreichen Verleihvertrag mit Mark Ostrer abschloß, wurde ihm klar, daß eine vertikale Firmensrukturierung – d.h. die Vereinigung von Produktion, Verleih und Spielstätten unter einem Firmendach – von entscheidender Bedeutung war. 1935 gründete er daher mit C.M. Woolf den Verleih General Film Distributers. Zugleich stieg er bei dem Bauunternehmer Charles Boot ein, überzeugt von dessen eindrucksvollen Plänen für die modernen Pinewood-Studios (s. Kap. 3). Schritt für Schritt baute Rank in den folgenden Jahren sein Imperium aus. 1937 kaufte er Lady Yules Anteile an Pinewood auf und verkaufte ihr im Gegenzug seine Anteile an British National (deren Filmproduktion 1948 eingestellt wurde). 1939 übernahm er die Denham Studios seines Konkurrenten Alexander Korda, und durch den Erwerb der Amalgamated Studios in Elstree konnte er die drohende Konkurrenz John Maxwells verhindern. Nachdem er somit in den Besitz eines eigenen Verleihs und der modernsten britischen Studioanlagen gelangt war, fehlte Rank zur völligen Unabhängigkeit nur noch die Kontrolle über die Aufführungsorte seiner Spielfilme. Zu diesem Zweck hatte er sich in die Odeon-Kinokette des ungarnstämmigen Oscar Deutsch (1893-1941) eingekauft und trat im Januar 1939 dem Vorstand der Gesellschaft bei. Seit Mitte der 30er Jahre hatte Deutsch, den eine tiefe Religiosität mit Rank verband, im ganzen Land seine Odeon-Kinos errichtet (mitunter scherzhaft zu »Oscar Deutsch Entertains Our Nation« erweitert), teilweise im atemberaubenden Tempo von einem Kino pro Woche. Im Herbst 1941 verschaffte sich Rank schließlich noch die Aktienmehrheit von Gaumont-British. Dieser 1927 gegründeten und von den Brüdern Isidore, Maurice und Mark Ostrer geführten Gesellschaft gehörten u.a. zahlreiche Kinos sowie die Gainsborough Studios in Islington. Als Rank nach Oscar Deutschs Tod im Dezember 1941 die Odeon-Theater übernahm, besaß er mit der Odeon- und der Gaumont-British-Kette 619 Kinos (zum Vergleich: John Maxwells ABC-Kette, Ranks wichtigster Konkurrent, bestand zu diesem Zeitpunkt aus 442 Kinos; damit befand sich ca. ein Drittel aller britischen Kinos im Besitz von Rank und Maxwell). Mit den Odeon-Kinos übernahm Rank auch den jungen Buchhalter John Davis (1906–1993), der 1952 Ranks Nachfolge als Vorsitzender der Rank Organisation antrat und die Firma bis 1983 leitete.

Mit seinen beeindruckenden Erwerbungen war J. Arthur Rank in kurzer Zeit zum Herren über das mächtigste britische Filmimperium aufgestiegen: Er besaß zwei der drei großen Kinoketten im Land, den führenden Filmverleih sowie mit Denham das bestausgestattete Studio, wohin nach Kriegsausbruch die gesamte Produktion verlegt wurde. Hinzu kamen die ebenfalls exquisiten Pinewood-, Amalgamated- und Gainsborough-Studios. Damit rückte Rank schlagartig in den Mittelpunkt des Interesses der Filmwirtschaft. Die Fachpublikationen feierten den bisherigen Statisten als die zentrale Figur schlechthin, und der *Kinematograph Weekly* vom 2. August 1945 spekulierte: »One day somebody with a sense of humour will have to try and produce a film trade journal without mentioning the name of Arthur Rank in it [...]. Rank remains the chief news centre on both sides of the Atlantic.«

Anders als 1918 konnte Großbritannien nach dem Ende des Zweiten Weltkriegs somit gut gerüstet den transatlantischen Wettbewerb aufnehmen, denn mit der Rank Organisation war ein potentes Unternehmen herangewachsen, das jedem Hollywood-Studio Paroli bieten konnte. Bei einem Umsatz von 45 Millionen Pfund verfügte man über 31.000 Angestellte, zahlreiche Produktionsfirmen, knapp 650 Kinos allein in Großbritannien, fünf der besten englischen Studios sowie eine nur schwer zu überblickende Anzahl modernster Zulieferfirmen, die von der Kameralinse bis zur kompletten Studioausrüstung alles herstellten, was für eine Filmproduktion benötigt wird. Bar jeglicher Arroganz blieb Rank jedoch stets darauf bedacht, von den Amerikanern zu lernen. Regelmäßig entsandte er seine Produzenten, Regisseure und Techniker nach Hollywood, um das amerikanische Filmschaffen in all seinen Aspekten vor Ort zu studieren und die neuesten technischen Entwicklungen zu begutachten, die Rank meist prompt für seine Studios anschaffte.

Mit seinem gewaltigen Imperium schickte sich Rank an, das übermächtig erscheinende Hollywood herauszufordern. Kein britischer Produzent hatte es bisher geschafft, nennenswert in den amerikanischen Markt einzubrechen. Einzelne Filme, die erfolgreich in den USA liefen, wie Alexander Kordas THE PRIVATE LIFE OF HENRY VIII, blieben punktuelle Ausnahmen. Gerade diese Ausnahmen ließen Rank jedoch zu der Überzeugung gelangen, daß es prinzipiell möglich war, das breite amerikanische Publikum für einen britischen Film zu begeistern. Das wichtigste Ziel lautete daher, die richtige Strategie zu finden.

6.2 Die Goldene Ära des britischen Films

Unter dem weitgespannten Schirm der Rank Organisation arbeiteten nun mehrere Produzententeams. Die idealen Arbeitsbedingungen, die sie vorfanden, ermöglichten eine kurze Blütezeit des britischen Films, die später als dessen Goldene Ära bezeichnet werden sollte. Dabei konzentrierte sich die Filmproduktion im wesentlichen auf vier Gruppen:

- Two Cities
- Independent Producers
- Ealing
- Gainsborough

Two Cities

Der italienische Produzent Filippo Del Giudice (1892–1962), der 1932 auf der Flucht vor Mussolini nach London gekommen war, gründete 1937 mit dem Regisseur Mario Zampi die Firma Two Cities, die 1938 mit der Produktion von Anthony Asquiths FRENCH WITHOUT TEARS überaus erfolgreich ihre Geschäfte aufnahm. Nach Kriegsausbruch wurden Del Giudice und Zampi als Staatsbürger des Kriegsgegners Italien vorübergehend auf der Isle of Man interniert. Zampi wurde nach Kanada ausgewiesen, Del Giudice wurde 1940 entlassen und tat sich mit dem Pinewood-Produzenten Anthony Havelock-Allan (geb. 1905) zusammen. Gemeinsam produzierten die beiden u.a. Noël Cowards Kriegsfilm IN WHICH WE SERVE (1942), bevor Havelock-Allan 1943 mit David Lean und Ronald Neame die Produktionsgesellschaft Cineguild gründete.

Sein Credo, Großbritannien solle sich statt auf die Massenproduktion billiger und anspruchsloser Filme lieber auf wenige Qualitätsfilme konzentrieren, setzte Del Giudice in die Tat um, und Two Cities produzierte mehrere der meistbeachteten und erfolgreichsten Filme der 40er Jahre, darunter THE WAY AHEAD (1944), HENRY V (1944, HEINRICH V.), BLITHE SPIRITS (1945, GEISTERKOMÖDIE), ODD MAN OUT (1947, AUSGESTOSSEN), und HAMLET (1948, HAMLET). Damit hatte Del Giudice fast im Alleingang das britische Prestigekino erschaffen.

Im Gegenzug für eine Finanzierungsgarantie von Laurence Oliviers kostspieliger Shakespeare-Verfilmung HENRY V rückte Rank in den Vorstand von Two Cities. Trotz seiner Verdienste war Del Giudice aufgrund seines extravaganten Lebensstils in der Rank Organisation nicht unumstritten. Er veranstaltete in seinem großen Landhaus rauschende Parties, richtete sich ein privates Theater ein und verfuhr äußerst großzügig mit dem Geld, das er sich häufig bei Rank lieh. Mit seiner luxuriösen Lebensführung schuf sich der Produzent in einer Zeit, als die Mehrheit der britischen Bevölkerung hungerte, zahlreiche Gegner in der Labour-Regierung, in der Presse und vor allem in der Gewerkschaft.

Auch Ranks Chefbuchhalter John Davis war Del Giudice ein Dorn im Auge. Davis war der Ansicht, daß der Italiener das Vertrauen seines Geldgebers ausnutzte. Als Del Giudices Filmprojekte immer aufwendiger wurden und es folglich schwerer hatten, ihre Kosten wieder einzuspielen, ersann Davis Mittel und Wege, um den ungeliebten Produzenten aus der Rank Organisation hinauszudrängen. Dabei schreckte er auch vor kleineren Sabotageakten nicht zurück, indem er Premieren auf ungünstige Termine oder in denkbar ungeeignete Kinos legte (Laurence Oliviers HENRY V beispielsweise hatte 1944 im Londoner East End Premiere). Im April 1947 gab Del Guidice auf und zog sich aus Two Cities zurück. Den Vorwurf der Verschwendung konnte er allerdings mit dem Hinweis widerlegen, daß er seine 35 britischen Filme für eine Gesamtsumme von 6,5 Millionen Pfund produziert hatte, mithin für durchschnittlich die Hälfte der Kosten vergleichbarer Produktionen. Nach seinem Ausscheiden aus Two Cities gründete er die Firma Pilgrim Films, die u.a. einen der bekanntesten Filme der Boulting-Brüder produzierte, THE GUINEA PIG (1948).

Independent Producers

Die Independent Producers waren ein Zusammenschluß führender Produzenten und Regisseure, die während einiger Jahre unter dem Dach der Rank Organisation arbeiteten. Was ursprünglich als ökonomische Maßnahme zur Zentralisierung von Produktionseinrichtungen gedacht war, entwickelte sich rasch zu einem Zentrum kreativen Filmschaffens. Zum anfänglichen Kern der Gruppe, bestehend u.a. aus Leslie Howard, Gabriel Pascal, Michael Powell und Emeric Pressburger, stießen 1944 drei weitere wichtige Produktionsfirmen: Cineguild (David Lean, Ronald Neame und Anthony Havelock-Allan), Wessex Films (Ian Dalrymple) sowie Individual Pictures (Frank Launder und Sidney Gilliat). Launder (1906–1997) und Gilliat (1908–1994) waren das erfolgreichste Autorengespann der 30er Jahre und arbeiteten von 1943 bis 1966 auch als Regisseure und Produzenten.

Mit der Begründung, daß er nicht die geringsten Kenntnisse vom Filmhandwerk besitze, ließ Rank seinen Produzenten und Regisseuren weitestgehend freie Hand (solange ihre Filme nicht gegen seine christlichen Überzeugungen verstießen), intervenierte so gut wie nie und sah seine Aufgabe darin, ihnen alles zur Verfügung zu stellen, was sie für ihre Projekte benötigten, und ihnen ein Umfeld zu verschaffen, in dem sie sich kreativ entfalten konnten.

Zudem erhoffte er sich von der Konzentration kreativer Kräfte einen ständigen Ideenaustausch und gegenseitige Inspiration. Wenngleich sich diese Hoffnung nicht erfüllte, weil die einzelnen Produzenten zu sehr darauf bedacht waren, ihre Unabhängigkeit zu wahren, leistete doch jedes Team für sich Außergewöhnliches. Befreit vom Primat der Rentabilität schufen sie in schneller Folge zahlreiche herausragende Werke wie A CANTERBURY TALE (1944), GREAT EXPECTATIONS (1946, GEHEIMNISVOLLE ERBSCHAFT), A MATTER OF LIFE AND DEATH (1946, IRRTUM IM JENSEITS), BLACK NARCISSUS (1947, SCHWARZE NARZISSE), OLIVER TWIST (1948, OLIVER TWIST), THE RED SHOES (1948, DIE ROTEN SCHUHE), u.a.

Obwohl diese Periode somit eine der fruchtbarsten in der britischen Filmgeschichte war, mischten sich schon bald Mißklänge in die anfänglich einhellige Begeisterung der Kritik. Einigen Rezensenten erschienen die Projekte der Independent Producers zu aufwendig und zu anspruchsvoll. Als Kronzeuge für diesen Vorwurf diente CAESAR AND CLEOPATRA (1946, CÄSAR UND CLEOPATRA), ein Film des ungarischen Produzenten Gabriel Pascal, den Rank für drei Filme unter Vertrag genommen hatte. Mit Hilfe beschönigender Kalkulationen hatte Pascal Rank überreden können, ihm die Adaption des gleichnamigen Shaw-Dramas zu finanzieren, doch stellte sich schnell heraus, daß das ohnehin großzügige Budget von 550.000 Pfund viel zu niedrig angesetzt war. Letztlich beliefen sich die Produktionskosten auf das Dreifache – eine bislang beispiellose Summe und eine gewaltige Hypothek, wenn man bedenkt, daß ein Film damals kaum mehr als 200.000 Pfund an britischen Kinokassen einspielen konnte. Immerhin erzielte CAESAR AND CLEOPATRA neben Oliviers HENRY V die damals höchsten Einspielergebnisse britischer Filme in den USA und brachte dringend benötigte Devisen in die britische Staatskasse.

Dennoch wurde CAESAR AND CLEOPATRA von den englischen Rezensenten unnachsichtig zerrissen. Man warf dem Film Geschmacklosigkeit vor und dem (von Shaw selbst verfaßten) Drehbuch Schwerfälligkeit. Im Zentrum der Kritik standen die exorbitanten Produktionskosten, die nach Meinung einiger Kritiker geeignet waren, die britische Filmindustrie in den Ruin zu treiben. Das Publikum freilich wurde von der visuellen Pracht des Historienfilms mit Vivien Leigh, Claude Rains und Stewart Granger in die Kinos gelockt, und die luxuriöse Ausstattung war sogar eines der wichtigsten Werbeargumente des Films. So lief CAESAR AND CLEOPATRA in Großbritannien in ausverkauften Kinos und erschien auf der Liste der zehn erfolgreichsten Filme des Jahres 1946. Angesichts der negativen Presse war Pascal jedoch diskreditiert, und Rank löste den Vertrag über die projektierten Verfilmungen von *Saint Joan* und *The Doctor's Dilemma* auf. Pascal kehrte Großbritannien nach seinen Produktionen PYGMALION, MAJOR BARBARA und CAESAR AND CLEOPATRA für immer den Rücken.

Als im April 1946 die Pinewood Studios wiedereröffnet wurden, verlegten die Independent Producers die Produktion von Denham dorthin. Wie sich herausstellte, war dies der falsche Schritt. War der Studioraum zuvor knapp gewesen, mußten jetzt die zahlreichen Ateliers in Betrieb gehalten werden, so daß wirtschaftliche Aspekte stärker in den Vordergrund rückten. Angesichts dieses Drucks begann der Exodus der Independent Producers, die einer nach dem anderen der Einladung Alexander Kordas folgten, die Arbeit bei ihm fortzusetzen (s. Kap. 5).

Die meisten Produzenten schauten später wehmütig auf die Zeit ihrer Zusammenarbeit mit Arthur Rank zurück. Michael Powell beschrieb diese Phase als »eine der glorreichsten Partnerschaften in der Geschichte des britischen Films« (Powell 1985, 670), und Sidney Gilliat bezeichnete den Auseinanderfall der Independent Producers als tragisch. Echtes Bedauern über dieses Ende der Goldenen Ära des britischen Films spricht auch aus den Worten Emeric Pressburgers: »We [Powell and Pressburger] should have stayed with Arthur Rank in 1948. We should have rallied the other Independent Producers. They looked to us for leadership, and when we left Rank and went back to Alex the rest of the film industry fell apart.« (Powell 1995, 315).

Ealing

In deutlichem Gegensatz zu den international orientierten Filmen von Two Cities und den Independent Producers produzierte Michael Balcon in Ealing Filme mit einem betont nationalen Anstrich. Del Giudices Forderung, amerikanische Dialogspezialisten mit der Redaktion von Drehbüchern zu betrauen, um britische Filme von unverständlichen Regionalismen zu befreien, löste bei Balcon Empörung aus, der durch eine solche Maßnahme den nationalen Charakter des britischen Films bedroht sah. Balcons Patriotismus ging so weit, daß er britische Schauspieler und Regisseure angriff, die dem Ruf nach Hollywood gefolgt waren. Alfred Hitchcock reagierte gelassen auf dessen Vorwürfe und wies darauf hin, daß Balcons eigene Versuche, in Hollywood Fuß zu fassen, kläglich gescheitert waren. Hitchcock bezeichnete Balcon als »a permanent Donald Duck«.

Balcon, der die Aktivitäten J. Arthur Ranks noch in den frühen 40er Jahren mit größter Skepsis beobachtet hatte, wurde später ein enthusiastischer Fürsprecher der Rank Organisation. Doch auch nachdem Ealing 1944 ein Satellit des Rank-Imperiums wurde, steuerte das Studio einen völlig anderen Kurs als Two Cities. Balcon verzichtete auf internationale Stars ebenso wie auf internationale Themen. Gemäß seiner Politik, den amerikanischen Markt mit genuin britischen Filmen zu erobern, gab Balcon das Motto aus: »We shall become international by being national.« (Fluegel 1984, 27). Tatsächlich hatten viele Ealing-Produkte im Ausland einen anhaltenderen Erfolg als die meisten anderen Filme jener Zeit. Mit ihrem unverwechselbaren Stil erspielten sich vor allem die sprichwörtlichen Ealing-Komödien die Gunst des Publikums amerikanischer Programmkinos (s. Kap. 10).

Gainsborough

Ebenso berühmt wie der überdimensionale Gong mit dem Schriftzug »J. Arthur Rank Presents« war das Markenzeichen der Gainsborough Studios: ein ovaler Bilderrahmen, aus dem sich eine lächelnde Dame verbeugte, die Thomas Gainsboroughs Gemälde *Porträt der Mrs Siddons* entlehnt war. 1924 von Michael Balcon gegründet, gingen die Studios 1928 an Gaumont-British und 1941 an die Rank Organisation. Beginnend mit THE MAN IN GREY (1943, Leslie Arliss, DER HERR IN GRAU) und FANNY BY GASLIGHT (1944, Anthony Asquith, GASLICHT UND SCHATTEN) wurde der Name Gainsborough nahezu gleichbedeutend mit einer Reihe äußerst populärer Melodramen – opulente Kostümfilme, die darauf angelegt waren, dem Publikum in den schweren Kriegszeiten unbeschwerte Unterhaltung zu bieten. Obwohl die Kritik mit Verachtung über sie schrieb, erwiesen sich die Kostümfilme als Kassenmagneten und brachten zudem zahlreiche britische Filmstars hervor, unter ihnen Margaret Lockwood (1916–1990), James Mason (1909–1984), Stewart Granger (1913–1993) und Eric Portman (1903–1969). Lockwood spielte u.a. die Titelrolle in dem bekanntesten Gainsborough-Kostümfilm, THE WICKED LADY (1946, DIE FRAU OHNE HERZ), mit dem Regisseur Leslie Arliss echte Emotionen in den seiner Meinung nach notorisch gefühlsarmen britischen Film einbringen wollte.

Die Melodramen bildeten ein Gegengewicht zu den realistischen Filmen und überwiegend maskulin geprägten Genres der Kriegs- und Nachkriegszeit. Wie der von Sue Aspinall und Robert Murphy herausgegebene Band über die Gainsborough-Dramen zeigt, kreisten die meisten dieser Filme um den Konkurrenzkampf zwischen zwei Frauen, wobei die eine für Rechtschaffenheit, Tugend, Pflichtbewußtsein und Ehe stand, die andere (meist von niedrigerem sozialem Status) für Leidenschaft und sexuelles Verlangen. Aus dieser Konstellation ergab sich in der Regel eine Dreiecksgeschichte, aus der letztlich die tugendhafte Frau als Siegerin hervorging (vgl Aspinall/Murphy 1983).

Die Gainsborough Studios verfolgten einen Weg zwischen den aufwendigen Prestigeproduktionen von Two Cities und den Independent Producers auf der einen Seite sowie den unprätentiösen Filmen der Ealing Studios auf der anderen Seite. Innerhalb der Rank Organisation entwickelten sich ihre Filme angesichts anhaltender Kassenerfolge zu einem wertvollen Aktivposten. Dennoch wurde Arthur Rank gegen Kriegsende mit Studiochef Maurice

THE WICKED LADY (Margaret Lockwood, James Mason)

Ostrer unzufrieden, da dieser kaum mehr als ein bis zwei Filme im Jahr fertigstellte. Um die aufwendigen Filme anderer Studios finanzieren zu können, benötigte Rank jedoch eine größere Produktivität. Im Frühjahr 1946 trat Ostrer zurück und wurde durch Sydney Box (1907–1983) ersetzt. Empfohlen hatte sich der ehemalige Journalist und Buchautor als Produzent von THE SEVENTH VEIL (DER LETZTE SCHLEIER). Für nur 100.000 Pfund produziert und von dem Regiedebütanten Compton Bennett inszeniert, hatte der Film 1945 sämtliche Kassenrekorde gebrochen und brachte den Eheleuten Sydney und Muriel Box bei den 19. Oscar-Verleihungen den Academy Award für das beste Drehbuch. Muriel Box (1905–1991) wechselte in den 50er Jahren ins Regiefach und inszenierte zwischen 1952 und 1964 ein Dutzend Spielfilme, u.a. THIS HAPPY FAMILY (1952) und SIMON AND LAURA (1955). Vervollständigt wurde die neue Studioleitung durch Sydneys Schwester Betty Box (geb. 1920), die in den 50er und 60er Jahren in Pinewood zahlreiche bescheidene, aber populäre Filme des Regisseurs Ralph Thomas produzierte.

Sydney Box steigerte die Produktion der Gainsborough Studios gleich im ersten Jahr seiner Verantwortung auf vierzehn Filme. Doch obwohl er in den folgenden Jahren bis zum Rande des physischen Zusammenbruchs arbeitete, reichte keiner seine Filme (auch nicht CHRISTOPHER COLUMBUS, 1949) an den Erfolg von THE SEVENTH VEIL heran.

6.3 Der Niedergang des Rank-Imperiums

Die Kräfte, die sich Rank bei seinem für die britische Filmindustrie so wichtigen Versuch, sich auf dem internationalen Markt zu behaupten, entgegenstellten, kamen ironischerweise nicht aus Hollywood, sondern aus dem eigenen Land. Zum einen wurde Rank von der Labour-Regierung unter Premierminister Attlee mit Mißtrauen beobachtet. Ein von der Regierung in Auftrag gegebenes Gutachten einer Kommission unter Vorsitz von Albert Palache übte heftige Kritik an Rank. Man bezichtigte ihn u.a., die britische Filmindustrie monopolisiert zu haben und dadurch die Aktivitäten unabhängiger Produzenten zu ersticken. Diese Vorwürfe waren aber übertrieben. Zwar war Rank der mächtigste Mann in der britischen Filmindustrie, doch kontrollierte er lediglich 15 Prozent der Kinos und 41 Prozent der landesweit verfügbaren Studiokapazitäten. Unhaltbar erscheint insbesondere der Vorwurf, er habe unabhängigen Produzenten die Chance zur Entfaltung genommen: Gerade die unabhängigen Produzenten bekamen häufig die ganze Macht der Verleiher zu spüren. Sie mußten ihre kreativen Ideen üblicherweise hinter wirtschaftliche Erwägungen zurückstellen und ihre Drehbücher, nicht selten auch das bereits geschnittene Endprodukt nach den Wünschen von Geldgebern und Verleihern ändern. Unter dem Schutzmantel der Rank Organisation, die ihren eigenen Verleih und ihre eigene Kinokette besaß, konnten unabhängige Produzenten ihre Vorstellungen optimal umsetzen – nicht *obwohl*, sondern gerade *weil* sie für Rank arbeiteten. Das amerikanische *Time Magazine* sah es ähnlich und formulierte in seiner Ausgabe vom 19. Mai 1947: »Perhaps not since the time of the Renaissance popes have a group of artists found a patron so quick with his wallet, so slow with unsolicited directions and advice.«

Ungeachtet dessen geriet Rank bei der Gewerkschaft ACT in massive Kritik. Ranks Ziel war es, der britischen Kinoindustrie langfristig eine solide wirtschaftliche Basis zu sichern. Dies konnte nur durch den Export geschehen, und zwar in erster Linie durch den Export auf den entscheidenden amerikanischen Markt. Wörtlich äußerte sich Rank zur Bedeutung des Zugangs zu ausländischen Märkten folgendermaßen:

»There has been a great deal of loose and uncritical talk about this monopoly that I am said to be trying to establish. I am not trying to establish anything of the kind. I certainly have a position in the industry, and a certain power, which I admit I am trying to build up, not in order to secure a monopoly or for the questionable pleasure of playing with power, but in order to do a service to the trade which I consider I must do. My position imposes certain obligations which I accept gladly enough at the moment because I think I am doing a service to the industry in Britain as a whole, but at the same time obligation which I will drop tomorrow, if the Government decides it has other plans in which I have no part. It is all very well to talk of being able to make good pictures here without bothering about American or world markets, but in all honesty the continued existence of British film production depends on overseas trade. [...] The whole future of British films is bound up in the question of overseas trade. Without it we must be resigned to a position as bad as – or worse than – the position before the war. [...] Granted that entry to foreign markets on a suitable basis, most of the other things we hope for will follow – trade agreements, apprenticeship and so on. Without that foreign trade, all other things are idle dreams.« (*Cine-Technician*, November/Dezember 1943, 124).

Ein internationaler Durchbruch konnte der Industrie nur mit qualitativ hochwertigen Prestigefilmen gelingen. Dies wußte auch die ACT, dennoch lief dieses Vorhaben den Richtlinien ihrer Politik zuwider. Die Gewerkschaft forderte die Verstaatlichung der Filmindustrie und eine Auftragsvergabe an viele kleine Produktionsfirmen, um ein jährliches Soll von zweihundert *low-budget*-Filmen herzustellen, damit möglichst viele Gewerkschaftsmitglieder einen gesicherten Arbeitsplatz behielten. Die Qualität der Filme erschien dabei von nachrangiger Bedeutung.

Die Kontroverse um den geeigneten Weg zur Konsolidierung der einheimischen Filmdustrie, die als »Bogart or bacon«-Debatte in die Filmgeschichte einging, hätte sich vermutlich noch länger fortgesetzt, wäre nicht eine dramatische Verschärfung der Situation eingetreten, als die Attlee-Regierung Mitte 1947 in erhebliche Devisennot geriet. Da eine 3,7 Milliarden-Dollar-Anleihe, die der Wirtschaftspolitiker Maynard Keynes beim amerikanischen Finanzministerium erwirkt hatte, nahezu erschöpft war, besaß die britische Regierung praktisch keine Dollar-Reserven mehr und sah sich zu einem drastischen Sparprogramm veranlaßt. Auf der Suche nach möglichen Einsparmaßnahmen geriet auch die Filmindustrie ins Visier, die 1947 wöchentlich eine Million Dollar für amerikanische Spielfilme in die USA abführte. Wenngleich dies nur ein kleiner Posten im britischen Handelsbilanzdefizit war, boten die amerikanischen Studios freiwillig an, einen Teil ihrer Gewinne einzufrieren und in britische Produktionen zu investieren. Dieses Angebot schlug die Attlee-Regierung aus und führte statt dessen die berüchtigte *ad valorem*-Steuer ein: Für alle Betroffenen völlig überraschend trat am 7. August 1947 ein Regierungsbeschluß in Kraft, der vorsah, daß 75 Prozent der geschätzten Kasseneinkünfte amerikanischer Filme im voraus an das Schatzministerium abzuführen seien.

Zu einem Zeitpunkt, als die Exportchancen für britischen Filme so günstig erschienen wie nie zuvor und Rank gerade stolz den Abschluß eines 12 Millionen Dollar-Vertrages mit amerikanischen Verleihern bekanntgegeben hatte, schlug die Maßnahme der Labour-Regierung wie eine Bombe ein. Die Amerikaner sahen in dem Gesetz einen klaren Verstoß gegen bestehende Handelsabkommen (erst recht vor dem Hintergrund der zuvor gewährten Dollar-Anleihe), und sie reagierten prompt und mit aller Schärfe: Bereits am 8. August verhängte die Motion Picture Export Association of America ein Embargo amerikanischer Filme über Großbritannien. Über Nacht wandte sich Hollywood auch von dem bislang offenherzig empfangenen J. Arthur Rank ab. Aus amerikanischer Sicht erschien es unglaubwürdig, daß eine Regierung ein so einschneidendes Gesetz ohne Rücksprache mit der betroffenen Industrie verabschieden würde. Daher waren die Amerikaner davon ausgegangen, daß Rank, immerhin Präsident der British Film Producers Association, nicht nur für die Filmindustrie spreche, sondern seine Verhandlungen auch in Kenntnis der Pläne der britischen Regierung führe. Hollywood fühlte sich daher nicht nur von der Attlee-Regierung durch einen Rechtsbruch brüskiert, sondern auch von Rank hintergangen. Alles, was Rank in Übersee behutsam und umsichtig aufgebaut hatte, war mit einem Mal zunichte gemacht.

Auch in England gab es heftige Proteste gegen das Vorgehen der Regierung. Die Produzenten und vor allem die Verleiher und Kinobesitzer befürchteten den Beginn ihres Ruins. Die meisten Gewerkschaften, darunter die der Labour Party nahestehende National Association of Theatre and Kinematograph Employees (NATKE), übten Kritik an dem kurzsichtigen Gesetz und rechneten vor, daß den zu erwartenden Dollar-Einnahmen weit höhere Verluste gegenüberstanden und daß die unvermeidliche Schließung zahlreicher Kinos viele Studios arbeitslos machen würde. Lediglich die ACT ging mit dem neuen Gesetz konform, denn ohne Nachschub amerikanischer Filme, so ihre Kalkulation, war die britische Filmindustrie dazu gezwungen, ihre einheimische Produktion anzukurbeln. Anstatt teure Filme für den internationalen Markt zu produzieren, mußten nun deutlich mehr und folglich billigere Filme gedreht werden.

Von der Härte der amerikanischen Reaktion überrascht, wandte sich die Labour-Regierung hilfesuchend an Rank. Dieser kam der Bitte um Unterstützung nach und kündigte im November 1947 ein gewaltiges patriotisches Investitionsprogramm an, wonach er in den kommenden zwölf Monaten 9,25 Millionen Pfund für die Produktion von 48 Spielfilmen bereitstellte. Die Rechnung der Gewerkschaft schien somit zunächst aufzugehen. 1948 wurde ein Jahr höchster Produktivität (in Pinewood wurden gar Nachtschichten eingelegt), die Beschäftigungszahlen blieben stabil, und die Kapazitäten der Studios waren ausgelastet. Aber es war ein kurzlebiger und trügerischer Aufschwung. Auf der einen Seite lagerten bei den britischen Verleihern noch 125 neue amerikanische Filme (die noch durch zahlreiche Wiederaufführungen amerikanischer Filme ergänzt wurden), auf der anderen Seite fiel die Qualität vieler britischer Filme zurück in die Zeiten der berüchtigten Quota Quickies, und die Rank Organisation schrieb – auch als Folge der exorbitant hohen Vergnügungssteuer – schon bald Verluste. Wurde Rank zuvor öffentlich gescholten, weil er ambitionierte Qualitätsfilme förderte, warf man ihm nun vor, er produziere mittelmäßige Standardware.

Bereits Anfang 1948 mußte die Rank Organisation den nächsten Rückschlag einstecken. In Neuverhandlungen konnte der britisch-amerikanische Disput nach einem halben Jahr beigelegt und das Embargo beendet werden, doch versäumte es der britische Verhandlungsführer Harold Wilson, Quoten für die Einfuhr von US-Filmen festzulegen. So flossen die seit einem halben Jahr zurückgehaltenen amerikanischen Produktionen ohne jede Einschränkung auf den britischen Markt, und das britische Publikum gab an den Kinokassen deutlich zu erkennen, welche Produkte es bevorzugte. Rank mußte erfahren, daß er sich hatte überreden lassen, Filme zu produzieren, für die es keinen Markt gab, und die seine Gesellschaft in den Ruin zu treiben drohten. Im Herbst 1949 schockierte die Rank Organisation die britische Filmwirtschaft mit dem Eingeständnis, sich mit ihrem ehrgeizigen Produktionsplan übernommen zu haben und legte eine Minusbilanz in Höhe von 16 Millionen Pfund vor. Ein aus Steuergeldern bereitgestelltes Darlehen über 3 Millionen Pfund zahlte die neugeschaffene National Film Finance Corporation (NFFC) nicht an Rank, sondern an den mit zahlreichen Beziehungen in einflußreichen Kreisen aus Politik, Wirtschaft und Geheimdienst ausgestatteten Alexander Korda, bzw. an dessen hochverschuldete British Lion, die sonst bankrott gegangen wäre. Die Rank Organisation lehnte es hingegen ab, sich noch weiter zu verschulden und richtete ihre Strategie statt dessen auf Rationalisierung aus.

Vor diesem Hintergrund beschloß Ranks Finanzexperte John Davis ein rigoroses Rationalisierungsprogramm: Erstens verschlankte er das Firmenimperium durch Schließung und Verkauf einzelner Studios. Um die Produktion wichtiger Spielfilme finanziell zu sichern, wurden vorrangig jene Produktionszweige aufgegeben, die nicht profitabel waren. Hierzu gehörten neben Dokumentar- und Trickfilmen auch *low budget*-Filme. Die 1937 von Maurice J. Wilson erbauten Highbury Studios, die Rank nach dem Zweiten Weltkrieg gekauft hatte, um dort den Amerikanern auf dem Gebiet der B-Movies Konkurrenz zu machen, gehörten daher zu den ersten Standorten, die geschlossen wurden. Zu den prominenten Opfern der Sparpolitik zählten aber auch die Gainsborough Studios in Islington und die Lime Grove Studios in Shepherds Bush. Ranks Filmproduktion konzentrierte sich nun vor allem auf Pinewood, wo Davis' ehemaliger Assistent, der in Louisiana geborene Earl St. John, die Leitung übernommen hatte. Zweitens setzte Davis für alle künftigen Produktionen eine Budget-Obergrenze von 150.000 Pfund fest, und drittens kürzte er alle Gehälter pauschal um 10 Prozent. Aufgrund dieser Maßnahmen gelang es ihm, die Schulden der Organisation bis Mitte der 50er Jahre auf 4 Millionen Pfund zu reduzieren, 1960 konnte die Gesellschaft einen Profit von 7 Millionen Pfund ausweisen (der freilich nicht durch Filme erwirtschaftet wurde).

Dennoch zog sich die Rank Organisation allmählich aus der Filmproduktion zurück und verlegte ihre Aktivitäten zunehmend auf andere Wirtschaftsbereiche, besonders erfolgreich durch den Zusammenschluß mit Xerox. 1977 kehrte die Firma noch einmal in den Kreis der Filmproduzenten zurück. Da sich jedoch alle produzierten Filme, darunter Nicolas Roegs BAD TIMING (1980) und die Remakes der Hitchcock-Klassiker THE 39 STEPS (1978, Don Sharp) und THE LADY VANISHES (1979, Anthony Page) als Fehlschläge erwiesen, wurde das Produktionsprogramm 1980 wieder eingestellt.

J. Arthur Rank, der 1957 in den Stand eines Lord erhoben wurde, starb 1972, zu einem Zeitpunkt, als die britische Filmindustrie in eine der kritischsten Phasen ihrer Geschichte eintrat.

7. Michael Powell und Emeric Pressburger

7.1 Champion der Quota Quickies

Michael Powell (1905–1990) gilt heute den meisten Kritikern als bedeutendster Vertreter der zwischen 1900 und 1910 geborenen Generation britischer Filmregisseure, zu der u.a. so profilierte Männer wie Carol Reed, David Lean, Anthony Asquith, Frank Launder und Sidney Gilliat gehörten. Powell war ein eigenwilliger und unabhängiger Regisseur, der sich weder an die Beschränkungen eines realistischen Stils gebunden fühlte, noch, wie viele seiner Kollegen, auf literarische Adaptionen fixiert war. Viele der über fünfzig Spielfilme, die er zwischen 1931 und 1978 inszenierte, bestechen aus heutiger Sicht durch ihre Originalität und Modernität. Doch gerade weil Powell abseits der gängigen Trends arbeitete, blieb er lange der am meisten unterschätzte aller britischen Regisseure.

Michael Powell begann seine Filmkarriere Mitte der 20er Jahre während eines Ferienaufenthalts in Südfrankreich. Sein Vater besaß ein Hotel in Cap Ferrat unweit von Nizza, wo der irischstämmige Hollywood-Regisseur Rex Ingram (1892–1950) seine Victorine Studios errichtet hatte. Nachdem Powells Vater den Kontakt vermittelt hatte, sammelte Michael erste Filmerfahrungen als Laufbursche, Komparse und Assistent des Standfotografen bei den Ingram-Produktionen MARE NOSTRUM, THE MAGICIAN und THE GARDEN OF ALLAH. 1928 kehrte Powell nach London zurück, gab die begonnene Laufbahn eines Bankangestellten auf und arbeitete statt dessen als Fotograf am Set von Hitchcocks THE MANXMAN und BLACKMAIL. Als der amerikanische Produzent Jerome Jackson auf ihn aufmerksam wurde, erhielt Powell mehrere Drehbuchaufträge und ab 1931 erste kleinere Regiearbeiten. Hierbei kam Powell das Quotengesetz von 1927 zugute, denn zahlreiche der 23 Filme, die er von 1931 bis 1936 inszenierte, fielen unter die Kategorie der Quota Quickies. 1933 schrieb ein Kritiker im *Observer*: »I still believe that Michael Powell might make a good picture, but not so long as he is regarded as the champion ›quickie‹ merchant of the industry.« Powells erste eigene Inszenierung war

Two Crowded Hours (1931), eine kurze Kriminalkomödie für den britischen Zweig von Fox, die in zwölf Tagen abgedreht wurde. Bereits das wenig später entstandene Drama Rynox (1931), Powells erster Film, der nicht als Quota Quickie gilt, trug dem jungen Regisseur positive Kritiken ein, bis hin zu einem schmeichelhaften Vergleich mit Asquith und Hitchcock.

Gemeinsam mit Jerome Jackson gründete Powell anschließend die kurzlebige Produktionsfirma Westminster Films, für die er nur drei Filme inszenierte, C.O.D., His Lordship und Born Lucky (alle 1932). In der Zeitschrift *Kinematograph Weekly* hieß es später, daß Powell mit solchen Filmen seine Karriere aufs Spiel gesetzt hat: »Mickey [...] made a picture for Gerry Jackson called His Lordship. At its Sunday night screening at the Dominion, it was booed off the screen. Next morning the press gave the incident so much unwanted publicity that it is something of a miracle Powell ever survived as a director.« (16. Oktober 1941, 4).

Größeren Anklang bei Kritik und Publikum fanden hingegen die Filme The Fire Raisers (1933) und The Phantom Light (1935), die Powell und Jackson für Gaumont-British produzierten. Sein endgültiger Durchbruch zum seriösen Regisseur gelang Powell aber erst 1937 mit The Edge of the World, den er selbst als positiven Wendepunkt seiner Karriere betrachtete. Powell hatte diesen Film, für den er sowohl die Originalvorlage als auch das Drehbuch schrieb, bereits seit fünf Jahren realisieren wollen. Als endlich die Finanzierung durch den amerikanischen Produzenten Joe Rock gesichert war, begannen auf der schottischen Insel Foula die Dreharbeiten für den semidokumentarischen Film über den harten alltäglichen Lebenskampf von Kleinbauern auf den abgelegenen schottischen Hebriden-Inseln, die zu jener Zeit immer mehr Einwohner an das wirtschaftlich attraktivere Festland verloren. Die fünfmonatigen Dreharbeiten für sein erstes eigenes Projekt wirkten so intensiv auf Powell, daß er 1937 ein Buch darüber schrieb (eine Neuauflage erschien 1990 unter dem Titel *Edge of the World*) und 1978 die Filmdokumentation Return to the Edge of the World produzierte, für die er mit seinem Hauptdarsteller John Laurie und anderen Mitgliedern des damaligen Filmteams noch einmal nach Foula reiste.

Trotz des etwas zerfahren wirkenden Plots beeindruckte The Edge of the World mit seinem markanten visuellen Stil und seinen ausdrucksstarken Naturaufnahmen auch Alexander Korda – ein Umstand, der Powells bevorstehenden Wechsel nach Hollywood verhinderte.

7.2 The Archers

Korda nahm Powell nach der Premiere von THE EDGE OF THE WORLD für ein Jahr unter Vertrag und entsandte ihn sogleich nach Fernost, um dort für ein Filmprojekt (Arbeitstitel: *Burmese Silver*) zu recherchieren, das schließlich doch nicht realisiert wurde. Statt dessen übernahm Powell die Regie von THE SPY IN BLACK (1939), einer temporeichen und amüsant erzählten Spionagegeschichte aus dem Ersten Weltkrieg, die bei Publikum und Kritik großen Erfolg hatte. In der Titelrolle des einen Monat vor Kriegsausbruch gestarteten Films stand mit Conrad Veidt (1893–1943) ein Deutscher im Mittelpunkt, den Powell bei späterer Gelegenheit als einen der größten Schauspieler des europäischen Kinos und als eine der faszinierendsten Persönlichkeiten seiner Zeit bezeichnete. Veidt, der bereits 1920 mit Robert Wienes DAS CABINET DES DR. CALIGARI berühmt geworden war, spielte seit den 30er Jahren in England, u.a. in Erfolgsfilmen wie ROME EXPRESS (1932) und I WAS A SPY (1933).

Da Powell der ursprüngliche Drehbuchentwurf von THE SPY IN BLACK nicht zusagte, ließ Korda ihn von einem neuen Autor überarbeiten, nämlich von dem gebürtigen Ungarn Emeric Pressburger (1902–1988), der bereits für die Berliner Ufa-Studios gearbeitet hatte, bevor er über Paris nach Denham kam. Powell lernte Pressburger kennen, als dieser Kordas Team das Ergebnis seiner Überarbeitung vorstellte. Powell war spontan begeistert von dem Autor, der die Geschichte mit genialem Blick quasi auf den Kopf gestellt hatte. Pressburger war für ihn, so schrieb Powell später in seinen Erinnerungen, die Verkörperung eines langgehegten Traums, »a screenwriter with the heart and mind of a novelist, who would be interested in the medium of film, and who would have wonderful ideas, which I could turn into even more wonderful images, and who only used dialogue to clarify the plot« (zit. nach Howard 1996, 33). THE SPY IN BLACK markiert den Beginn einer intensiven Zusammenarbeit mit Pressburger, der die Bücher für sämtliche Powell-Filme von 1941 bis 1956 schrieb. Die unterschiedlichen Mentalitäten beider Männer ergänzten sich hervorragend, und das Team Powell/Pressburger wurde zum Idealbild kreativer Kooperation im Filmgeschäft.

Nach THE SPY IN BLACK arbeitete Powell als Ko-Regisseur an dem farbenprächtigen orientalischen Märchen THE THIEF OF BAGDAD (1940, DER DIEB VON BAGDAD), mit dem er zu beeindrucken verstand, obwohl er nur fünf Sequenzen inszenierte: die Eröffnungsszene, die erste Begegnung zwischen Abu und dem Flaschengeist, die Verwandlung des schwarzen Hundes in Abu, die Elefanten-Prozession der Prinzessin und den Angriff der berittenen Bogenschützen. Während sich die Premiere von THE THIEF OF BAGDAD noch lange verzögerte, übernahm Powell die Regie von THE LION HAS WINGS

(1939), einem Propagandafilm unter der unmittelbaren Wirkung der Kriegserklärung an Deutschland, der im Auftrag des Informationsministeriums hastig zusammengedreht wurde und am Beginn der langen Reihe von Powells Kriegsfilmen steht.

Nach diesen Auftragsarbeiten für Alexander Korda vereinte Powell das erfolgreiche Team von THE SPY IN BLACK, um einen weiteren Spionagefilm zu drehen, der im Frühjahr 1940 unter dem Titel CONTRABAND für volle Kinos sorgte. Emeric Pressburger lieferte Originalvorlage und Drehbuch, und die Hauptrollen übernahmen abermals Conrad Veith und Valerie Hobson. Übertroffen wurde dieser Erfolg von 49TH PARALLEL (1941), einem Propagandafilm, den Powell, diesmal als sein eigener Produzent, abermals im Auftrag des Informationsministeriums drehte. 49TH PARALLEL schildert den Versuch der Besatzung eines im St-Lorenz-Golf havarierten deutschen U-Boots, die Weiten Kanadas zu durchqueren, um den 49. Breitengrad zu erreichen und damit die unverteidigte Grenze zwischen dem deutschen Kriegsgegner Kanada und den neutralen USA zu überqueren. Die Handlung ergibt sich aus den Begegnungen der Marinesoldaten mit einzelnen Repräsentanten des demokratisch geprägten kanadischen Gesellschaftspanoramas. In den hochkarätig besetzten Hauptrollen spielten Leslie Howard und Laurence Olivier; David Lean besorgte den Schnitt. Der Film geriet bei Teilen der Presse in den Verdacht, anti-britische Ideologie zu verbreiten, weil Pressburger (der schon in THE SPY IN BLACK einen sympathischen Deutschen einen Heldentod hatte sterben lassen) vom offiziellen propagandistischen Deutschlandbild abgewichen war und die deutschen Soldaten nicht als Karikaturen, sondern als intelligente Männer mit eigenen Motivationen und Emotionen porträtiert hatte. Die nationalistische Schelte änderte freilich nichts daran, daß 49TH PARALLEL in Großbritannien zum finanziell erfolgreichsten Film des Jahres 1941 wurde. Bei den 15. Oscarverleihungen erhielt er (unter dem amerikanischen Titel THE INVADERS) Nominierungen in den Kategorien Bester Film und Bestes Drehbuch, und Pressburger gewann den Academy Award in der Sparte Beste Originalvorlage.

Während der Dreharbeiten für ihren nächsten Propagandafilm, ONE OF OUR AIRCRAFT IS MISSING (1942), die Geschichte einer englischen Bombercrew, die unter den Augen der deutschen Besatzer von holländischen Patrioten in die Freiheit geschmuggelt wird, beschlossen Powell und Pressburger, unter dem Namen The Archers ihre eigene unabhängige Produktionsgesellschaft zu gründen. Diese Firma ermöglichte es ihnen fortan, die Stoffe maßgerecht zu gestalten und die Filme exakt so zu realisieren, wie es ihren Vorstellungen entsprach. Da die individuellen Beiträge und Leistungen beider Männer in den einzelnen Filmen kaum auseinanderzuhalten waren, hieß es ab sofort bis zum letzten Archers-Film ILL MET BY MOONLIGHT (1956) in allen *credits*: »Written, Produced and Directed Michael Powell and Emeric Pressburger«. Unterstützt wurde die Arbeit der Archers durch hervorragende Kameraleute: Der spätere Produzent und Regisseur Ronald Neame (geb. 1911) fotografierte ONE OF OUR AIRCRAFT IS MISSING, Georges Périnal (1897-1965) stand für THE LIFE AND DEATH OF COLONEL BLIMP hinter der Kamera, und Jack Cardiff (geb. 1914) lieferte besonders eindrucksvolle Ergebnisse in A MATTER OF LIFE AND DEATH, BLACK NARCISSUS und THE RED SHOES. Cardiff, später ebenfalls Regisseur, erhielt für die Farbfotografie in BACK NARCISSUS einen Oscar. Powell selbst wurde für ONE OF OUR AIRCRAFT IS MISSING von der Academy of Motion Picture Arts and Sciences in der Kategorie Bestes Drehbuch nominiert – es blieb die einzige Oscar-Nominierung seines Lebens.

1943 inszenierte Powell seinen ersten eigenen Technicolorfilm, THE LIFE AND DEATH OF COLONEL BLIMP (LEBEN UND STERBEN DES COLONEL BLIMP), »die englische Antwort auf CITIZEN KANE«, wie 1988 anläßlich einer New Yorker Powell/Pressburger-Retrospektive zu lesen war. Die breit angelegte Story um die Freundschaft zwischen einem britischen und einem deutschen Offizier (Roger Livesey und Anton Walbrook) reicht vom Burenkrieg der Jahrhundertwende bis zu den deutschen Luftangriffen auf London und war zunächst als Propagandafilm konzipiert, doch wie bereits bei 49TH PARALLEL und ONE OF OUR AIRCRAFT IS MISSING trat auch hier die patriotische Botschaft hinter den künstlerischen Anspruch zurück. Das fast dreistündige komplexe Werk beleuchtet in einer langen Rückblende rund vier Jahrzehnte im Leben seines Helden Clive Candy, nach dessen Spitzname der Film ursprünglich benannt werden sollte, *The Life and Death of Sugar Candy*. Letztlich beschlossen Powell und Pressburger jedoch, ihren Protagonisten an die landesweit bekannte Cartoonfigur Colonel Blimb anzulehnen, deren Abenteuer David Low seit 1934 im *Evening Standard* publizierte. Blimb stand für die konservativen Vorkriegsmilitärs, die als Gentlemen und faire Sportsleute Krieg zu führen gedachten, deren überholter Ehrenkodex gegen Hitlers totale Kriegsführung jedoch nicht länger taugte.

Kriegsminister James Grigg und Premierminister Winston Churchill war das Filmprojekt allerdings ein Dorn im Auge, nicht zuletzt angesichts empfindlicher militärischer Rückschläge im ersten Halbjahr 1942. Man empfand die Zeichnung deutscher Militärs abermals als zu respektvoll (tatsächlich erscheint Anton Walbrook, d.i. Adolf Wohlbrück, in der Figur des Theo Kretschmar-Schuldorff überaus sympathisch), und man monierte vor allem die angebliche Tendenz des Films, die britische Militärführung der Lächerlichkeit preiszugeben, da er die lästige Diskussion um deren »Blimpishness« erneut ins Zentrum des öffentlichen Interesses rückte. Die politisch Verantwortlichen empfanden den Film als »schädlich für die Moral der Truppe«, das

Militär versagte dem Projekt jegliche technische Unterstützung, der vorgesehene Hauptdarsteller Laurence Olivier erhielt keine Freistellung von seinem Dienst bei der Marineluftwaffe, und Churchill versuchte vergeblich, das »törichte und schändliche« Filmprojekt zu stoppen. Nach der Premiere am 10. Juni 1943 verhinderte Churchill den Verleih ins Ausland, obwohl Informationsminister Brendan Bracken ihm versicherte: »the film is so boring I cannot believe it will do any harm abroad to anyone except the company which made it« (Howard 1996, 45). Erst nach massiver Intervention J. Arthur Ranks und auf dringenden Rat des Informationsministeriums gab Churchill seinen Widerstand gegen den Film auf, der angesichts der politischen Publicity mittlerweile sämtliche Kassenrekorde sprengte und sogar mit dem Slogan »See the banned film« warb.

Einen Dämpfer erfuhr der stürmische Höhenflug der Archers gegen Kriegsende durch die vorwiegend negative Rezeption von A CANTERBURY TALE (1944) und I KNOW WHERE I'M GOING! (1945). Zumindest A CANTERBURY TALE hat jedoch als ein sehr bemerkenswertes und persönliches Kunstwerk spät seine verdiente Anerkennung gefunden. Spektakulär ist bereits die Eingangssequenz, in der ein Erzähler vor einer mittelalterlichen Kulisse von den jahrhundertealten Zügen der Pilger nach Canterbury (Powells Geburtsstadt) berichtet, wo sie sich Antworten auf ihre Gebete erhofften. Hierbei schwenkt die Kamera auf einen Falkner, dessen Vogel sich in die Lüfte schwingt und sich durch einen kühnen Schnitt in die Gegenwart in ein Spitfire-Jagdflugzeug verwandelt (Stanley Kubricks vielgerühmter metaphorischer *match-cut* aus 2001 – A SPACE ODYSSEY von einer prähistorischen Knochenwaffe auf ein Raumschiff erweist sich somit als weniger originell als weithin vermutet). Zur Zielscheibe der Kritik wurde insbesondere die mysteriöse Hauptfigur von A CANTERBURY TALE, die den jungen Mädchen eines kentischen Dorfes im Schutz der Dunkelheit die Haare mit Leim verklebt, um sie daran zu hindern, mit den dort stationierten GIs auszugehen. Was die Kritik bei ihren Attacken gegen den angeblichen Sadismus des Films übersah, ist seine lyrische, märchenhafte Qualität, die ihn wie viele andere Filme des Regisseurs von der realistischen Filmtradition abhebt.

Zwischen 1946 und 1951 drehten Powell und Pressburger zunächst für Ranks Independent Producers, danach für Kordas London Films sieben Technicolorfilme auf durchgängig hohem technischem Niveau. Die Reihe wurde eröffnet durch die ›himmlische‹ Komödie A MATTER OF LIFE AND DEATH (1946, IRRTUM IM JENSEITS) mit David Niven und Roger Livesey, die Powell als seinen technisch perfektesten Film beschrieb. Dieser Film über die fantastische Geschichte eines abgeschossenen RAF-Piloten, der sich aus Liebe zu einer Amerikanerin weigert, ins Jenseits einzutreten, wurde als erster Film für die neu eingeführte jährliche Königliche Filmvorführung auserkoren. Im

Zuge dieser Promotion-Aktion für die britische Filmindustrie feierte der Film am 1. November 1946 im Londoner Empire eine glanzvolle Premiere. 1947 folgte BLACK NARCISSUS (SCHWARZE NARZISSE), erstmals nach langer Zeit kein Originaldrehbuch, sondern eine Adaption von Rumer Goddens gleichnamigem Roman. Das Melodrama um die Missionsschwester Clodagh (Deborah Kerr) beeindruckte vor allem durch Alfred Junges Oscar-prämierte Himalayakulissen in den Pinewood-Studios, wohin die Archers mittlerweile ihren Standort verlegt hatten.

7.3 »Put on Your Red Shoes and Dance the Blues«

Der 1948 inszenierte THE RED SHOES (DIE ROTEN SCHUHE) gilt heute als Klassiker und als bester Ballettfilm aller Zeiten. In dem Erfolgsmusical *A Chorus Line* wurde er ebenso zitiert wie in David Bowies Videoclip LET'S DANCE. Und dennoch glaubte zunächst nur Michael Powell an den Erfolg der mit über 500.000 Pfund bis dahin teuersten Archers-Produktion. Inspiriert von Hans Christian Andersens Märchen *Die roten Schuhe* hatte Emeric Pressburger das Originaldrehbuch bereits 1937 geschrieben und für zweitausend Pfund an Kordas London Films verkauft, ohne daß das Projekt jemals realisiert worden wäre. Powell war hingegen von dem Buch begeistert und kaufte die Filmrechte für zwölftausend Pfund von Korda zurück.

Die unmittelbaren Reaktionen auf den fertigen Film waren alles andere als ermutigend. Als Pressburger ihn in Pinewood zum ersten Mal vorführte, verließ J. Arthur Rank wortlos den Projektionsraum. Die Universal prophezeite düster, daß der Film nicht einen Penny einspielen würde. Dennoch erwies sich THE RED SHOES in den USA als Hit und wurde zum bis dahin erfolgreichsten britischen Film. Er wurde 1948 für fünf Academy Awards nominiert (u.a. für Pressburgers Originalvorlage sowie in der Kategorie Bester Film), und siegte in den Kategorien Beste Musik und Beste Ausstattung.

THE RED SHOES erzählt die Geschichte einer Primaballerina zwischen zwei Männern, dem Impresario Boris Lermontov (Anton Walbrook in einer Rolle mit unübersehbaren Parallelen zu Alexander Korda) und dem jungen Komponisten Julian Craster (Marius Goring). Bemerkenswert ist jedoch weniger der Plot als die Einblicke in den Alltag der Tänzer und die beeindruckende 14minütige Ballett-Sequenz, die die Handlung des Films allegorisch nacherzählt. Die Hauptrolle wollte Powell unbedingt mit einer professionellen Ballerina besetzen, und die Wahl fiel mit Moira Shearer auf eine Frau, die zuvor noch nie geschauspielert hatte. Das Ballett, komponiert von Brian Easdale und choreographiert von Robert Helpman, wurde mit neuesten filmtechnischen Entwicklungen gestaltet, u.a. einem *travelling matte*-Verfahren, das den Eindruck erzeugt, als würde Moira Shearer mit einer Zeitung tanzen.

Obwohl THE RED SHOES Powell die Reputation des führenden britischen Farbfilm-Regisseurs eintrug, begann er 1949 eine Serie von vier Filmen für Alexander Kordas London Films mit dem Schwarzweißfilm THE SMALL BACK ROOM (1949, EXPERTEN AUS DEM HINTERZIMMER), dem letzten Kriegsdrama der Archers. Powells Freude, zu dem Produzenten zurückzukehren, der ihm vor dem Krieg zum Durchbruch verholfen hatte, schlug schon bald in Unbehagen um, da er sich nur ungern in Kordas Versuche einspannen ließ, durch amerikanische Koproduktionen internationale Kassenschlager zu fertigen. Die Zusammenarbeit mit Korda war daher wenig erfolgreich, GONE TO EARTH (1950, DIE SCHWARZE FÜCHSIN) und THE ELUSIVE PIMPERNEL (1950, DAS DUNKELROTE SIEGEL) fielen bei Publikum und Kritik durch, und Powell empfand beide Filme rückblickend als Desaster. Erfolgreicher war dagegen die Jacques Offenbach-Adaption THE TALES OF HOFFMANN (1951, HOFFMANNS ERZÄHLUNGEN).

Mitte der 50er Jahre neigte sich die Ära der Archers ihrem Ende entgegen. Unter dem Titel OH, ROSALINDA!! (1955, FLEDERMAUS 1955) inszenierten Powell/Pressburger eine Adaption von Johann Strauß' Operette *Die Fledermaus*. Es war der erste in den ABPC-Studios in Elstree produzierte Cinemascope-Film; neben Michael Redgrave und Mel Ferrer trat darin auch die deutsche Sängerin Anneliese Rothenberger auf. Zwei Melodramen aus dem Zweiten Weltkrieg, THE BATTLE OF THE RIVER PLATE (1956, PANZERSCHIFF GRAF SPEE) und ILL MET BY MOONLIGHT (1956) setzten dem legendären Team einen eher unwürdigen Schlußpunkt. Als der kreative Funke erloschen war, gingen die Archers auseinander, ohne lautes Zerwürfnis und ohne spektakuläre Schlagzeilen.

7.4 Die PEEPING TOM-Affäre

Die spektakulären Schlagzeilen blieben Powell für sein erstes britisches Filmprojekt nach der Trennung von Pressburger auf höchst unerwartete und unwillkommene Weise vorbehalten. Zwar hatte Powell in der Vergangenheit schon mehrfach den Unmut der Kritik zu spüren bekommen, doch die Reaktionen auf seinen 1959 in den Pinewood-Studios inszenierten Thriller PEEPING TOM (AUGEN DER ANGST) stellten alles bisher Dagewesene in den Schatten. Der für 130.000 Pfund in nur fünf Wochen gedrehte Film löste nach seiner Uraufführung im April 1960 einen Skandal aus, der Michael Powells Karriere in der britischen Filmindustrie schlagartig beendete. Wie die nachstehende Zitatauswahl zeigt, erhielt der Film ein vernichtendes Presseurteil, das in der britischen Filmgeschichte beispiellos ist (zit. nach Powell 1992, 393f.):

> »The only really satisfactory way to dispose of *Peeping Tom* would be to shovel it up and flush it swiftly down the nearest sewer. Even then, the stench would remain. [...] It is no surprise that this is the work of Michael Powell who displayed his vulgarity in such films as *A Matter of Life and Death*, *The Red Shoes* and *Tales of Hoffmann*, and the bizarre tendencies of his curious mind in *A Canterbury Tale* [...]. In *Peeping Tom* his self-exposure goes even further. He not only plays the sadistic father, but uses his own child as his victim.« (Derek Hill, *Tribune*)
>
> »Ugh! Obviously, Michael Powell made *Peeping Tom* in order to shock. In one sense he has succeeded. I was shocked to the core to find a director of his standing befouling the screen with such perverted nonsense. It wallows in the deseased urges of a homicidal pervert, and actually romanticises his pornographic brutality.« (Nina Hibbin, *The Daily Worker*)
>
> »It's a long time since a film disgusted me as much as *Peeping Tom*. [...] I don't propose to name the players in this beastly picture.« (C.A. Lejeune, *The Observer*)
>
> »In the last three and a half months [...] I have carted my travel-stained carcase to some of the filthiest and most festering slums in Asia. But nothing, nothing, nothing – neither the hopeless leper colonies of East Pakistan, the back streets of Bombay nor the gutters of Calcutta – has left me with such a feeling of nausea and depression as I got this week while sitting through a new British film called *Peeping Tom*. Mr Michael Powell [...] produced and directed *Peeping Tom* and I think he should be ashamed of himself. The acting is good. The photography is fine. But what is the result as I saw it on the screen? Sadism, sex, and the exploitation of human degradation.« (Len Mosley, *Daily Express*).

PEEPING TOM schildert die letzten Tage im Leben des pathologischen Frauenmörders Mark Lewis (Karlheinz Böhm). Im Gegensatz zu dem von Anthony Perkins gespielten fahrigen und undurchsichtigen Norman Bates in Hitchcocks PSYCHO (dessen Premiere im Juni 1960 unmittelbar bevorstand) entspricht Marks Erscheinung keineswegs dem Klischee eines geistesgestörten Gewalttäters. Er ist bescheiden, zuvorkommend und hilfsbereit und verrichtet gewissenhaft seine Arbeit als Kameraassistent in einem Filmstudio. Allenfalls sein Nebenjob als Fotograf erotischer Modelle im Hinterzimmer eines Tabakladens trübt etwas das Bild vom tugendhaften jungen Mann und verweist latent auf Marks Doppelleben. Seine ganze Passion gehört seinem eigenen Filmprojekt, einer »Dokumentation« über die Ermordung seiner Opfer.

Peeping Tom (Karlheinz Böhm, Anna Massey)

Bei seinen Verbrechen benutzt Mark eine ebenso perfide wie anspielungsreiche Mordwaffe: eine 16mm-Kamera, in deren Dreibeinstativ ein verborgenes Stilett montiert ist. Die Filmkamera wird aber nicht nur zu einem Tötungsinstrument, sondern auch zum Chronisten des Tötungsaktes, denn sie potenziert den Horror durch einen an ihr befestigten Parabolspiegel, der die Opfer zwingt, ihre Todesangst und eigene Ermordung zu beobachten.

Hier wird ein zentraler Aspekt von Powells abgründiger Konzeption manifest. Der Mörder hinter der Kamera »filmt einen Mord, den er filmend begeht« (*Metzler Film Lexikon*) und wird so zum verzerrten Sinnbild des Filmschaffenden und seiner spezifischen Art, filmische Realität zu erzeugen. Powell intensiviert diesen subversiven Gedanken, indem er die Zuschauer zwingt, das Geschehen aus der subjektiven Perspektive des filmenden Mörders mitzuerleben. Implizit wird dadurch das Kinopublikum seiner Anonymität enthoben und zu voyeuristischen Komplizen erklärt. Da Powell auf diese Weise den inhärenten Voyeurismus des Mediums Film bloßlegte, rüttelte er an einem Tabu, das die hysterischen Reaktionen der Kritik teilweise verständlich werden läßt, denn unübersehbar bezieht Peeping Tom die gesamte

Kinogeschichte und die Mechanismen des Filmgeschäfts in seine Botschaft mit ein. Das Medium und seine Geschichte werden auf formaler und inhaltlicher Ebene stets im Bewußtsein des Zuschauers gehalten. Anders etwa als in Filmen wie THE LADY IN THE LAKE (USA 1947, DIE DAME IM SEE) simuliert die subjektive Kamera hier weniger die Wahrnehmungsperspektive einer beteiligten Figur, sondern schafft vor allem Distanz, da der eingeblendete Rahmen im Sucher von Marks Kamera den Bruch zwischen Realität und filmischer Repräsentation bereits auf der technischen Ebene aufdeckt. Deutlich macht Powell den generellen Bezug auch, indem er die historische Entwicklung des Mediums von der Fotografie des 19. Jahrhunderts über den schwarz-weißen Stummfilm und die Dokumentarfilmbewegung bis zum zeitgenössischen Spielfilm und seinen diversen Genres zitiert, und indem er PEEPING TOM mit einer komplex verschachtelten Film-im-Film-Struktur unterlegt.

Daß sich die Kritik in diesem Fall Seite an Seite mit der Zensurbehörde fand, dürfte weniger mit dem Vorwurf der Gewaltdarstellung zu tun haben (die in PEEPING TOM eher dezent ausfällt) als mit dem psychopathologischen Moment, das bei den britischen Zensoren traditionell als Tabuzone betrachtet wurde. Gerade hierbei beschritten Powell und Drehbuchautor Leo Marks einen modernen und kontroversen Weg, indem sie den pathologischen Mörder nicht als bösartig darstellten, sondern als einsames Opfer, das die Sympathie oder zumindest das Mitleid der Zuschauer einfordert. Der Film führt Marks Taten auf Ursachen in seiner Kindheit zurück und spricht den Triebtäter dadurch – zumindest partiell – von Schuld und Verantwortung frei. Als Kind wurde Mark von seinem Vater, einer Kapazität auf dem Gebiet der Angstforschung, unter dem Deckmantel der Wissenschaftlichkeit für gewissenlose Experimente mißbraucht, in künstliche Angstzustände versetzt und dabei gefilmt. Die Tatsache, daß Marks Vater von Michael Powell selbst dargestellt wurde, diente der Kritik als willkommenes Argument. Der Film schien zu bestätigen, daß Powell einen Hang zum Sadismus besaß, wie es sich angeblich schon in A CANTERBURY TALE angedeutet hatte und wie zahlreiche Schauspieler klagten, die die kompromißlose Härte des Regisseurs am Set zu spüren bekommen hatten.

Mit seiner experimentierfreudigen Technik und cineastisch-selbstreflexiven Metaphorik steht PEEPING TOM der Nouvelle Vague näher als alles, was das britische Kino in den 50er Jahren hervorgebracht hat und ist von allen Filmen Michael Powells seiner Zeit am weitesten voraus. Es wird daher vielleicht verständlich, daß PEEPING TOM erst zwanzig Jahre nach seiner Uraufführung auf dem Umweg über die USA und Deutschland seine Rehabilitierung als brillantes Kunstwerk erfuhr.

Nach PEEPING TOM hat Powell außer einigen Fernsehbeiträgen (darunter den Science Fiction-Film THE BOY WHO TURNED YELLOW (1972, EIN JUNGE sieht gelb) keine weiteren Inszenierungen in Großbritannien übernommen, so daß Peeping Tom den Abschluß seiner britischen Filmkarriere darstellt. So gesehen wird der Schluß dieses Films zum Epitaph von Michael Powells künstlerischem Schaffen: Nach Marks Selbstmord hört das Publikum noch einmal die Tonbandstimme seines Vaters, der seinen kleinen Sohn mitten in der Nacht brutal aufweckt, um seine Angst und seine Tränen filmisch zu dokumentieren. Anschließend hat der Vater statt tröstender Worte nur Tadel bereit – Mark solle mit dem Weinen aufhören, es gebe nichts, wovor er sich fürchten müsse. Es folgt die Abblende, doch über der nunmehr erloschenen Leinwand ist noch einmal Marks Kinderstimme als *voice over* zu hören: »Good night, Daddy. Please hold my hand.« Der Kontext dieses Films macht diese Zeile, wie Ken Russell treffend bemerkte, zum beklemmendsten Schlußsatz der Kinogeschichte (Russell 1993, 106).

Titel	Jahr	Produktion
Two Crowded Hours	1931	Jerome Jackson/Henry Cohen
My Friend the King	1931	Jerome Jackson
Rynox	1931	Jerome Jackson
The Rasp	1931	Jerome Jackson
The Star Reporter	1931	Jerome Jackson
Hotel Splendide	1932	Jerome Jackson
C.O.D.	1932	Jerome Jackson
His Lordship	1932	Jerome Jackson
Born Lucky	1932	Jerome Jackson
The Fire Raisers	1933	Jerome Jackson
The Night of the Party	1934	Jerome Jackson
Red Ensign	1934	Jerome Jackson
Something Always Happens	1934	Irving Asher
The Girl in the Crowd	1934	Irving Asher
Lazybones	1935	Julius Hagen
The Love Test	1935	Leslie Landau
The Phantom Light	1935	Jerome Jackson
The Price of a Song	1935	Michael Powell
Someday	1935	Irving Asher

Her Last Affair	1936	Simon Rowson/Geoffrey Rowson
The Brown Wallet	1936	Irving Asher
Crown v Stevens	1936	Irving Asher
The Man Behind the Mask	1936	Joe Rock
The Edge of the World	1937	Joe Rock
The Spy in Black	1939	Irving Asher
The Lion Has Wings	1939	Alexander Korda
The Thief of Bagdad	1940	Alexander Korda
Contraband	1940	John Corfield
49th Parallel	1941	Michael Powell
One of Our Aircraft Is Missing	1942	Michael Powell/Emeric Pressburger
The Life and Death of Colonel Blimp	1943	Michael Powell/Emeric Pressburger
The Volunteer	1943	Michael Powell/Emeric Pressburger
A Canterbury Tale	1944	Michael Powell/Emeric Pressburger
I Know Where I'm Going!	1945	Michael Powell/Emeric Pressburger
A Matter of Life and Death	1946	Michael Powell/Emeric Pressburger
Black Narcissus	1947	Michael Powell/Emeric Pressburger
The End of the River	1947	Michael Powell/Emeric Pressburger
The Red Shoes	1948	Michael Powell/Emeric Pressburger
The Small Back Room	1949	Michael Powell/Emeric Pressburger
Gone to Earth	1950	Michael Powell/Emeric Pressburger
The Elusive Pimpernel	1950	Michael Powell/Emeric Pressburger
The Tales of Hoffmann	1951	Michael Powell/Emeric Pressburger
Oh, Rosalinda!!	1955	Michael Powell/Emeric Pressburger
The Battle of the River Plate	1956	Michael Powell/Emeric Pressburger
Ill Met by Moonlight	1956	Michael Powell/Emeric Pressburger
Peeping Tom	1960	Michael Powell

Die britischen Filme von Michael Powell

8. Carol Reed

8.1 Die frühen Jahre

Carol Reed wurde am 30. Dezember 1906 als illegitimer Sohn des Bühnendarstellers und Intendanten Sir Herbert Beerbohm Tree (1853–1917) geboren, der in seiner außerehelichen Beziehung das anagrammatische Pseudonym »Reed« benutzte. Reed gilt als einer der solidesten Handwerker des britischen Kinos. Menschen, die ihn kannten, beschreiben ihn als charmant, gesellig und als hingebungsvollen Familienvater. Generell besaß Reed eine Vorliebe für Themen, bei denen Kinder eine tragende Rolle spielten (z. B. THE FALLEN IDOL, A KID FOR TWO FARTHINGS, OLIVER!), die er ebenso großartig zu führen verstand wie seine erwachsenen Darsteller. In der Auswahl seiner Sujets war Reed nicht sonderlich wählerisch, er inszenierte Filme unterschiedlichster Genres, vom Melodrama über Screwball-Komödien, Romanzen, Sozialdramen, Kriegs- und Abenteuerfilme bis hin zum Musical und seinem bedeutendsten Genre, dem Thriller. Er drehte Filme mit politischem Inhalt, ohne ein politischer Regisseur zu sein und setzte bevorzugt auf Stoffe, die sich bereits als Roman oder Theaterstück bewährt hatten. Auch war sich Reed nicht zu schade, mit NIGHT TRAIN TO MUNICH (1940) einen Spionagefilm zu inszenieren, bei dem es sich unübersehbar um ein Hitchcock-Plagiat handelte.

Carol Reeds filmisches Schaffen wurde daher von der Kritik uneinheitlich bewertet. Während er manchen Filmhistorikern als ein Regisseur gilt, der neben zwei Dutzend handwerklich beachtlichen, aber uninspirierten und eklektischen Filmen nur zwei bis drei künstlerisch hochrangige Werke hervorgebracht hat, würdigen ihn andere als einen der bedeutendsten, wenn nicht gar, wie Robert F. Moss, als den bedeutendsten Regisseur der britischen Filmgeschichte. Letztere können immerhin darauf verweisen, daß Reed von 1947 bis 1949 dreimal hintereinander mit dem höchsten Preis der Britischen Filmakademie ausgezeichnet wurde und 1952 für seine Verdienste geadelt wurde.

Carol Reed gab schon als Achtzehnjähriger sein Schauspieldebüt in London. Der Schriftsteller Edgar Wallace (1875–1932), der eine eigene Theatertruppe gegründet hatte, um Bühnenbearbeitungen seiner populären Kriminalromane aufzuführen, nahm den jungen Mann in sein Ensemble auf und übertrug ihm auch hinter der Bühne Verantwortung, so daß sich Reeds Betätigungsfeld allmählich stärker auf die Produktionsseite verlagerte. Als Reed Anfang der 30er Jahre von Wallace damit beauftragt wurde, die zahlreich entstehenden Verfilmungen seiner Romane zu beaufsichtigen, lernte er Basil Dean kennen, dessen Associated Talking Pictures die Exklusivrechte an den literarischen Vorlagen besaß. Nach Wallaces Tod trat Reed in Deans Firma ein und arbeitete dort zunächst als Dialogregisseur, Regieassistent und Koregisseur (gemeinsam mit Robert Wyler in der romantischen Komödie IT HAPPENED IN PARIS, 1935), bevor er 1935 mit MIDSHIPMAN EASY seinen ersten eigenen Film inszenierte. Bereits in dieser vornehmlich für ein jugendliches Publikum attraktiven Verfilmung von Frederick Marryats aktionsgeladener viktorianischer Abenteuergeschichte *Mr Midshipman Easy* erhielt Margaret Lockwood die weibliche Hauptrolle, die bis 1941 insgesamt sieben Mal in Reeds Filmen spielte.

MIDSHIPMAN EASY war für Reed der Auftakt zu einer Phase routinemäßiger Fließbandproduktionen, die er als Freelancer u.a. für British and Dominions, Gainsborough und Gaumont-British inszenierte. Wie bei anderen Regisseuren auch dienten diese Quotenfilme in erster Linie dem Broterwerb und sind heute eher von historischem Interesse. Aus der Reihe dieser weitgehend in Vergessenheit geratenen Komödien und Melodramen ragt lediglich der ambitioniertere BANK HOLIDAY (1938) heraus. Bemerkenswert an diesem Film ist weniger die sentimentale Liebesgeschichte um die Krankenschwester Catherine (Margaret Lockwood), die einen jungen Mann (John Lodge) vor dem Selbstmord rettet, als die zwischengeschalteten Porträts einfacher Leute, die ein Augustwochenende in einem Badeort verbringen. In diesen amüsanten Nebenhandlungen stellte Reed seine Fähigkeit unter Beweis, gewöhnliche Menschen eindrucksvoll in Szene zu setzen und dabei einzelne Figuren anhand kleiner Details zu charakterisieren.

Die entscheidende Wende in Reeds Karriere vom wenig beachteten Filmhandwerker zum international erfolgreichen Regisseur brachten die 1940 entstandenen Filme THE STARS LOOK DOWN (STERNE BLICKEN HERAB) und NIGHT TRAIN TO MUNICH. THE STARS LOOK DOWN verbindet das realistische Porträt eines Kohlearbeiterreviers mit dem Konflikt um eine unsichere Kohlengrube. Die Warnungen des jungen David Fenwick (Michael Redgrave) verhallen bei Minenbesitzern und Gewerkschaftsführern gleichermaßen ungehört, und der Film endet mit einer Katastrophe, die hätte verhindert werden können. Reeds Adaption von A.J. Cronins gleichnamigem Roman aus dem Jahr 1935 wurde von der Kritik z.T. enthusiastisch gefeiert. Graham Greene, der sich bereits über Reeds früheste Regiearbeiten anerkennend geäußert hatte, sah in THE STARS LOOK DOWN den bis dahin besten britischen Film, und noch 30 Jahre später betrachtete die Filmkritikerin Pauline Kael den Film als Reeds heimliches Meisterwerk (Kael 1969, 439-441). Das ungewöhnlich hohe Budget von 100.000 Pfund ermöglichte dem Regisseur u.a. Außenaufnahmen in der St. Helens Siddick-Kohlenzeche im Nordosten Englands, die den Film sehr authentisch wirken lassen. Geschult am Stil der britischen Dokumentaristen war THE STARS LOOK DOWN einer der ersten britischen Spielfilme, die sich ernsthaft mit sozialen Problemen auseinandersetzen. Daß Reed hier aber, wie stets, weniger an der politischen als an der menschlichen Dimension des Geschehens interessiert war, spricht aus seiner gernzitierten Äußerung, er habe zwar einen Film gedreht, der die Verstaatlichung der Kohlengruben propagiert, aber er würde schon morgen einen Film mit der entgegengesetzten Aussagehaltung drehen, sofern die Geschichte hinreichend begründet sei (*Theatre Arts*, Mai 1947, 57). Abgeschwächt wird der Gesamteindruck des Films durch die karikaturhafte Zeichnung des Minenbesitzers Barras (Allan Jeayes) und die unverhältnismäßig breit angelegte Dreiecksgeschichte zwischen David, Jenny Sunley (Margaret Lockwood) und Davids schurkischen Jugendfreund Joe Gowlan (Emlyn Williams).

Beim Publikum war THE STARS LOOK DOWN ein ebenso großer Erfolg wie der anschließende Spionagethriller NIGHT TRAIN TO MUNICH. Dabei störten sich die Zuschauer nicht an der Tatsache, daß dieser Film nichts anderes war als Frank Launders und Sidney Gilliats Versuch, den sensationellen Erfolg ihres Drehbuchs zu Hitchcocks THE LADY VANISHES durch eine kaum verhüllte Kopie zu wiederholen. Im Gegensatz zu Hitchcocks überlegenem Original gab sich Reeds Film – in Anbetracht des zwischenzeitlich ausgebrochenen Zweiten Weltkriegs leicht erklärbar – unmißverständlich als Propagandafilm zu erkennen.

Nach dem Gerichtsdrama THE GIRL IN THE NEWS (1941) und der H.G. Wells-Verfilmung KIPPS (1941), mit einem brillanten Michael Redgrave in der Titelrolle, widmete sich Reed bis Kriegsende ausschließlich militärischen Themen. Dies begann bereits mit THE YOUNG MR PITT (1942), einem augenscheinlichen Historienfilm, der aber in seiner Heroisierung des auf einen militärischen Konfrontationskurs gegen Napoleon bedachten William Pitt als Propagandafilm für die Politik Winston Churchills durchschaubar wurde. Die propagandistische Absicht zeigte sich u.a. in der Verunglimpfung des liberalen Whigführers und Pitt-Kontrahenden Charles Fox (der offensichtlich für die ausgleichende Politik Neville Chamberlains steht) sowie in der überdeutlichen Lektion an das britische Volk, daß in politischen Notzeiten Entbehrungen klaglos hinzunehmen seien.

Nach seinem Eintritt in den Kinematographic Service der britischen Armee drehte Reed im Regierungsauftrag mehrere Dokumentarfilme, darunter den Kurzfilm THE NEW LOT (1942), dessen erzieherischer Wert so hoch veranschlagt wurde, daß Reed von staatlichen und militärischen Gremien nahegelegt wurde, sein Material zu einem abendfüllenden Spielfilm zu erweitern. Der so entstandene THE WAY AHEAD (1944) fand beiderseits des Atlantiks eine überaus positive Resonanz bei der Kritik, wurde als einer der besten Kriegsfilme aller Zeiten gefeiert und als Armee-Gegenstück zu David Leans Marine-Epos IN WHICH WE SERVE (1942) gesehen. Der Film läßt die Zuschauer am Schicksal einer bunt zusammengewürfelten Gruppe von Rekruten teilhaben, vom Moment der Einberufung bis zum Kampf gegen Rommels Nordafrika-Korps. Exemplarisch zeigt der Film, wie aus Zivilisten Soldaten werden, aus ihrer anfänglichen Skepsis und ihrem Haß auf die Armee Vertrauen und Identifikation. Auffällig ist jedoch, daß die patriotische Wirkungsabsicht jegliche komplexe Charakterentwicklung von vornherein unterbindet. Ohne kritische Untertöne dürfen sich die Figuren schablonenhaft nur in eine Richtung entwickeln, nämlich vom Individuum, das sein vom Zivilleben geprägtes Rechtsempfinden aufgeben muß, zur konformistischen Kampfmaschine. Die Rolle des Bösewichts wird dabei pauschal auf den militärischen Gegner projiziert, Konflikte zwischen den Rekruten und ihrem verhaßten Ausbilder werden als Scheinkonflikte bagatellisiert. So rekonstruierte Reed im Sinne seiner politischen Auftraggeber deren Wunschbild von klassenloser Kameraderie und verständnisvoll wartenden Frauen. Beeindruckend war indes die Schlußszene von THE WAY AHEAD, in der sich die Darsteller, akustisch überlagert vom Dröhnen der sich nähernden deutschen Panzer, auf eine Nebelwand zubewegen, in der sie allmählich unkenntlich werden.

8.2 Auf dem Höhepunkt des Erfolgs

Vor der wichtigsten Weichenstellung seines Lebens befand sich Reed, als ihn das Kriegsende mit einer für ihn völlig neuen Situation konfrontierte. Er war vertraglich ungebunden, und seine Filme für die Regierung hatten ihm die Reputation des führenden nationalen Regisseurs eingetragen. Somit war es ihm erstmals möglich, seine Sujets selbst auszuwählen, frei von den Zwängen der Quotenregel und des Kriegs. Reed nutzte diese Chance, indem er in Folge vier ausgezeichnete Filme in die Kinos brachte.

Zunächst inszenierte Reed für Arthur Ranks Independent Producers ODD MAN OUT (1947, AUSGESTOSSEN), eine Adaption des gleichnamigen Thrillers des anglo-irischen Schriftstellers F.L. Green mit stilistischen und inhaltlichen Parallelen zu Hollywoods Schwarzer Serie. Mit diesem Film konnte Reed erstmals sein kreatives Potential voll zur Geltung bringen, zumal ihn ein handverlesenes Team vor und hinter der Kamera optimal unterstützte – an vorderster Stelle der österreichische Kameramann Robert Krasker (1913 –1981), der zuvor Laurence Oliviers Henry V und David Leans Brief Encounter fotografiert hatte, der Komponist William Alwyn sowie die Darsteller des berühmten irischen Ensembles des Abbey Theatre (u.a. Cyril Cusack, Dennis O'Dea und W.G. Fay).

Der im expressionistischen Stil gehaltene Film, der die Rezensenten zu wahren Begeisterungsstürmen hinriß und heute den meisten Kritikern als Reeds perfektester Film gilt, schildert die letzten Stunden im Leben des IRA-Kämpfers Johnny McQueen (James Mason). Gegen den Rat seines Freundes und Komplizen Dennis (Robert Beatty) übernimmt Johnny das Kommando bei einem Raubüberfall, in dessen Verlauf er angeschossen wird. Johnnys anschließender Versuch, in die Freiheit zu entkommen, ist eine Odyssee durch die Straßen des nächtlichen Belfast und ein aussichtsloser Wettlauf gegen den Tod. Der Film vermeidet indes jeden expliziten Hinweis auf Belfast und die IRA und dementiert im Vorspann gar jegliche direkte Bezugnahme auf den Nordirlandkonflikt, so daß Reed auch hier weniger eine ideologische Stellungnahme anstrebt als die Erforschung von Grundsatzfragen des menschlichen Daseins.

Odd Man Out ist ein äußerst dicht geknüpfter, fast überladen symbolhafter und stilisierter Film, der zwischen historischen und metaphysischen Bezugspunkten auf vielfältige Weise interpretierbar ist. Dabei fällt zunächst das streng konstruierte Zeitschema des Films ins Auge. Das gesamte Geschehen spielt sich zwischen 4 Uhr nachmittags und Mitternacht in Belfast ab, und zwar im weiteren Umkreis der optisch und akustisch immer wieder ins Bild gerückten Albert Clock. Diese Turmuhr, der die erste und letzte Einstellung des Films gewidmet ist, betont das unerbittliche Fortschreiten der Zeit und die Unabwendbarkeit von Johnnys Schicksal. Nicht von ungefähr orientiert sich Odd Man Out an den Einheiten der klassischen Tragödie, denn Johnny ist eine tragische Figur, die durch eine einmalige Fehlentscheidung in einen verhängnisvollen Strudel gerät, dem sie nicht mehr entkommen kann. Die Determiniertheit der menschlichen Existenz findet auf zahlreichen Ebenen des Films ihr Echo: durch den dominanten Themenkreis von Verfolgung, Ausweglosigkeit, Gefangenschaft und Tod; durch das sich von Sonnenschein über Regen zu Schnee konstant verschlechternde Wetter; durch schicksalhafte Omen; durch die unterlegte christliche Symbolik (am markantesten in Johnnys Todesstarre in der Haltung eines Gekreuzigten); sowie durch den von unkalkulierbaren Zufällen geprägten Handlungsablauf. Die Art und Weise, wie die Figuren von der strafenden Gerechtigkeit erfaßt werden oder dieser entgehen, folgt keinem deutbaren Muster außer dem der Ironie, mit der Reed das menschliche Schicksal zeichnet.

Angesichts des großen kommerziellen und kritischen Erfolges von ODD MAN OUT ist es erstaunlich, daß Reed anschließend von Rank zu Alexander Kordas London Films wechselte. Ebenso erstaunlich ist die Tatsache, daß der Regisseur nicht an dem in ODD MAN OUT entwickelten Stil festhielt. Die plausibelste Erklärung hierfür ist, daß Reed sein Metier nicht so sehr als Kunst, sondern als Dienstleistung am Publikum begriff. Der zum Understatement neigende Regisseur sah sich nicht als Genie, dem das Publikum zu folgen hatte, sondern als Handwerker, der versucht, den legitimen Unterhaltungsanspruch des Publikums so gewissenhaft wie möglich zu befriedigen. Seine Fähigkeit, in unterschiedlichen Genres und Stilen arbeiten zu können, hat Reed infolgedessen stets als Vorteil betrachtet.

Als Aufgabe des Regisseurs sah es Reed auch an, »to convey faithfully what the author had in mind« (Vaughan 1995, 71). Diese Aussage wirft ein aufschlußreiches Licht auf die Zusammenarbeit zwischen Carol Reed und Graham Greene, dem vielleicht bekanntesten Kapitel einer Autor-Regisseur-Kooperation im britischen Film. Diese Zusammenarbeit begann 1948 mit dem Film THE FALLEN IDOL (KLEINES HERZ IN NOT), für den Greene nach seiner eigenen Kurzgeschichte »The Basement Room« das Drehbuch schrieb. Robert Moss nannte den Film einen »Thriller mit ungewöhnlich hohem IQ« (1987, 169) und beobachtete, daß Greene die konventionellen Strukturen des klassischen Whodunit-Krimis übernahm, um sie mit einem unkonventionellen Inhalt zu füllen. Im Mittelpunkt des Films steht die Freundschaft zwischen dem siebenjährigen Diplomatensohn Phil (großartig gespielt von dem Laiendarsteller Bobby Henrey) und dem Butler Baines (Ralph Richardson), dem Vaterersatz und Idol des Jungen. Als Baines schuldlos in Mordverdacht gerät, sind es ausgerechnet Phils naive und immer verzweifelter werdende Entlastungsversuche, die den Verdacht gegen Baines erhärten. Entgegen den üblichen Genrekonventionen verläuft die Sympathielenkung daher nicht parallel, sondern entgegen den Ermittlungen des Polizeidetektivs (Dennis O'Dea). Phil, der die Konventionen und Kompromisse der Erwachsenenwelt noch nicht begreift, muß im Lauf des Verhörs lernen, daß sein idealisiertes Bild von Baines eine Illusion war.

Gemessen an seinen Auszeichnungen stellte THE FALLEN IDOL die positive Reaktion auf ODD MAN OUT noch in den Schatten. Der Film erhielt nicht nur erneut den Preis der Britischen Filmakademie als bester Film, sondern wurde auch auf internationalem Parkett bei der Biennale in Venedig prämiert und – wichtiger noch – erhielt den Preis der New Yorker Filmkritiker. Dennoch konnte Reed diesen Erfolg im folgenden Jahr noch einmal übertrumpfen. Mit THE THIRD MAN (1949, DER DRITTE MANN) stellte er am eindrucksvollsten seine Fähigkeit unter Beweis, einen hohen ästhetischen Anspruch mit einem durchschlagenden Publikumserfolg zu vereinbaren.

Die Initiative zu THE THIRD MAN stammte von Alexander Korda, der seit Kriegsende plante, eine der ausgebombten europäischen Städte als Handlungsschauplatz zu nutzen. Er regte Carol Reed und Graham Greene zu einem in Wien spielenden Thriller an, und Greene lieferte zunächst einen einzigen Satz, den er Jahre zuvor auf einen Briefumschlag gekritzelt hatte: »I had paid my last farewell to Harry a week ago, when his coffin was lowered into the frozen February ground, so that it was with incredulity that I saw him pass by, without a sign of recognition, amongst the host of strangers in the Strand.« (Greene 1971, 9). Nachdem Greene diese Ideenskizze zwei Monate später zu einer vollständigen Erzählung erweitert hatte, erarbeitete er gemeinsam mit Reed das Drehbuch. Der gleichnamige Roman erschien erst nach dem Film, ebenso wie Orson Welles' Hörspielfassung für die BBC.

Vor der Kulisse des von den Alliierten besetzten und geteilten Nachkriegs-Wien und musikalisch untermalt von dem unübertrefflichen Zitherspiel von Anton Karas gestaltet dieser atmosphärisch überaus dichte Film die schicksalhafte Begegnung des amerikanischen Schriftstellers Holly Martins (Joseph Cotten) mit seinem Jugendfreund und Idol Harry Lime (Orson Welles). Der Zyniker Lime, der seinen eigenen Tod vorgetäuscht hat, um ungestört seinen skrupellosen Schwarzmarktgeschäften mit gestrecktem Penicillin nachgehen zu können, bestellt den ahnungslosen Martins nach Wien, um ihn als Strohmann zu benutzen. Konfrontiert mit der Nachricht vom Unfalltod seines Freundes verfällt Martins, der Autor trivialer Western-Romane, in das Klischee seiner Romanfiguren: Als einsamer Rächer forscht er nach den näheren Umständen von Limes Tod und stößt dabei auf Ungereimtheiten, die ihn zu der Annahme führen, Lime sei das Opfer eines Komplotts der britischen Militärpolizei geworden. Erst als er den unschuldigen Blick für sein Idol verliert und ihn der britische Major Calloway (Trevor Howard) mit den Opfern von Limes gewissenlosen Geschäften konfrontiert, lockt Martins seinen Freund in eine Falle und erschießt den in die Enge Getriebenen in den Katakomben der Wiener Kanalisation (eine Tat, deren moralische Fragwürdigkeit von vielen zeitgenössischen Rezensenten angeprangert wurde). Damit folgt auch der Schluß des Films mit der Jagd auf den Bösewicht, dem abschließenden Showdown und der Verweigerung eines romantischen Happy-Ends den typischen Strukturen des Westerns.

Dieses unterschwellige Ineinandergreifen von Film und Literatur verweist auf den ausgeprägten metatextuellen Charakter von THE THIRD MAN, der im wesentlichen ein Film über Urheberschaft und Verantwortlichkeit ist. Am originellsten zeigt sich dies in der ambivalenten Bedeutung des Filmtitels. Im Kontext der Filmhandlung findet der Titel seinen Bezugspunkt in Martins' Nachforschungen, die lange um die Identifizierung eines mysteriösen »dritten Mannes« kreisen (niemand anders als Lime selbst), der beim Abtransport von Harry Limes angeblicher Leiche beobachtet wurde. Eine zweite, aus dem Film bereits hinausweisende Bedeutung erfährt der Titel durch den Schriftsteller Holly Martins, der im Film ankündigt, auf der Grundlage der soeben erlebten Ereignisse einen Roman mit dem Titel »The Third Man« schreiben zu wollen. Diese zweite Bedeutung stellt ihrerseits den Brückenschlag zur dritten und weitesten Bedeutungsebene des Titels her, mit der Greene und Reed auf die vakant gebliebene Rolle des Drehbuchautors anspielten, also des bei Literaturverfilmungen üblicherweise zwischen Autor und Regisseur stehenden »dritten Mannes«. Zu der spezifischen Form seiner Zusammenarbeit mit Reed äußerte sich Graham Greene folgendermaßen:

» *The Third Man* [...], though never intended for publication had to start as a story before those apparently interminable transformations from one treatment to another. On these treatments Carol Reed and I worked closely together, covering so many feet of carpet a day, acting scenes at each other. No third ever joined our conferences; so much value lies in the clear cut-and-thrust of argument between two people. [...] The film, in fact, is better than the story because it is in this case the finished state of the story.« (Greene 1971, 4f.).

Reed und Greene ergänzten sich hervorragend. Der einzige Disput zwischen Autor und Regisseur, so Greene, betraf das Ende von THE THIRD MAN. Reed empfand den vom Autor vorgeschlagenen Schluß, der ein Happy-End anzudeuten scheint (Martins und Anna besteigen gemeinsam die Straßenbahn), als unpassend und zynisch. Greene seinerseits befürchtete, daß der vom Regisseur favorisierte lange, einsame Fußmarsch der Anna Schmidt dem Publikum ebenso konventionell, aber langwieriger erscheinen würde. Nach Fertigstellung des Films gab Greene jedoch unumwunden zu, daß Reed richtig gelegen hatte.

Im Gegensatz zu der weit ausgreifenden Verweisstruktur von THE THIRD MAN ist der Film auf der Handlungsebene geradezu hermetisch geschlossen. Die symmetrisch angelegte Handlung – sie beginnt an Harry Limes angeblichem Grab und endet mit dessen tatsächlicher Beisetzung – spielt ausschließlich in Wien, wobei Reed diesen Schauplatz räumlich und zeitlich bis in seine Extrempunkte auslotet, von der Vogelperspektive des Riesenrads im Prater bis in die Abgründe der Kanalisation und von der Kinderstation eines Krankenhauses bis zum Zentralfriedhof.

Seine populäre Wirkung verdankt der Film nicht zuletzt den zahlreichen Szenen, mit denen Carol Reed Filmgeschichte schrieb, etwa der erste Blick auf Harry Lime in einem dunklen Hauseingang, Limes Verfolgung durch die Wiener Kanalisation und seine letzte Geste des Einverständnisses vor dem

THE THIRD MAN (Joseph Cotten, Orson Welles)

todbringenden Schuß, die lange letzte Einstellung auf die junge Anna Schmidt (Alida Valli), die an dem wartenden Holly Martins vorbeiläuft. Unvergeßlich wurde auch der Dialog zwischen Lime und Martins im Riesenrad des Prater, der mit Limes berühmtem, von Welles selbst verfaßtem Kuckucksuhren-Monolog endet: »In Italy for thirty years under the Borgias they had warfare, terror, murder, bloodshed – they produced Michelangelo, Leonardo, and the Renaissance. In Switzerland, they had brotherly love, five hundred years of democracy and peace, and what did that produce? The cuckoo clock.«

Mit seiner genialen Darstellung des Harry Lime knüpfte Orson Welles nahtlos an seine überragende schauspielerische Leistung in CITIZEN KANE (USA 1940) an. Obwohl er insgesamt nur zehn Minuten auf der Leinwand präsent ist, gelingt Welles eines der brillantesten Schurken-Porträts der Filmgeschichte. Dabei stellen Reed und Greene die Konventionen des Helden-Konzepts auf den Kopf. Während der naive und langweilige Martins die Sympathien des Publikums weitgehend verspielt, zieht der charismatische Lime die Zuschauer mit unwiderstehlichem Charme in seinen Bann. (Eine ähnliche Rollenverteilung zwischen Cotton und Welles bestand übrigens bereits in CITIZEN KANE.) Welles' kreativer Anteil an THE THIRD MAN ging deutlich über die Schauspielerei hinaus. Er schrieb einen großen Teil seiner Dialoge selbst, erprobte immer neue Variationen einzelner Einstellungen, erteilte Anweisungen an Kameramann Robert Krasker und dürfte teilweise auch den expressionistischen Stil des Films beeinflußt haben. Stilmittel wie die gekippten Kamerawinkel, die ausdrucksstarken hell-dunkel-Kontraste und der Einsatz von Schatten, die bereits in früheren Reed-Filmen zu beobachten sind, unterstützen hier die Atmosphäre von Verfall und Korruption, Zynismus und Desillusionierung.

Alexander Kordas Kalkül, die beiden wichtigsten Rollen des Films mit amerikanischen Darstellern zu besetzen, ging auf. THE THIRD MAN wurde ein großer Publikumserfolg beiderseits des Atlantiks, und die Begeisterung der Kritik schlug sich abermals in internationalen Auszeichnungen nieder: Er wurde als bester Film von der Britischen Filmakademie prämiert, er erhielt die Goldene Palme von Cannes, und Robert Kraskers eindrucksvolle Fotografie wurde mit dem Oscar honoriert.

8.3 Spätphase

Ende der 40er Jahre galten Carol Reed und David Lean als die führenden britischen Regisseure. Beide konnten zu diesem Zeitpunkt eine lückenlose Reihe großartiger Erfolge aufweisen – was nach Hitchcock keinem britischen Regisseur mehr gelungen war. Reeds ODD MAN OUT, THE FALLEN IDOL und THE THIRD MAN standen Leans BRIEF ENCOUNTER, GREAT EXPECTATIONS und OLIVER TWIST gegenüber. Die von der zeitgenössischen Filmkritik immer wieder aufgeworfene Frage, welcher von beiden der bedeutendere Regisseur sei, wurde zu einer Rivalität zwischen Reed und Lean hochstilisiert, die jedoch schnell an Bedeutung verlor, als beide in den 50er Jahren sehr unterschiedliche Wege einschlugen. Als Lean ab 1957 seine großen Epen schuf, hatte für Reed der künstlerische und kommerzielle Abstieg längst begonnen.

Obwohl Reed mit dem Folgeprojekt zu THE THIRD MAN, der Verfilmung von Joseph Conrads zweitem Roman *An Outcast of the Islands*, nochmals ein bedeutendes Werk schuf, markiert der Film eine Wende in seiner Karriere. Alexander Korda, auf den der in England zu Ruhm gelangte Osteuropäer Joseph Conrad eine verständliche Faszination ausübte, hatte Reed zu dem Film gedrängt. Damit hatte Korda den richtigen künstlerischen Instinkt bewiesen, denn Reed setzte die Geschichte der gescheiterten Existenz des geächteten Willems gekonnt um. Kommerziell wurde Outcast of the Islands (1952, Der Verdammte der Inseln) jedoch ein Fehlschlag. Trotz einer von Trevor Howard, Robert Morley, Ralph Richardson und Wendy Hiller angeführten hervorragenden Besetzung und stimmungsvoller Außenaufnahmen in Ceylon, Borneo und Malaysia zeigte das Publikum, erstaunlicherweise aber auch die Kritik, dem Film die kalte Schulter. Allzu weit entfernte sich der ambitionierte Film vom Thriller-Milieu, dessen Beherrschung Reed zuvor so eindrucksvoll unter Beweis gestellt hatte.

Als jedoch auch die mit dem passablen The Man Between (1953, Gefährlicher Urlaub) eilig vollzogene Rückkehr zu den Grundmustern von The Third Man, diesmal vor dem Hintergrund des zerstörten Nachkriegs-Berlin, nicht den erhofften Erfolg brachte, mußte Reed einen Karriereknick hinnehmen. 1955 landete er mit seinem ersten Farbfilm, A Kid for Two Farthings (Voller Wunder ist das Leben), einen weiteren Flop. Als sein Freund und Förderer Alexander Korda im folgenden Jahr starb, ging Reed nach Hollywood, wo er nach einem vielversprechenden Auftakt mit dem formal beachtlichen Zirkusfilm Trapeze (USA 1956, Trapez) spätestens nach dem Fehlschlag des aufwendigen Michelangelo-Stoffes The Agony and the Ecstasy (USA 1965, Inferno und Ekstase) abgemeldet war.

Mit der Agentenkomödie Our Man in Havana (s. Kap. 10) erlangte Reed 1959 zwar einen Achtungserfolg, die Publikumsresonanz blieb jedoch mäßig. Auch das Ende 1960 in Produktion gegangene MGM-Remake von Mutiny on the Bounty konnte Reed als potentiellen Wendepunkt nicht nutzen. Nach endlosen Streitigkeiten mit dem unberechenbaren Hauptdarsteller Marlon Brando stieg der frustrierte Regisseur aus dem Projekt aus und wurde durch den ebenfalls glücklosen Lewis Milestone ersetzt.

Erst eine Rückkehr nach England brachte Carol Reed im Jahr 1968 einen letzten großen Triumph. Die englische Produktionsfirma Romulus (gegründet von John und James Woolf, den Söhnen von C.M. Woolf) hatte die Filmrechte an Lionel Barts Musical *Oliver!* nach Charles Dickens' Roman erworben. Der mit einem Budget von acht Millionen Dollar ausgestattete Film Oliver! (1968, Oliver) erhielt zwölf Oscar-Nominierungen und gewann u.a. in den wichtigsten Kategorien Bester Film und Beste Regie.

Sir Carol Reed erlag am 25. April 1976 einem Herzinfarkt. Lange nach Reeds Tod ließ David Lean die alte Rivalität noch einmal aufleben, als er sich in einem seiner letzten großen Interviews verbittert darüber äußerte, daß Oliver! mehr Würdigung erfahren hatte als sein eigener Oliver Twist – nach Leans Meinung ein historischer Irrtum.

Titel	Jahr	Produktion
Midshipman Easy	1935	Basil Dean/Thorold Dickinson (ATP)
Laburnum Grove	1936	Basil Dean (ATP)
Talk of the Devil	1936	Jack Raymond (British & Dominions)
Who's Your Lady Friend?	1937	Martin Sabine (Dorian)
Bank Holiday	1938	Edward Black (Gainsborough)
Penny Paradise	1938	Basil Dean (ATP)
Climbing High	1938	Gaumont-British
A Girl Must Live	1939	Edward Black (Gainsborough)
The Stars Look Down	1940	Issidore Goldsmith (Grafton)
Night Train to Munich	1940	Edward Black (20th Century-Fox)
The Girl in the News	1941	Edward Black (20th Century-Fox)
Kipps	1941	Edward Black (20th Century-Fox)
A Letter from Home	1941	Edward Black (20th Century-Fox)
The Young Mr Pitt	1942	Edward Black (20th Century-Fox)
The Way Ahead	1944	Norman Walker/John Sutro (Two Cities)
Odd Man Out	1947	Carol Reed (Two Cities)
The Fallen Idol	1948	Carol Reed (London Films)
The Third Man	1949	Carol Reed (London Films)
Outcast of the Islands	1952	Carol Reed (London Films)
The Man Between	1953	Carol Reed (London Films)
A Kid for Two Farthings	1955	Carol Reed (London Films)
Trapeze	1956	James Hill (Hecht-Lancaster/Susan)
The Key	1958	Carl Foreman (Open Road)
Our Man in Havana	1959	Carol Reed (Columbia)
The Running Man	1963	Carol Reed (Columbia)
The Agony and the Ecstasy	1965	Carol Reed (20th Century-Fox)
Oliver!	1968	John Woolf (Romulus/Warwick/Columbia)
The Last Warrior	1970	Jerry Adler (Warner Brothers)
Follow Me	1971	Hal B. Wallis (Universal)

Carol Reeds Spielfilme

9. David Lean

9.1 Vom Cutter zum Regisseur

David Lean wurde am 25. März 1908 in Croydon, einem Vorort von London, geboren. Kinobesuche waren mit seiner puritanischen Erziehung unvereinbar, und so sah der bereits siebzehnjährige Lean heimlich seinen ersten Film: das Sherlock Holmes-Abenteuer THE HOUND OF THE BASKERVILLES (1922), inszeniert von Maurice Elvey, für den er später als Kameraassistent arbeiten sollte. Elvey (1887–1967) war mit rund 300 Spielfilm- und unzähligen Kurzfilm-Inszenierungen der produktivste britische Regisseur aller Zeiten, allerdings fallen seine Filme, wie John Caughie pointiert zusammenfaßte, mehr durch ihre Quantität als durch ihre Qualität auf (Caughie/Rockett 1996, 61). Es waren daher anspruchsvollere Vorbilder wie D.W. Griffith und Rex Ingram, die in David Lean den Wunsch erweckten, zum Film zu gehen. Wenngleich dieses Berufsziel, wie Lean später gestand, auf seine Eltern dieselbe Wirkung hatte, als würde er beabsichtigen, zum Zirkus zu gehen (Silverman 1989, 24), arrangierte sein Vater ein Vorstellungsgespräch bei Gaumont, wo die Karriere des Neunzehnjährigen als Mädchen für alles bei der Produktion des Elvey-Films QUINNEYS (1927) begann. Die Möglichkeit, sämtliche Bereiche des Studiobetriebs vom Laufburschen und Garderobier bis zum Kamera- und Regieassistenten aus erster Hand kennenzulernen, sah Lean rückblickend als kostbaren Erfahrungsschatz für seine Regiearbeit an und bedauerte zugleich, daß diese Erfahrung späteren Generationen britischer Filmregisseure aufgrund zunehmender gewerkschaftlicher Reglementierungen verwehrt blieb.

Lean legte außerordentlichen Enthusiasmus und große Wißbegier an den Tag und machte sich schon bald im Schneideraum unentbehrlich, da er als einer der frühesten britischen Filmtechniker den Tonschnitt beherrschte. Als Cutter erwarb sich Lean in den 30er und frühen 40er Jahren einen hervorragenden Ruf und arbeitete u.a. für Paul Czinner (AS YOU LIKE IT), Anthony Asquith (FRENCH WITHOUT TEARS, PYGMALION) und Michael Powell (49TH PARALLEL), der über Lean sagte, er neige zu einem Perfektionismus, der andere in den Wahnsinn treiben könne. Lean wurde der bestbezahlte Cutter Englands und beschrieb diese Arbeit später als nahezu unverzichtbare Schule für einen Regisseur.

Nach Fertigstellung von 49TH PARALLEL (1941) gab Michael Powell offen zu, daß die Zusammenarbeit mit dem neuen Cutter einer künstlerischen Herausforderung gleichkam, da Lean sich nicht auf seine Tätigkeit im Schneideraum beschränkte, sondern sich häufig während der Produktion mit konstruktiven Anregungen in die Regie und Kameraarbeit einmischte. Für Powells folgenden Film, ONE OF OUR AIRCRAFT IS MISSING (1942), empfahl Lean mit Ronald Neame (geb. 1911) sogar einen neuen Kameramann, mit dem ihn eine langjährige Partnerschaft verbinden sollte.

Leans technische Fähigkeiten und seine inzwischen erworbene Reputation, einige mißratene Inszenierungen am Schneidetisch gerettet zu haben, brachten ihm mehrere Regie-Angebote für Quotenfilme ein, die er in weiser Voraussicht jedoch ausnahmslos ablehnte:

> »I always said, ›No‹, because I thought that if people go to the theatres and it's pretty lousy, which it was bound to be, because the scripts were terrible, people were not going to say, even if I did a halfway good film, ›Well, he had no money, he had lousy actors, whatever it is.‹ They were not going to make any excuses, they would just say, ›He's no good.‹« (Silverman 1989, 34).

Erste kleinere, noch anonyme Regiearbeiten hatte Lean bereits 1941 für Gabriel Pascals Shaw-Adaption MAJOR BARBARA übernommen, einen konsequenten Schritt ins Regiefach brachte aber erst das Angebot des englischen Dramatikers Noël Coward (1899–1973), den Schnitt für dessen ersten eigenen Spielfilm zu übernehmen, das patriotische Marine-Drama IN WHICH WE SERVE (1942). Coward, seinerzeit eine nationale Berühmtheit als Dramatiker, Theaterregisseur, Schauspieler und nicht zuletzt als weltgewandter Playboy, lieferte nicht nur die literarische Vorlage zu IN WHICH WE SERVE, sondern auch das Drehbuch, die Musik, die Hauptrolle des Captain Kinross (basierend auf den Erlebnissen seines Freunds Lord Mountbatten) sowie anfänglich auch die Regie. Als Coward jedoch nach wenigen Wochen das Interesse an der, wie er meinte, »pingeligen Routine« der Filmaufnahmen verlor, ging die Verantwortung für die Dreharbeiten auf David Lean über. Cowards Vorschlag, ihn in den *credits* als Regieassistenten zu erwähnen, trat der außerhalb der Filmbranche gänzlich unbekannte Lean daher auch mit der kühnen, wenngleich berechtigten Forderung nach völliger Gleichbehandlung mit Coward entgegen, so daß beide als Koregisseure geführt wurden.

Der Film IN WHICH WE SERVE, dessen Titel ein Zitat aus dem Morgengebet an Bord britischer Kriegsschiffe ist, traf beiderseits des Atlantiks auf ein sehr positives Echo und zählt trotz einiger Schwächen zu den klassischen Vertretern des britischen Kriegsfilms. Richard Attenborough lieferte in diesem Film ebenso sein Schauspieldebüt wie Celia Johnson, die Lean in THIS HAPPY BREED und BRIEF ENCOUNTER mit wachsendem Erfolg einsetzte. Basierend auf der wahren Begebenheit um den von Lord Mountbatten befehligten britischen Zerstörer Kelly, der vor der Küste Kretas versenkt wurde, visualisiert der Film in Rückblenden die Erinnerungen mehrerer überlebender Besatzungsmitglieder, die an ein Rettungsfloß geklammert im Meer treiben. Mit dieser Verflechtung von persönlichem Schicksal und historischem Hintergrund deutet IN WHICH WE SERVE bereits ein typisches Verfahren späterer Lean-Filme voraus.

Während der Produktion von IN WHICH WE SERVE gründete Lean mit Anthony Havelock-Allan als Produktionsleiter und Ronald Neame als Kameramann die Produktionsfirma Cineguild, die von J. Arthur Rank finanziert wurde. Gemeinsam mit Noël Coward, der in Personalunion als Autor und Produzent auftrat, realisierte Cineguild drei weitere Adaptionen von Coward-Dramen, bei denen Lean nunmehr allein die Regie führte. Obwohl es sich im Bewußtsein des zeitgenössischen Publikums hierbei um Noël Coward-Filme handelte, begründeten sie doch David Leans Renommee als angesehener und erfolgreicher Regisseur, wenngleich die beiden ersten Filme, THIS HAPPY BREED (1944) und BLITHE SPIRIT (1945, GEISTERKOMÖDIE), heute veraltet wirken. THIS HAPPY BREED (der Titel ist Shakespeares Historiendrama *Richard II* entnommen) ist eine episodische Familienchronik der Zwischenkriegszeit, die mit ihrer Idealisierung des ›British way of life‹ demselben patriotischen Geist wie IN WHICH WE SERVE unterworfen ist. Die von Coward als Fortsetzung seines Erfolgsstücks *Cavalcade* konzipierte Vorlage wurde in Technicolor verfilmt, obwohl Farbe vielen Zeitgenossen noch als bloßes dekoratives Element galt, und während des Zweiten Weltkriegs in ganz Großbritannien lediglich vier Farbfilmkameras verfügbar waren.

Trotz einer Margaret Rutherford in Hochform konnte auch BLITHE SPIRIT als britisches Pendant zu den erfolgreichen amerikanischen Screwball-Komödien nicht ganz überzeugen. Lean fühlte sich nicht zur Komödie berufen, und Cowards Urteil über das fertige Produkt war vernichtend. Hauptdarsteller Rex Harrison warf Lean vor, keinerlei Sinn für Humor zu besitzen, ein Vorwurf, der vielleicht auch die häufigen Spannungen zwischen den Darstellern und ihrem Regisseur widerspiegelt, denn Lean besaß den Ruf, hart zu Schauspielern zu sein, ja sogar eine heimliche Abneigung gegen sie zu hegen. Von BRIEF ENCOUNTER-Hauptdarsteller Trevor Howard ist die sarkastische Äußerung überliefert, daß Lean es nicht abwarten könne, bis die Dreharbeiten abgeschlossen sind – dann könne er endlich damit beginnen, die Schauspieler herauszuschneiden (Silverman 1989, 52).

Leans erste Liebesgeschichte und zugleich sein letzter Film nach einer Coward-Vorlage war BRIEF ENCOUNTER (1945, BEGEGNUNG), die Verfilmung des Einakters *Still Life*. Der in zehn Wochen für 270.000 Pfund gedrehte Film ist das unumstrittene Meisterwerk in Leans früher Regiephase und wird von einigen Kritikern gar als bedeutendster Liebesfilm der britischen Filmgeschichte angesehen, wobei hier zwischen ästhetischem Urteil und nostalgischer Verklärung nicht immer eindeutig zu unterscheiden ist. Mit Blick auf die filmische Spiegelung nationaler Identität im britischen Kino bezeichnete Liam O'Leary BRIEF ENCOUNTER 1990 als »the most characteristic and perfect British film of all time« (Thomas 1990, 136). Skeptischer fiel indes Roy Armes' Befund aus, wonach die dem Film zugrundeliegenden Moralvorstellungen einer anderen Ära entstammten und BRIEF ENCOUNTER heute nur noch deshalb funktioniere, weil das Geschehen größtenteils aus der subjektiven Perspektive der Protagonistin berichtet wird, so daß man als Zuschauer problemlos zu alternativen Sichtweisen gelangen könne (Armes 1978, 210).

BRIEF ENCOUNTER erzählt die wenige Wochen umspannende unspektakuläre Geschichte der Hausfrau Laura Jesson (Celia Johnson) und des Arztes Alec Harvey (Trevor Howard in seiner ersten Star-Rolle). Mit herausragenden darstellerischen Leistungen verkörpern Johnson und Howard zwei gewöhnliche Menschen, die in eintönigen Ehen gefangen sind und sich zufällig im Warteraum eines Bahnhofs begegnen. Beide fühlen sich zueinander hingezogen, ihre Begegnungen wiederholen sich, sie unternehmen gemeinsam kleine Ausflüge und verlieben sich ineinander, ohne daß ihre Gefühle jemals sexuelle Erfüllung finden. Im Zwiespalt zwischen Leidenschaft und persönlichem Glücksstreben einerseits, Normen, Besitzdenken und Pflichtgefühl andererseits erweist sich das schlechte Gewissen von Beginn an als siegreich, und beide trennen sich wieder, unfähig, den Konsequenzen eines offenen Bruchs mit den repressiven gesellschaftlichen Moralvorstellungen ins Auge zu sehen.

Strukturiert wird die Handlung von BRIEF ENCOUNTER durch eine Rückblende aus Lauras subjektiver Erinnerung. Die berühmt gewordene Eingangssequenz zeigt Laura und Alec, von der Kamera fast beiläufig registriert, wie sie in einer Bahnhofsgaststätte für immer Abschied nehmen. Anschließend begleitet die Kamera Laura auf ihrem Heimweg, der sie an die Seite ihres Ehemannes Fred, aber auch in die Routine ihres Familienlebens zurückführt. Das im Radio erklingende Zweite Klavierkonzert von Rachmaninow und Freds Anspielung auf den melancholischen Romantiker John Keats wirken in Lauras schwermütiger Stimmungslage als Katalysatoren und initiieren einen Tagtraum, der die gesamte Affäre von der ersten Begegnung bis zur Abschiedsszene (nunmehr aus Lauras Perspektive dargestellt) Revue passieren läßt. Dabei verdeutlicht der Film die unüberwindlich scheinende Kluft zwischen individuellem Verlangen und sozialer Determiniertheit auch auf symbolischer

Brief Encounter (Trevor Howard, Celia Johnson)

Ebene, etwa wenn das Paar eine Bootsfahrt durch eine idyllische Naturlandschaft unternimmt und durch ein von Menschenhand errichtetes Hindernis zur Umkehr gezwungen wird.

Obwohl die ursprünglichen Reaktionen von Publikum und Kritik zurückhaltend waren, konnte sich der romantische Film nach dem Krieg allmählich den Ruf eines Meisterwerks sichern. Dabei war das zentrale Thema des moralischen Skrupels für die ausländische Kritik und für nachfolgende Zuschauergenerationen nicht immer nachvollziehbar – ein französischer Kritiker resümierte den Inhalt des Films lapidar mit der Bemerkung »Zwei Leute auf der Suche nach einem Bett«. Dennoch wurde Brief Encounter David Leans erster internationaler Erfolg und erhielt auf den Filmfestspielen in Cannes den Preis der Internationalen Kritik. Lean selbst wurde als erster britischer Regisseur für einen Regie-Oscar nominiert.

9.2 Vom britischen zum internationalen Regisseur

Nach BRIEF ENCOUNTER befreite sich Lean mit den Charles Dickens-Verfilmungen GREAT EXPECTATIONS (1946, GEHEIMNISVOLLE ERBSCHAFT) und OLIVER TWIST (1948, OLIVER TWIST) vom Image des Noël Coward-Schülers, blieb dabei aber dem Thema der sozialen Repression treu. Als sich die Wege von Cineguild und Coward trennten, rückte Ronald Neame in die Position des Produzenten und übergab die Arbeit des Kameramannes an den späteren Regisseur Guy Green (geb. 1913). Dieser ersetzte Robert Krasker am Set von GREAT EXPECTATIONS und fotografierte später noch drei weitere Filme für David Lean. In seinen Dickens-Filmen ließ Lean das viktorianische Zeitalter überaus glaubwürdig auferstehen, fand insbesondere in den komischen Figuren überzeugende visuelle Äquivalente für Dickens' Sprache und spielte sein Talent für filmische Narration voll aus. Beide Filme gelten bis heute zu den besten Dickens-Adaptionen aller Zeiten. Das kritische Prestige und der kommerzielle Erfolg von GREAT EXPECTATIONS löste gar einen kurzen Boom von Dickens-Verfilmungen aus – 1947 inszenierte z.B. Alberto Cavalcanti NICHOLAS NICKLEBY für Ealing.

Die zwei Dickens-Verfilmungen standen am Beginn der langjährigen und erfolgreichen (wenngleich persönlich nicht immer ungetrübten) Zusammenarbeit zwischen David Lean und dem Schauspieler Alec Guinness (geb. 1914), der in insgesamt sechs Filmen des Regisseurs auftrat. In OLIVER TWIST war Guiness' Rolle freilich der Anlaß dafür, daß Lean eine unerfreuliche Bekanntschaft mit der Zensur machte und der Film bei den Oscar-Verleihungen – ganz im Gegensatz zu Carol Reeds zwanzig Jahre später entstandener Musicalversion OLIVER! – leer ausging. Guinness' Maske des jüdischen Schurken Fagin, obwohl in Einklang mit Dickens' drastischer Beschreibung (»abstoßendes Verbrechergesicht«) und Cruikshanks Original-Buchillustrationen nachempfunden, wurde in den USA als antisemitisch betrachtet, so daß dem Film auf Druck einflußreicher Interessengruppen die Verleihgenehmigung verweigert wurde. Erst drei Jahre nach seiner britischen Premiere – und nachdem zwölf Minuten aus Guinness' Rolle »herausgeschlachtet« (Lean) worden waren, gelangte der Film in die amerikanischen Kinos. Fagins Part war nunmehr aller komischen Bestandteile beraubt, was Lean zu der Bemerkung veranlaßte, daß die Figur im Gegensatz zu vorher nun wirklich antisemitisch wirke. Die ungekürzte Originalfassung von OLIVER TWIST konnte erst 1970 in den USA gezeigt werden. Die Rolle des Küchenmädchens Charlotte spielte die erst sechzehnjährige Diana Dors (1931–1984), die 1946 in George Kings Kriminalfilm THE SHOP AT SLY CORNER debütiert hatte. Dors stieg in den 50er Jahren zum ersten Sex-Symbol des britischen Films auf und galt als englisches Äquivalent zu Marilyn Monroe und Brigitte Bardot. Ihre Karriere endete in den 60er Jahren, ohne daß sie den erhofften Sprung nach Hollywood geschafft hatte.

Dem Erfolg der Dickens-Filme folgte eine künstlerische Talsohle im Schaffen David Leans. Nach der wenig erfolgreichen H.G. Wells-Adaption THE PASSIONATE FRIENDS (1949, GROSSE LEIDENSCHAFT), seinem ersten Film mit der »englischen Greta Garbo« Ann Todd (1909–1993), wandte sich Lean mit MADELEINE (1950, MADELEINE) erneut dem 19. Jahrhundert zu. Der Film basiert auf dem authentischen Fall der Madeleine Hamilton Smith, die 1857 in Glasgow in einem Sensationsprozeß angeklagt wurde, ihren Liebhaber vergiftet zu haben, aus Mangel an Beweisen aber nicht schuldig gesprochen wurde. Bereits 1864 wurde eine Romanfassung des Stoffes veröffentlicht, doch basiert das von Produzent Stanley Haynes mitverfaßte Drehbuch weitgehend auf Originalmaterial wie Prozeßakten und Briefen der mutmaßlichen Mörderin. In MADELEINE sind thematische Parallelen zu BRIEF ENCOUNTER augenfällig (und werden durch die Besetzung der Liebhaber-Rolle mit Trevor Howard noch verstärkt). Ohne eine Antwort auf das ungelöste kriminalistische Rätsel liefern zu wollen, widmete sich Lean wiederum der Psychologie einer unglücklichen Frau, die einem romantischem Traum nachhängt und von den gesellschaftlichen Realitäten desillusioniert wird. MADELEINE entstand auf Drängen von Ann Todd (Leans zweiter von fünf Ehefrauen), die die Madeleine Smith bereits auf einer West End-Bühne gespielt hatte.

Nach MADELEINE verließ David Lean die Rank Organisation. Den Auseinanderfall der Independent Producers schrieb Lean rückblickend dem wachsenden Einfluß von John Davis zu (s. Kap. 6), über Rank selbst äußerte er sich hingegen stets mit großem Respekt: »J. Arthur Rank is often spoken of as an all-embracing monopolist who must be watched lest he crush the creative talents of the British film industry. Let the facts speak for themselves, and I doubt if any other group of film-makers anywhere in the world can claim as much freedom.« (Finler 1985).

Diese Wertschätzung konnte nicht verhindern, daß er seinen Wirkungskreis 1950 zu Alexander Kordas London Films verlegte. Dort begann er mit ausführlichen Recherchen für den Film THE SOUND BARRIER (1952, DER UNBEKANNTE FEIND), mit dessen Drehbuch Lean den englischen Dramatiker Terence Rattigan (1911–1977) beauftragte. THE SOUND BARRIER ist ein teilweise semidokumentarischer Film um den Flugpionier und Flugzeugbauer Sir John Ridgefield (Ralph Richardson, der für diese Rolle von der Britischen Filmakademie und den New Yorker Filmkritikern ausgezeichnet wurde). Wie viele von Leans Protagonisten ist Ridgefield von einer Idee besessen: Für seinen Traum, ein Überschallflugzeug zu konstruieren, setzt er das Leben mehrerer Testpiloten aufs Spiel, darunter auch das seines Schwiegersohns Tony (Nigel

Patrick). Nach Tonys Tod personifiziert sich der zentrale Konflikt des Films in der Entfremdung zwischen dem Visionär Ridgefield und seiner pragmatischen Tochter Susan (Ann Todd). Für Susan ist die Vision ihres Vaters hohl und bedeutungslos, der Fortschritt um jeden Preis erscheint ihr als unmenschliches und falsches Ideal.

Um eine Vater-Tochter-Beziehung kreiste auch Leans letzter Schwarzweißfilm, die Charakterkomödie HOBSON'S CHOICE (1954, HERR IM HAUS BIN ICH), die weitgehend auf Kordas Lieblingsschauspieler Charles Laughton zugeschnitten war, der nach fünfzehn Jahren erstmals wieder in einem britischen Film auftrat. Atmosphärisch verweist der Film noch einmal auf die Dickens-Adaptionen zurück. Sowohl THE SOUND BARRIER als auch HOBSON'S CHOICE liefen mit großem Erfolg in den britischen Kinos und wurden von der Britischen Filmakademie jeweils als bester Film ihres Jahrgangs ausgezeichnet.

Mit seinem folgenden Film SUMMER MADNESS (1955, DER TRAUM MEINES LEBENS) tat Lean den für seine weitere Karriere entscheidenden Schritt vom britischen auf den internationalen Markt. Nachdem Außenaufnahmen in Lancashire schon in HOBSON'S CHOICE für Authentizität gesorgt hatten, kehrte Lean den Ateliers nunmehr endgültig den Rücken und drehte fortan ausschließlich an Originalschauplätzen. SUMMER MADNESS bot ihm die Möglichkeit, sowohl dem ihm verhaßten »dunklen Loch« des Studios zu entkommen, als auch seine Vorliebe für exotische Schauplätze zu befriedigen. Vor der malerischen Kulisse Venedigs entstand die Adaption des Dramas *The Time of the Cuckoo* (1952) von Arthur Laurents um die alleinstehende amerikanische Touristin Jane Hudson (Katharine Hepburn), die sich mit ihrer Reise in die Lagunenstadt einen Lebenstraum erfüllt. Anklänge an BRIEF ENCOUNTER sind auch hier unübersehbar. Die biedere Jane Hudson geht in ihrer Romanze mit dem verheirateten Renato Di Rossi (Rossano Brazzi) zwar weiter als Laura Jesson, doch müssen letztlich auch ihre Gefühle hinter den Geboten repressiver Moralvorstellungen zurückstehen. (In beiden Filmen steht übrigens das Wort »romance« am Beginn der Handlung, dort als Lösungswort eines Kreuzworträtsels, hier als Titel eines Reiseführers, *Venice – City of Romance*.) Bei seinem Porträt der Jane Hudson hielt Lean ein Gleichgewicht zwischen Amüsement und Mitgefühl und deckte dabei schonungslos den Selbstbetrug ihres Lebens auf. In dem Maß, wie Janes naive Vorstellung von der Postkartenidylle ihres Reiseziels an Glaubwürdigkeit verliert, gerät auch ihre eigene Lebenseinstellung aus dem Gleichgewicht, nachdrücklich versinnbilicht in Janes ungeschicktem Sturz in einen Kanal. Katharine Hepburn lieferte nicht nur eine brillante, Oscar-nominierte Darstellung, sie wurde auch Leans lebenslange Vertraute und eine der wenigen Schauspielerinnen, die zu dem Regisseur ein ungetrübtes Verhältnis hatten.

SUMMER MADNESS hatte am 29. Mai 1955 in Venedig eine Open Air-Premiere und lief vor allem in den USA sehr erfolgreich. David Lean erhielt für seine Regie den Preis der New Yorker Filmkritiker und konnte sich mit diesem Wendepunkt in seiner Karriere als erstrangiger Regisseur auf internationalem Parkett etablieren.

9.3 Die großen Epen

Der Schritt von SUMMER MADNESS zu THE BRIDGE ON THE RIVER KWAI markierte einen dauerhaften stilistischen Bruch im Schaffen David Leans. War es zuvor der kleine Rahmen privater Schicksale, der das Werk des Regisseurs dominierte, so wurde nun deutlich, daß sich Lean frühzeitig auf das zunehmende amerikanische Engagement auf den europäischen Filmmärkten einstellte, indem er fortan historische Stoffe von epischer Breite für die neuen großformatigen Projektionsverfahren in Szene setzte. Trotz der oberflächlichen Verschiedenheit der beiden Schaffensphasen wird bei näherer Betrachtung aber auch eine thematische und strukturelle Kontinuität erkennbar. So steht beispielsweise in Leans Filmen – abgesehen von den reinen Männerfilmen THE BRIDGE ON THE RIVER KWAI und LAWRENCE OF ARABIA – häufig eine Frau im Mittelpunkt, die sich im Konflikt mit den gesellschaftlichen Konventionen ihrer Zeit befindet, angefangen bei Laura Jesson (BRIEF ENCOUNTER) über Mary Justin (THE PASSIONATE FRIENDS), Madeleine Smith (MADELEINE), Maggie Hobson (HOBSON'S CHOICE), Jane Hudson (SUMMER MADNESS), Rosy Ryan (RYAN'S DAUGHTER), bis zu Adela Quested (A PASSAGE TO INDIA). Wie Alain Silver und James Ursini beobachteten, sind diese Frauengestalten meist in einem Kontext sozialer und moralischer Repression situiert, der die Erfüllung ihres Strebens nach Liebe und Unabhängigkeit verhindert und ihnen einen Kampf um den Erhalt ihrer Identität aufzwingt (Silver/Ursini 1974, 124).

Ein weiteres übergreifendes Merkmal der Filme David Leans ist ihre retrospektive Ausrichtung. Dies gilt sowohl für das Setting als auch für die häufige Verwendung von Flashbacks, oft verbunden mit einer zyklischen Struktur, die durch wiederkehrende Motive zu Beginn und am Schluß des Films betont wird – etwa die doppelt gespielte Abschiedsszene in BRIEF ENCOUNTER, Jane Hudsons An- und Abreise in SUMMER MADNESS, der Flug eines Falken in THE BRIDGE ON THE RIVER KWAI oder die Rückblenden in LAWRENCE OF ARABIA und A PASSAGE TO INDIA. Kennzeichnend für Lean ist auch eine Nähe zur Tradition der englischen Romantik, die sich beispielsweise als Spiegelung von Stimmungen und Ereignissen in Naturphänomenen niederschlägt.

Leans spektakuläre Epen, die jeweils mehrjährige Produktionszeiten in Anspruch nahmen, waren das Resultat der Zusammenarbeit eines handverlesenen Teams. Zu den bekanntesten Leuten an Leans Seite zählten Drehbuchautor Robert Bolt (1924-1995), Kameramann Frederick (›Freddie‹) Young (geb. 1902) und Komponist Maurice Jarre (geb. 1924). Mit Breitwandformat und Überlängen von durchschnittlich mehr als drei Stunden suchte Lean die Offensive gegen das Konkurrenzmedium Fernsehen. Wenngleich die Epen Leans internationales Ansehen festigten und ihm zahlreiche Auszeichnungen einbrachten, war ihre Rezeption keineswegs durchgängig positiv. Ein überaus kritisches Resümee von Leans Spätphase zog beispielsweise Roy Armes:

> »Beneath the cold visual splendor there is not poetry but a total banality, as all narrative complexity is reduced to the good old-fashioned story that Lean prefers and characters are played by star performers whose popularity is presumably felt to compensate for their physical inappropriateness (Peter O'Toole as Lawrence or Julie Christie as Zhivago's Lara). Throughout his career Lean shows traces of a Romantic temperament, but increasingly this has become stifled by the desire for the impersonal perfection which these works of his maturity represent.« (Armes 1978, 213f.).

1955 brach Lean zunächst nach Fernost auf, um für eine Adaption von Richard Masons Roman *The Wind Cannot Read* zu recherchieren, doch inmitten der Vorbereitungen starb Alexander Korda und mit ihm das Projekt (1958 inszenierte Ralph Thomas den Film für die Rank Organisation). Als Ersatzprojekt wählte Lean den Kriegsfilm THE BRIDGE ON THE RIVER KWAI (USA 1957, DIE BRÜCKE AM KWAI) nach einem Roman von Pierre Boulle – eine Geschichte, die Alexander Korda zuvor unter Hinweis auf die unglaubwürdige Figur des Colonel Nicholson abgelehnt hatte. Der amerikanische Produzent Sam Spiegel stellte Lean die für damalige Verhältnisse gewaltige Summe von drei Millionen Dollar zur Verfügung, die sich im Vergleich zu den zwölf bis fünfzehn Millionen Dollar-Budgets für Leans folgende Filme freilich bescheiden ausnimmt. Den geeigneten Drehort fand Lean auf Ceylon, wo im Oktober 1956 die achtmonatigen Dreharbeiten begannen. Leans erster CinemaScope-Film um den Bau und die schließliche Zerstörung einer strategisch wichtigen Eisenbahnbrücke auf der Siam-Route, die die Japaner von britischen Kriegsgefangenen bauen ließen, wurde mit einem Einspielergebnis von 30 Millionen Dollar der erfolgreichste Film der 50er Jahre – nicht zuletzt dank des populären Soundtracks, Kenneth J. Alfords gepfiffenem *Colonel Bogey March*. THE BRIDGE ON THE RIVER KWAI gewann sieben Oscars, u.a. in den Kategorien Bester Film, Beste Regie und Bester Hauptdarsteller (Alec Guinness). Verwirrung entstand um den Preisträger für das

Drehbuch: Obwohl Pierre Boulle, dem offiziellen Drehbuchautor, der Oscar zugesprochen wurde, war dieser nach Leans Aussage nicht an der Abfassung des Skripts beteiligt. Für Drehbuchentwürfe engagiert wurden hingegen Carl Foreman und Michael Wilson, die jedoch anonym blieben, weil sie auf der Schwarzen Liste des McCarthy-Ausschusses standen. Beide wurden durch postume Oscars geehrt. David Lean versicherte freilich in einem Interview, daß er das gesamte Drehbuch allein verfaßt habe und sich kein einziges Wort von Carl Forman darin befunden habe (Silverman 1989, 118).

Die Strapazen der Dreharbeiten auf Ceylon wurden von Leans folgendem Film, dem größtenteils in der Wüste Jordaniens gedrehten Meisterwerk LAWRENCE OF ARABIA (USA 1962, LAWRENCE VON ARABIEN), noch übertroffen. Das knapp vierstündige Epos (222 Minuten) um den britischen Offizier Thomas Edward Lawrence (Peter O'Toole, geb. 1932), der im Ersten Weltkrieg die zerstrittenen Araber vereinte und gegen die türkischen Besatzer führte, ist Leans ambitioniertestes Werk. Bevor Sam Spiegel die Filmrechte an Lawrences Autobiographie *Revolt in the Desert* erwarb, hatte Alexander Korda die Rechte besessen, ohne den Film jemals zu realisieren. Lawrence hatte Korda bei einem Besuch das Versprechen abgenommen, das Buch erst nach seinem Tod zu verfilmen – eine Woche später starb Lawrence bei einem Motorradunfall. Der in Super Panavision-70 gedrehte Monumentalfilm erzählt die geschichtsträchtigen Begebenheiten im Flashback-Verfahren. Dabei sind historische Korrektheit und politische Hintergründe für Lean jedoch von nachrangigem Interesse, denn nach THE SOUND BARRIER und THE BRIDGE ON THE RIVER KWAI steht auch hier vor allem das Porträt eines von einer Vision besessenen Mannes im Mittelpunkt. Am 9. Dezember 1962 hatte LAWRENCE OF ARABIA in Anwesenheit von Königin Elisabeth Premiere im Londoner Odeon. Auch dieser Film gewann sieben Oscars, abermals in den Hauptkategorien Bester Film und Beste Regie. Ein von Lean sorgfältig rekonstruierter, inhaltlich nuancierter Director's Cut eröffnete 1989 die Filmfestspiele von Cannes.

Leans drittes großes Epos folgte 1965 mit der Verfilmung von Boris Pasternaks Revolutionsdrama *Doktor Schiwago*. Da der Roman in der ehemaligen Sowjetunion nicht publiziert werden durfte (dies war erst 1988 möglich), erschien er 1957 in Mailand, und die Filmrechte gingen an den italienischen Produzenten Carlo Ponti. Die neunmonatigen Dreharbeiten zu DOCTOR ZHIVAGO (USA 1965, DOKTOR SCHIWAGO) fanden zum größten Teil in Spanien statt. Als Kameramann wurde ursprünglich Nicolas Roeg verpflichtet; weil Lean mit dessen Arbeit unzufrieden war, wurde Roeg jedoch nach zwei Wochen entlassen und durch den bewährten Freddie Young ersetzt. Die Premiere von DOCTOR ZHIVAGO fand am 22. Dezember 1965 in New York statt. Obwohl der Film bei den Oscarverleihungen wiederum erfolgreich war (allerdings nicht in den Hauptkategorien), ging die Kritik mit Leans Werk diesmal äußerst hart ins Gericht. Den Vorwurf, es handele sich bei dem Film um eine bessere Seifenoper, empfand der Regisseur als »Desaster«. Auch beim Publikum stellte sich das Interesse erst ein, nachdem Produzent Sam Spiegel eine millionenschwere Werbekampagne lanciert hatte. Abermals trug Komponist Maurice Jarre mit seiner populären Filmmusik (insbesondere »Lara's Theme«) maßgeblich zum Erfolg des Films bei, der schließlich mehr Geld einspielte als alle bisherigen Filme David Leans zusammengenommen. Dennoch hatte Leans künstlerische Reputation durch DOCTOR ZHIVAGO irreparablen Schaden genommen, insbesondere in seiner britischen Heimat. Der Tenor der Kritik lautete, daß Leans hochgesteckter ästhetischer Anspruch in protzigen, aber hohlen Spektakeln erstickt sei. Der Regisseur empfand es hingegen als ungerecht, stets an GREAT EXPECTATIONS und BRIEF ENCOUNTER gemessen zu werden und forderte vehement sein Recht auf künstlerische Weiterentwicklung ein. Die amerikanische National Society of Film Critics, die ihn kurz nach Fertigstellung seines folgenden Films, RYAN'S DAUGHTER (1970, RYAN'S DAUGHTER), als Ehrengast geladen hatte, verließ Lean mit den Worten: »You people obviously won't be happy until I make a film in sixteen millimeter and black-and-white.« (Silverman 1989, 178).

Drehbeginn von RYAN'S DAUGHTER war im März 1969, Premiere am 9. November 1970 in New York. Mit der Geschichte aus einem irischen Dorf während des Ersten Weltkriegs legte Autor Robert Bolt eine verkappte Version von Gustave Flauberts Roman *Madame Bovary* vor. Die Rezensionen waren diesmal vernichtend. Es hagelte ausnahmslos Verrisse, vor allem in Großbritannien, und der Vorwurf, der Lean am meisten traf, war das John Grierson-Zitat eines Kritikers: »When a director dies, he becomes a photographer« (Hardy 1946, 60). Hinzu kam, daß sich der etwas altmodisch wirkende Film, im Gegensatz zu seinen Vorgängern, an den Kinokassen als Flop erwies. Tief verletzt drehte Lean vierzehn Jahre lang keinen Spielfilm mehr. Kameramann Freddie Young, der Filmveteran, der schon von 1928 bis 1939 bei Herbert Wilcox in Elstree unter Vertrag gestanden hatte, erhielt nach LAWRENCE OF ARABIA und DOCTOR ZHIVAGO seinen dritten Oscar für RYAN'S DAUGHTER.

Daß Lean vierzehn Jahre lang mit keinem neuen Film an die Öffentlichkeit trat, lag freilich auch daran, daß er keinen geeigneten Stoff für ein neues Projekt finden konnte. Sein Lieblingsprojekt, eine Biographie Mahatma Gandhis, zerschlug sich und wurde schließlich von Richard Attenborough realisiert (s. Kap. 19). Die Vorbereitungen für ein zweiteiliges Remake von MUTINY ON THE BOUNTY waren hingegen Ende der 70er Jahre bereits in vollem Gang: Lean trieb aufwendige Recherchen, Oliver Reed war die erste Wahl für die Rolle des Captain Bligh, Christopher Reeve sollte den Fletcher Christian spielen – und doch wurden die Umstände der Produktion am Ende so widrig, daß Lean das Projekt schließlich fallenließ. Der Film wurde 1984 von Roger Donaldson inszeniert, die Hauptrollen spielten dabei Anthony Hopkins und Mel Gibson. Im selben Jahr feierte allerdings auch David Lean eine triumphale Rückkehr ins Kino mit der ebenso brillanten wie routinierten Adaption von E.M. Forsters letztem Roman *A Passage to India*. Ein halbes Jahr nach der US-Premiere von A PASSAGE TO INDIA (REISE NACH INDIEN) wurde Lean am 18. Juni 1984 in den britischen Adelsstand erhoben.

David Lean ging in die Filmgeschichte als ein Regisseur ein, der einige der erfolgreichsten britischen Filme aller Zeiten inszenierte, aber auch als ein konventioneller Geschichtenerzähler, der das formale Experiment scheute, sowie als ein unnachgiebiger Perfektionist, dem nachgesagt wurde, seine Schauspieler zu schinden. Trevor Howard formulierte überspitzt, daß Lean, sollte er eines Tages sein Gandhi-Projekt realisieren, die Titelrolle mit Katharine Hepburn besetzen müsse, da sie die einzige sein werde, die noch mit ihm spricht.

Die Hauptursache für das gestörte Verhältnis zwischen Regisseur und Darstellern dürfte in Leans Arbeitsweise gelegen haben. Lean kam üblicherweise mit ein bis zwei Takes aus, weil er jede Szene penibel vorbereitete. Ähnlich wie Alfred Hitchcock hatte er jede Einstellung fertig im Kopf und ließ sich durch nichts davon abbringen, sie genau so auf die Leinwand zu bringen. Um dies zu erreichen, grenzte er die gestalterischen Möglichkeiten des Cutters in extremer Weise ein. Während andere Regisseure eine Szene in zahlreichen Takes filmen lassen, die dem Cutter eine Wahl zwischen unterschiedlichen Einstellungsgrößen und Kamerawinkeln gestatten, ließ der gelernte Cutter David Lean keine Alternativen zu. Ebensowenig Spielraum gewährte er seinen Darstellern, die sehr detaillierte Anweisungen zu befolgen hatten. Julie Christie fand hierfür einen treffenden Vergleich, als sie sagte, Lean benutze die Schauspieler wie ein Maler die Farben auf seiner Palette. Einige Akteure haben dies auch verstanden; John Mills zollte Leans Kunst der Schauspielerführung größte Anerkennung, indem er feststellte, daß ein Schauspieler, der bereit sei, sich völlig der Regie David Leans zu unterwerfen, sicher sein könne, in der optimalen Art und Weise präsentiert zu werden.

Aufgrund seiner technischen Perfektion und eines außergewöhnlichen erzählerischen Talents wurde Lean zu einem der renommiertesten Regisseure des britischen Kinos. Richard Attenborough bezeichnete ihn als »the greatest director of narrative in the English language« (Silverman 1989, 8). Für seine Inszenierungen erhielt Lean u.a. viermal die Auszeichnung für den besten Film der Britischen Filmakademie und sieben Oscar-Nominierungen für die beste Regie (BRIEF ENCOUNTER, GREAT EXPECTATIONS, SUMMER MADNESS, THE BRIDGE ON THE RIVER KWAI, LAWRENCE OF ARABIA, DOCTOR ZHIVAGO, A PASSAGE TO INDIA). David Lean, der in 42 Jahren sechzehn Spielfilme inszeniert hatte, starb am 16. April 1991.

Titel	Jahr	Produktion
IN WHICH WE SERVE	1942	Noël Coward
THIS HAPPY BREED	1944	Noël Coward
BLITHE SPIRITS	1945	Noël Coward
BRIEF ENCOUNTER	1945	Noël Coward
GREAT EXPECTATIONS	1946	Ronald Neame
OLIVER TWIST	1948	Ronald Neame
THE PASSIONATE FRIENDS	1949	Ronald Neame
MADELEINE	1950	David Lean/Stanley Haynes
THE SOUND BARRIER	1952	David Lean
HOBSON'S CHOICE	1954	David Lean
SUMMER MADNESS	1955	Ilya Lopert
THE BRIDGE ON THE RIVER KWAI	1957	Sam Spiegel
LAWRENCE OF ARABIA	1962	Sam Spiegel/David Lean
DOCTOR ZHIVAGO	1965	Carlo Ponti
RYAN'S DAUGHTER	1970	Anthony Havelock-Allan
A PASSAGE TO INDIA	1984	John Brabourne/Richard Goodwin

David Leans Spielfilme

10. »Always Look on the Bright Side of Life« Britische Filmkomödien

10.1 Die Music Hall-Tradition

Schon mit den Slapstick-Komödien der frühen Stummfilmzeit hat sich die Komödie als ein Eckpfeiler des britischen Kinos etabliert, der der heimischen Filmindustrie bis in die jüngste Vergangenheit internationale Erfolge beschert hat. Die Anfänge der britischen Filmkomödie sind eng mit der Tradition der Music Hall verzahnt. Wie erfolgreich einzelne Varietékünstler insbesondere nach Einführung des Tonfilms ins Filmmetier wechselten, zeigt ein Blick auf die Kasseneinnahmen der populärsten britischen Filmstars, die die Zeitschrift *Motion Picture Herald* ab 1936 publizierte. In dieser Zuschauer-Rangliste fallen vor allem die Namen zweier Varietéstars ins Auge: Gracie Fields und George Formby.

Name	1936	1937	1938	1939	1940
Gracie Fields	1	1	2	2	3
Jessie Matthews	2	3	4	19	–
Jack Hulbert	3	9	17	–	–
George Formby	4	2	1	1	1
Robert Donat	5	19	16	3	2

Popularität britischer Filmstars, 1936–1940

Während Gracie Fields die Rangliste zunächst souverän anführte, nahm ab 1938 George Formby den Spitzenplatz ein, den er bis 1943 ununterbrochen innehielt. Erst als gegen Kriegsende ein Wandel des Publikumsgeschmacks eintrat, wurde er durch James Mason verdrängt.

Gracie Fields wurde 1898 als Grace Stansfield in Rochdale, Lancashire geboren. Nachdem sie seit 1915 durch die englischen Varietés getingelt war,

Sing as We Go (Gracie Fields)

unterzeichnete sie 1931 einen Vertrag bei Basil Dean, dem Gründer von Associated Talking Pictures (den späteren Ealing Studios). In den Jahren der Depression stieg Fields zur mit Abstand populärsten britischen Schauspielerin auf. Ihr überwältigender Erfolg beruhte weder auf Schönheit noch auf Jugend (weshalb sie auch keine romantischen Rollen spielte), sondern auf ihrem Image der natürlichen, unverstellten Frau von nebenan. Ursprünglich ein Star der unteren Gesellschaftsschichten, wurde »Our Gracie« bald über die Klassenschranken hinweg von allen geliebt und wurde, wie Jeffrey Richards sein Gracie Fields-Kapitel überschrieb, zum »personifizierten Konsensus« (Richards 1984a, 169).

Als Quasi-Kopien ihres persönlichen Schicksals variierten Fields' Filme häufig die klassische »rags to riches«-Geschichte vom Aufstieg der unscheinbaren, aber liebenswerten und talentierten Künstlerin zum Glamour-Star. In der Zeit der größten Wirtschaftskrise spendeten ihre Filme Trost und lieferten zugleich exemplarische Handlungsmuster zur Überwindung von Rezession und Klassengegensätzen. Mit selbstlosem Einsatz besiegt Fields in ihren Filmen die Arbeitslosigkeit, sei es in der Baumwollindustrie (Sing as We Go, 1934, Basil Dean) oder in der Schiffbauindustrie (Shipyard Sally, 1939,

Monty Banks). Die patriotische Botschaft der Filme lautete dementsprechend, solidarisch zusammenzustehen, auf bessere Zeiten zu vertrauen und dabei niemals die gute Laune zu verlieren – mithin eine Haltung des unerschütterlichen Optimismus, die oft schon in Filmtiteln wie LOOKING ON THE BRIGHT SIDE (1932, Basil Dean/Graham Cutts), LOOK UP AND LAUGH (1935, Basil Dean) und KEEP SMILING (1938, Monty Banks) zum Ausdruck kam.

Die herausragenden Filme mit Fields sind SALLY IN OUR ALLEY (1931, Maurice Elvey) und SING AS WE GO. Nach dem ebenfalls erfolgreichen THE SHOW GOES ON schloß Fields mit 20th Century-Fox einen Vertrag über 200.000 Pfund für vier Filme ab. Eine spürbare Abkühlung erfuhr Fields' Popularität, als sie nach Kriegsausbruch ihren von der Internierung bedrohten italienischen Ehemann Monty Banks (d.i. Mario Bianchi, 1897-1950) außer Landes schleusen wollte und eine Tournee nach Kanada dazu nutzte, sich nach Hollywood abzusetzen, wo sie 1945 zum letzten Mal vor der Kamera stand. Dennoch blieb Gracie Fields eine nationale Institution und wurde kurz vor ihrem Tod in den Stand einer »Dame of the British Empire« erhoben. Sie starb 1979 auf Capri.

Auch George Formby (1904–1961) stammte aus Lancashire und war ebenso wie Gracie Fields durch Varieté und Rundfunk bekannt geworden. In den späten 30er Jahren wurde er zum beliebtesten britischen Schauspieler, der ebenso große Kassenerfolge garantierte wie Gracie Fields, im Gegensatz zu dieser blieb seine Popularität jedoch auch in den Kriegsjahren ungebrochen.

Formby, oft mit dem französischen Komiker Fernandel verglichen, war ein durch und durch britischer Komödiant, dessen spezifischer Humor sich einem ausländischen Publikum nur bedingt mitteilt. Passend vom Lancashire-Akzent bis zum schlechtsitzenden Anzug verkörperte Formby in seinen Filmen stets einen schüchternen Underdog von kindlicher Unschuld und Wehrlosigkeit, der mit den Fallstricken des Alltags und den Tücken des Objekts hadert, dank seines sonnigen Gemüts aber stets optimistisch bleibt. Die Handlung der meisten Formby-Filme folgt einem stereotypen Muster: George (wie Formbys filmische *persona* meistens benannt ist) steckt sich ein ehrgeiziges Ziel, stößt auf unüberwindlich erscheinende Hindernisse, wird von Konkurrenten, Bösewichtern und Nebenbuhlern gedemütigt, triumphiert aber letztlich, indem er nicht nur sein berufliches oder sportliches Ziel erreicht, sondern auch die zunächst für unnahbar gehaltene Frau seiner Träume erobert. Mit seinen Darstellungen des scheinbaren Verlierers aus einfachem Milieu, der mit Talent, Cleverness und gesundem Menschenverstand seinen Lebenstraum verwirklicht, wurde Formby zum Identifikationsobjekt der unteren Gesellschaftsschichten. Sein Wahlspruch »Turned out nice again«

umschrieb daher auch eine ähnlich optimistische Botschaft, wie sie Gracie Fields in ihren Filmen vermittelte.

Fester Bestandteil aller Formby-Komödien waren seine (insgesamt 189) schlüpfrigen Lieder, die er zu seinem Markenzeichen, der Ukulele, sang. Die Komik der Lieder resultierte im wesentlichen daraus, daß Formby einen in Liebesdingen unerfahrenen und linkischen Mann darstellte, die Texte aber dennoch von sexuellen Anspielungen durchzogen waren und ein augenzwinkerndes Spiel mit dem Publikum betrieben. Die unterschwelligen Themen der Lieder stammten aus Bereichen wie sexuelle Unerfahrenheit (»Mother, I didn't know what to do«), Voyeurismus (»When I'm cleaning windows«, »In my little snapshot album«), bis zu phallischer Symbolik (»With my little ukulele in my hand«). Trotz ihrer Harmlosigkeit waren diese Themen durchaus geeignet, die Angehörigen der Mittelschicht zu schockieren und machten Formby bei der Arbeiterklasse um so beliebter.

Formbys erste Filme BOOTS! BOOTS! (1934) und OFF THE DOLE (1935) waren, obwohl technisch primitive Abfilmungen von Formbys Varieté-Programmen, bereits Kassenerfolge und erregten die Aufmerksamkeit des damaligen Leiters der Ealing-Studios, Basil Dean, der zuvor schon Gracie Fields entdeckt hatte. Beginnend mit dem durchschlagenden Erfolg von NO LIMIT (1935, GEORGE BRICHT ALLE REKORDE) drehte Formby bis TURNED OUT NICE AGAIN (1941, GLÜCK MUSS MAN HABEN) insgesamt elf Filme in Ealing. NO LIMIT führte weg vom Revue-Format, und Autor Walter Greenwood etablierte darin auf paradigmatische Weise das Handlungsmuster der folgenden Formby-Komödien. Nach dem Krieg konnte Formby nicht mehr an seine früheren Erfolge anknüpfen und kehrte nach dem Flop GEORGE IN CIVVY STREET (1946) zurück zum Varieté.

10.2 Die Ealing-Komödien

Fragt man einen Engländer nach den typischen Erscheinungsformen des britischen Kinos, so wird nahezu unweigerlich der Name »Ealing Comedies« fallen. Was sich wie die Bezeichnung eines homogenen Genres anhört, bezieht sich auf eine Reihe von 17 Filmen, die zwischen 1947 und 1957 von verschiedenen Regisseuren inszeniert wurden, insbesondere von Charles Crichton, Henry Cornelius, Alexander Mackendrick, Robert Hamer und Charles Frend. Die Ealing-Komödien wurden zum Aushängeschild ihres Studios und gelten vielen Zuschauern im Ausland, nicht zuletzt aufgrund häufiger Fernsehausstrahlungen, als Musterbeispiele des britischen Films schlechthin. Doch diese Komödien bildeten nur eine Minderheit in Ealings Gesamtproduktion, die unter Michael Balcons Leitung zwischen 1938 und 1958 vorwiegend auf ein realistisches, teilweise semidokumentarisches Porträt britischen Lebens ausgerichtet war. Tatsächlich umfassen die Komödien weniger als ein Drittel von Ealings 58 Nachkriegsproduktionen:

Titel	Jahr	Regie	Länge
HUE AND CRY	1947	Charles Crichton	82 min.
PASSPORT TO PIMLICO	1949	Henry Cornelius	84 min.
WHISKY GALORE!	1949	Alexander Mackendrick	82 min.
KIND HEARTS AND CORONETS	1949	Robert Hamer	106 min.
A RUN FOR YOUR MONEY	1949	Charles Frend	85 min.
THE MAGNET	1950	Charles Frend	79 min.
THE LAVENDER HILL MOB	1951	Charles Crichton	78 min.
THE MAN IN THE WHITE SUIT	1951	Alexander Mackendrick	85 min.
THE TITFIELD THUNDERBOLT	1953	Charles Crichton	84 min.
MEET MR LUCIFER	1953	Anthony Pelissier	83 min.
THE LOVE LOTTERY	1954	Charles Crichton	89 min.
THE MAGGIE	1954	Charles Crichton	92 min.
TOUCH AND GO	1955	Michael Truman	85 min.
THE LADYKILLERS	1955	Alexander Mackendrick	97 min.
WHO DONE IT?	1956	Basil Dearden	85 min.
BARNACLE BILL	1957	Charles Frend	87 min.
DAVY	1957	Michael Relph	83 min.

Die Komödien der Ealing Studios, 1947–1957

Die typische Ealing Komödie reflektiert den Standpunkt der Mittelschicht. Im Zentrum der Handlung steht meist eine Gemeinschaft kleiner Leute, mit denen sich das Publikum identifiziert (eine unabhängige kleine Firma, eine Dorfgemeinschaft, eine Gruppe von Gelegenheitsdieben, u.ä.). Der zentrale Konflikt ergibt sich aus dem Widerstand dieser Gemeinschaft gegen eine scheinbar übermächtige und rücksichtslose Institution, sei es die staatliche Obrigkeit, sei es die arrogante Oberschicht oder ein anonymer Konzern. Den typischen Plot einer Ealing-Komödie beschrieb Charles Barr folgendermaßen:

»Asked to invent a typical Ealing comedy plot, one might produce something like this. A big brewery tries to absorb a small competitor, a family firm which is celebrating its 150th anniversary. The offer is gallantly refused, whereupon the boss's son goes incognito from the big firm to infiltrate the small one and sabotage its fortunes. Gradually, he is charmed by the family brewery and by the daughter of the house, saves the company from ruin, and marries into it. Officials and workers unite at the wedding banquet to drink the couple's health in a specially created brew.« (Barr 1993, 5).

Diese David-gegen-Goliath-Konstellation spiegelt auch den vielbeschworenen Teamgeist von Balcons Entourage wider und nicht zuletzt Ealings Streben nach Unabhängigkeit von der Rank Organisation. Im Vergleich zu den Vorkriegs-Komödien in der Music Hall-Tradition ist der Ton der Ealing-Komödien weniger vulgär und nicht so stark auf eine zentrale Figur ausgerichtet – obwohl Alec Guinness als Hauptdarsteller von THE LAVENDER HILL MOB (DAS GLÜCK KAM ÜBER NACHT), THE MAN IN THE WHITE SUIT (DER MANN IM WEISSEN ANZUG), THE LADYKILLERS (LADYKILLERS) und insbesondere von KIND HEARTS AND CORONETS (ADEL VERPFLICHTET) oft in den Mittelpunkt rückte.

Die meisten Ealing-Komödien haben eine vergleichsweise kurze Spieldauer. Während für Hauptfilme üblicherweise eine Mindestlänge von 90 Minuten galt, blieben die Ealing-Komödien durchschnittlich vier Minuten unter diesem Limit. Dies hatte den Vorteil, daß sie bei *double features* nicht mit einem B-Movie, sondern mit einem zweiten Hauptfilm kombiniert werden konnten.

Die erste Ealing-Komödie, der 1947 von Charles Crichton inszenierte Film HUE AND CRY (DIE KLEINEN DETEKTIVE), bildete in Ealings damaligem Produktionsumfeld noch einen Fremdkörper. HUE AND CRY präsentiert die Abenteuer einer Gruppe Londoner Jungen, die auf eigene Faust eine Diebesbande zur Strecke bringen. Das Drehbuch, das streckenweise stark an Erich Kästners Jugendroman *Emil und die Detektive* erinnert, wurde von dem ehemaligen Journalisten T.E.B. Clarke verfaßt, der später die Drehbücher für sechs weitere Ealing-Komödien schrieb, darunter PASSPORT TO PIMLICO (BLOCKADE IN LONDON) und THE LAVENDER HILL MOB, aber auch für andere Filme wie den erfolgreichen Polizeifilm THE BLUE LAMP (1950, DIE BLAUE LAMPE). Clarke fand für diesen Film begeisterte Unterstützung durch die Polizei, wie auch die Bank von England für die Komödie THE LAVENDER HILL MOB eigens eine Kommission bildete, die Möglichkeiten ersann, wie man die Bank am besten berauben könnte.

HUE AND CRY weist bereits typische Züge einer Ealing-Komödie auf, wenngleich es für die Herausbildung eines Gattungsbewußtseins 1947 noch zu früh war. Erst zwei Jahre später konnte sich das Genre im Bewußtsein von Machern und Publikum etablieren: 1949 erschienen mit Passport to Pimlico, Whisky Galore! (Freut euch des Lebens) und Kind Hearts and Coronets innerhalb von drei Monaten gleich drei Filme, die zu Ealings besten Produktionen gehören und zu Klassikern der britischen Filmgeschichte wurden. Den ersten Film dieser Dreiergruppe, Passport to Pimlico, inszenierte Henry Cornelius vor dem spezifischen Hintergrund der Nachkriegssituation. Auch vier Jahre nach Kriegsende herrschte in Großbritannien, im Gegensatz zu anderen europäischen Ländern, noch eine Zeit der Entbehrung, und die Bevölkerung war es allmählich leid, vor den Geschäften nach streng rationierten Waren anstehen zu müssen. Getragen von einer originellen Idee und großartigen Komödiendarstellern wie Stanley Holloway, Margaret Rutherford und Basil Radford traf Passport to Pimlico mit der Frage, »Was wäre, wenn ...?« exakt den Nerv der Zeit: In einem Bombenkrater wird zufällig ein altes Dokument gefunden, aus dem hervorgeht, daß Pimlico, ein Distrikt mitten im Herzen Londons, Hoheitsgebiet des Herzogs von Burgund ist. Binnen kurzem dämmert es den Einwohnern Pimlicos, daß sie als Staatsbürger von Burgund nicht länger an die britische Gesetzgebung gebunden sind. Demonstrativ vernichten sie ihre Zuteilungsscheine, der Pub an der Ecke hält auch nach der Sperrstunde seine Türen geöffnet, und in den Geschäften sind alle Waren selbst sonntags frei verkäuflich. Passend zu einer anhaltenden Hitzewelle erblüht der armselige Cockney-Bezirk über Nacht zu einem Konsumparadies voller Lebensfreude und mediterranem Flair. Doch die britische Regierung ist nicht gewillt, die Existenz dieser utopischen Insel inmitten des von Rationierung und bürokratischer Reglementierung geprägten England hinzunehmen. Whitehall schließt die Grenze zu Pimlico/Burgund, führt strenge Zoll- und Paßkontrollen ein und verhängt schließlich eine Blockade über die Enklave. Die Strategie politischer Machtdemonstration scheitert jedoch an der Solidarität der Londoner Bevölkerung, die die Belagerten über den Stacheldrahtzaun und sogar mittels einer Luftbrücke mit dem Lebensnotwendigen versorgt.

In einer Zeit, als die britische Bevölkerung nach Jahren des Verzichts neidvoll auf die europäischen Nachbarstaaten blickte, beschwor Passport to Pimlico den Geist der Kriegsjahre, als das britische Volk solidarisch zusammenstand. Der moralische Schluß, der zeigt, wie die »Burgunder« letztlich froh sind, wieder ins Vereinigte Königreich und damit in die harte Normalität zurückzukehren, ist daher im Zusammenhang mit der didaktischen Botschaft des Films zu sehen, die da lautet: Der Blick ins Ausland mag dazu verleiten, von besseren Zeiten zu träumen, doch sollte das britische Volk akzeptieren, daß es erst durch weitere harte Arbeit und Selbstdisziplin möglich sein wird, eines Tages an dem neuen Wohlstand zu partizipieren.

Passport to Pimlico (Barbara Murray, Paul Dupuis, John Slater)

Ein derartiger moralischer Epilog, oft mit Blick auf britische und amerikanische Zensurinstanzen, findet sich in zahlreichen Ealing-Komödien. Vor allem kriminelle Figuren, die sich im Laufe der Handlung die Sympathie des Publikums erwerben konnten, geraten am Schluß unweigerlich in die Fänge der Justiz. In notorischer Weise geschah dies in The Lavender Hill Mob, wo der kleine Bankangestellte Holland (Alec Guinness) eines Tages einen großen Coup landet und mit einem beträchtlichen Vermögen nach Südamerika entkommt. In der Rahmenhandlung erzählt Holland inmitten tropischer Idylle einem Gesprächspartner die Geschichte seines Verbrechens. Doch in der letzten Einstellung des Films entpuppt sich der vermeintliche Freund als Scotland Yard-Inspektor, der Holland in Handschellen abführt.

Der strikte amerikanische Produktionskodex, wonach unter keinen Umständen gezeigt werden durfte, daß sich Verbrechen auszahlt, führte gar dazu, daß der Film Kind Hearts and Coronets in zwei unterschiedlichen Versionen auf den Markt gebracht wurde. Auch dieser Film operiert mit einer Rahmenhandlung, in der der Serienmörder Louis Mazzini für einen Mord, den er nicht begangen hat, in der Todeszelle sitzt und seine letzte Nacht damit verbringt, seine Memoiren niederzuschreiben. Darin legt er ein Geständnis über acht Morde ab. Als unverhofft Entlastungsmaterial auftaucht und Mazzini am Morgen entlassen wird, vergißt er sein Geständnis in der Zelle. Vor den Gefängnistoren bemerkt er seinen Fehler, und in der britischen Fassung bleibt es offen, ob er nochmals zurückgeht, um die belastenden Aufzeichnungen an sich zu nehmen. Die amerikanische Version läßt diese Ambivalenz hingegen nicht zu und zeigt explizit, daß sich das Manuskript bereits in den Händen der Justiz befindet.

Trotz seines landschaftlichen Kontrastes besitzt der auf einer entlegenen schottischen Hebrideninsel spielende WHISKY GALORE! eine vergleichbare Thematik wie PASSPORT TO PIMLICO. Der Film basiert auf einem Roman des schottischen Autors Compton Mackenzie, der auch das Drehbuch schrieb und im Film in einer kleinen Nebenrolle als Captain Buncher auftrat. Als komödiantischer Ausgangspunkt dient WHISKY GALORE! der vermeintlich härteste Schicksalsschlag, der einen Schotten treffen kann, nämlich die Rationierung von Whisky. Ihres Lebenselixiers beraubt, vegetieren die Insulaner lustlos dahin, bis eines Tages ein Frachter mit 50.000 Kisten Exportwhisky an Bord im dichten Nebel vor der Küste havariert. Es gelingt den Dorfbewohnern, zahlreiche Kisten zu bergen, und die Schotten könnten wieder zufrieden leben, gäbe es nicht den Leiter der örtlichen Bürgerwehr, Captain Waggett (Basil Radford), der als Engländer und Teetrinker kein Verständnis für die illegalen Freuden des Whiskygenusses aufbringt und nichts unversucht läßt, um das begehrte Exportgut sicherzustellen. Letztlich erweist sich der Engländer den gewitzten Schotten zwar als unterlegen, doch auch dieser Film, der das illegale Vorgehen bagatellisiert, rückt mit einem abschließenden *voice over*-Kommentar die Verhältnisse wieder zurecht, und dem Publikum wird mitgeteilt, daß die gehorteten Whiskyvorräte bald aufgebraucht waren, und die schottische Gemeinde in den Zustand der Entbehrung – also der Normalität – zurückfiel.

Dieses erfolgreiche Debüt des schottischen Regisseurs Alexander Mackendrick entfaltet seine Wirkung nicht zuletzt durch viel Lokalkolorit. Um dem konspirativen Handeln der Dorfgemeinschaft Glaubwürdigkeit zu verleihen, setzte Mackendrick Landschaftsaufnahmen und schottische Volkstänze ebenso ein wie die gälische Sprache und Hebridenbewohner in Statistenrollen. Bemerkenswert ist dabei, daß der Film sein Publikum ganz auf die Seite der Schotten zieht und seinen englischen Hauptdarsteller der Lächerlichkeit preisgibt. Ein ironischer Seitenhieb auf den schottischen Nationalcharakter unterbleibt dennoch nicht, denn die schottische Solidarität wird vom Betreiber des örtlichen Pubs durchbrochen, der das Versteck der gestohlenen Kisten an Waggett verrät, weil seine Umsätze zurückgehen.

Robert Hamers schwarze Komödie KIND HEARTS AND CORONETS beschloß Ealings komödiantische Trilogie des Jahres 1949 (im November 1949

THE LADYKILLERS (Danny Green, Peter Sellers, Alec Guinness, Herbert Lom)

hatte freilich noch Charles Frends unbedeutendere Komödie A RUN FOR YOUR MONEY Premiere). KIND HEARTS AND CORONETS, dessen Titel Lord Tennysons Gedicht »Kind hearts are more than coronets, And simple faith than Norman blood« entnommen wurde, ist eine Adaption von Roy Hornimans Roman *Israel Rank*. Der Film gilt vielen Kritikern als Ealings beste Komödie überhaupt und brachte dem Schauspieler Alec Guinness seinen Durchbruch zum Weltruhm. Guinness mimte alle acht Mitglieder des englischen Adelsgeschlechts d'Ascoyne, die von dem verstoßenen und um sein Erbe gebrachten Familienmitglied Louis Mazzini (Dennis Price) nacheinander ermordet werden. Guinness' Darstellung des snobistischen Clans war eine schauspielerische Glanzleistung und ein gelungenes satirisches Porträt einer blasierten und verstaubten englischen Adelsgesellschaft. Im Rahmen von Ealings Komödienproduktion bildete der Film insofern eine Ausnahme, als er an die Stelle der leichten Komödie einen tiefschwarzen Humor und an die Stelle des üblichen mittleren Gesellschaftsmilieus die Oberschicht setzt.

Die wohl berühmteste und schwärzeste Ealing-Komödie, Alexander Mackendricks THE LADYKILLERS (1955), hatte in dem Monat Premiere, als die Ealing Studios an die BBC verkauft wurden und die große Zeit des Genres bereits vorüber war. Der Film erzählt die bizarre Geschichte einer mit Alec Guiness, Cecil Parker, Peter Sellers, Herbert Lom und Danny Green hervorragend besetzten Diebesbande, deren Boss, »Professor« Marcus (Alec Guinness), als Untermieter in dem viktorianischen Haus der Mrs. Wilberforce (Katie Johnson) wohnt. Hier trifft sich die Bande regelmäßig zur Einsatzbesprechung, angeblich, um Kammermusik zu spielen. Zwar gelingt den Ganoven ihr großer Raubzug, doch kommt ihnen Mrs. Wilberforce auf die Schliche, und trickreich versuchen die Gangster, ihr die Absicht auszureden, zur Polizei zu gehen. Da sich die alte Dame nicht von ihrem Vorhaben abbringen läßt, beschließen die fünf Männer, Mrs. Wilberforce umzubringen. Doch auch hier bleiben sie glücklos: Einer nach dem anderen findet selbst den Tod, und am Schluß ist die alte Lady im alleinigen Besitz der erbeuteten 60.000 Pfund. Auszeichnungen der Britischen Filmakademie erhielten William Rose für sein gelungenes Drehbuch und Katie Johnson (1878-1957) als beste Darstellerin, die gemeinsam mit Margaret Rutherford zu den unnachahmlichen exzentrischen alten Damen des britischen Films gehörte.

10.3 Komödien-Serien

Die Blütezeit der Ealing Studios unter Michael Balcons Leitung fielen mit der Legislaturperiode der Attlee-Regierung von 1945 bis 1951 zusammen. 1951 begann Ealings Niedergang und mit ihm der Niedergang seines berühmtesten Genres. Im weiteren Verlauf der 50er Jahre wurde deutlich, daß der feine Humor der Ealing-Komödien dem Publikum zunehmend als schrullig, antiquiert und harmlos erschien. Die Zuschauer waren nun auf derbere Kost eingestellt, und neue Formen der Komödie konnten sich durchsetzen. Neben den Filmen des Slapstick-Komikers Norman Wisdom, der an die Komödien-Tradition von George Formby und Will Hay anknüpfte, fiel in die 50er Jahre der Start zweier populärer Komödien-Serien, die sich, mit abnehmendem Erfolg, bis in die 70er Jahre hinein fortsetzten.

Die erste der beiden erfolgreichen Filmreihen war die auf den Romanen von Richard Gordon basierende DOCTOR-Serie um den jungen Mediziner Simon Sparrow (Dirk Bogarde, geb. 1921 als Derek van den Bogaerde) und den Chefarzt Sir Lancelot Spratt (James Robertson Justice, 1905-1975). Der in dieser Rolle populäre, aber unterforderte ehemalige Bühnendarsteller Bogarde hatte sein Filmdebüt (nach einem Statisten-Auftritt in der George Formby-Komödie COME ON, George) in der George Moore-Adaption ESTER WATERS (1947) gegeben und war durch seine Rolle eines jugendlichen Kriminellen in Basil Dearden Polizeifilm THE BLUE LAMP bekannt geworden. In den DOCTOR-Komödien spielte u.a. Kenneth More (1914-1982) an seiner Seite, der in den 50er Jahren einer der wichtigsten britischen Kassenmagneten war. Alle Folgen der DOCTOR-Serie wurden von Ralph Thomas (geb. 1915) inszeniert, mit viel Gespür für charmante Situationskomik und kuriose Typen. Die Frische und Qualität der ersten Folge DOCTOR IN THE HOUSE (1954, ABER, HERR DOKTOR...) verblaßten jedoch schnell. Die Fortsetzungen DOCTOR AT SEA (1955, DOKTOR AHOI!), worin die damals 21jährige Brigitte Bardot der britischen Öffentlichkeit vorgestellt wurde, sowie DOCTOR AT LARGE (1956, HILFE! DER DOKTOR KOMMT) wurden in ihrer Komik zusehends bemühter. Nach der dritten Folge verließ Hauptdarsteller Dirk Bogarde die Produktion und konnte sich anschließend unter Regisseuren wie Joseph Losey, Luchino Visconti und Alain Resnais bald einen Namen in anspruchsvollen Charakterrollen machen. Die weiteren Filme der Serie, DOCTOR IN LOVE (1960, DREIMAL LIEBE TÄGLICH) und die Fernsehadaptionen der 70er Jahre, waren vom ursprünglichen Konzept weit entfernt.

Auch der Name von Ralph Thomas' jüngerem Bruder Gerald ist untrennbar mit einer englischen Komödienserie verbunden. Gerald Thomas (geb. 1920) inszenierte sämtliche Folgen der nicht minder populären CARRY ON-Serie, der langlebigsten Komödienserie der britischen Filmgeschichte, deren Komik im wesentlichen auf Doppeldeutigkeiten und erotischen Anzüglichkeiten basierte. Durch seinen unerwarteten Kassenerfolg initiierte der ursprünglich als Einzelfilm geplante CARRY ON SERGEANT (1958, KOPF HOCH – BRUST RAUS!) eine Klamauk-Serie, die es in ihrer 34jährigen Geschichte auf 30 Folgen brachte. Neben Produzent Peter Rogers, dem Ehemann von Betty Box, und Autor Talbot Rothwell stützte sich die Serie auf ein Stamm-Ensemble um Kenneth Williams, Sidney James, Charles Hawtrey, Kenneth Connor, Barbara Windsor, Joan Sims und Hattie Jacques. Ebenso wie die DOCTOR-Serie liefen die CARRY ON-Filme in den 50er Jahren mit Erfolg in amerikanischen Programmkinos, die ansonsten auf weniger kommerzielle Filme spezialisiert waren.

Die CARRY ON-Fließbandproduktion erreichte ihren Höhepunkt in den 60er Jahren. Nach dem Militär setzte man mit Krankenhäusern (CARRY ON NURSE, 1959, 41 GRAD LIEBE), Schulen (CARRY ON TEACHER, 1959, IST JA IRRE – LAUTER LIEBENSWERTE LEHRER) oder Polizeirevieren (CARRY ON CONSTABLE, 1960, UNS KANN KEIN KRUMMES DING ERSCHÜTTERN) zunächst weitere öffentliche Institutionen als Handlungsrahmen ein, bevor die Filme immer schwächer wurden. Einen vorübergehenden Aufschwung erfuhr die Serie durch eine Verlagerung auf die Persiflierung diverser Filmgenres, vom Spionagefilm (CARRY ON SPYING, 1964, IST JA IRRE – AGENTEN AUF DEM PULVERFASS) über den Horrorfilm (CARRY ON SCREAMING, 1966) bis zum

Historienfilm (CARRY ON CLEO, 1964, CLEO, LIEBE UND ANTIKE). Der Film CARRY ON CLEO, für den die übriggebliebenen Kulissen von Joseph Mankiewiczs Monumentalfilm CLEOPATRA genutzt wurden, bildete einen Höhepunkt der Serie. Während die 60er Jahre voranschritten, geriet das Konzept der Serie freilich in ein Dilemma. Ursprünglich konnten die Filme ihre komische Wirkung vor allem durch sexuelle Anspielungen in den Dialogen erzielen. Mit dem Aufkommen der permissiven Gesellschaft und der Enttabuisierung der Sexualität wurde derartiger harmloser Sprachwitz jedoch zunehmend anachronistisch und verlor bald seinen Reiz. In dem Maße aber, wie man versuchte, die Filme der neuen Zeit durch zunehmende Explizitheit und Freizügigkeit anzupassen, büßten diese ihre Originalität ein. Nach CARRY ON EMMANUELLE (1978) wurde die Serie eingestellt; aus Anlaß der 500-Jahr-Feier der Entdeckung Amerikas kam nach vierzehnjähriger Unterbrechung CARRY ON COLUMBUS (1992, MACH'S NOCHMAL, COLUMBUS) ohne nennenswerte Resonanz in die Kinos.

Der Erfolg, den diese Filmserie beim heimischen Publikum erzielte, ist für den ausländischen Betrachter – zumal aus heutiger Sicht – nur schwer zu begreifen. Kein Klischee ist den Filmen zu abgegriffen, die vorhersagbare Komik in der Music Hall-Tradition wirkt hausbacken, die Schauspieler überziehen gnadenlos ihre Rollen, und die voyeuristische Kameraführung ist oft aufdringlich. Dennoch wurde dieses Niveau gelegentlich noch unterschritten, denn der kommerzielle Erfolg der CARRY ON-Serie veranlaßte einige banale und ideenlose Nachahmungsversuche, darunter eine von EMI und Associated London produzierte und von Bob Kellett inszenierte Reihe mit Filmen wie UP POMPEII (1971), UP THE CHASTITY BELT (1971) und UP THE FRONT (1972).

10.4 Peter Sellers und Blake Edwards

Der in der Tradition von Komikern wie Stan Laurel und Jacques Tati stehende Peter Sellers (1925-1980) wurde einer der bekanntesten und vielseitigsten Komödianten des britischen Films. Sellers begann seine Karriere beim Rundfunk, wo er gemeinsam mit seinen Kollegen Spike Milligan, Harry Secombe und Michael Bentine in der populären Sendereihe THE GOON SHOW auftrat, die von 1951 bis 1959 von der BBC ausgestrahlt wurde. In dieser Sketch-Serie voll Nonsense und subversivem Wortwitz stach Sellers vor allem durch sein Talent hervor, die unterschiedlichsten Stimmen annehmen zu können – ein Talent, das auch in seiner späteren Filmkarriere eine wesentliche Rolle spielte. Sellers verwandte stets größte Mühe darauf, einer Figur die passende

Stimme zu verleihen, er war sogar unfähig, eine Figur überhaupt darzustellen, solange er deren Stimme nicht gefunden hatte. Die Goons hatten einen ersten und letzten Filmauftritt mit DOWN AMONG THE Z MEN (1952, Maclean Rogers).

Nach einigen Kurzauftritten in unbedeutenden Filmen bekam Sellers 1956 die Chance, in Ealings Alec Guinness-Film THE LADYKILLERS mitzuwirken, mit dem er einem Millionenpublikum bekannt wurde und die Aufmerksamkeit der Kritiker fand. Zwar konnte sich Sellers mit dieser Nebenrolle noch nicht als Filmstar etablieren, doch war er in der Folgezeit überaus produktiv und erhielt von John und Roy Boulting einen 5-Jahres-Vertrag. Die Boulting-Zwillinge John (1913-1985) und Roy (geb. 1913) hatten 1937 ihre eigene unabhängige Produktionsfirma Charter Films gegründet. Üblicherweise inszenierten und produzierten sie ihre Filme alternierend (allerdings stehen 29 Inszenierungen von Roy Boulting nur 13 von John gegenüber). Zu ihren frühesten Erfolgen zählen die Graham Greene-Verfilmung BRIGHTON ROCK (1947, John Boulting), THE GUINEA PIG (1949, Roy Boulting) und THE MAGIC BOX (1951, John Boulting). Mitte der 50er Jahre begannen die Boultings eine Reihe populärer satirischer Komödien, die oft um Fragen moralischen Handelns zentriert waren. Die Satire war meist schärfer als in den Ealing-Komödien und nahm häufig eine britische Institution aufs Korn, so das Militär in PRIVATE'S PROGRESS (1955, John Boulting, DER BESTE MANN BEIM MILITÄR), die Justiz in BROTHERS IN LAW (1956, Roy Boulting), Politik und Diplomatie in CARLTON-BROWNE OF THE F.O. (1959, Roy Boulting/Jeffrey Dell, AUSGERECHNET CHARLIE BROWN) und die Gewerkschaften in I'M ALL RIGHT, JACK (1959, John Boulting, JUNGER MANN AUS GUTEM HAUS).

Sellers spielte im Jahr 1958 in drei Filmen und wurde damit seinem späteren Ruf als *workaholic* schon früh gerecht. 1959 hatte er einen respektablen Erfolg mit der Komödie THE MOUSE THAT ROARED (Jack Arnold, DIE MAUS, DIE BRÜLLTE). Der erhoffte Durchbruch zum Filmstar gelang ihm jedoch erst mit dem Film I'M ALL RIGHT, JACK, der im August 1959 Premiere hatte. Diese Adaption von Alan Hackneys Roman *Private Life* ist eine bissige Satire auf die Machenschaften der Industrie und der Gewerkschaften, und Peter Sellers lieferte als Gewerkschaftsführer Fred Kite eine seiner glanzvollsten Rollen ab. Trotz seines großen Publikumserfolgs wurde I'M ALL RIGHT, JACK von der Kritik überaus zwiespältig aufgenommen. Vor allem die gewerkschaftsnahe Presse hatte ihre Probleme mit der respektlosen Darstellung dieser heiligen Kuh des britischen Sozialstaats.

Sowohl THE MOUSE THAT ROARED als auch I'M ALL RIGHT, JACK liefen auch in den USA erfolgreich, und Hollywood lockte den Schauspieler mit ersten Angeboten. Der labile Darsteller, der sich selbst nur wenig zutraute und praktisch nie mit dem filmischen Endprodukt zufrieden war, scheute jedoch dieses Risiko und entschied sich dafür, in England zu bleiben. Anstatt mit wenigen anspruchsvollen Projekten neue Herausforderungen anzunehmen, zog es Sellers vor, viele durchschnittliche Filme zu drehen, die vergleichsweise geringe Anforderungen an seine schauspielerischen Fähigkeiten stellten. So trat er 1960, dem produktivsten Jahr in seiner Laufbahn, gleich in vier Filmen auf: in THE BATTLE OF THE SEXES (Charles Crichton, MISTER MILLER IST KEIN KILLER), TWO-WAY STRETCH (Robert Day, DIE GRÜNE MINNA), NEVER LET GO (John Guillermin, DER MARDER VON LONDON) und an der Seite von Sophia Loren in THE MILLIONAIRESS (Anthony Asquith, DIE MILLIONÄRIN). Wenngleich diese Filme eher Mittelmaß repräsentierten, war Sellers nun so berühmt, daß allein sein Name für volle Kinosäle sorgte. Einen weiteren Aufschwung nahm seine Karriere zwei Jahre später durch die Begegnung mit Stanley Kubrick. Der Amerikaner nahm Sellers für LOLITA (1961) unter Vertrag sowie für DR STRANGELOVE, OR HOW I LEARNED TO STOP WORRYING AND LOVE THE BOMB (1964), in dem der wandlungsfähige Darsteller in drei unterschiedlichen Rollen auftrat. Sellers' exorbitante Gage von einer Million Dollar veranlaßte Kubrick zu der ironischen Bemerkung, mit Sellers bekomme er drei Darsteller zum Preis von sechs.

Drei Wochen vor DR STRANGELOVE hatte ein Film Premiere, der wie kein zweiter Sellers' Bild für die Nachwelt prägen sollte, THE PINK PANTHER (1964, DER ROSAROTE PANTHER). Dieser Film, inszeniert von Blake Edwards (geb. 1922 in Oklahoma), war eigentlich auf seinen Star David Niven zugeschnitten, der an einem flauen Punkt in seiner Karriere stand und dringend einen Publikumserfolg brauchte. Er mußte jedoch mitansehen, wie ihm Peter Sellers in der Nebenrolle des Inspektor Clouseau (für die ursprünglich Peter Ustinov vorgesehen war) mit seinem bemerkenswerten Talent für Slapstick die Schau stahl.

THE PINK PANTHER begründete eine vierzehn Jahre währende Haßliebe zwischen Blake Edwards und seinem kapriziösen Star, den Edwards in einem Interview als paranoiden Schizophrenen bezeichnete (Starr 1991, 239). Obwohl Sellers seinen Regisseur häufig zur Verzweiflung trieb und Edwards sich mehr als einmal schwor, nie wieder mit Sellers zu arbeiten, war das Argument des Profits doch zu stark. In Edwards' THE PARTY (1967, DER PARTYSCHRECK) lieferte Sellers in der Rolle eines tolpatschigen indischen Kleindarstellers eine schulmäßige Slapstickkomödie mit viel Situationskomik und gelegentlichen Seitenhieben auf die Filmindustrie. Zum beiderseitigen wirtschaftlichen Vorteil drehten Sellers und Edwards aber vor allem die insgesamt fünf Filme um Inspektor Jacques Clouseau, einen trotteligen Polizisten, der im Lauf seiner Ermittlungen zahllose Peinlichkeiten und Katastrophen auslöst, und dabei stets so tut, als hätte er alles genau vorhergeplant.

Nur fünf Monate nach der Premiere von THE PINK PANTHER kam eine erste Fortsetzung des Stoffs in die Kinos, A SHOT IN THE DARK (1964, EIN SCHUSS IM DUNKELN). Mitte der 70er Jahre, als sich beide in der Talsohle ihrer Karriere befanden, entschlossen sich Edwards und Sellers, Inspector Clouseau nach über zehnjähriger Pause wieder zum Leben zu erwecken. So entstanden THE RETURN OF THE PINK PANTHER (1975, DER ROSAROTE PANTHER KEHRT ZURÜCK), THE PINK PANTHER STRIKES AGAIN (1976, INSPEKTOR CLOUSEAU – DER »BESTE« MANN BEI INTERPOL) sowie THE REVENGE OF THE PINK PANTHER (1978, INSPEKTOR CLOUSEAU – DER IRRE FLIC MIT DEM HEISSEN BLICK). Ungeachtet ihres überwältigenden Publikumserfolgs hatten die PINK PANTHER-Nachfolger mit dem ursprünglichen Film allerdings nicht mehr viel gemeinsam. Die Starbesetzung mit David Niven, Claudia Cardinale und Robert Wagner war nicht mehr vertreten, dafür waren die Filme ganz auf ihre neue Hauptfigur zugeschnitten. War Clouseau im ersten Teil verheiratet, führte er nun ein Junggesellendasein, und die stimmungsvollen exotischen Kulissen des ersten Teils wichen der Londoner Studioatmosphäre. Als die letzte Folge THE REVENGE OF THE PINK PANTHER gedreht wurde, war die Clouseau-Reihe zur finanziell erfolgreichsten Komödienserie der Filmgeschichte avanciert. Untauglich waren freilich Blake Edwards' Versuche, nach Sellers' Tod mit TRAIL OF THE PINK PANTHER (1982, DER ROSAROTE PANTHER WIRD GEJAGT) und THE CURSE OF THE PINK PANTHER (1983, DER FLUCH DES ROSAROTEN PANTHERS) aus Zusammenschnitten alten Filmmaterials nochmals Profit zu schlagen. Glaubwürdiger war Edwards' zeitgleich entstandenes Remake des Schünzel-Klassikers VICTOR/VICTORIA (1982, VICTOR/VICTORIA), in der seine Ehefrau Julie Andrews (geb. 1935), entgegen ihrem Image der sauberen und keuschen Engländerin, in der Rolle einer Travestiekünstlerin auftrat.

Mit seinem letzten vollendeten Film, der Satire BEING THERE (USA 1979, Hal Ashby, WILLKOMMEN, MR. CHANCE) feierte Peter Sellers in der Rolle eines geistig zurückgebliebenen Gärtners, der sich mit inhaltsleeren Spruchweisheiten den Ruf eines weisen Mannes erwirbt und großen politischen Einfluß in Washington gewinnt, seinen größten Triumph bei der Kritik seit DR STRANGELOVE.

Peter Sellers, der nach zahlreichen Herzinfarkten bereits keine genaue Koordination von Sprache und Bewegung mehr besaß, starb am 24. Juli 1980 in seiner Suite im Dorchester-Hotel an einem Herzinfarkt.

10.5 Monty Python

Subtiler und aggressiver Witz zeichnet die Drehbücher des Komiker-Sextetts John Cleese (geb. 1939), Terry Gilliam (geb. 1940), Graham Chapman (1941-1989), Terry Jones (geb. 1942), Michael Palin (geb. 1943), und Eric Idle (geb. 1943) aus, das durch die BBC-Fernsehserie Monty Python's Flying Circus (1969-1974) bekannt wurde. Hierbei handelte es sich um aberwitzige Sketchfolgen, die mit absurden Begebenheiten und bizarren Charakteren aufwarten und keinerlei Respekt vor Tabus zeigen. Die Palette des Monty Python-Humors bewegt sich zwischen drastischem Wortwitz und feiner Ironie, zwischen infantilem Klamauk und bissiger Satire. Dieses Strickmuster wurde weitgehend übernommen, als das Team 1971 zur Produktion von insgesamt fünf Spielfilmen überging.

Das Filmdebüt And Now For Something Completely Different (die Formulierung, mit der John Cleese in den Fernsehsendungen häufig die Überleitung zwischen einzelnen Sketchen herstellte) ist eine lose Nummernrevue der erfolgreichsten Sketche. Der in Minneapolis geborene Terry Gilliam, 1967 zur Komikertruppe gestoßen, übernahm gemeinsam mit Terry Jones die Regie des ersten Monty Python-Spielfilms mit einer durchgängigen Handlung, Monty Python and the Holy Grail (1975, Die Ritter der Kokosnuss). Vier Jahre nach dieser Verballhornung der Artus-Legende inszenierte Terry Jones mit Monty Python's Life of Brian (1979, Monty Python's – Das Leben des Brian) den kontroversesten Film des Teams. Produziert von George Harrisons Firma HandMade Films führte Life of Brian übermütige Attacken gegen Christen- und Judentum, die viele Kritiker als blasphemisch empfanden. Dennoch lief der Film sehr erfolgreich in den Kinos, und der Schlußsong »Always Look on the Bright Side of Life« wurde zum Hit. Mit ihren beiden letzten Filmen Live at the Hollywood Bowl (1982) und The Meaning of Life (1983, Monty Python's – Der Sinn des Lebens) kehrten Monty Python zum frühen Episodenformat zurück.

Parallel zu den fünf gemeinsamen Filmen entstanden die frühen Soloprojekte der einzelnen Mitglieder der Monty Python-Truppe, beginnend mit Jabberwocky (1977, Jabberwocky), der ersten unabhängigen Inszenierung von Terry Gilliam. Als Koautor und Regisseur trug Gilliam anschließend die Verantwortung für den vor allem in den USA sehr erfolgreichen phantastischen Abenteuerfilm Time Bandits (USA 1981, Time Bandits) sowie für Brazil (USA 1984, Brazil), dessen Oscar-nominiertes Buch Gilliam gemeinsam mit Tom Stoppard schrieb. Im Orwell-Jahr 1984 ritt Brazil auf der dystopischen Modewelle, sprengte jedoch im Gegensatz zu Michael Radfords Orwell-Adaption willkürlich die Genrekonventionen durch Exkursionen ins Surrealistische und Groteske. In den 90er Jahren inszenierte Gilliam seine erste amerikanische Produktion THE FISHER KING (USA 1991, KÖNIG DER FISCHER) und verlegte sich anschließend mit THE TWELVE MONKEYS (USA 1995, TWELVE MONKEYS) und FEAR AND LOATHING IN LAS VEGAS (USA 1998, FEAR AND LOATHING IN LAS VEGAS) auf skurril-fantastische Filme.

Eric Idle beschränkte sich (mit Ausnahme des Buches zu SPLITTING HEIRS) auf das Darstellerische und spielte u.a. Hauptrollen in den Komödien NUNS ON THE RUN (1989, Jonathan Lynn, NONNEN AUF DER FLUCHT), TOO MUCH SUN (USA 1991, Robert Downey, TOO MUCH SUN – EIN STICH ZUVIEL) und SPLITTING HEIRS (1993, Robert Young, ...UND EWIG SCHLEICHEN DIE ERBEN). Graham Chapman schrieb das Buch zu der Piratenkomödie YELLOWBEARD (1983, Mel Danski, DOTTERBART). In diesem Film hatte er, ebenso wie James Mason und Marty Feldman, seinen letzten Filmauftritt. Terry Jones führte 1989 Regie in ERIC THE VIKING (ERIK, DER WIKINGER), der auf der Basis seines preisgekrönten Kinderbuchs *The Saga of Eric the Viking* entstand, zog sich ansonsten aber weitgehend aus dem Filmgeschäft zurück.

Michael Palin wirkte ab 1982 als Darsteller in zahlreichen Komödien, die er teilweise auch verfaßte. Nach THE MISSIONARY (1982, Richard Loncraine, DER MISSIONAR) und A PRIVATE FUNCTION (1984, Malcolm Mowbray, MAGERE ZEITEN) spielte Palin u.a. die Hauptrolle in AMERICAN FRIENDS (1990, Tristram Powell, AMERIKANISCHE FREUNDINNEN). Mit viel Liebe zum Detail erzählt dieser in den 60er Jahren des 19. Jahrhunderts spielende Film die (nach den Tagebuchaufzeichnungen von Palins Urgroßvater entstandene) Geschichte des integren Vizepräsidenten eines Oxforder Colleges, der kurz vor seiner erhofften Wahl zum Präsidenten durch die Bekanntschaft mit zwei Amerikanerinnen die Liebe entdeckt und seinem bisherigen versäumnisreichen Leben am College entsagt. Ironisch greift der Film unterschiedliche Traditionen der englischen Literatur auf und kombiniert typische Versatzstücke des Universitätsromans mit Motiven melodramatischer Liebesromanzen und sozialkritischer viktorianischer Romane. Die Palette der Anspielungen erstreckt sich bis zu Shakespeare, wenn die Nachfolgeschaft des dahinsiechenden Universitätspräsidenten als moderne Variante von *King Lear* präsentiert wird. Bezüge zu Henry James' europäisch-amerikanischen Gesellschaftsromanen offenbaren sich im Aufeinanderprall zweier Wertsysteme, die im Kontrast zwischen der klosterhaften Erziehungsanstalt und der romantischen Landschaft der Walliser Alpen versinnbildlicht werden.

John Cleese verkörperte nach einem wenig erfolgreichen Auftritt in PRIVATES ON PARADE (1982, Michael Blakemore) in CLOCKWISE (1986, Christopher Morahan, CLOCKWISE – RECHT SO MR. STIMPSON) einen überkorrekten Schulleiter, der zum ersten Mal in seinem Leben einen Zug verpaßt und daraufhin machtlos mitansehen muß, wie sich seine wohlgeordnete Welt in

A Fish Called Wanda (Kevin Klein, Michael Palin)

Chaos verwandelt. 1988 trat Cleese als Autor und Hauptdarsteller der von Charles Crichton inszenierten Gaunerkomödie A Fish Called Wanda (Ein Fisch namens Wanda) ins Rampenlicht. Er spielte darin den (nach dem bürgerlichen Namen seines Idols Cary Grant benannten) Rechtsanwalt Archibald Leach. Die Geschichte einer habgierigen Diebesbande, die nach einem Juwelenraub ihren Boß an die Polizei verrät, weil jedes Bandenmitglied die Millionenbeute für sich haben will, persifliert das Genre des Gangsterfilms und macht sich zugleich mit einer gelungenen Mischung aus britischen und amerikanischen Darstellern über die jeweiligen Eigenarten beider Nationen lustig. A Fish Called Wanda wurde zu einem internationalen Publikumshit, er wurde für den Academy Award in den Kategorien Beste Regie und Bestes Drehbuch nominiert und brachte Kevin Klein den Oscar als bester Nebendarsteller ein. 1995 holte Cleese das erfolgreiche Darsteller-Team Jamie Lee Curtis, Kevin Klein und Michael Palin nochmals zusammen, um in Pinewood den Film Fierce Creatures (USA 1997, Robert Young/ Fred Schepisi, Wilde Kreaturen) zu drehen, der jedoch nicht an den Erfolg von A Fish Called Wanda anknüpfen konnte.

11. Geschichten aus der Gruft: Der britische Horrorfilm

11.1 Die Wiege des Grauens

Der Horrorfilm gehört zu den klassischen Genres des britischen Kinos. In seiner wegbereitenden Studie *A Heritage of Horror* verglich David Pirie die Rolle des britischen Horrorfilms mit der Bedeutung des Westerns für das amerikanische Kino und bezeichnete das Genre als den einzigen großen Kinomythos, den Großbritannien hervorgebracht habe (Pirie 1973, 9). Die Wurzeln dieser nationalen Tradition führen zurück in die englische Romantik, als Themen für die Literatur entdeckt bzw. wiederentdeckt wurden, die während des Zeitalters von Aufklärung und Rationalismus weitgehend verdrängt gewesen waren. Von nachhaltigem Einfluß auf das Genre des Horrorfilms sollte insbesondere eine legendäre Zusammenkunft literarischer Persönlichkeiten der Romantik werden. Im Sommer 1817 lernten Percy und Mary Shelley den Dichter Lord Byron kennen, der gemeinsam mit seinem Biographen William Polidori und Marys Halbschwester Claire Clairmont die Villa Diodati am Genfer See bewohnte. Um während einiger Regentage die Langeweile zu überbrücken, schlug Byron den Anwesenden vor, Geistergeschichten zu erfinden. Diese künstlerische Herausforderung bildete den Auslöser für Mary Shelleys Roman *Frankenstein* (1818) und Polidoris nicht minder einflußreiche Erzählung *The Vampyre* (1819). Dieser literarischen Geburtsstunde zweier großer Leinwandmythen erwies das britische Kino eine fantasiereiche Reverenz, als Ken Russell in seinem Film GOTHIC (1986, GOTHIC) die Ereignisse in der Villa Diodati zu einer alptraumhaften Bilderfolge gestaltete.

Die Anfänge des britischen Horrorfilms fallen mit dem Beginn der Filmgeschichte selbst zusammen. In Filmen wie THE HAUNTED CURIOSITY SHOP (1901) lehrte beispielsweise der Filmpionier Robert Paul sein Publikum mit kämpfenden Skeletten, mißgestalteten Menschen und lebenden Mumien das Fürchten. Doch trotz dieser frühen filmischen Gehversuche und der langen literarischen Tradition verstrichen mehrere Jahrzehnte, bevor das britische Kino das Potential abendfüllender Horrorfilme erkannte. Drohende Verrisse und die unvermeidliche Einstufung in die verlustträchtige BBFC-Kategorie ›A‹ machten Horrorfilme zu einem finanziellen Risiko, das viele Produzenten offensichtlich scheuten.

Dabei war eines der großen britischen Studios im Besitz des Schlüssels zum Erfolg, denn Gaumont-British besaß die Option auf die Filmrechte für Bram Stokers *Dracula*. Besorgt über die Zensurauflagen und die damit verbundenen wirtschaftlichen Unwägbarkeiten gab Gaumont diesen Trumpf jedoch aus den Händen: Als Universal anbot, die Option zu übernehmen, wechselten die Filmrechte über den Atlantik, und Béla Lugosi kam zu seiner Titelrolle in DRACULA (USA 1931). Nicht nur in diesem einen Fall konnte das amerikanische Studio die Briten auf ihrem eigenen Terrain schlagen: Auch der bekannteste Film des klassischen Universal-Horrorzyklus, FRANKENSTEIN (USA 1931), basiert auf einer britischen Romanvorlage. Er machte mit William Henry Pratt (alias Boris Karloff, 1887-1969) einen Engländer zum Weltstar und wurde noch dazu von dem englischen Regisseur James Whale (1889-1957) inszeniert. Der ehemalige Bühnendarsteller und Theaterregisseur Whale hatte seinen Wirkungskreis 1930 von London nach Hollywood verlegt. Mit seiner am deutschen Expressionismus Robert Wienes und Fritz Langs orientierten *Frankenstein*-Verfilmung, die sich erheblich von Mary Shelleys Vorlage entfernte, setzte Whale Maßstäbe, an denen die zahlreichen internationalen Remakes bis hin zu Kenneth Branaghs MARY SHELLEY'S FRANKENSTEIN (USA 1994) unweigerlich gemessen wurden. Welch gewaltiges Stoffreservoir die britische Filmindustrie zunächst ungenutzt ließ, zeigt die Tatsache, daß Whale auch für seine anschließenden Erfolge THE OLD DARK HOUSE (USA 1932), THE INVISIBLE MAN (USA 1933) und THE BRIDE OF FRANKENSTEIN (USA 1935) auf Romanvorlagen englischer Autoren zurückgriff.

Daß das britische Kino vor dem Zweiten Weltkrieg überhaupt sehenswerte Horrorfilme hervorbrachte, ist im wesentlichen ein Verdienst von Michael Balcon. Unter seiner Verantwortung nutzten Gaumont 1933 und Gainsborough 1936 Heimataufenthalte Boris Karloffs für Drehtermine mit dem Universal-Star. Gaumont markierte mit THE GHOUL (1933) den eigentlichen Beginn des britischen Horrorfilms. Unter der Regie von T. Hayes Hunter spielte Karloff einen Ägyptologen, der nach seinem Tod wiederaufersteht, um seine habgierigen Erben an der Plünderung seiner Ausgrabungsschätze zu hindern. Balcon setzte vier renommierte Autoren ein, um das Drehbuch nach dem gleichnamigen Roman von Frank King zu erstellen und verpflichtete den deutschen Kameramann Günther Krampf, der dem Film den gewünschten expressionistischen Ausdruck verlieh.

Drei Jahre nach THE GHOUL inszenierte der spätere Disney-Regisseur Robert Stevenson für Gainsborough den doppeldeutig betitelten THE MAN

Who Changed His Mind (1936). Karloff verkörperte diesmal einen Wissenschaftler in der Frankenstein-Tradition, dessen Experimente um Persönlichkeitsaustausch den Rahmen für eine gut konstruierte Geschichte lieferten.

Bis 1945 rückte das Genre jedoch wieder in den Hintergrund. Popularität erlangten allenfalls die Filme des Schauspielers Tod Slaughter (1885-1956), der sich mit volkstümlichen Stoffen wie Maria Marten, or the Murder in the Red Barn (1935, Milton Rosmer) und Sweeney Todd, the Demon Barber of Fleet Street (1936, George King) als einer der frühesten britischen Stars des Horrorfilms etablieren konnte.

1945 sorgte Michael Balcon, der mittlerweile die Leitung der Ealing Studios übernommen hatte, mit dem Episodenfilm Dead of Night (Traum ohne Ende) für einen ersten künstlerischen Höhepunkt in der Geschichte des britischen Horrorfilms. Dieser in der Tradition der Geistergeschichte stehende Film wurde von Ealings besten Regisseuren inszeniert (Basil Dearden, Alberto Cavalcanti, Charles Crichton und Robert Hamer) und zählt zu den Höhepunkten im Schaffen des Studios. Charles Barr bezeichnete Dead of Night als einen von Ealings Schlüsselfilmen (Barr 1993, 55), und Peter Hutchings' Urteil, es handele sich um den »ersten wichtigen erkennbar britischen Horrorfilm« (Hutchings 1993, 25), verweist darauf, daß sich Dead of Night erheblich von den an amerikanischen Vorbildern orientierten The Ghoul und The Man Who Changed His Mind unterscheidet.

Dead of Night besteht aus fünf Episoden, eingebettet in eine Rahmenhandlung, die eine perfide Schlußpointe bereithält. Der Architekt Walter Craig, der zu Beginn des Films aus einem Alptraum erwacht, wird in ein Landhaus bestellt, dessen erster Anblick ihn offensichtlich verwirrt. Der Grund für diese Irritation wird einsichtig, als Craig den anwesenden Personen von einem unheimlichen Déjà-vu-Erlebnis berichtet: Die soeben vor ihm ablaufende Szenerie habe er mit äußerster Detailgenauigkeit gerade im Traum erlebt. Die Anwesenden sind von diesem unerklärlichen Phänomen fasziniert und berichten daraufhin von eigenen Spukerlebnissen. Beeindrucken konnten vor allem Basil Deardens Episode »The Hearse Driver«, die Geschichte eines Rennfahrers, den eine unheimliche Vorahnung vor dem Unfalltod bewahrt; Robert Hamers »The Haunted Mirror«, die von einem Brautpaar erzählt, dessen durchschnittliches und vorhersehbares Leben durch den Kauf eines antiken Spiegels plötzlich in einen Strudel aus Irrationalität und Leidenschaft gerät; sowie Alberto Cavalcantis »The Ventriloquist's Dummy«, der Fall eines von seiner Puppe besessenen Bauchredners. Zum Erfolg von Dead of Night trug auch bei, daß die Rahmenhandlung hier nicht bloß Alibifunktion für den Zusammenhalt der einzelnen Episoden besitzt, sondern einen zentralen Baustein der Handlung bildet, die sich am Schluß gefährlich zuspitzt, bis der Architekt abrupt erwacht. Erleichtert stellt er fest, daß er alles nur geträumt hat und macht sich sogleich auf den Weg zu einem Landhaus, das ihm seltsam bekannt vorkommt ...

11.2 Die Ära der Hammer-Studios

Drei Jahre nach der Premiere von DEAD OF NIGHT beschlossen Enrique Carreras (1880–1950) und William Hinds (1887–1957), die beiden Betreiber der Verleihfirma Exclusive Films, eine eigene Produktionsgesellschaft zu gründen, die später auf ihre Söhne Anthony Hinds und James Carreras sowie dessen Sohn Michael Carreras überging. Die Firma wurde nach William Hinds benannt, der als Varietékünstler unter dem Pseudonym Will Hammer aufgetreten war. Als Studiogelände erwarben sie 1949 das viktorianische Herrenhaus Down Place in Bray, das als Kulisse zahlreicher Horrorfilme Berühmtheit erlangte.

Nach einigen Jahren des Experimentierens verlegte sich das Studio vorrangig auf die Produktion von Horrorfilmen. Hammer brachte das Genre nicht nur in Mode, sondern prägte auch für lange Zeit seinen Stil, so daß der Name Hammer oft nahezu synonym mit dem britischen Horrorfilm genannt wurde. Am Beginn dieser Entwicklung stand der auf einer BBC-Fernsehserie basierende Film THE QUATERMASS X-PERIMENT (1955, SCHOCK). In Erwartung einer Einstufung in die 1951 eingeführte Kategorie ›X‹ der Zensurkommission BBFC plazierten die Produzenten das ›X‹ bereits augenzwinkernd im Titel. Das hiermit verbundene Image des Anstößigen hoffte man als zusätzlichen Werbeeffekt nutzen zu können. Der von dem ehemaligen Journalisten und Drehbuchautor Val Guest (geb. 1911) inszenierte Film handelt von einem Astronauten, der während eines Weltraumflugs mit einer unbekannten Energie in Kontakt kommt und zu einem Zwitterwesen zwischen Tier und Pflanze mutiert. Aufgrund des großen Publikumszuspruchs wurde diese Grundidee mit QUATERMASS II (1957, Val Guest, FEINDE AUS DEM NICHTS) und QUATERMASS AND THE PIT (1967, Roy Ward Baker, DAS GRÜNE BLUT DER DÄMONEN) zu einer Trilogie erweitert.

Entscheidende Voraussetzungen des langfristigen Erfolgs von Hammer war neben der für das Genre neuartigen ausdrucksvollen Farbfotografie der Kameramänner Jack Asher (1916-1991) und Arthur Grant (1915-1972) auch der Erwerb der Universal-Rechte an den klassischen Stoffen des Grusel-Repertoires von Frankenstein über Dracula, die Mumie, den Werwolf und das Phantom der Oper bis zu Doctor Jekyll und Mister Hyde. Der Zugriff auf dieses unerschöpfliche Themenreservoir ermöglichte Hammer ab 1957 bis in die 70er Jahre hinein eine fließbandartige Produktion von Horrorfilmen, beginnend mit THE CURSE OF FRANKENSTEIN (1957, FRANKENSTEINS FLUCH) und DRACULA (1958, DRACULA). Die meisten dieser Filme wurden zu Zyklen erweitert, deren berühmteste die Zyklen um Mary Shelleys Frankenstein und Bram Stokers Dracula waren. Mit Ausnahme von THE HORROR OF FRANKENSTEIN (FRANKENSTEINS SCHRECKEN) und THE BRIDES OF DRACULA (DRACULA UND SEINE BRÄUTE) stellten in allen diesen Filmen die Hammer-Stars Peter Cushing den Baron Frankenstein und Christopher Lee den Grafen Dracula dar.

Titel	Jahr	Regie
THE CURSE OF FRANKENSTEIN	1957	Terence Fisher
THE REVENGE OF FRANKENSTEIN	1958	Terence Fisher
THE EVIL OF FRANKENSTEIN	1964	Freddie Francis
FRANKENSTEIN CREATED WOMAN	1966	Terence Fisher
FRANKENSTEIN MUST BE DESTROYED	1969	Terence Fisher
THE HORROR OF FRANKENSTEIN	1970	Jimmy Sangster
FRANKENSTEIN AND THE MONSTER FROM HELL	1973	Terence Fisher
DRACULA	1958	Terence Fisher
THE BRIDES OF DRACULA	1960	Terence Fisher
DRACULA, PRINCE OF DARKNESS	1966	Terence Fisher
DRACULA HAS RISEN FROM THE GRAVE	1968	Freddie Francis
TASTE THE BLOOD OF DRACULA	1970	Peter Sasdy
SCARS OF DRACULA	1970	Roy Ward Baker
DRACULA A.D. 1972	1972	Alan Gibson
THE SATANIC RITES OF DRACULA	1973	Alan Gibson

Die Frankenstein- und Dracula-Zyklen der Hammer Studios

Mit Christopher Lee (geb. 1922) fand Hammer eine ideale Besetzung der Titelrolle von DRACULA. Anders als sein Vorgänger Béla Lugosi verlieh Lee der Vampirrolle die erotische Komponente, die im Kehlenbiß als sadistischer Variante des Kusses bereits angelegt war. Lee verkörperte keine primitive Bestie, die aus Blutdurst mordet, sondern einen Aristokraten mit eleganten Manieren, der dem Vampirismus wie einer Drogensucht erlegen ist. Mit dieser Interpretation erreichte Lee eine Aufwertung des Vampirs, der durch seine

DRACULA
(Christopher Lee)

Attacken auf die engen Moralvorstellungen des viktorianischen Bürgertums zu einem heimlichen Sympathieträger wurde. Ebenso wie der undurchdringlich wirkende Lee, dem die Rolle des Bösen auf den Leib geschnitten war, erschien auch Peter Cushing (1913–1994) in einer klaren Typenzuweisung und übernahm den Part des Antagonisten sowohl in der Rolle des Vampirjägers Van Helsing, als auch in der des »Baron« Frankenstein und des Sherlock Holmes. Dabei gelang Cushing häufig ein reizvoller darstellerischer Balanceakt zwischen wissenschaftlichem Märtyrertum und arrogantem Snobismus.

In über zwei Dutzend Hammer-Produktionen führte Terence Fisher (1904–1980) Regie, ein ehemaliger Schaufensterdekorateur, der 1930 ins Filmmetier wechselte und sich dort vom Laufburschen zum Cutter emporarbeitete. 1948 inszenierte er für Rank seinen ersten Spielfilm, A SONG FOR TOMORROW, ein Jahr später führte er gemeinsam mit Noël Coward die Regie in dem Pinewood-Film THE ASTONISHED HEART. Ab 1952 fand Fisher seine

Hauptwirkungsstätte bei Hammer. Fisher, dessen künstlerische Kompetenz von der Kritik zwischen Stümperhaftigkeit und Genialität gehandelt wird, blieb zeitlebens ein umstrittener Regisseur. Wenngleich Fisher das große Potential seiner Stoffe mit wenig Inspiration umsetzte, verraten seine Filme doch einen persönlichen Stil, der sich u.a. durch betonte Glätte und strenge symmetrische Komposition auszeichnet. Die *mise-en-scène* ist für Horrorfilme oft ungewöhnlich hell, und ein Großteil der Handlung spielt sich in der vergleichsweise behaglichen Atmosphäre viktorianischer und edwardianischer Kulissen ab. Fishers Figuren bleiben meist frei von Ambivalenzen und geben sich unmißverständlich als gut oder böse zu erkennen, wobei der Triumph der guten Seite vorprogrammiert ist. Dabei ist das Böse bei Fisher äußerlich stets attraktiv, niemals häßlich oder deformiert. Sehr deutlich zeigt sich dies am Beispiel von THE TWO FACES OF DR JEKYLL (1960, SCHLAG 12 IN LONDON), in dem der böse Mr. Hyde, im Gegensatz zu Dr. Jekyll, als eleganter Aristokrat in Erscheinung tritt. Zweifel an der Moral seiner Geschichten ließ Fisher indes niemals aufkommen; erst in seinen späten Filmen FRANKENSTEIN CREATED WOMAN (1966, FRANKENSTEIN SCHUF EIN WEIB) und FRANKENSTEIN MUST BE DESTROYED (1969, FRANKENSTEIN MUSS STERBEN) klang eine Revision des starren Schwarzweißschemas an. Im Zentrum der Filme steht oft eine sympathische Vaterfigur, meist durch Peter Cushing verkörpert, an dem der Regisseur auch dann noch festhielt, als jener für den jugendlichen Enthusiasmus des Wissenschaftlers Viktor Frankenstein bereits zwei Generationen zu alt schien.

Andere Regisseure der Hammer-Studios, wie Freddie Francis (geb. 1917), Roy Ward Baker (geb. 1916) oder Don Sharp (geb. 1922), unternahmen keine ernsthaften Versuche, den vergleichsweise milden Gruseleffekt von Fishers Konzeption zu radikalisieren. Freddie Francis beispielsweise, der sich als Kameramann von ROOM AT THE TOP (1958, DER WEG NACH OBEN) und SONS AND LOVERS (1960, SÖHNE UND LIEBHABER) einen hervorragenden Ruf erworben hatte (und der noch 1995, nahezu 80jährig, Bob Hoskins' THE RAINBOW fotografierte), inszenierte 1964 den dritten Teil des Frankenstein-Zyklus, THE EVIL OF FRANKENSTEIN (FRANKENSTEINS UNGEHEUER), der eher durch seine absurde Handlung und unfreiwillige Komik auffiel als durch Spannung und Schauereffekte.

11.3 Der Niedergang des ›viktorianischen‹ Horrorfilms

Ein Überblick über die kritischen Studien zum britischen Horrorfilm könnte leicht den irreführenden Eindruck erwecken, als bildeten die Produktionen der Hammer-Studios den Maßstab des Genres schlechthin. Die starke Beachtung, die diese oft nur mittelmäßigen Filme erfahren haben, dürfte wenigstens teilweise auf den rein quantitativen Produktionsausstoß des Studios zurückzuführen sein. Dabei entstanden sogar während Hammers sogenanntem Goldenem Zeitalter der späten 50er und frühen 60er Jahre mehrere Konkurrenzprodukte, an deren Qualität kaum ein Hammer-Film heranreicht. Michael Powells PEEPING TOM (1960) liefert hierfür das überragende Beispiel, aber auch die britischen Hollywood-Niederlassungen veröffentlichten einige beachtliche Schwarzweißproduktionen. So verfilmte Jack Clayton für 20th Century-Fox Henry James' Erzählung *The Turn of the Screw* unter dem Titel THE INNOCENTS (1960, SCHLOSS DES SCHRECKENS), und für MGM inszenierte Robert Wise THE HAUNTING (1963, BIS DAS BLUT GEFRIERT), einen Film um ein parapsychologisches Experiment in einem Spukhaus, der seine Spannung leise aufbaut und ohne vordergründige Schockeffekte auskommt. Zu erwähnen ist aus dieser Epoche auch Roger Cormans Edgar Allan Poe-Verfilmung THE MASQUE OF THE RED DEATH (1964, SATANAS – DAS SCHLOSS DER BLUTIGEN BESTIE). Die Hauptrolle dieses prächtig ausgestatteten Films spielte Vincent Price (1911-1993), der gemeinsam mit Peter Cushing und Christopher Lee zu den wichtigsten britischen Horrordarstellern gehörte.

Die Hammer-Studios setzten unterdessen ihren eingeschlagenen Weg auch in den 70er Jahren noch fort, obwohl das einstige Erfolgsrezept eines in Setting und Handlungsführung stark viktorianisch geprägten Horrorfilms zunehmend anachronistisch wirkte. Mit Filmen wie Alan Gibsons DRACULA A.D. 1972 (1972, DRACULA JAGT MINIMÄDCHEN) reagierte Hammer erst spät auf die neue Jugendkultur und konnte überdies mit dem Versuch, den viktorianischen Horror mit dem Lebensgefühl des Swinging London zu vereinen, nicht überzeugen.

Auf vielversprechendere Weise paßte sich Hammer dem veränderten Zeitgeschmack an, indem man anstelle von Bram Stokers Dracula die Vampirfigur eines anderen irischen Schriftstellers ins Blickfeld rückte: Joseph Sheridan Le Fanus lesbische Blutsaugerin Carmilla aus der gleichnamigen Erzählung von 1872 bot den idealen Ausgangspunkt für eine Verjüngungskur des Vampirmythos. Die Verbindung des Horrorspektakels mit Sinnlichkeit und nackter Haut wurde prompt zu einem kommerziellen Erfolg, so daß die neue Konzeption in rascher Folge zu einer Trilogie erweitert wurde: THE VAMPIRE LOVERS (1970, Roy Ward Baker, GRUFT DER VAMPIRE) folgten LUST FOR A VAMPIRE (1970, Jimmy Sangster, NUR VAMPIRE KÜSSEN BLUTIG) und TWINS OF EVIL (1971, John Hough, DRACULAS HEXENJAGD).

Die Tage der viktorianischen Horrorfilme aus den Hammer-Studios waren indes gezählt, und andere Produzenten versuchten, neue Wege zu beschreiten. Hierzu zählten u.a. die beiden Amerikaner Milton Subotsky und

Max J. Rosenberg, die ihre Firma Amicus in den 60er Jahren zur zweitwichtigsten Produktionsfirma britischer Horrorfilme aufbauten. Obwohl Freddie Francis und Roy Ward Baker häufig die Regie übernahmen und die Hammer-Stars Cushing und Lee in den Shepperton Studios regelmäßige Auftritte für Amicus hatten, waren die Produktionen beider Gesellschaften doch keineswegs austauschbar. Dies lag vor allem daran, daß nicht der viktorianische Horrorfilm die Produktion von Amicus bestimmte, sondern das Episodenformat nach dem Vorbild von Ealings DEAD OF NIGHT – ohne freilich je dessen Qualität zu erreichen. Der erste dieser Episodenfilme war der von Freddie Francis inszenierte DR TERROR'S HOUSE OF HORRORS (1965, DIE TODESKARTEN DES DR. SCHRECK), in dem der geheimnisvolle Dr. Schreck (Peter Cushing) während einer Zugfahrt verschiedenen Mitreisenden (u.a. Christopher Lee und Donald Sutherland) in den Tarotkarten ihr Schicksal zeigt. Das Episodenformat brachte Amicus Erfolg, und spätere Filme der Firma, wie etwa TORTURE GARDEN (1967, Freddie Francis, DER FOLTERGARTEN DES DR. DIABOLO), THE HOUSE THAT DRIPPED BLOOD (1970, Peter Duffell, TOTENTANZ DER VAMPIRE), ASYLUM (1972, Roy Ward Baker, ASYLUM) und der besonders bekannt gewordene TALES FROM THE CRYPT (1972, Freddie Francis, GESCHICHTEN AUS DER GRUFT), setzten das Konzept fort.

Stärker als ein Spielfilm mit durchgängiger Handlung gestattete die knapp 20minütige narrative Kurzform des Episodenfilms eine experimentelle Auslotung der typologischen Vielfalt des Genres. David Pirie wies zu Recht darauf hin, daß Amicus' Episodenformat einen heilsamen Effekt auf den britischen Horrorfilm ausübte, da es das Genre für jüngere literarische Tendenzen öffnete (Pirie 1973, 113). Insbesondere war es der amerikanische Autor Robert Bloch, der nicht nur literarische Vorlagen lieferte, sondern auch als Drehbuchautor für Amicus arbeitete. Auch einem der besten Horrorfilme von Amicus, Freddie Francis' THE SKULL (1965, DER SCHÄDEL DES MARQUIS DE SADE), lag eine Kurzgeschichte von Bloch zugrunde, »The Skull of the Marquis de Sade«. Auf dem Science Fiction-Roman *The Disorientated Man* von ›Peter Saxon‹ (dem Pseudonym eines Autorenkollektivs) basiert SCREAM AND SCREAM AGAIN (1969, DIE LEBENDEN LEICHEN DES DR. MABUSE), dessen Experimentierfreude vielleicht am besten die Distanz zwischen Amicus und Hammer verdeutlicht. Auf mehreren Ebenen verschachtelt der Film die Handlungsstränge einer Scotland Yard-Ermittlung, einer heimlichen Invasion Außerirdischer und einer makabren Krankengeschichte und erreicht dabei teilweise surrealistische Effekte. Chris Wickings Drehbuch und Gordon Hesslers Regie wurden häufig gelobt, und der Film ließe sich mit seinen Hinwendungen an den Zeitgeist statt als Horrorfilm ebensogut als Parabel über den zeitgenössischen Konflikt zwischen jugendlichem Protest und staatlicher Autorität betrachten.

Eine starke Trumpfkarte hielt der zweite wichtige Hammer-Konkurrent, Tigon Productions, mit dem Jungregisseur Michael Reeves (1944–1969) in Händen. Nach seinen Erstlingswerken LA SORELLA DI SATANA (= THE REVENGE OF THE BLOOD BEAST, Italien 1965) und THE SORCERERS (1966, IM BANNE DES DR. MONSERRAT) unternahm der von Don Siegel beeinflußte Autodidakt vor allem mit seinem dritten und zugleich letzten Film einen Versuch zur Erneuerung des Horrorgenres: WITCHFINDER GENERAL (1967, DER HEXENJÄGER) führt in die von politischen Wirren und religiösem Fanatismus geprägte Zeit des englischen Bürgerkriegs. Gemeinsam mit Tom Baker schrieb Reeves das Drehbuch für diese Adaption von Ronald Bessetts historischem Roman über den Hexenjäger Matthew Hopkins. Auffällig ist das ungewohnt zurückhaltende Spiel von Vincent Price, der in der Rolle des Inquisitors eine seiner besten schauspielerischen Leistungen bot. Berühmt wurde die Anekdote, wie es Reeves gelang, dem großen Horror-Veteranen seinen Hang zur melodramatischen Darstellung auszureden. Price reagierte zunächst unwillig auf das Begehren des blutjungen Regisseurs und hielt ihm herablassend seinen beruflichen Erfahrungsschatz vor Augen: »Ich habe achtzig Horrorfilme gemacht, und Sie?« Schlagfertig konterte Reeves: »Ich habe einen guten gemacht.«

Reeves porträtiert den Hexenjäger als einsame, geheimnisumwitterte und letztlich tragische Gestalt in der Tradition der Byronischen Helden. Seine Affinität zu dem Romantiker Lord Byron hatte Reeves bereits angedeutet, als er das Drehbuch seines Debütfilms unter dem Pseudonym Michael Byron verfaßte. In bester Byronischer Manier spiegelte Reeves in WITCHFINDER GENERAL die Seelenzustände seiner Figuren in den öden Landschaften von Norfolk und Suffolk, die von John Coquillon (1933–1987), einem der herausragenden Kameraleute jener Jahre, effektvoll ins Bild gesetzt wurde. Coquillon berichtete später, daß die scheinbar schlechte, grobkörnige Bildqualität des Films durchaus beabsichtigt war: »We wanted the film to look as if it had been hidden away for 300 years.« (Petrie 1996, 85). Unterstützt von einer an der englischen Folk-Tradition orientierten Musikuntermalung gelang Reeves ein ambivalent gehaltener Film, der die genreüblichen Schwarzweißzeichnungen vermied.

Als Michael Reeves gerade 25jährig an einer Barbituratvergiftung starb, verlor Tigon sein größtes Regietalent. Die Firma war durch die Auflösung von Tony Tensers und Michael Klingers Produktionsfirma Compton-Tekli entstanden, die mit Filmen wie THE PROJECTED MAN (1966, Ian Curties, FRANKENSTEIN 70) auch Horrorfilme in ihrem Programm hatte. Während Klinger mit künstlerisch anspruchslosen Großproduktionen wie GET CARTER (1971, Mike Hodges, JACK RECHNET AB) und SHOUT AT THE DEVIL (1976, Peter Hunt, BRÜLL DEN TEUFEL AN) immerhin einige Kassenerfolge gelangen, gründete Tenser 1967 Tigon und produzierte dort weiterhin billige Sex- und Horrorfilme. Bis 1972 brachte Tigon ein knappes Dutzend kommerziell erfolgloser Horrorfilme hervor, aus denen einzig die Arbeit von Michael Reeves herausragt. Die letzte Tigon-Produktion, THE CREEPING FLESH (1972, NACHTS, WENN DAS SKELETT ERWACHT), bildete einen vergeblichen Versuch, durch eine explizite Anknüpfung an das Erfolgsrezept Hammers (und unter Hinzuziehung des bewährten Teams Freddie Francis, Peter Cushing und Christopher Lee), den Durchbruch an den Kinokassen zu schaffen.

Die Symptome des Niedergangs des viktorianischen Horrorfilms wurden in den späten 60er und frühen 70er Jahren unübersehbar. Stellvertretend für viele andere Werke verdeutlicht der in Elstree von Robert Fuest inszenierte Film THE ABOMINABLE DR PHIBES (1971, DAS SCHRECKENSKABINETT DES DR. PHIBES) das Dilemma, in das sich viele Produzenten zu jener Zeit manövrierten. Einerseits wagte man es nicht, sich völlig von der Machart der Hammer-Filme zu lösen, andererseits waren die Studios nach den Turbulenzen der Pop-Revolution gezwungen, mit den gesellschaftlichen Umwälzungen Schritt zu halten. In dem Bemühen, die Horror-Fangemeinde ebenso zu bedienen wie die Flower Power-Generation, gingen die Produzenten Kompromisse ein, die nicht funktionieren konnten und beim Spagat zwischen viktorianischem Ambiente, neuentdeckter Sexualität und psychedelischem Lebensgefühl nicht selten Schiffbruch erlitten. Auch THE ABOMINABLE DR PHIBES laviert in schwülstigen Art Deco-Kulissen stilunsicher zwischen halbherzigen Adaptionen des Hammer-Horrors, morbider Komödie und surrealistischer Hommage an den Zeitgeist. Man sah dem Film deutlich an, daß Regisseur Fuest drei Jahre zuvor in Elstree sieben Folgen der Fernsehserie THE AVENGERS (MIT SCHIRM, CHARME UND MELONE) inszeniert hatte. Nach dem Ausscheiden von Hauptdarstellerin Diana Rigg (geb. 1938) blieb diese Serie jedoch erfolglos, und was im Fernsehen bereits nicht mehr funktionierte, konnte im Kinoformat erst recht nicht überzeugen. Bemerkenswert blieben daher lediglich die Auftritte von Vincent Price und Joseph Cotten sowie Basil Kirchins vom Modeinstrument der Hammondorgel inspirierter Soundtrack mit seinen Reminiszenzen an die Stummfilm-Ära.

Erwähnenswert erscheint die groteske Geschichte des rachesüchtigen Dr. Anton Phibes dennoch aus einem anderen Grund. Phibes Trachten ist es, alle Mediziner umzubringen, die an der tödlich verlaufenen Operation seiner Frau beteiligt waren. Da sich die Todesarten, die Phibes seinen Opfern zugedacht hat, an den zehn Flüchen der Pharaonen orientieren, reiht sich die Geschichte in die Gruppe von Horror- und Kriminalfilmen ein, die dem Grauen Methode verleihen. Bekannt wurden derartige strukturbildende Muster vor allem durch Klassiker der Kriminalliteratur, vom Kinderlied über die zehn kleinen Negerlein in Agatha Christies Roman *And Then There Were*

None bis zu den Prophezeiungen der Geheimen Offenbarung in Umberto Ecos *Il nome della rosa* oder den Sieben Todsünden in David Finchers Thriller SEVEN (USA 1995, SIEBEN). Das gleiche Prinzip fand auch in verschiedenen Horrorfilmen Verwendung. Eine der originellsten Varianten präsentierte THEATRE OF BLOOD (1973, Douglas Hickox, THEATER DES GRAUENS), in dem der sich verkannt fühlende Shakespeare-Mime Edward Lionheart (Vincent Price) die Londoner Kritiker-Elite phantasievoll ins Jenseits befördert. Virtuos inszeniert Lionheart seinen Rachefeldzug gegen die verhaßte Zunft nach den Vorgaben William Shakespeares. So wird der erste Kritiker für seinen Verriß einer *Julius Caesar*-Aufführung stilgerecht an den Iden des März erdolcht, und da sich auch alle weiteren Todesarten an den Dramen Shakespeares orientieren, gerät der Film zu einem originellen Testfall für Shakespeare-Kenntnisse: Wenn er sein zweites Opfer wie den toten Hektor von einem Pferd mitschleifen läßt, verweist der Serienmörder auf *Troilus and Cressida*; ein amputiertes Kritikerhaupt evoziert *Cymbeline*, und durch den unwissentlichen Verzehr seiner beiden Lieblingspudel schlüpft Robert Morley in die Rolle von Königin Tamora aus *Titus Andronicus*. Im Zentrum dieser intertextuellen Fundgrube bot Vincent Price an der Seite von Diana Rigg eine ähnlich gute Leistung wie in WITCHFINDER GENERAL.

11.4 Neue Dimensionen des Schreckens

Besiegelt schien der Niedergang des viktorianischen Horrorfilms mit dem durch George Romeros NIGHT OF THE LIVING DEAD (USA 1968, DIE NACHT DER LEBENDEN TOTEN) eingeleiteten Wechsel zum sogenannten »realen« Horror (vgl. z.B. Twitchell 1985, 8), spätestens jedoch mit dem Aufkommen der amerikanischen Slasher-Filme wie THE TEXAS CHAINSAW MASSACRE (USA 1974, Tobe Hooper, BLUTGERICHT IN TEXAS), HALLOWEEN (USA 1978, John Carpenter, HALLOWEEN) oder FRIDAY 13TH (USA 1979, Sean Cunningham, FREITAG DER 13.). Freilich war es mit Ridley Scotts ALIEN (1979, ALIEN – DAS UNHEIMLICHE WESEN AUS EINER FREMDEN WELT) ein britischer Film, der das Prinzip des im Dunkeln lauernden Killers perfektionierte und in eine neue ästhetische Dimension hob (s. Kap. 18). ALIEN zog zahlreiche Imitate nach sich, die an den visuellen und akustischen Ekel der Alien-Metamorphosen anknüpften und maskenbildnerische Schockeffekte an die Stelle subtilen Grauens setzten. Mit dieser vordergründigen Strategie konnte sich z.B. Clive Barkers HELLRAISER (1986, HELLRAISER – DAS TOR ZUR HÖLLE) als Kultfilm etablieren.

Während das britische Kino mit ALIEN ein zukunftsweisendes neues Paradigma des Horrorfilms schuf, entstand mit Pete Walkers unterbewertetem HOUSE OF THE LONG SHADOWS (1982, DAS HAUS DER LANGEN SCHATTEN) nahezu zeitgleich ein halb ironischer, halb wehmütiger Abgesang auf die Hammer-Ära. Diese vielschichtige metatextuelle Quintessenz des britischen Horrorfilms der Nachkriegszeit nimmt ihren Ausgangspunkt in einer Diskussion zwischen dem Schriftsteller Kenneth Magee (Desi Arnaz Jr.) und seinem Verleger Sam Alison (Richard Todd) über die Rolle der romantischen Gefühlsliteratur in der heutigen Zeit. Überzeugt, daß die großen Gefühle nicht mehr zeitgemäß seien, wirft Magee die Frage auf, wer heute so etwas noch lesen wolle, und stellt damit auf einer Metaebene die Zeitgemäßheit des viktorianischen Horrorfilms zur Debatte. Alison hingegen hält den Verlust der literarischen Darstellung menschlicher Leidenschaften für einen bedauernswerten Trend. Magee schlägt Alison eine 20.000 Dollar-Wette vor und behauptet, einen Schauerroman in einer einzigen Nacht herunterschreiben zu können. Alison hält die Wette und bietet dem Schriftsteller an, die fragliche Nacht in einem seit vierzig Jahren unbewohnten einsamen Landhaus in Wales zu verbringen, wo er völlig ungestört sei und sich ganz auf das Schreiben konzentrieren könne. Anstelle der ruhigen Arbeitsatmosphäre hält das Haus jedoch zahlreiche Überraschungen bereit. Hierzu gehören die ausführlich zelebrierten Auftritte von Vincent Price, Peter Cushing und Christopher Lee, die zu zahlreichen Reminiszenzen an das Horrorgenre und die Hammer-Ära Anlaß geben.

Die drei Ikonen des britischen Horrorfilms treten hier als Brüder auf, und tatsächlich personifizieren sie die ›Familie‹ des britischen Nachkriegs-Horrorfilms. Doppeldeutig bemerkt Price, sie seien »eine Familie, der man in der Vergangenheit die Zukunft genommen hat«. Mit einem impliziten Seitenhieb auf die Horrorstoffe der Nachkriegszeit konstatiert Cushing, er sei »nicht auf dem laufenden, was die moderne Literatur der letzten 40 Jahre betrifft, was ja nicht bedeutet, daß ich irgend etwas versäumt habe«. Nostalgie schwingt mit, wenn die Altstars ihre hintersinnigen Dialoge führen. Vincent Price resümiert, »Der Vorhang hebt sich zum letzten Akt, mein lieber Bruder«, und Peter Cushing bekennt, »Ich fühle mein Ende kommen – es ist furchtbar, ein Leben lang Angst zu haben, in ständiger Furcht zu leben«.

Unterhalb dieser selbstreflexiven Hommage an das Genre des klassischen Horrorfilms betreibt HOUSE OF THE LONG SHADOWS zugleich ein verschachteltes Spiel mit der Realitätsillusion. Wie sich am Schluß des Films herausstellt, waren die grauenhaften Ereignisse in dem Landhaus lediglich theatralische Fassade: Die agierenden Personen enttarnen sich als Schauspieler, die dem skeptischen Schriftsteller vor Augen führen wollten, daß elementare menschliche Gefühle schwerer wiegen als kurzfristige wirtschaftliche Interessen – oder auf einer Subtextebene, daß der subtile Horror mehr bietet als der vermeintliche Realismus drastischer Greueltaten. Doch auch diese

THE COMPANY OF WOLVES

Bedeutungsebene wird noch von einer finalen Pointe überlagert: Nachdem das Filmgeschehen zunächst als arrangiertes Schauspiel entlarvt wurde, entpuppt sich dieses seinerseits als jener Roman, der den Gegenstand der Wette bildete und dessen Entstehen in der Phantasie des Autors die Zuschauer unwissentlich beiwohnten. So führt HOUSE OF THE LONG SHADOWS den Horrorfilm in Umkehrung seiner Entwicklungsgeschichte auf seine literarischen Ursprünge zurück.

Neues Terrain auf dem Weg einer Rückbesinnung auf die literarische Tradition eroberte in den 80er Jahren auch der Regisseur Neil Jordan, indem er die Motive des viktorianischen Horrorfilms in ein komplexes Geflecht literarischer Strömungen einband. Sein mehrdeutig mit THE COMPANY OF WOLVES (1984, ZEIT DER WÖLFE) betitelter Film verbindet auf mehreren narrativen Ebenen Surrealismus und Fantasy, Märchen und Mythen, und erzählt eine Geschichte, die sich als Allegorie des Erwachsenwerdens ebenso deuten läßt wie als Versuch, die Konzepte von Männlichkeit und Weiblichkeit neu auszuloten. Gemeinsam mit dem Regisseur adaptierte Angela Carter einige ihrer Erzählungen für diesen Film voll bizarrer und symbolträchtiger Bilder.

Zehn Jahre später verarbeitete Neil Jordan abermals die literarische Vorlage einer Kultautorin. Seine Anne Rice-Verfilmung INTERVIEW WITH THE VAMPIRE (USA 1994, INTERVIEW MIT EINEM VAMPIR) und der gleichzeitige Erfolg von Großproduktionen wie Francis Ford Coppolas BRAM STOKER'S DRACULA (USA 1992, BRAM STOKER'S DRACULA) und Kenneth Branaghs MARY SHELLLEY'S FRANKENSTEIN (USA 1994, MARY SHELLLEY'S FRANKENSTEIN) sind zuverlässige Indikatoren dafür, daß die romantische Schauerliteratur auch heute noch Anziehungskraft besitzt.

12. Im Geheimdienst Ihrer Majestät: Der britische Agentenfilm

12.1 Haupttypen des britischen Agentenfilms

Über die Anfänge des britischen Agentenfilms schrieb Tom Ryall: »during the years from the Quota Act [1927] to 1933, spy pictures appeared intermittently in the schedules of a number of British companies but it is between 1934 and 1938 that they begin to appear with any degree of regularity« (Ryall 1986, 118). Alfred Hitchcock begründete in dem genannten Zeitraum sein internationales Renommee mit Spionagethrillern wie THE MAN WHO KNEW TOO MUCH (1934), THE 39 STEPS (1935), SECRET AGENT (1936) und THE LADY VANISHES (1938). Während Hitchcock den Agentenfilm mit seiner Atmosphäre der Bedrohung und des Mißtrauens als künstlerische Plattform nutzte, wurde das Genre im Vorfeld des Zweiten Weltkriegs aber auch zunehmend als Propagandainstrument eingesetzt.

Die politische Botschaft, die in diesen Filmen zum Ausdruck kommt, verweist auf die Gefahr, die von feindlichen Agenten im eigenen Land ausging und warnte die britische Bevölkerung vor vertrauensseligem Umgang mit Informationen. Beispiele hierfür bieten Michael Powells THE SPY IN BLACK (1939) und Carol Reeds NIGHT TRAIN TO MUNICH (1940). Das Ende des Zweiten Weltkriegs bedeutete freilich nicht das Ende des Agentenfilms, im Gegenteil. Der einsetzende Kalte Krieg war ein idealer Nährboden für das Genre, das mit Beginn der 60er Jahre – meist als Romanverfilmungen von Bestseller-Autoren wie Ian Fleming, John Le Carré, Alistair MacLean, Frederick Forsyth und Len Deighton – eine erstaunliche Konjunktur erlebte. Robert Murphy leitete aus dieser Tatsache gar die These ab, daß der britische Agentenfilm als eigenständiges Genre erst in dieser Zeit entstand: »Until the 60s, spies and secret agents seemed to weave in and out of thrillers, melodramas, war films, even comedies, without having a defined genre of their own.« (Murphy 1992, 218).

Tatsächlich kam es in den 60er Jahren, vor allem durch den Welterfolg der James Bond-Filme, zu einem sprunghaften Anstieg von Agentenfilmen.

Neben Standardthemen wie der Jagd auf einen Überläufer (z.B. THE NAKED RUNNER, 1966, Sidney J. Furie, DER MANN AM DRAHT) und der Enttarnung feindlicher Agenten (z.B. THE 39 STEPS, 1959, Ralph Thomas, DIE 39 STUFEN) entstand auch eine Reihe deutlich profilierter Subgenres. Eines hiervon bilden die zahlreichen Schilderungen der Vorbereitung und Durchführung von Kommandounternehmen, die sich in einer typologischen Grauzone zwischen Kriegs- und Agentenfilm bewegen. Meist verfolgen diese Filme das Schicksal einer Elitetruppe, die für ein Attentat, eine Befreiungsaktion oder einen Sabotageakt hinter den feindlichen Linien ausgebildet wurde. Einige dieser Filme, wie Michael Powells ILL MET BY MOONLIGHT (1956), besitzen einen semi-authentischen Hintergrund, meist lösen sie sich jedoch vom Anspruch historischer Glaubwürdigkeit und rücken stärker an den handlungsbetonten Abenteuerfilm heran. Typische Beispiele hierfür bieten Alistair MacLeans Romanvorlagen *The Guns of Navarone* und *Where Eagles Dare*. THE GUNS OF NAVARONE (1960, Jack Lee Thompson, DIE KANONEN VON NAVARONE) erzählt die Geschichte einer alliierten Spezialeinheit, die eine deutsche Geschützstellung in der Ägäis vernichten soll. Eine schwächere Fortsetzung des Stoffes bot FORCE TEN FROM NAVARONE (1978, Guy Hamilton, FORCE 10 – DIE SPEZIALEINHEIT), der letzte Auftritt des englischen Schauspielers und Drehbuchautors Robert Shaw (1927-1978) in einem britischen Film.

Inhaltlich sind die Filme dieses Typs weitgehend austauschbar: Ob es sich um die Zerstörung einer deutschen Atomwaffen-Fabrik in Norwegen handelt (THE HEROES OF TELEMARK, 1965, Anthony Mann, KENNWORT ›SCHWERES WASSER‹), um die Befreiung eines amerikanischen Generals aus einer deutschen Alpenfestung (WHERE EAGLES DARE, 1968, Brian G. Hutton, AGENTEN STERBEN EINSAM) oder um die Ausschaltung eines deutschen Propagandasenders im indischen Goa (THE SEA WOLVES, 1979, Andrew V. McLaglen, DIE SEEWÖLFE KOMMEN), bleibt das Handlungsschema dieser Filme stets gleich und wird allenfalls durch Nebenkonflikte wie die Identifizierung eines Verräters in den eigenen Reihen variiert. Möglichkeiten zu einer weiteren Ausschöpfung des Handlungspotentials bieten sich am ehesten dort, wo die militärische Eliteeinheit durch Söldner ersetzt wird und egoistische Motive an die Stelle kollektiven Gehorsams rücken. So verschiebt sich in THE DIRTY DOZEN (1967, Robert Aldrich, DAS DRECKIGE DUTZEND) der Handlungsschwerpunkt auf die Zeit vor dem Kommandounternehmen: Da es sich hier nicht um ein Elitekommando handelt, das einen Geheimauftrag ausführen soll, sondern um eine Gruppe renitenter Krimineller, wird ein wesentlicher Teil der Handlung auf die Motivierung der Söldner verwendet. Umgekehrt verlagert THE WILD GEESE (1977, Andrew V. McLaglen, DIE WILDGÄNSE KOMMEN) den Handlungsschwerpunkt nach hinten, da der Film nicht wie üblich mit der Durchführung des militärischen Unternehmens endet, sondern mit dem anschließenden Überlebenskampf der Söldnertruppe.

Eindrucksvolle Staraufgebote und aktionsbetonte Handlungen kaschieren indes nicht die Trivialität dieser Filme. Stereotype Figuren, aufdringliches Pathos und ein vorhersagbarer Handlungsverlauf gehören ebenso zu ihren Kennzeichen wie eine fragwürdige Dramaturgie, die die Schrecken des Krieges zu einem abenteuerlichen Spektakel verharmlost. Zudem lassen die Plots häufig jegliche Plausibilität vermissen, beispielsweise dann, wenn getarnte britische Agenten scheinbar mühelos und akzentfrei die deutsche Sprachbarriere überwinden.

Die patriotische Botschaft von der Überlegenheit britischen Soldatentums zeigt sich indirekt auch in den Schilderungen scheiternder deutscher Kommandounternehmen wie Zeppelin (1970, Etienne Périer, Zeppelin) und The Eagle Has Landed (1976, John Sturges, Der Adler ist gelandet). Die Spannung richtet sich in diesen Filmen freilich nicht auf die Frage, ob das Unternehmen gelingt, denn das historische Vorwissen der Zuschauer macht ein Scheitern des Auftrags bereits zur Gewißheit: So hat etwa die in der Jack Higgins-Verfilmung The Eagle Has Landed geplante Entführung Winston Churchills offenkundig niemals stattgefunden. Ähnliches gilt für Richard Marquands Eye of the Needle (1980, Die Nadel), die Adaption eines Bestsellers von Ken Follett. Donald Sutherland (geb. 1934) spielt darin einen deutschen Top-Spion, der kurz vor der Normandie-Invasion eine Phantomarmee entdeckt, die General Patton in Schottland errichten ließ, um die deutsche Luftaufklärung über die wahren Pläne der Alliierten zu täuschen. (Während des Zweiten Weltkriegs wurden diese Scheinarmeen von britischen Filmarchitekten und Kulissenbauern erschaffen.) Da das Publikum auch in diesem Fall weiß, daß es dem Nazi-Agenten letztlich nicht gelingen wird, seinen Vorgesetzten die brisante Entdeckung mitzuteilen, resultiert ein wesentlicher Teil der Spannung aus der Frage, wodurch der Verrat verhindert wird. Als dramaturgisch reizvolle, wenngleich hochgradig unglaubwürdige Lösung wird hier die Verstrickung des flüchtigen Spions in eine Dreiecksgeschichte angeboten.

Unter dem Aspekt verdeckter Geschichtsschreibung sind die filmischen Schilderungen von Kommandounternehmen gegen den deutschen Kriegsgegner mit einem anderen Subgenre des Agentenfilms verwandt, das sich mit hypothetischen Nachwirkungen der Nazi-Herrschaft befaßt. In diesen Filmen kreist die Handlung meist um die Enttarnung einer fiktiven Untergrundorganisation ehemaliger Nazi-Funktionäre und die Zerschlagung ihrer konspirativen Pläne. Exemplarisch für diesen Typus kann Michael Andersons Thriller The Quiller Memorandum (1966, Das Quiller Memorandum) genannt werden, für den Harold Pinter das Drehbuch schrieb. Basierend auf dem Roman *The Berlin Memorandum* von Adam Hall (Pseudonym von Elleston Trevor) verknüpft der Film den Kampf des Geheimagenten Quiller (George Segal) gegen eine feindliche Organisation mit einer Liebesgeschichte zwischen Quiller und der Berliner Lehrerin Inge (Senta Berger). Der bekannteste Nachfolger von THE QUILLER MEMORANDUM ist die britisch-deutsche Koproduktion THE ODESSA FILE (1974, DIE AKTE ODESSA), die Ronald Neame nach Frederick Forsyths gleichnamigem Roman inszenierte. In diesem Film infiltriert der Hamburger Journalist Miller (Jon Voight) mit Unterstützung des israelischen Geheimdienstes die ODESSA (= Organisation Der Ehemaligen SS-Angehörigen) und enttarnt dabei den Kriegsverbrecher Roschmann (Maximilian Schell).

Ein wesentlich bedeutenderer Zweig des britischen Agentenfilms wurde weniger durch den Zweiten Weltkrieg als durch den Kalten Krieg inspiriert. Die in den 60er Jahren einsetzende Neudefinition sowohl der Geschlechterrollen als auch der Rolle Großbritanniens in der Weltpolitik führte in einigen Filmen zu einer Abkehr vom anachronistischen Bild des Agenten als unbesiegbarem Macho. Filme wie Robert Tronsons RING OF SPIES (1963) präsentieren die Geheimdienste nicht als cartoonhafte Glamour-Welt überdimensionaler Helden, sondern als trostloses Milieu von Durchschnittsmenschen, Bürokraten und lustlosen Agenten, die im grauen Spionagealltag – mitunter vergeblich – um ihr materielles und physisches Überleben kämpfen. Herausragende Beispiele hierfür bieten die Romanvorlagen von John Le Carré und Len Deighton, die ihrerseits in der Tradition von Graham Greene und Eric Ambler stehen. In seiner Le Carré-Verfilmung THE SPY WHO CAME IN FROM THE COLD (1965, DER SPION, DER AUS DER KÄLTE KAM) schuf beispielsweise Martin Ritt in schmucklosem Schwarzweiß ein naturalistisches Porträt des desillusionierten, alkoholsüchtigen Agenten Leamas (Richard Burton, 1926-1984), und Sidney Lumet stellte THE DEADLY AFFAIR (1966, ANRUF FÜR EINEN TOTEN), ebenfalls nach einer Le Carré-Vorlage, in einen betonten Gegensatz zum patriotischen Pathos vieler britischer Spionagefilme. Beide Filme beschreiben das Spionagegeschäft als schmutziges und verräterisches Spiel anonymer Systeme, das nur Opfer und keine Sieger kennt.

In eine ähnliche Richtung deutet die nach den Romanen von Len Deighton entstandene Trilogie THE IPCRESS FILE (1965, IPCRESS – STRENG GEHEIM), FUNERAL IN BERLIN (1966, FINALE IN BERLIN) und BILLION DOLLAR BRAIN (1967, DAS MILLIARDEN-DOLLAR-GEHIRN), mit der James Bond-Produzent Harry Saltzman eine bewußt kontrastiv gewählte Konzeption verfolgte. Die zentrale Figur der Trilogie ist der Agent Harry Palmer, dargestellt von Michael Caine (geb. 1933 als Maurice J. Micklewhite), der fortan zu einem der meistgesehenen Schauspieler in britischen Agentenfilmen wurde. Der lakonische Harry Palmer entstammt dem unteren sozialen

Milieu, er wirkt phlegmatisch und wird in seiner Personalakte als arrogant, anmaßend und renitent beschrieben. Dieser ungewöhnliche Charakter besitzt indes eine dramaturgische Funktion, denn die Pointe von THE IPCRESS FILE besteht darin, daß Palmers Hang zur Insubordination von seinem Vorgesetzten instrumentalisiert wurde, um einen Maulwurf im Secret Service unschädlich zu machen. Ungeachtet eines gelegentlich manierierten Stils erinnerte THE IPCRESS FILE in der Inszenierung des Kanadiers Sidney J. Furie streckenweise an den sozialen Realismus der New Wave-Filme (s. Kap. 15). Palmer wird äußerst undramatisch eingeführt und ostentaiv bei Routineaufgaben wie Observationen und Dienstbesprechungen gezeigt. Spektakuläre Actionszenen fehlen hier oder werden ausdrücklich heruntergespielt, wenn etwa eine Schlägerei von der Kamera wie beiläufig in der Totalen und durch die Fensterscheiben einer Telefonzelle beobachtet wird. Palmers Spionagewelt ist grau und unbehaglich, baufällige Büros und menschenleere Nebenstraßen im verregneten London ersetzen die exklusiven Schauplätze der mondäneren Agentenfilme.

Im zweiten Teil der Trilogie, FUNERAL IN BERLIN, übernimmt Palmer einen Auftrag im geteilten Berlin und wird dabei erneut zur Marionette rivalisierender Geheimdienst-Interessen. Nach seinem Überraschungserfolg mit GOLDFINGER war Bond-Regisseur Guy Hamilton für die Inszenierung dieses Films eine naheliegende Wahl. Ken Russell hingegen, der sich in dem Genre offensichtlich nicht zuhause fühlte, verformte den Abschlußteil BILLION DOLLAR BRAIN zu einer Karikatur des Agentenfilms. Der aberwitzige Plot um den Versuch eines Ölmilliardärs (der wie der damalige US-Präsident Lyndon B. Johnson aus Texas stammt), Lettland vom Kommunismus zu befreien, ist ein mißlungener Balanceakt zwischen Seriosität und Persiflage. Die meisten Figuren erscheinen in diesem Teil grotesk überzeichnet, und auch eine originelle Anspielung auf Sergej Eisensteins Stummfilm-Klassiker ALEKSANDER NEWSKIJ am Schluß des Films verliert sich in slapstickhaftem Klamauk.

12.2 Die James Bond-Serie

Die James Bond-Serie bildet ein Aushängeschild des britischen Films und darf für sich in Anspruch nehmen, die weltweit erfolgreichste und langlebigste Filmserie aller Zeiten zu sein. Leicht verbittert stellte daher Ken Russell die rhetorische Frage: »... what is the strength of the British feature film? What are we best known for abroad? I suppose it's the Bond films.« (Russell 1993, 76).

Autor der literarischen Vorlagen der Bond-Filme ist Ian Lancaster Fleming (1908–1964), der von 1952 bis zu seinem Tod insgesamt 12 Romane und mehrere Kurzgeschichten um den Top-Spion verfaßte. Die literarische Qualität dieser Texte zog Fleming wiederholt mit einem Höchstmaß an britischem Understatement in Zweifel. Symptomatisch hierfür erscheint seine gern berichtete Anekdote um die ungewöhnliche Inspirationsquelle für den Namen seines Protagonisten. Während eines seiner Aufenthalte in seinem Haus Goldeneye auf Jamaica stieß er auf das bekannte Standardwerk *Birds of the West Indies* des amerikanischen Ornithologen James Bond. Dieser »kurze, unromantische, angelsächsische und doch sehr maskuline Name« (Rubin 1990, 43) sei genau der passende für seine Figur gewesen. Die Filmrechte für seinen ersten Bond-Roman *Casino Royale* verkaufte Fleming 1955 an den russischen Filmregisseur Gregory Ratoff (1897–1960), der sie seinerseits an den amerikanischen Produzenten Charles Feldman (1905–1968) veräußerte.

Im Jahr 1960 erwarb der Kanadier Harry Saltzman (geb. 1915) von Fleming eine sechsmonatige Option auf die Filmrechte an allen Vorlagen mit Ausnahme von *Casino Royale* und *Thunderball*. Saltzman konnte jedoch, nicht zuletzt in Ermangelung eines männlichen Stars, zunächst kein Studio für die Agentenserie erwärmen. Kurz vor Ablauf der Option lernte Saltzman den amerikanischen Produzenten Albert R. Broccoli (1909–1996) kennen, der auf der Suche nach einem neuen Projekt war und die Filmrechte an den Bond-Romanen gern selbst besessen hätte. Die beiden ergänzten sich hervorragend und bildeten fortan eines der erfolgreichsten Produzententeams der Filmgeschichte. Der bevorstehende Siegeszug des berühmtesten Agenten Ihrer Majestät begann mit einer glücklichen Hand bei der Verpflichtung des Filmteams. Unter Vertrag nahm man neben Drehbuchautor Richard Maibaum (1909–1991) den 1921 als Klaus Adam in Berlin geborenen Filmarchitekten Ken Adam, dessen legendäre futuristische Kulissen zahlreichen Bond-Filmen eine unverwechselbare Prägung verliehen (darunter der 400.000 Pfund teure künstliche Vulkan für You Only Live Twice, der bis dahin flächenmäßig größte Set der Filmgeschichte).

Die wichtigste Verpflichtung betraf freilich den Part des Hauptdarstellers. Obwohl mit Cary Grant, David Niven und James Mason hochkarätige Schauspieler ins Gespräch gebracht wurden, war der Engländer Roger Moore (geb. 1927) stets der Wunschkandidat der Produzenten. Da dieser aufgrund vertraglicher Verpflichtungen nicht zur Verfügung stand, fiel die Wahl statt dessen auf den damals 32jährigen Schotten Sean Connery (geb. 1930), der zuvor lediglich einige Rollen in weniger bedeutenden Filmen wie Hell Drivers (1957, Duell am Steuer), Another Time, Another Place (1958, Herz ohne Hoffnung) und Darby O'Gill and the Little People (1959, Das Geheimnis der verwunschenen Höhle) gespielt hatte.

1962 begannen die Dreharbeiten für den ersten Bond-Film, Dr No, unter der Regie des Iren Terence Young (geb. 1915), der auch die zweite und vierte Folge der Serie inszenierte. Neben den Außenaufnahmen auf Jamaica fanden die Dreharbeiten in den Pinewood Studios statt, wo seither traditionell die Bondfilme produziert wurden. Insgesamt umfaßt die Serie bislang (offiziell) achtzehn Folgen:

Titel	Jahr	Titelrolle	Regie
DR NO	1962	Sean Connery	Terence Young
FROM RUSSIA WITH LOVE	1963	Sean Connery	Terence Young
GOLDFINGER	1964	Sean Connery	Guy Hamilton
THUNDERBALL	1965	Sean Connery	Terence Young
YOU ONLY LIVE TWICE	1967	Sean Connery	Lewis Gilbert
ON HER MAJESTY'S SECRET SERVICE	1969	George Lazenby	Peter Hunt
DIAMONDS ARE FOREVER	1971	Sean Connery	Guy Hamilton
LIVE AND LET DIE	1973	Roger Moore	Guy Hamilton
THE MAN WITH THE GOLDEN GUN	1974	Roger Moore	Guy Hamilton
THE SPY WHO LOVED ME	1977	Roger Moore	Lewis Gilbert
MOONRAKER	1979	Roger Moore	Lewis Gilbert
FOR YOUR EYES ONLY	1981	Roger Moore	John Glen
OCTOPUSSY	1983	Roger Moore	John Glen
A VIEW TO A KILL	1985	Roger Moore	John Glen
THE LIVING DAYLIGHTS	1987	Timothy Dalton	John Glen
LICENCE TO KILL	1989	Timothy Dalton	John Glen
GOLDENEYE	1995	Pierce Brosnan	Martin Campbell
TOMORROW NEVER DIES	1997	Pierce Brosnan	Roger Spottiswoode
THE WORLD IS NOT ENOUGH	1999	Pierce Brosnan	Michael Apted

Die James Bond-Filme

Die Missionen des Geheimagenten 007 ignorierten unbekümmert die Konventionen des herkömmlichen Agentenfilms, zitierten sie allenfalls mit einem ironischen Augenzwinkern. Das neue Genre des Action- und Hightech-Thrillers, das die Bond-Filme begründeten und zugleich stilistisch prägten, ersetzte politische Agitation und patriotisches Pathos durch geradlinige Unterhaltung. In auffälliger Abweichung von Ian Flemings literarischen Vorlagen wurde die Sowjetunion immer wieder aus der ideologischen Schußlinie genommen, und dort, wo die Filme teilweise noch auf die Feindbilder des Kalten Krieges rekurrierten, nahmen sie diese doch selbst nicht ernst. Diese Enthistorisierung der Agentenfilme hatte zur Folge, daß nicht das KGB oder andere offizielle Organe des ehemaligen Ostblocks als gefährlichste Gegenspieler des Secret Service auftraten, sondern übernationale Verbrechenssyndikate oder machtbesessene Einzeltäter, die vorwiegend aus selbstsüchtigen, apolitischen Motiven handelten. Der Kontrast zwischen den farblosen Antihelden aus John Le Carrés oder Len Deightons nüchternen Spionagewelten und dem stilsicheren und weltgewandten Bond könnte kaum größer sein. Der Liebhaber der weiblichen Reize, des Baccarat-Spiels und des gut temperierten Dom Pérignon läßt die Alltagsroutine der Nachrichtendienste weit hinter sich und führt sein Publikum in einen ›Abenteuerurlaub‹, der mehr an Lifestyle und Luxus, Hightech und Erotik zu bieten hat als sämtliche Konkurrenzfilme. Auch die konsequente Verlagerung der Handlung an attraktive Schauplätze trägt zum Unterhaltungswert bei – von Rio de Janeiro bis Cortina d'Ampezzo repräsentieren Bonds Aktionsräume einen Querschnitt durch die Treffpunkte des internationalen Jet Set. Mag angesichts von so viel Glamour John Le Carrés Klage, daß Bond auf einem fliegenden Teppich dem moralischen Zweifel entfliehe und das Überraschungsmoment des Agentenfilms durch Action ersetze, objektiv berechtigt sein, so wirkt sie doch penibel, denn das Faszinosum der Bond-Filme läßt sich weniger mit inhaltlichen als mit filmischen Kategorien erfassen.

DR NO (JAMES BOND – 007 JAGT DR. NO) kam im Mai 1963 in die Kinos und spielte immerhin so viel Geld ein, daß die Finanzierung eines zweiten Streifens gesichert war, der noch im selben Jahr produziert wurde. Als Vorlage diente diesmal Flemings fünfter Roman *From Russia with Love*, den US-Präsident John F. Kennedy kurz zuvor als eines seiner Lieblingsbücher bezeichnet hatte und ihm so zu unverhoffter Popularität verhalf. Ebenso wie der Debütfilm war FROM RUSSIA WITH LOVE (LIEBESGRÜSSE AUS MOSKAU) zwar erfolgreich, doch erst der spektakuläre und stärker von den Konventionen des Agentenfilms abrückende GOLDFINGER (1964, GOLDFINGER) löste 1964 das weltweite Bondfieber aus. Regie führte erstmals Guy Hamilton (geb. 1922), der in Carol Reeds THE THIRD MAN als Regieassistent gearbeitet hatte. Richard Maibaums Drehbuch hielt sich nur noch in Umrissen an Flemings Vorgaben, mit denen die Drehbücher zunehmend großzügiger umgingen, so daß die Verfilmungen oft wenig mehr als Titel und Hauptfigur mit den Romanen gemeinsam hatten. Die filmische Bond-Figur entwickelte immer stärker ihre eigene Dynamik, und bald wurden die Filme von selbst-

GOLDFINGER (Gert Fröbe, Sean Connery)

referentiellen Anspielungen auf vorausgegangene Folgen durchzogen, die dem eingeweihten Zuschauer zusätzliches Vergnügen bereiteten. Ein wesentliches Element, das auf Drehbuchautor Maibaum zurückgeht, ist Bonds sarkastischer Humor. Wie ein Beispiel aus GOLDFINGER zeigt, geht der Humor in der deutschen Synchronisation allerdings häufig verloren: Zu Beginn dieses Films tötet Bond einen Widersacher durch einen Stromschlag. Beim Anblick der Leiche bemerkt Connery in der deutschen Fassung »Widerlich. Einfach widerlich.«, im Original hingegen nutzt er die Gelegenheit zu einem Wortspiel: »Shocking. Quite shocking«.

Als vierter Film der Serie folgte 1965 THUNDERBALL (FEUERBALL), der aus urheberrechtlichen Gründen in Koproduktion mit Kevin McClory entstand. Den fünften Bond-Film, YOU ONLY LIVE TWICE (1967, MAN LEBT NUR ZWEIMAL), inszenierte der ehemalige Dokumentarfilmer Lewis Gilbert (geb. 1920), der nach anfänglichem Zögern erst zusagte, als er sich klarmachte, daß ein weltweites Publikum seine Arbeit zu sehen bekommen würde. Gilbert bemerkte hierzu:

> »When you make an ordinary film, you never know what your audience is going to be like. You have no idea. It may be 20 people or 20 million. But when you make a Bond, you know that whether the film is good or bad, there is going to be a huge audience waiting to see it. To me, that became an important challenge.« (Rubin 1990, 157).

Um dem massiven Medienrummel und seiner Fixierung auf die Bond-Figur zu entgehen (und wohl auch, weil er sich von Saltzman und Broccoli finanziell ausgenutzt fühlte), stieg Connery nach YOU ONLY LIVE TWICE aus der Serie aus. In ON HER MAJESTY'S SECRET SERVICE (1969, IM GEHEIMDIENST IHRER MAJESTÄT) trat das australische Foto- und Fernsehmodel George Lazenby (geb. 1939) die undankbare Rolle des Connery-Nachfolgers an und blieb vor allem schauspielerisch hinter den Erwartungen zurück. So enttäuschte der mit einer sentimentalen Note endende Film trotz Richard Maibaums ausgezeichnetem Drehbuch, John Barrys gelungenem Soundtrack und der reizvollen Besetzung mit Diana Rigg als Mrs. Bond. Nach Lazenbys einmaligem Gastspiel revidierte Sean Connery zwar seinen Entschluß und kehrte für DIAMONDS ARE FOREVER (1971, DIAMANTENFIEBER) in die lukrative Rolle zurück. Nach Abschluß der Dreharbeiten verkündete er jedoch »Nie wieder Bond!«, nur um ein Jahrzehnt später voller Enthusiasmus ein Remake von THUNDERBALL zu betreiben, an dem Broccoli und Saltzman nach wie vor keine Rechte besaßen. Connery bewies Selbstironie und ließ den Arbeitstitel WARHEAD pointiert zu NEVER SAY NEVER AGAIN (SAG NIEMALS NIE) umwandeln. Die amerikanische Produktion, die 1983 in direkter Konkurrenz zu Roger Moores OCTOPUSSY in die Kinos kam, bot Klaus Maria Brandauer eine Paraderolle als Largo und legte den Grundstein der Filmkarriere von Kim Basinger. Sean Connery wurde 1998 von der British Academy of Film and Television Arts (BAFTA) für sein Lebenswerk ausgezeichnet.

Nach Connerys Rückzug kamen Broccoli und Saltzman auf ihren ursprünglichen Wunschkandidaten Roger Moore zurück, der durch mehrere Fernsehserien (insbesondere als Simon Templar in der Serie THE SAINT) auch in den USA populär geworden war und den Vorzug vor den Amerikanern Clint Eastwood und Steve McQueen erhielt, die von United Artists favorisiert wurden. Ebenso wie Connery spielte Moore den Agenten 007 insgesamt sieben Mal, wenngleich sein Einstand mit LIVE AND LET DIE (1973, LEBEN UND STERBEN LASSEN) und dem schwachen THE MAN WITH THE GOLDEN GUN (1974, DER MANN MIT DEM GOLDENEN COLT) wenig vielversprechend verlief. Die Kritik an Moore zielte vor allem auf seine Interpretation der Bondfigur. Während Connery Härte und Unberechenbarkeit ausstrahlte, verwandelte der dem Komödienfach verpflichtete Moore den Protagonisten in einen smarten Gentleman, der in jeder Situation Form und Fairness wahrt.

Ein eher nüchterner Agentenfilm wie THE MAN WITH THE GOLDEN GUN kam dieser Auslegung nicht entgegen und mußte daher zwangsläufig enttäuschen. Dieser Film markierte zugleich den Bruch des erfolgreichen Produzentengespanns Saltzman/Broccoli. Im Streit verkaufte Saltzman seine Anteile an der gemeinsamen Firma Eon Productions (EON = »Everything or Nothing«). Broccoli blieb hingegen in Partnerschaft mit United Artists weiterhin Produzent und erhielt für seine Verdienste gar den Order of the British Empire aus der Hand von Königin Elisabeth.

Mit THE SPY WHO LOVED ME (1977, DER SPION, DER MICH LIEBTE) konnte sich Moore endgültig als Nachfolger Connerys etablieren, da die Produzenten dazu übergingen, Moores fehlende Härte durch ein großangelegtes Spektakel zu kompensieren. Maibaum verwandelte Flemings problematische Vorlage in eine frühe Perestroika-Vorausdeutung und knüpfte erstmals wieder an den Erfolg von GOLDFINGER an. Diese Strategie setzte Regisseur Lewis Gilbert mit dem futuristischen MOONRAKER (1979, MOONRAKER – STRENG GEHEIM) konsequent fort, der das Budget auf eine Höhe von 30 Millionen Dollar schnellen ließ (zum Vergleich: THE SPY WHO LOVED ME: 13,5 Millionen Dollar, DR NO: 1,1 Millionen Dollar). Seinen Versuch, von der damals populären Science Fiction-Welle zu profitieren, gab der Film durch akustische Anspielungen auf Stanley Kubricks 2001-A SPACE ODYSSEY und Steven Spielbergs CLOSE ENCOUNTERS OF THE THIRD KIND selbstironisch zu erkennen.

Der Engländer John Glen (geb. 1932), der sich als Cutter von THE SPY WHO LOVED ME und MOONRAKER profiliert hatte, stieg anschließend zum Regisseur der folgenden fünf Bond-Abenteuer auf. Mit seinem Regiedebüt FOR YOUR EYES ONLY (1981, IN TÖDLICHER MISSION) schuf Glen sogleich einen der besten Filme der gesamten Serie. Glens zweiter Film OCTOPUSSY (1983, Octopussy) leitete jedoch das Ende von Roger Moores Bond-Darstellung ein. Zwar war die Rolle des Antagonisten mit dem Dramatiker, Theaterregisseur und Charakterdarsteller Steven Berkoff hochkarätig besetzt, in allen anderen Bereichen blieb OCTOPUSSY jedoch deutlich hinter dem von FOR YOUR EYES ONLY gesetzten Standard zurück. Während der Dreharbeiten zu Ridley Scotts LEGEND brannte in Pinewood das berühmte Bond-Atelier im September 1984 ab, wurde jedoch rechtzeitig zu den Dreharbeiten für den schwachen A VIEW TO A KILL (1985, IM ANGESICHT DES TODES) wieder aufgebaut, mit dem die Bond-Karriere des inzwischen 57jährigen Roger Moore ihren Abschluß fand. Im Zuge der Neubesetzung der Titelrolle stand auch diesmal der Wunschkandidat, Pierce Brosnan, aufgrund vertraglicher Bindungen nicht zur Verfügung. Da mit Lewis Collins, Tom Sellek und Mel Gibson auch weitere Anwärter ausschieden, entschieden sich die Produzenten für den britischen Shakespeare-Darsteller Timothy Dalton (geb. 1946), der jedoch nicht das Charisma seiner Vorgänger besaß. Zudem hatten dessen Filme

THE LIVING DAYLIGHTS (1987, DER HAUCH DES TODES) und LICENCE TO KILL (1989, LIZENZ ZUM TÖTEN), beide abermals von John Glen inszeniert, unter schwachen Drehbüchern zu leiden.

Nach einer sechsjährigen Unterbrechung kamen 1995 und 1997 der siebzehnte und achtzehnte Bond-Film in die Kinos, erstmals mit dem Iren Pierce Brosnan (geb. 1952) in der Hauptrolle. Trotz der längsten Drehpause in der Geschichte der Bond-Filmserie blieb die Gelegenheit zu einer Runderneuerung des Konzepts ungenutzt. Mit Ausnahme einiger Konzessionen an die politische Korrektheit blieben die Drehbücher von GOLDENEYE (GOLDENEYE) und TOMORROW NEVER DIES (DER MORGEN STIRBT NIE) dem bewährten Muster treu.

Zum Erfolgsgeheimnis der Bond-Filme gehört eine konstante und überschaubare Figurenkonstellation mit hohem Wiedererkennungswert. Um die zentrale Gestalt des überdimensionalen Helden sind drei ständige Nebenfiguren gruppiert. Bonds konservativer, aber stets väterlich-verständnisvoller Vorgesetzter M fungiert – zumindest solange Bernard Lee (1908–1981) und Robert Brown (geb. 1918) die Figur verkörperten – als Respektsperson und Alter Ego des notorisch unbürokratischen 007. Lediglich in NEVER SAY NEVER AGAIN wurde diese subtile Balance durch Edward Fox' übertriebene Darstellung eines cholerischen Paragraphenreiters aufgegeben, und Pierce Brosnan bekam es in GOLDENEYE erstmals mit einer weiblichen Vorgesetzten zu tun, die seinen Methoden nur wenig Sympathie entgegenbrachte. Als *running gag* von besonderem Charme fungieren die harmlosen Flirts zwischen Bond und M's Sekretärin Miss Moneypenny. Die Kanadierin Lois Maxwell (geb. 1927) sicherte dieser Figur in den ersten vierzehn Bond-Filmen große Sympathien, und der Waliser Desmond Llewelyn (geb. 1913) konnte die dritte Nebenfigur, den Ausrüstungsoffizier Q, gar zur Kultfigur gestalten. (Als historisches Vorbild dieser Figur gilt der britische Geheimwaffenexperte Charles Frazer-Smith.) Beeinflußt wurde die Publikumswirkung auch durch die wechselnde Besetzung der jeweiligen Antagonisten des Secret Service. In dem Maße, wie Gert Fröbe als Auric Goldfinger, Michel Lonsdale als Hugo Drax oder Steven Berkoff als General Orlov die Filme durch ihre starke Präsenz aufwerten, verlieren die Geschichten an Wirkung, wenn die Figur des Gegenspielers schlecht konzipiert ist.

Die im Figurenbereich gültige Tendenz zur Stereotypisierung prägt auch die Handlungsstruktur der Bond-Filme. Durch ein festes Schema narrativer Bausteine ist die Haupthandlung weitgehend ritualisiert. Im Londoner Hauptquartier wird Bond in seine Mission eingeführt und vom Geheimwaffenexperten Q ausgerüstet. Trotz überwältigender Gegenkräfte ist die Mission stets erfolgreich: Nach zahlreichen Anschlägen auf sein Leben und (nie allzu expliziten) erotischen Intermezzi kann Bond den perfiden Plan seines jeweiligen

Gegners vereiteln und dessen technologisch hochgerüstetes Hauptquartier zerstören. Diese stets wiederkehrende Plotlinie ist von einer klaren Sequenzierung geprägt, welche die Bond-Filme in eine Abfolge quasi-autonomer Handlungsabschnitte mit eigenen wirkungsvollen Spannungsbögen untergliedert. Kulminationspunkt dieser Spannungsbögen ist der von Drehbuchautor Richard Maibaum ersonnene »Schlangengruben-Effekt«, der Bond in eine lebensbedrohliche Situation führt, aus der es scheinbar kein Entrinnen gibt. Hierbei geht es dem Hitchcock-Schüler Maibaum einerseits um ein dialogisches Spiel mit den Zuschauern, deren Antizipation der Art und Weise, *wie* Bond der Situation Herr werden wird, durch eine unerwartete Lösung widerlegt werden soll. Zum anderen garantiert dieses Verlaufsschema den Filmen regelmäßige visuelle Höhepunkte und hat daher im Genre Maßstäbe gesetzt. Regisseure wie Steven Spielberg, James Cameron oder Richard Donner haben Maibaums Verfahren nicht nur kopiert, sondern auf die Spitze getrieben, indem sie die gängige Bond-Frequenz von 30 bis 40 visuellen Spannungs-Höhepunkten pro Film zu einem atemlosen Tempo steigerten.

Zum Erwartungshorizont des Publikums gehören darüber hinaus die Vortitelsequenz und der Titelvorspann, die sich als feste Markenzeichen der Serie etabliert haben. Die Vortitelsequenz bietet eine 3-4minütige Einstimmung auf den folgenden Film, ohne zu diesem notwendigerweise in einer direkten inhaltlichen Beziehung zu stehen. Berühmtheit erlangte vor allem die Vortitelsequenz zu THE SPY WHO LOVED ME, wo Roger Moore, vertreten durch den Top-Stuntman Rick Sylvester, während einer Verfolgungsjagd auf Skiern über das Ende eines Steilhangs in die Tiefe stürzt und sich mit Hilfe eines Fallschirms in den Farben des Union Jack rettet. Der anschließende Titelvorspann wurde seit der ersten Bond-Folge von dem Amerikaner Maurice Binder (1925-1991) mit dezenter Erotik ins Bild gesetzt. Die Mehrzahl der Titelsongs stammen von dem englischen Komponisten John Barry (geb. 1933), in Einzelfällen wurden aber auch eigens namhafte Komponisten verpflichtet, etwa Paul McCartney für LIVE AND LET DIE und Marvin Hamlisch für THE SPY WHO LOVED ME.

Aufgrund eines Herzanfalls, der am 12. August 1964 zu Flemings frühem Tod führte, blieb das Material für James-Bond-Verfilmungen auf ein gutes Dutzend Vorlagen begrenzt, zumal die lukrativen Urheberrechte von den Fleming-Erben strengstens gehütet wurden. Andererseits fanden immer wieder Schriftsteller Gefallen daran, den Bond-Stoff weiterzuführen. Zu ihnen gehört der britische Autor Kingsley Amis, der mit *Colonel Sun* (1968) nicht nur einen Bond-Roman schrieb, sondern sich auch als einer der Ersten theoretisch mit Fleming und Bond auseinandersetzte. Er tat dies 1965 in *The James Bond Dossier*, einem amüsanten Buch, das einige originelle Einsichten in die Romanserie vermittelt. Als Fleming-Nachfolger wurde jedoch zunächst John

Gardner eingesetzt, der bis heute bereits mehr Bond-Romane geschrieben hat als deren geistiger Vater. Gardners erster Band *Licence Renewed* (1981) kam 1989 als LICENCE TO KILL in die Kinos. In den 90er Jahren gingen die Produzenten indes dazu über, Originaldrehbücher in Auftrag zu geben.

12.3 Agentenkomödien

Die Bond-Filme setzten weit über das Agentengenre hinaus Standards, und es fehlte nicht an Versuchen, das erfolgreiche Schema zu kopieren, zu plagiieren oder zu parodieren. Auf dem Höhepunkt des Bondfiebers entstanden in den 60er Jahren reihenweise kurzlebige Imitate, von Richard Johnson, der in Filmen wie DANGER ROUTE (1967, Seth Holt, RATTEN IM SECRET SERVICE) beste Aussichten hatte, jeden Sean Connery-Doppelgängerwettbewerb zu gewinnen, bis zu Dean Martin als Matt Helm und James Coburn als Derek Flint. Steven Spielbergs INDIANA JONES-Filme wären ohne Bond kaum denkbar, und selbst Arnold Schwarzenegger schlüpfte in die Bond-Rolle, als in TRUE LIES (USA 1994, James Cameron, TRUE LIES) die Vortitelsequenz zu GOLDFINGER bis ins Detail zitiert wurde. Zu denken ist in diesem Zusammenhang auch an einschlägige britische Fernsehserien, die beim Publikum Kultstatus erlangten, gerade weil sie sich als *tongue-in-cheek*-Ableger des Agentengenres zu erkennen gaben. So vermochten vor allem die ATV-Serien THE AVENGERS (1961–1969, MIT SCHIRM, CHARME UND MELONE) als parodistische Variante, sowie THE PRISONER (1967–1968, NUMMER SECHS) als surrealistische Variante des Genres zu überzeugen.

Ironische Seitenhiebe gegen die Fiktion des Superagenten verteilte die Spionagekomödie WHERE THE SPIES ARE (1965, DOLCHE IN DER KASBAH), pikanterweise mit dem Schotten David Niven (1909–1983) in der Agentenrolle, der für Ian Fleming die Idealbesetzung des James Bond darstellte. Ko-Produzent, Ko-Autor und Regisseur des mit charmantem Witz erzählten Films war der Brite Val Guest, der neben John Huston, Ken Hughes, Joseph McGrath und Robert Parrish einer der fünf Regisseure der bekanntesten Bond-Parodie CASINO ROYALE (1967, CASINO ROYAL) war. Es handelt sich hierbei um die Verfilmung des ersten Fleming-Romans, an dem Saltzman und Broccoli keine Rechte besaßen. Nachdem Verhandlungen über die Realisierung eines seriösen Agentenfilms gescheitert waren, entschloß sich Produzent Charles K. Feldman zu einem parodistischen Ansatz. Die Komik blieb jedoch blaß, obwohl in dem Film so renommierte Schauspieler wie Orson Welles, Woody Allen, William Holden, David Niven, Peter Sellers und Jean-Paul Belmondo agierten. Daß die Absicht so gründlich fehlschlug, liegt möglicherweise auch daran, daß niemand eine Geschichte parodieren kann, die sich selbst nicht ernst nimmt.

Während auch andere Agentenparodien wie LICENCED TO KILL (1965, Lindsay Shonteff, UNSER MANN VOM SECRET SERVICE) oder CARRY ON SPYING (1964, Gerald Thomas, IST JA IRRE – AGENTEN AUF DEM PULVERFASS) nicht recht überzeugten, hat der britische Film andererseits exzellente Agenten-Komödien hervorgebracht. Zu deren bekanntesten und intelligentesten gehört Carol Reeds OUR MAN IN HAVANA (1959, UNSER MANN IN HAVANNA). Nach einer zehnjährigen Unterbrechung kam es hierbei zu einer erneuten Zusammenarbeit zwischen Reed und Graham Greene, der die Originalvorlage und das Drehbuch zu diesem Film lieferte. Im Mittelpunkt dieser Satire steht der harmlose Staubsaugerverkäufer Jim Wormold (Alec Guinness), der eines Tages von dem Agenten Hawthorne (Noël Coward) für den Spionagedienst angeworben wird. Dabei geht es Hawthorne lediglich darum, Wormold als Scheinmitarbeiter zu führen und dadurch eine höhere Spesenabrechnung zu erzielen. Um die kostspieligen Wünsche seiner siebzehnjährigen Tochter (Jo Morrow) befriedigen zu können, folgt Wormold Hawthornes Beispiel und erfindet Informanten, für die er seinerseits Spesen geltend macht. Damit der Schwindel nicht auffliegt, liefert Wormold wertlose Informationen an den Secret Service, darunter die Konstruktionszeichnung eines Staubsaugers, ohne zu ahnen, daß seine erfundenen Geschichten eine internationale Krise heraufbeschwören.

Bemerkenswert sind auch die Filme, die einen weiblichen Blick auf das maskulin geprägte Genre des Agentenfilms werfen. In den von Ralph Thomas inszenierten Betty Box-Produktionen DEADLIER THAN THE MALE (1966, HEISSE KATZEN) und SOME GIRLS DO (1968) beispielsweise bekommt es Bulldog Drummond (Richard Johnson) – eine Schöpfung des Autors Hermann Cyril McNeile, die ab 1922 in über zwei Dutzend Filmen auftrat – mit äußerst schlagkräftigen weiblichen Gegenspielerinnen zu tun. Auch die Komödie THEY NEVER SLEPT (1990, Udayan Prasad, AGENTEN KENNEN KEINEN SCHLAF) stellt eine Frau (Emily Morgan) in den Mittelpunkt der Handlung, die im Zweiten Weltkrieg kurzfristig zur Spionin ausgebildet wird und in einer chaotischen männlichen Spionagewelt ihre Souveränität unter Beweis stellt.

12.4 Serienhelden im britischen Kriminalfilm

Populäre Serienhelden hat das britische Kino auch in dem verwandten Genre des Kriminalfilms hervorgebracht. Anders als in den USA spielte dabei die Darstellung von Verbrechen – auch bedingt durch Zensurauflagen – nur eine untergeordnete Rolle. Statt dessen standen die Gesetzeshüter und ihre Ermittlungen im Vordergrund. Eines der frühesten Beispiele hierfür bot die enorm populäre Serie um Lieutenant Rose, die ab 1910 von Percy Stow für seine eigene Clarendon Film Company inszeniert wurde. P.G. Norgate spielte die Titelrolle in Filmen wie Lieutenant Rose and the Chinese Pirates (1910), Lieutenant Rose and the Boxers (1911) und Lieutenant Rose and the Sealed Orders (1914). Die ebenso erfolgreiche Konkurrenz-Produktion der Lieutenant Daring-Serie entstand in den Walthamstowe Studios der Produktionsfirma British and Colonial und hatte wechselnde Besetzungen des Titelhelden, darunter Harry Lorraine und Percy Moran.

Größere internationale Beachtung fanden indes die zahlreichen Adaptionen von Conan Doyles und Agatha Christies Kriminalerzählungen um die Detektivfiguren Sherlock Holmes, Jane Marple und Hercule Poirot. Einer der frühesten Sherlock Holmes-Filme war George Pearsons Inszenierung von Conan Doyles erstem Holmes-Roman, A Study in Scarlet (1914). Die Rolle des genialen Detektivs spielte darin James Bragington. Das umfassendste britische Filmprojekt über den berühmtesten englischen Detektiv produzierte Sir Oswald Stoll zu Beginn der 20er Jahre. In drei Staffeln zu je 15 Filmen entstanden The Adventures of Sherlock Holmes (1921), The Further Adventures of Sherlock Holmes (1922) und The Last Adventures of Sherlock Holmes (1923). Maurice Elvey inszenierte die erste Staffel, George Ridgwell die zweite und dritte Staffel. Ergänzt wurde die Serie durch Elveys Filme The Hound of the Baskervilles (1921) und The Sign of Four (1923). In allen 47 Filmen verkörperte Eille Norwood die Titelfigur und Hubert Willis (mit einer Ausnahme) seinen Freund und Chronisten Dr. Watson.

Seither gab es keine vergleichbaren Projekte mehr im britischen Kino. Während in der ersten Hälfte der 30er Jahre noch ein halbes Dutzend einschlägiger Spielfilme produziert wurde, blieben britische Sherlock Holmes-Filme in der Nachkriegszeit weitgehend auf das Fernsehen beschränkt. (Eine BBC-Serie mit 16 Folgen wurde zwischen 1965 und 1968 ausgestrahlt, und Granada produzierte von 1984 bis 1994 zahlreiche Sendungen mit Jeremy Brett als Sherlock Holmes.) Zu den wenigen Kinofilmen gehörten Terence Fishers The Hound of the Baskervilles (1959, Der Hund von Baskerville) – der erste Holmes-Film in Farbe – sowie James Hills A Study in Terror (1965, Sherlock Holmes' grösster Fall) und Billy Wilders The

Private Life of Sherlock Holmes (1970, Das Privatleben des Sherlock Holmes).

Neben den Erzählungen Conan Doyles gehörten vor allem die Romane von Agatha Christie zum Standardrepertoire des britischen Kriminalfilms. Die erste britische Christie-Verfilmung, The Passing of Mr Quinn (1928), wurde von Julius Hagen produziert und inszeniert. 1931 begann Hagen mit der Produktion einer Serie von Quotenfilmen um den exzentrischen belgischen Detektiv Hercule Poirot, in deren Titelrolle Austin Trevor auftrat. Der erste Film unter dem Titel Alibi (1931, Leslie Hiscott) war die Verfilmung des Christie-Romans *The Murder of Roger Ackroyd*, ihm folgte u.a. Lord Edgware Dies (1934, Henry Edwards).

Die Reihe der zum Teil sehr profitablen Poirot-Filme der Nachkriegszeit begann mit The Alphabet Murders (1964, Frank Tashlin, Die Morde des Herrn ABC), in dem Tony Randall den Part des Detektivs übernahm. Einer der kommerziell erfolgreichsten britischen Filme der 70er Jahre war der von dem Amerikaner Sidney Lumet inszenierte Murder on the Orient Express (1974, Mord im Orientexpress), der hauptsächlich durch sein außergewöhnliches Staraufgebot von sich reden machte. Neben Albert Finney in der Rolle des übergewichtigen Detektivs bildeten den Kreis der Verdächtigen u.a. Lauren Bacall, Ingrid Bergman, Sean Connery, John Gielgud, Wendy Hiller und Richard Widmark. Seine Gala-Premiere feierte der Film in Anwesenheit von Königin Elisabeth. Auch zwei Filme mit Peter Ustinov (geb. 1921) als Hercule Poirot warben mit ihren prominenten Besetzungen: Death on the Nile (1978, John Guillermin, Tod auf dem Nil) und Evil under the Sun (1982, Guy Hamilton, Das Böse unter der Sonne) wurden vor allem durch ihre Darstellerinnen aufgewertet, darunter Bette Davis, Maggie Smith, Jane Birkin und Diana Rigg.

Höhepunkte der Agatha Christie-Verfilmungen bilden die vier Auftritte von Margaret Rutherford (1892-1972) als Miss Marple. Wie keine andere Darstellerin nach ihr prägte Rutherford das Bild der liebenswerten, schrulligen, aber höchst resoluten und hartnäckigen Amateurdetektivin. (Späteren Darstellerinnen der Miss Marple, wie Angela Lansbury in The Mirror Crack'd, 1980, blieb ein vergleichbarer Erfolg versagt.) MGM hatte zunächst nur einen Schwarzweißfilm geplant, Murder She Said (1961, 16 Uhr 50 ab Paddington), nach dem Roman *4.50 from Paddington*. Es handelte sich dabei um einen der unaufwendig produzierten B-Movies, die das MGM-Studio in Elstree in Gang halten sollten. Angesichts des unerwarteten Erfolgs des von britischer Exzentrik geprägten Films wurde das Konzept durch Murder at the Gallop (1963, Der Wachsblumenstrauss), Murder Most Foul (1963, Vier Frauen und ein Mord) und Murder Ahoy (1964, Mörder Ahoi) zu einem vierteiligen Zyklus erweitert. Alle vier Filme mit der populären Titelmusik von Ron Goodwin wurden von George Pollock inszeniert, einem ehemaligen Assistenten von David Lean. Das Konstruktionsprinzip dieser klassischen Whodunit-Krimis, bei denen es gilt, einen Mörder aus einem festen Kreis von Verdächtigen zu identifizieren, wurde jedesmal nur leicht variiert: Miss Marple, lediglich ausgestattet mit Kombinationsgabe und gesundem Menschenverstand sowie mit einem reichhaltigen Erfahrungsschatz aus der Lektüre zahlloser Kriminalromane, erarbeitete sich stets einen Erkenntnisvorsprung sowohl vor der Polizei als auch vor den Zuschauern, und konstruierte unerschütterlich ihre Falle für den Täter. Im Unterschied zu den Romanvorlagen stand Miss Marple dabei die Figur des Mr Stringer hilfreich zur Seite. Diese Figur mußte zusätzlich ins Drehbuch geschrieben werden, weil Margaret Rutherford darauf bestand, daß ihr Ehemann Stringer Davis eine Rolle in den Filmen erhielt.

13. Swinging London:
Der britische Popmusikfilm

13.1 Richard Lester und die Beatles

»Nothing really affected me until I heard Elvis. If there hadn't been Elvis, there would not have been the Beatles.« (Harry 1993, 531). Diese Aussage John Lennons zum Einfluß Elvis Presleys auf die Musik der Beatles ließe sich sinngemäß auf den britischen Popmusikfilm übertragen. Nach dem musikalischen Erdbeben, das Elvis Presley am 28. Januar 1956 mit seinem Fernsehauftritt in der TOMMY AND JIMMY DORSEY STAGE SHOW ausgelöst hatte, gab er noch im selben Jahr sein bescheidenes Schauspieldebüt in LOVE ME TENDER (USA 1956, Robert D. Webb, PULVERDAMPF UND HEISSE LIEDER). Spätestens mit seinem dritten Film aber, JAILHOUSE ROCK (USA 1957, Richard Thorpe, RHYTHMUS HINTER GITTERN) löste Presley eine Modewelle von Rock 'n' Roll-Filmen aus, die auch nach Europa übergriff. Der britische Film partizipierte hieran zunächst durch Filme, deren dünne Handlung als Vorwand dienten, um die Teenager mit der Musik ihrer Idole in die Kinos zu locken. Entsprechend vermarktet wurden Sänger wie Terry Deen (THE GOLDEN DISC, 1957, Don Sharp, DIE GOLDENE SCHALLPLATTE), Adam Faith (BEAT GIRL, 1959, Edmond T. Gréville, HEISS AUF NACKTEN STEINEN), vor allem aber der blonde Presley-Epigone Tommy Steele (geb. 1936), der anfänglich das Image des aggressiven Halbstarken pflegte, bald aber den aus der Music Hall-Tradition vertrauten Typus des stets optimistischen Underdogs verkörperte. Steeles wichtigste Filme waren THE TOMMY STEELE STORY (1957, Gerard Bryant, DIE TOMMY-STEELE-STORY), THE DUKE WORE JEANS (1958, Gerald Thomas) und TOMMY THE TOREADOR (1959, John Paddy Carstairs, TOMMY DER TORERO). Später trat Steele in IT'S ALL HAPPENING (1963, Don Sharp) und einigen amerikanischen Filmen auf (u.a. in Francis Ford Coppolas früher Inszenierung FINIAN'S RAINBOW, USA 1967, DER GOLDENE REGENBOGEN).

Vom britischen Markt verdrängt wurde Steele durch den Aufstieg von Cliff Richard (geb. 1940), der sich nach einem Imagewandel vom Rock-

Rebellen zum charmanten Sonnyboy 1959 als führendes Teenager-Idol etablieren konnte. Richard trat in insgesamt acht Spielfilmen auf, beginnend mit einer Nebenrolle in dem Halbstarken-Drama SERIOUS CHARGE (1959, Terence Young, DIE SCHAMLOSEN) und einer Tommy Steele-Parodie in EXPRESSO BONGO (1959, Val Guest, EXPRESSO BONGO). Unterstützt von der Band The Shadows machte Richard das Filmmusical THE YOUNG ONES (1962, Sidney J. Furie, HALLO, MR. TWEN!) zum Spitzenverdiener unter den britischen Filmproduktionen des Jahres 1962. Dieser gewaltige Erfolg führte zur Produktion zweier weiterer, ebenfalls sehr erfolgreicher Cliff Richard-Musicals, SUMMER HOLIDAY (1962, Peter Yates, HOLIDAY FÜR DICH UND MICH) und WONDERFUL LIFE (1964, Sidney J. Furie, WONDERFUL LIFE – KÜSS MICH MIT MUSIK). Alle drei Filme wurden in den ABPC-Studios in Elstree produziert – Produktionsleiter war jeweils Andrew Mitchell, der in den 70er Jahren die Leitung des Studios übernehmen sollte. Als sich der breite Publikumsgeschmack anschließend den Beatbands zuwandte, wurde Richard musikalisch in den Hintergrund gedrängt, er übernahm jedoch noch Rollen in drei weiteren Spielfilmen: FINDERS KEEPERS (1966, Sidney Hayers, HILFE, DIE BOMBE IST WEG!), TWO A PENNY (1967, James F. Collier, BIN KEIN MR. NIEMAND) und TAKE ME HIGH (1974, David Askey).

Bis zum Jahr 1964 besaßen viele Popmusikfilme eine stereotype Initiationshandlung um einen unterprivilegierten, aber talentierten jungen Musiker, der entgegen aller Widrigkeiten am Schluß die erhoffte Anerkennung der bürgerlichen Erwachsenenwelt findet und sich mit ihr arrangiert. Dabei blieb die als Alibi für zahlreiche Musikeinlagen dienende rudimentäre Handlung auf wenige inhaltliche Variationen zwischen Teenager-Romanze und Erfolgsstory beschränkt. Dies änderte sich nachhaltig durch die Zusammenarbeit der Beatles mit Richard Lester.

Als Ende der 50er Jahre das scheinbare Ende des Rock 'n' Roll eintrat, füllte vorübergehend der Trad Jazz die entstandene Lücke, eine Moderichtung des traditionellen Jazz, die von einigen Produzenten auch in die Kinos getragen wurde. Einen dieser Filme, IT'S TRAD, DAD (1962, TWEN-HITPARADE), inszenierte Richard Lester für den Produzenten Milton Subotsky, der gemeinsam mit Max Rosenberg gerade seine Produktionsgesellschaft Amicus gegründet hatte. In seinem ersten Werk in Spielfilmlänge präsentierte Lester die musikalischen Protagonisten der Saison, von Helen Shapiro über Chris Barber und Acker Bilk bis zu Gene Vincent und Del Shannon. Der extrem kurze Zeitplan, der Lester vorgegeben war, prägte die spätere Aufnahmetechnik des Regisseurs. Da Retakes ein unerschwinglicher Luxus waren, drehte Lester mit drei Kameras gleichzeitig – eine Technik, die er seither bevorzugte.

Richard Lester, 1932 als Sohn irischer Einwanderer in Philadelphia geboren, ging zu Beginn der 50er Jahre nach Europa und ließ sich schließlich in England nieder, das er dem hektischen Hollywood vorzog: »I simply prefer England, and I consider myself British.« (Carr 1996, 22). Seine Filmkarriere begann der von Buster Keaton und Jacques Tati beeinflußte Regisseur beim Fernsehen mit anarchistischen Komödien. 1959 drehte er gemeinsam mit den Stars der britischen Fernsehserie THE GOON SHOW, Peter Sellers und Spike Milligan, den elfminütigen 16mm-Streifen THE RUNNING, JUMPING AND STANDING STILL FILM. Dessen Herstellung kostete ganze 70 Pfund, brachte aber eine Oscarnominierung ein, und auch die Beatles mochten diesen Film, so daß die Wahl Lesters für die Regie des ersten Beatles-Films nahelag. Wichtig wurde für Lester zunächst jedoch die Bekanntschaft mit dem Produzenten Walter Shenson. Für ihn inszenierte er MOUSE ON THE MOON (1963, AUCH DIE KLEINEN WOLLEN NACH OBEN), eine enttäuschende Fortsetzung der Peter Sellers-Komödie THE MOUSE THAT ROARED.

Mit dem Aufstieg Londons zum Zentrum und Maßstab der Popkultur ist der Name der Beatles untrennbar verbunden. Angesichts des sensationellen Erfolgs von John Lennon (1940–1980), Paul McCartney (geb. 1942), George Harrison (geb. 1943) und Ringo Starr (geb. 1940), die im Oktober 1962 erstmals die Hitparaden gestürmt hatten, war es nur eine Frage der Zeit, bis den vier Musikern aus Liverpool der Weg in die Filmindustrie geebnet wurde. Dies geschah 1964, dem Jahr der Beatlemania, als hysterische Fans auf Beatles-Konzerten scharenweise in Ohnmacht fielen. Wenngleich der weltweite Siegeszug der Beatles als kulturelle Leitfiguren und ihre Revolutionierung der Musik noch bevorstanden, hätte der Zeitpunkt somit kaum günstiger gewählt sein können.

Dabei war der Beginn der Filmkarriere der Beatles wenig mehr als das Nebenprodukt eines taktischen Winkelzugs des britischen Repräsentanten der United Artists-Musikabteilung, Noël Rodgers. Um am lukrativen Geschäft mit den Teenager-Idolen teilhaben zu können, suchte Rodgers nach einer Lücke im bestehenden Plattenvertrag der Band und stieß dabei auf die Tatsache, daß die Veröffentlichung eines Soundtrack-Albums im Vertrag ausgeklammert war. So beschlossen United Artists, den Köder eines Filmvertrags auszulegen, um auf diesem Umweg einen Plattenvertrag mit den Beatles zu bekommen. Dem lag die Überlegung zugrunde, die einkalkulierten Verluste des Films durch die zu erwartenden Gewinne aus dem Plattenverkauf zu kompensieren. Rodgers kontaktierte Bud Ornstein, den Chef der Filmproduktion der britischen Tochter von United Artists, und gemeinsam entwickelten sie den Plan, den Musikern einen Vertrag über vier Filme anzubieten (der später auf drei Filme reduziert wurde). Um die Vertragsverhandlungen rankt sich eine der schönsten Anekdoten über die unschuldigen Kindertage des harten Popmusikgeschäfts: Nachdem United Artists' interne Planung vorsah, den Beatles eine 25prozentige Beteiligung anzubieten, lud man deren Manager Brian

A Hard Day's Night (Paul McCartney, George Harrison, Ringo Starr, John Lennon)

Epstein (1934–1967) zu einer Vertragsbesprechung, und Epstein eröffnete die Honorarverhandlungen mit der Ankündigung, er werde kein Angebot akzeptieren, das unter siebeneinhalb Prozent liege.

Die Risikobereitschaft von United Artists hielt sich dennoch in engen Grenzen, denn man ging davon aus, daß es sich bei dem Beatles-Fieber um eine kurzlebige Modeerscheinung handelte. Daher wurde nicht nur das Budget auf knappe 200.000 Pfund begrenzt, sondern auch ein äußerst enger Zeitplan vorgegeben, so daß zwischen dem Beginn der Dreharbeiten am 2. März 1964 und der Royal Premiere am 6. Juli ganze vier Monate lagen. Obwohl durch diese Terminvorgaben erhebliche Nachteile in Kauf genommen werden mußten – beispielsweise ließ sich die von den Beatles gewünschte surrealistische Nachsynchronisation des Films nicht mehr verwirklichen –, bezeichnete Regisseur Richard Lester den Zwang zum schnellen Arbeiten rückblickend als positiv, da er der Spontaneität und Frische des Films zuträglich gewesen sei (Carr 1996, 34).

Mit der Produktion des ersten Beatles-Films wurde der unabhängige amerikanische Produzent Walter Shenson beauftragt, der in der Vergangenheit bewiesen hatte, daß er mit äußerst geringen Budgets leidlich passable

Komödien produzieren konnte. Mit mehr Voraussicht als United Artists ließ sich Shenson vertraglich zusichern, daß die Filmrechte nach Ablauf von fünfzehn Jahren an ihn zurückfallen. Shensons erste Wahl für die Regie war Richard Lester, für das (später oscarnominierte) Drehbuch wurde der Liverpooler Autor Alun Owen (geb. 1925 in Wales) verpflichtet, der mit dem Regisseur bereits bei der wenig erfolgreichen Dick Lester Fernsehshow zusammengearbeitet hatte. Die so entstandene, mit leichter Hand inszenierte Komödie A HARD DAY'S NIGHT (YEAH! YEAH! YEAH!) wurde bei Publikum und Kritik ein voller Erfolg. Der Nonsense-Titel wurde immer wieder dem Schlagzeuger Ringo Starr zugeschrieben, obwohl er eigentlich auf John Lennon zurückgeht, der diese Formulierung in seinem bereits im März 1964 veröffentlichten ersten Buch *In His Own Right* benutzte (vgl. die darin enthaltene Geschichte »Sad Michael«). Der turbulente Film spielte allein bei seiner Erstauswertung 14 Millionen Dollar ein, und *Village Voice* feierte ihn als »den CITIZEN KANE der Jukebox-Filme«. Selbst John Lennon, der mit allen folgenden Beatles-Filmen unnachsichtig ins Gericht ging, beurteilte A HARD DAY'S NIGHT vergleichsweise positiv. In mehreren Rezensionen wurden die Beatles mit den Marx Brothers verglichen, sehr zum Unwillen von Groucho Marx, der in dem Film jegliche charakterliche Differenzierung vermißte und Lester vorwarf, eine Person mit vier Köpfen porträtiert zu haben.

Stilistisch war A HARD DAY'S NIGHT seiner Zeit voraus und brachte frischen Wind in die britische Filmszene. Es sind im wesentlichen drei Ursachen, die den Film als Meilenstein in der Entwicklung des Musikfilms kennzeichnen:

– Lester brach mit den bis dahin gängigen Konventionen des Popmusikfilms und folgte keinem der üblichen inhaltlichen Muster. Grundidee des Films war es, einen typischen Tagesablauf der Beatles komödiantisch nachzuzeichnen. Alun Owen setzte diese Idee in einem Stil um, den er als »filmischen Journalismus« bezeichnete und der Lesters am *cinéma vérité* orientierten Stil entgegenkam. Dieser Ansatz gestattete es Lester, einen Schwachpunkt vieler Vorgängerfilme zu eliminieren, nämlich die Musiker in die Rolle fiktionaler Charaktere zu drängen. In der rasanten Quasi-Dokumentation des klaustrophobischen Alltags der Beatles zwischen Limousine, Hotelzimmer, Pressekonferenz und Konzertsaal, stets auf der Flucht vor ihren begeisterten Fans, stellten sich die Beatles gewissermaßen selbst dar.

– Aus der Dialektik von angeblicher Dokumentation und Spielfilm entwickelte Lester ein ironisches Versatzspiel unterschiedlicher filmischer Traditionen. So verwendet er einerseits Techniken des französischen *cinéma vérité*, etwa den Einsatz von Handkamera und Originalschauplätzen sowie den generellen Eindruck des Spontanen und Improvisierten. Andererseits unterläuft er immer wieder die realistischen Normen des Dokumentarfilms durch illusionsdurchbrechende Montage, filmische Zitate und selbstreflexive Passagen. Ein Beispiel für das Ineinandergreifen beider Verfahren bietet die Zugfahrt zu Beginn des Films, deren zunächst betont realistische Präsentation durch eine Einstellung ironisch durchbrochen wird, die den Eindruck erzeugt, als würden sich die Beatles gleichzeitig innerhalb und außerhalb des Zuges aufhalten. Die Funktion solcher Brechungen erläuterte Lester folgendermaßen:

> »[...] though what I had in mind was a loosely fictionalized documentary, in order to do these jumps into surrealism that is necessary to make songs interesting, I needed to insert a little burst of the surreal into the film that were not in the script. But it was always clear that if you're going to play games with time and space for music, you need to warn the audience of its coming. A perfect example is the performance, on the train, in the baggage car when The Beatles suddenly switch from playing cards to singing I Should Have Known Better. Three or four minutes before that sequence, there's this scene, where, first The Beatles are in the carriage and then suddenly there's a quick shot of them outside the carriage, running and cycling and banging on the window to be let in. It's just a little thing to let the audience know that all is not just documentary.« (Carr 1996, 31).

– Neue Wege beschritt Lester auch im Hinblick auf die Integration der musikalischen Einlagen. Vom gängigen Verfahren einer realistischen Darbietung der Musik durch (simulierte) Konzertauftritte, Studioproben, usw. ging Lester teilweise ab, indem er gelegentlich auf die Illusion abgefilmten Musizierens verzichtete. Am konsequentesten geschieht dies in der Einspielung von »Can't Buy Me Love«, bei der die Synchronität von Bild und Musik völlig aufgegeben ist. Auf diese Weise gelang es Lester, die Neuartigkeit der Musik der Beatles auch visuell umzusetzen, durch Stilmittel, die teilweise vom Fernsehen kamen und letztlich auf das Fernsehen zurückwirkten (beispielsweise in der amerikanischen Sitcom-Serie THE MONKEES). Mit der neuartigen Darbietungsweise der musikalischen Einlagen deutete Lester insbesondere die Gattung des Musikvideos voraus. Die oft gestellte Frage nach dem Ursprung dieser neuen Kunstform beantwortete der führende Musikvideosender MTV Mitte der 80er Jahre, indem er Lester offiziell zum Begründer des Musikvideos und die filmische Aufbereitung des John Lennon-Songs »I Should Have Known Better« zum Prototyp der Gattung erklärte.

Der phänomenale Erfolg von A HARD DAY'S NIGHT übertraf alle Erwartungen von United Artists. Da bereits das Soundtrack-Album mehr Vorbestellungen erhielt, als jemals zuvor in der Geschichte der Plattenindustrie, hatte A HARD DAY'S NIGHT als erster Film der Kinogeschichte seine Produktionskosten bereits vor der Fertigstellung eingespielt. Erstmalig wurden auch weltweit über 1.500 Filmkopien geordert, davon 70 aus Deutschland. Der Film initiierte zahlreiche Nachahmungen, darunter John Boormans Spielfilm CATCH US IF YOU CAN (1965, FANGT UNS, WENN IHR KÖNNT) um die britische Popband The Dave Clark Five. Neuaufführungen in einer restaurierten Dolby Stereofassung und Publikationen in anderen Medien – 1984 als Video, 1993 in einer CD-ROM-Version – und nicht zuletzt der als »A HARD DAY'S NIGHT der Neunziger« angekündigte Epigone SPICEWORLD (1997, Bob Spiers) sind weitere Symptome dafür, daß A HARD DAY'S NIGHT in den Rang eines Klassikers des britischen Films gerückt ist.

Dies gilt für den Nachfolgefilm HELP! (1965, HI-HI-HILFE) in wesentlich geringerem Maße. Das Team Shanson/Lester ersetzte den Autor Alun Owen durch Charles Wood und Marc Behm, Kameramann Gilbert Taylor durch David Watkin. Ein deutlich aufgebessertes Budget war nicht nur eine Konsequenz des unerwarteten Erfolgs von A HARD DAY'S NIGHT, sondern auch der Tatsache, daß sich die Beatles inzwischen zum bedeutendsten und lukrativsten Faktor im internationalen Kulturgeschäft entwickelt hatten. Zur Konzeption des Films äußerte sich Lester folgendermaßen:

> »With HELP! we didn't want to make another version of A HARD DAY'S NIGHT, which was basically a dramatized documentary. But the Beatles didn't want to play characters, they still wanted to be themselves. We couldn't show their day job again. We daren't show their night life so to speak, because that would have been X-rated. So we had to invent a plot which attracted them, a fantasy superimposed over them. Because of that it was a more difficult film to make, although it felt very much of its time, heading towards pop art, comic strips, Rauschenberg, Peter Blake, Warhol and all that, heading towards hippiedom and flower power.« (Gross 1990, 23).

Die locker an William Wilkie Collins' viktorianischen Roman *The Moonstone* angelehnte Filmhandlung ist nach einem extrem einfachen Ursache-Wirkung-Plot konstruiert: Schlagzeuger Ringo Starr gerät in den Besitz eines wertvollen sakralen Rings, den ihm dessen verbrecherische Eigentümer mit allen Mitteln wieder abjagen wollen. Obwohl es dieser Plot gestattet, beliebig viele Episoden nahezu beliebigen Inhalts aneinanderzureihen, liegt gerade in der stärkeren Fiktionalisierung die größte Schwäche von HELP!, da es nicht zu Richard Lesters Stärken gehört, eine Geschichte mit einer disziplinierten filmischen Struktur zu erzählen. Kam die Konzeption von A HARD DAY'S NIGHT seiner Arbeitsweise entgegen, fällt das Manko in HELP! stärker ins Gewicht.

Nach HELP! trennten sich die Wege von Walter Shenson und Richard Lester. Shenson verlegte sich mit Filmen wie THIRTY IS A DANGEROUS AGE,

CYNTHIA (1968, Joseph McGrath) oder der Jerry Lewis-Burleske DON'T RAISE THE BRIDGE, LOWER THE RIVER (1967) wieder auf die Produktion kurzlebiger Komödien. Lester übernahm einige spektakuläre Regiearbeiten, darunter eine aufwendige Trilogie über die drei Musketiere (1974, 1975, 1989) und zwei Folgen der Superman-Reihe (1980, 1983). 1968 lief sein gesellschaftskritisches Liebesdrama PETULIA, fotografiert von Lesters späterem Regie-Kollegen Nicolas Roeg, als amerikanischer Beitrag auf den Filmfestspielen von Cannes. Aus der langen Reihe leichter, wenngleich gekonnter Familienunterhaltung ragen vor allem seine zwei surrealistischen, vom absurden Theater beeinflußten Anti-Kriegsfilme heraus, HOW I WON THE WAR (1967, WIE ICH DEN KRIEG GEWANN) und THE BED SITTING ROOM (1969, DANACH). Der nach dem Roman von Patrick Ryan gedrehte HOW I WON THE WAR war ein frühes britisches Pendant zu Mike Nichols' CATCH-22 (USA 1970 – dessen Regie ursprünglich Lester angeboten wurde) und fand vor allem deshalb öffentliche Aufmerksamkeit, weil der stets nach neuen kreativen Ausdrucksmöglichkeiten suchende John Lennon darin eine Rolle übernommen hatte. Lester hatte den Film als satirischen Angriff auf die nostalgische Glorifizierung des britischen Kampfes im Zweiten Weltkrieg konzipiert, die zwanzig Jahre nach Kriegsende in den britischen Medien allgegenwärtig war. Der Regisseur flüchtete in britisches Understatement, als er rückblickend feststellte, daß dieser Film seiner Karriere nicht förderlich gewesen sei. Die pazifistische Botschaft löste wütende Proteste aus und wurde von Kriegsveteranen und Politikern als Verhöhnung der nationalen militärischen Leistung diffamiert.

Richard Lester beschrieb den Verlauf seiner Karriere mit sympathischer Bescheidenheit und gab unumwunden zu, daß er ohne die Chance der Beatles-Filme wohl niemals den großen Erfolg gehabt hätte. Erst 1990 fand er zum Musikfilm zurück, als er für Paul McCartney die Konzertdokumentation GET BACK realiserte.

13.2 Von YELLOW SUBMARINE zu BACKBEAT

Nach den eher ernüchternden Erfahrungen mit HELP! wollten die Beatles von dem vertraglich vereinbarten dritten Film für United Artists zunächst nichts wissen und lehnten sämtliche Manuskripte ab. Sie verwarfen u.a. Lesters Idee eines parodistischen Kostümfilms auf der Basis von Alexandre Dumas' Musketier-Romanen. Auch als Al Brodax vorschlug, einen abendfüllenden Zeichentrickfilm zu kreieren, reagierten Musiker und Management mit äußerster Zurückhaltung. Brodax war Autor und Produzent der King Features-Cartoon-

YELLOW SUBMARINE

serie um die Beatles, 52 halbstündigen Episoden, die ab September 1965 im US-Fernsehen mit großen Erfolg liefen. Brodax bearbeitete Beatles-Manager Epstein so hartnäckig, daß dieser schließlich in die Produktion von YELLOW SUBMARINE (1968, YELLOW SUBMARINE) einwilligte. Das Desinteresse der Beatles an diesem Projekt war jedoch unübersehbar, und sie machten sich auch nicht die Mühe, ihre Cartoon-Abbilder zu synchronisieren. Paradoxerweise wurde YELLOW SUBMARINE dennoch der vielleicht typischste Beatles-Film, weil er den zeitgenössischen Mythos am konsequentesten zu einer einzigartigen Verbindung von Bildern und Musik umsetzte.

YELLOW SUBMARINE, an dessen Buch u.a. Erich Segal mitarbeitete, verbindet die spielerische Freude am puren Nonsense mit einem faszinierenden Anspielungsreichtum. Weit über den Anspruch eines Unterhaltungsfilms hinausgehend, bietet YELLOW SUBMARINE eine Fülle literarischer, musikalischer und filmischer Anspielungen. Die Stile, Genres und Persönlichkeiten, auf die der Film teils tiefgründig, teils augenzwinkernd verweist, reichen von Jugendstil, Dadaismus, Surrealismus und Pop Art über Lewis Carroll bis zu Alan Aldridge, Andy Warhol, Marshall McLuhan und Vance Packard (vgl. Carr 1996, 143).

Nach einjähriger Produktionszeit hatte YELLOW SUBMARINE im Juli 1968 Premiere. Zwischenzeitlich hatten die Beatles den 52minütigen 16 mm-Film MAGICAL MYSTERY TOUR (1967, MAGICAL MYSTERY TOUR) realisiert, ein Projekt, das Paul McCartney seit April 1967 geplant hatte und wenige Tage nach dem plötzlichen Tod Brian Epsteins auf den Weg brachte. Getragen von der Idee, die Erfahrungen der Lester-Inszenierungen in eigene Regiearbeit umzusetzen, begannen im September die bewußt spontan gehaltenen Dreharbeiten während einer Busfahrt durch Hampshire, Devon, Cornwall und Somerset, im Oktober fanden sie ihren Abschluß in Nizza. Formal werden alle vier Beatles in den *credits* als Regisseure genannt, tatsächlich aber war McCartney für den Film verantwortlich. Nach seiner Aussage handelt es sich um »a fantasy film without a real plot [...], deliberately formless« (Carr 1996, 120). Ohne hinreichendes filmisches Know-how und ohne echtes Konzept waren dem Experiment von vornherein enge Grenzen gesetzt. Das Ergebnis ist ein streckenweise amateurhaft wirkender experimenteller Film, der aber die feindseligen Verrisse, die es nach der Uraufführung hagelte, nicht verdient hat, denn selbst wenn man der kreativen Leistung von MAGICAL MYSTERY TOUR skeptisch gegenübersteht, so bietet der Film doch zumindest eine gelungene Momentaufnahme des psychedelischen Zeitgeistes. Mitverantwortlich für die negative Rezeption dürfte sein, daß der Film nicht im Kino, sondern in der BBC uraufgeführt wurde, zudem an einem ungünstigen Sendetermin und unverzeihlicherweise in schwarzweiß. Als sich die BBC beeilte, die Sendung am 5. Januar 1968 in Farbe zu wiederholen, war das Urteil der Kritik bereits gefällt, und die Beatles mußten den einzigen künstlerischen Fehlschlag ihrer Karriere hinnehmen.

Unterdessen blieb die Option von United Artists auf einen dritten Beatlesfilm weiterhin unerfüllt, bis sich die Gruppe dafür entschied, ihren Vertrag mit einem Dokumentarfilm zu erfüllen. Der Film LET IT BE (1970, LET IT BE) zeigte die Arbeit am gleichnamigen vorletzten Plattenalbum, das die Beatles gemeinsam produzierten. Er endet mit dem letzten Liveauftritt der legendären Band, der am 30. Januar 1969 auf dem Dach des Apple Building in der Savile Row stattfand. Für das zeitgenössische Kinopublikum offenbarte LET IT BE schockartig den Bruch, der sich innerhalb der Gruppe vollzogen hatte. Der Kontrast zwischen der unbeschwerten Ausgelassenheit von A HARD DAY'S NIGHT und der spannungsgeladenen Langeweile, welche die Beatles sechs Jahre später erfaßt hatte, hätte kaum krasser ausfallen können.

Insgesamt dokumentieren die fünf Beatles-Filme von A HARD DAY'S NIGHT bis zu LET IT BE die Stationen der bedeutendsten britischen Musikgruppe, von der Aufbruchstimmung der Beatlemania über die weltumspannende Euphorie der psychedelischen Jahre bis hin zum irreparablen Bruch zwischen den vier Künstlern. Daß von allen fünf Filmen keiner dem anderen ähnelt, liegt nicht zuletzt in der Konsequenz der Band, die ihren Weg nie im Reproduzieren des Bewährten sah.

Titel	Regie	Produktion	Premiere
A Hard Day's Night	Richard Lester	Walter Shenson	6.7.1964
Help!	Richard Lester	Walter Shenson	29.7.1965
Magical Mystery Tour	The Beatles	The Beatles	26.12.1967
Yellow Submarine	George Dunning	Al Brodax	17.7.1968
Let It Be	Michael Lindsay-Hogg	Mal Evans	20.5.1970

Die Beatles-Filme

Angesichts der Einzigartigkeit und des Ereignisreichtums der Laufbahn der Beatles verwundert es, daß es noch keinen Versuch der britischen Kinoindustrie gab, die Karriere der Pop-Ikonen filmisch nachzuerzählen. Einen ersten Ansatz hierzu lieferte der Film Backbeat (1993, Backbeat), in dem Autor und Regisseur Iain Softley kenntnisreich und überzeugend die früheste Phase der noch unbekannten Gruppe nachzeichnete. Er stellte dabei jedoch weniger die Beatles in den Mittelpunkt, als ihren früh verstorbenen Bassisten Stuart Sutcliffe (1940–1962) und dessen Beziehung zu der Hamburger Fotografin Astrid Kirchherr.

13.3 Der britische Musikfilm nach 1970

Der durch seine zahlreichen filmischen Komponistenbiographien hauptsächlich der E-Musik verbundene Ken Russell wandte sich in den 70er Jahren der Popmusik zu. 1975 erschien sein Film Tommy (Tommy) nach dem gleichnamigen Oratorium der Band The Who, die sich seit 1965 in die vorderste Linie der britischen Rockmusiker gespielt hatte. Unter Führung von Pete Townshend (geb. 1945), eines Absolventen der Ealing Art School, pflegte das Quartett einen harten, innovativen Rockstil, den es bei seinen Bühnenauftritten (u.a. bei den Festivals in Monterey und Woodstock) durch eine theatralische Choreografie unterstützte. Ihren Hang zum Musiktheater brachte die Band vor allem mit Townshends monumentalem Oratorium *Tommy* zum Ausdruck, das der Rockmusik einen triumphalen Einzug in die Opernhäuser von New York und Kopenhagen verschaffte und u.a. vom London Symphony

Orchestra adaptiert wurde. Im Mittelpunkt der allegorischen Geschichte um Kulturpessimismus und Werteverfall steht der blinde und taubstumme Tommy, der als willenloses Opfer von einer perversen Gesellschaft mißbraucht und manipuliert wird und seinen einzigen Trost im Spiel am Flippertisch findet, das er wie kein Zweiter beherrscht. Als Tommy auf wunderbare Weise seine Sinne zurückerhält, predigt er fortan eine Religion des Spiels und steigt zur mystifizierten Leitfigur eines neuen Jugendkults auf, der jedoch schon bald vom kommerziellen Kulturbetrieb vereinnahmt und plagiiert wird.

Mit seiner grellbunten Verfilmung der Rockoper – in der neben Who-Sänger Roger Daltrey in der Titelrolle zahlreiche Popstars wie Tina Turner, Eric Clapton und Elton John vor der Kamera standen – sah sich Russell in der von Richard Lester begründeten Tradition der Beatles-Filme. Er bezeichnete den Film rückblickend als »a hymn to pop art, pop culture and pop icons, from pinball tables to Marilyn Monroe« (Russell 1993, 131f.).

Zu den bekanntesten Musikfilmen der 70er Jahre zählten ferner QUADROPHENIA (1979, QUADROPHENIA), STARDUST (1974, STARDUST) und THE ROCKY HORROR PICTURE SHOW (1975, THE ROCKY HORROR PICTURE SHOW). QUADROPHENIA wurde von Frank Roddam nach Pete Townshends zweitem Oratorium inszeniert und wirft einen unsentimentalen Rückblick auf die Frühzeit der britischen Rockbewegung. Michael Apted verfilmte das Musical STARDUST. Der von David Puttnam produzierte Film verfolgt den Aufstieg einer Popband und ihres Anführers Jim (David Essex), die aus der Trostlosigkeit einer englischen Industriestadt zu Teenager-Idolen aufsteigen und bald von einem skrupellosen Marketing vereinnahmt werden.

Eine Sonderstellung unter den Musikfilmen der 70er Jahre nimmt zweifellos THE ROCKY HORROR PICTURE SHOW ein. Von Jim Sharman in den ehemaligen Hammer Studios in Bray inszeniert, entstand der Film nach einer am Royal Court Theatre produzierten Musical-Vorlage von Richard O'Brien. Was auf den ersten Blick als skurriler Spaß erscheint, erweist sich bei näherer Betrachtung als subtiler Film mit mehreren Bedeutungsebenen. So betreibt THE ROCKY HORROR PICTURE SHOW u.a. ein vergnügliches Spiel mit verschiedenen filmischen und literarischen Traditionen. Insbesondere schließt der Film an die klassischen Horror- und Science Fiction-Filme der 30er bis 50er Jahre an und zitiert diese, teilweise parodistisch, in zahlreichen Anspielungen. Im Mittelpunkt steht dabei der postmoderne Frankenstein-Nachkömmling Frank N. Furter (Tim Curry), der von dem Planeten Transsexual stammt und in einer Schloßruine den künstlichen Menschen Rocky erschafft. Absichtsvoll verwischt der Film die Grenzlinie zwischen Kultur und Subkultur, wenn er etwa Gemälde wie Michelangelos *Die Erschaffung des Adam* und Grant Woods *American Gothic* respektlos (wenngleich mit hintergründiger Ironie) zur Kulisse einer Ästhetik des Geschacklosen degradiert. Seinen Status als vollendeter Kultfilm verdankt THE ROCKY HORROR PICTURE SHOW aber vor allem seiner offensiven Durchbrechung sexueller Tabus, die sich durch die Thematisierung von Hetero-, Homo-, Bi- und Transsexualität, Inzest, Transvestismus und Impotenz ebenso äußert wie in der Verflechtung von Sexualität, Tod und Kannibalismus. Beim jugendlichen Kinopublikum fand der Film zahllose begeisterte Anhänger, die nicht selten dutzende Male den Vorstellungen beiwohnten und diese zu Happenings umfunktionierten: Das Publikum erschien teilweise in den Kostümen der Darsteller, sprach bzw. sang deren Dialoge mit und spielte im Kinosaal rituell bestimmte Ereignisse des Films nach. THE ROCKY HORROR PICTURE SHOW vermochte es daher wie bislang kein zweiter Film, die traditionell passive Rolle des Kinopublikums aufzubrechen.

Mit dem Ende der 70er Jahre endete vorläufig auch die Blütezeit des britischen Musikfilms. Dies mag teilweise daran liegen, daß die Popmusik nach der Gründung des Fernsehsenders MTV im Jahr 1981 ein neues visuelles Zuhause im Format des Videoclips fand. Es erscheint daher bezeichnend, daß gerade der am heftigsten protegierte Musikfilm der 80er Jahre zu einem der bemerkenswertesten Flops der britischen Filmgeschichte geriet: In seinem Roman *Absolute Beginners* hatte Autor Colin MacInnes 1959 prophezeit, daß man eines Tages Musicals über die glamourösen 50er Jahre produzieren würde, ohne zu ahnen, daß sein eigener Roman hierfür eine der Vorlagen liefern würde. 1983 beschlossen der Regisseur Julien Temple und der *Time Out*-Redakteur Don MacPherson, den Roman zu verfilmen. Die seinerzeit angesehenste britische Produktionsfirma Goldcrest nahm das 5 Millionen Pfund-Projekt in ihr Produktionsprogramm für 1985 auf, obwohl man es als hohes finanzielles Risiko betrachtete (vgl. Eberts/Ilott 1990, 370). Das Vertrauen von Goldcrest gründete sich nicht zuletzt auf den jungen Regisseur Julien Temple, der vornehmlich durch die Inszenierung erfolgreicher Musik-Videos mit erkennbaren narrativen Strukturen aufgefallen war (z.B. JAZZIN' FOR BLUE JEAN für David Bowie und UNDERCOVER für die Rolling Stones sowie insbesondere die 86minütige Videoclip-Montage RUNNING OUT OF LUCK, die er 1985 für Mick Jagger in Szene setzte). Zudem hatte Temple zuvor bereits einen Musikfilm inszeniert, den quasi-dokumentarischen THE GREAT ROCK 'N' ROLL SWINDLE (1979, THE GREAT ROCK 'N' ROLL SWINDLE), einen parodistischen Film über die britische Musikindustrie und den Aufstieg der Punkrock-Band Sex Pistols.

Für das *Dictionary* of *Modern Britain* wurde ABSOLUTE BEGINNERS (1986, ABSOLUTE BEGINNERS) dennoch »one of the worst musicals ever made« (Nation 1991, 13). Der Film spielt in den Londoner Armenvierteln der 50er Jahre und greift dabei zaghaft sozialpolitische Themen wie Rassenunruhen und Jugendkriminalität auf. Letztlich orientierte sich Temple zu stark am

Videoclip-Format, so daß die lose Folge von Musikdarbietungen von einer schwachen Handlung nur dürftig zusammengehalten wird. Goldcrest-Firmenchef Jake Eberts urteilte vernichtend über den Film, der im Frühjahr 1986 in die Kinos kam und sich trotz eines beispiellosen Werbeaufwands als Flop erwies:

> »The film-makers had made many mistakes and rudimentary aspects of film-making, such as continuity, had been disregarded. But the real problem was the lack of a storyline. There were bits and pieces. There were vignettes. There were individual scenes. There were touches of music and touches of action, some of it wonderfully shot. But there was no story to hold all the pieces together. That was not Julien Temple's fault directly. It was the script's fault – it just wasn't coherent [...]. Furthermore the acting was lamentable. I don't think I have ever seen worse acting in a major British film.
>
> There was nothing in the picture to which you could attach hope. You couldn't say, ›Yes, it's terrible, but it has great music‹ [...] The music, the performances, the characters and the dance numbers added up to one of the least attractive films of the decade.« (Eberts/Ilott 1990, 575).

Mit wenigen Ausnahmen ist es seither still geworden um den britischen Musikfilm. Erwähnenswert erscheint indes, neben BACKBEAT, der Film SID AND NANCY (1986, SID AND NANCY), in dem Alex Cox die tragische Beziehung des Sex Pistols-Gitarristen Sid Vicious (1957–1979) zu dem Groupie Nancy Spungen beleuchtet. 1998 lief erfolgreich Todd Haynes' VELVET GOLDMINE mit Ewan McGregor als schillerndem Star aus der Ära des Glamour-Rock.

14. »Famous Quotes from *Hamlet*«: Britische Shakespeare-Verfilmungen

14.1 Shakespeares Dramen im britischen Film

Die Anfänge filmischer Shakespeare-Bearbeitungen beschrieb Jack Jorgens in seiner Studie *Shakespeare on Film* folgendermaßen: »First came scores of silent Shakespeare films, one- and two-reelers struggling to render great poetic drama in dumb show. Mercifully, most of them are lost« (Jorgens 1977, 1). Wenngleich die hier implizierten Zweifel an der Zweckdienlichkeit stummer Shakespeare-Darbietungen gut nachvollziehbar sind, belegt doch die bloße Existenz dieser Filme, daß der elisabethanische Autor schon früh einen hohen Stellenwert für die britische Filmkultur besaß. Dabei blieben die filmischen Umsetzungen der Dramen in den Anfangsjahren des Kinos noch weit unter ihren Möglichkeiten. Üblicherweise wurde die Kamera unbeweglich vor einer Theaterbühne installiert, während die Schauspieler, nach erläuternden Ankündigungen durch Zwischentitel, Kurzfassungen ausgewählter Höhepunkte eines jeweiligen Stückes darboten.

Auch für eine von Cecil Hepworth produzierte HAMLET-Inszenierung (1913, E. Hay Plumb) mit dem bereits 60jährigen Sir Johnston Forbes-Robertson (1853–1937) in der Titelrolle galt trotz der verwendeten Außenaufnahmen an der englischen Kanalküste der Einwand: »Like many early British adaptations, it presents ›scenes from‹ the original, trading on the prestige appeal of the text and the performers, rather than [...] reworking the play in film terms.« (Barr 1997, 11). Zu den anspruchsvolleren Adaptionen zählten die Filme von William Barker, der 1910 eine HAMLET-Fassung (Regie: Charles Raymond) produzierte und 1911 mehrere Shakespeare-Inszenierungen des Theater-Regisseurs und Schauspielers Sir Frank Benson verfilmte, darunter JULIUS CAESAR, MACBETH, RICHARD III und THE TAMING OF THE SHREW. Insbesondere der auf Sir Herbert Beerbohm Trees Inszenierung am Londoner His Majesty's Theatre basierende Film HENRY VIII (1911) ragte durch seine außergewöhnliche Länge (2.000 Fuß), seine Professionalität und Barkers geschickte Publicity über den Durchschnitt hinaus (s. Kap. 1).

Während der Tonfilmzeit haben nur wenige bedeutende britische Regisseure einen Shakespeare-Film inszeniert. Bekannte Ausnahmen wie Laurence Olivier, Tony Richardson und Kenneth Branagh kamen bezeichnenderweise ursprünglich vom Theater. Eine Ursache für diese Zurückhaltung lag darin, daß Shakespeare bei Produzenten und Verleihern lange Zeit als Kassengift galt. Symptomatisch für diese Haltung erscheint die Äußerung eines Rank-Mitarbeiters, der seinen ersten Eindruck von Laurence Oliviers HAMLET-Verfilmung mit den Worten beschrieb: »It's wonderful, you wouldn't know it was Shakespeare.« (Warren 1993, 141). Verantwortlich für ausbleibende kommerzielle Erfolge waren indes weniger die literarischen Vorlagen als die Tatsache, daß viele Shakespeare-Filme einen geringen Produktionswert besaßen und für das breite Kinopublikum unattraktiv waren. So blieben Shakespeare-Verfilmungen im britischen Kino vornehmlich punktuelle Erscheinungen, eine der englischen Bühnentradition vergleichbare Kontinuität bildete sich nicht heraus.

Dennoch weist die 1994 von Graham Holderness und Christopher McCullough veröffentlichte internationale Shakespeare-Filmographie Großbritannien als wichtigstes Produktionsland von Shakespeare-Filmen aus. Danach wurde die Hälfte von 317 dokumentierten Verfilmungen in Großbritannien produziert oder ko-produziert. Einschränkend ist hierbei allerdings zu berücksichtigen, daß die große Mehrzahl dieser Verfilmungen für das Fernsehen und einige nur für eine Video-Vermarktung hergestellt wurden, so daß diese Liste letztlich nur 31 britische Shakespeare-Kinofilme verzeichnet. Der Dokumentationszeitraum der Filmographie endet freilich im Jahr 1989, dem Erscheinungsjahr von Kenneth Branaghs HENRY V (HENRY V.), der vielen als Auslöser für die beispiellose Konjunktur von Shakespeare-Verfilmungen in den 90er Jahren gilt (vgl. z.B. Loehlin 1997, 67). Im Rahmen dieses jüngsten Shakespeare-Booms entstanden neben Branaghs Filmen MUCH ADO ABOUT NOTHING (1993, VIEL LÄRM UM NICHTS) und HAMLET (GB/USA 1996, HAMLET) u.a. Franco Zeffirellis HAMLET (GB/USA 1990, HAMLET), Peter Greenaways PROSPERO'S BOOKS (1991, PROSPEROS BÜCHER), Richard Loncraines RICHARD III (GB/USA 1994, RICHARD III.), Oliver Parkers OTHELLO (1995, OTHELLO), Trevor Nunns TWELFTH NIGHT (1996, WAS IHR WOLLT), Al Pacinos LOOKING FOR RICHARD (USA 1996, AL PACINOS LOOKING FOR RICHARD), Adrian Nobles A MIDSUMMER NIGHT'S DREAM (1996) und Baz Luhrmanns ROMEO AND JULIET (USA 1997, ROMEO UND JULIA).

Die Qualität der britischen Shakespeare-Filme der Nachkriegszeit wird unterschiedlich eingeschätzt. Gefeierte Produktionen wie Tony Richardsons experimentelle HAMLET-Version (1969) und Roman Polanskis düstere MACBETH-Interpretation (1971, s. Kap. 16) stehen kontrovers rezipierten Filmen wie Peter Brooks im winterlichen Jütland gedrehtem KING LEAR (1969) oder

Stuart Burges JULIUS CAESAR (1969) gegenüber, der trotz Star-Besetzung einhellig verrissen wurde. Zwei Namen sind indes besonders intensiv mit der Geschichte britischer Shakespeare-Filme verbunden: Laurence Olivier und Kenneth Branagh.

14.2 Laurence Olivier

Laurence Olivier (1907–1989) wurde in Dorking geboren und begann seine Schauspielerlaufbahn 1926 auf einer Theaterbühne in Birmingham. Parallel zu seiner steilen Karriere als Bühnendarsteller verliefen seine Anfänge als Filmschauspieler. Nach einigen unbedeutenderen Filmen in England und den USA kam er in Alexander Kordas Denham-Studios unter Vertrag. Dort trat er in zahlreichen Filmen auf, u.a. in dem von Erich Pommer produzierten Historienfilm FIRE OVER ENGLAND (1937, William K. Howard), in der Komödie DIVORCE OF LADY X (1938, Tim Whelan, BESUCH ZUR NACHT) sowie in dem Spionagefilm Q PLANES (1939, Tim Whelan, TESTFLUG QE 97). Seinen Durchbruch als Filmschauspieler schaffte Olivier hingegen erst mit einer Reihe vielbeachteter Erfolge in Hollywood: Auf seinen Part als Heathcliff in WUTHERING HEIGHTS (USA 1939, William Wyler) folgten Hauptrollen in REBECCA (USA 1940, Alfred Hitchcock), PRIDE AND PREJUDICE (USA 1941, Robert Z. Leonard, STOLZ UND VORURTEIL) und LADY HAMILTON (USA 1941, Alexander Korda). Nach seiner Rückkehr nach Großbritannien trat Olivier der Marineluftwaffe bei, wurde aber für seine Auftritte in Michael Powells 49TH PARALLEL (1941) und Anthony Asquiths The DEMI-PARADISE (1943) vom Militärdienst freigestellt.

Am Theater hatte sich Olivier in den 30er Jahren den Ruf eines der führenden britischen Shakespeare-Darsteller erworben, und 1936 stand er erstmals in einer Shakespeare-Verfilmung vor der Kamera: In Paul Czinners Inszenierung der Komödie AS YOU LIKE IT spielte er den Orlando an der Seite von Czinners Ehefrau Elisabeth Bergner. 1944 begann Olivier eine Reihe eigener Shakespeare-Verfilmungen, die allgemein als Krönung seines filmischen Schaffens gelten. In diesen Filmen verkörperte er nicht nur jeweils die Titelrolle, sondern schrieb auch die Drehbücher und war für Produktion und Regie verantwortlich. Insgesamt wurden drei Filme realisiert: HENRY V (1944, HEINRICH V.), HAMLET (1948, HAMLET) und RICHARD III (1956, RICHARD III.). Eine geplante Inszenierung von *Macbeth* kam durch den Tod Alexander Kordas im Januar 1956 zum Erliegen – eine Tatsache, die Neil Sinyard als »a source of great national shame« bezeichnete (Sinyard 1986, 2).

Mit dem prachtvoll ausgestatteten Technicolor-Film HENRY V schuf Olivier ein Meisterwerk unter den Shakespeare-Verfilmungen. Sein Budget von 350.000 Pfund war das bis dahin größte der britischen Filmgeschichte und erwies sich dennoch als zu knapp kalkuliert. Letztlich kostete der Film rund 475.000 Pfund, die größtenteils von Oliviers Förderer Filippo del Giudice aufgebracht wurden. Um das kostspielige Projekt realisieren zu können, benötigte del Giudice allerdings die finanzielle Unterstützung von J. Arthur Rank und mußte ihm die Kontrolle über seine Produktionsfirma Two Cities abtreten. Daß der Hauptdarsteller hier erstmals selbst Regie führte, ging auf einen Vorschlag von William Wyler zurück, der ursprünglich Oliviers Wunschkandidat für die Regie war, jedoch ebenso wie Carol Reed und Terence Young aufgrund vertraglicher Bindungen ablehnen mußte. Die stark dem Theater verpflichtete Adaption besitzt eine symmetrisch verschachtelte Struktur, die nach dem Muster A-B-C-B-A konstruiert ist: Die Handlung beginnt und endet mit einer in semi-dokumentarischem Stil gehaltenen Aufführung des Stücks am elisabethanischen Globe Theater. Innerhalb dieses Rahmens verlagert der Film seinen Schauplatz nach außen, wobei die Sequenzen in Southampton vor gemalten Kulissen spielen und den Film dadurch in einem Schwebezustand zwischen filmischer und theatralischer Darbietung halten. Im Zentrum des Films steht die Schlacht von Azincourt, die sich am weitesten der Darstellungsweise des realistischen Films annähert. Die anschließenden Szenen in Troyes sind wieder in dem ambivalenten Nebeneinander von filmischen und dramatischen Stilmitteln gehalten, bevor der Film im Schlußapplaus des Globe Theatre endet.

Neben der Bezugnahme auf die historischen Ereignisse um König Heinrich V. und die Inszenierung des Historienstücks auf der elisabethanischen Bühne zielt eine dritte Bedeutungsebene des Films auf die zeitgenössische politische Situation. Olivier hatte HENRY V als patriotischen Film für ein Publikum konzipiert, das sich mitten im Krieg gegen Deutschland befand. Um eine nationalistische Auslegung der Handlung zu forcieren, änderte er die literarische Vorlage in signifikanter Weise ab. Er kürzte den Text des Stücks um die Hälfte und strich dabei vor allem jene Passagen, die den machiavellistischen Monarchen in einem ungünstigen Licht darstellen und damit mögliche Zweifel an der Legitimität des von Heinrich geführten Kriegs aufkommen lassen. So betrieb Olivier in mehrfacher Hinsicht eine Idealisierung von Shakespeares komplexem und teilweise ironischem Porträt des Königs: Zum einen rückte er Heinrichs Verdienste als tugendhafter Herrscher, tapferer Kriegsherr und galanter Liebhaber in den Vordergrund, gleichzeitig verschwieg er dessen egoistische und grausame Züge. Zum anderen verschärfte er die Polarisierung zwischen Heinrich und seinen französischen Kriegsgegnern, die als dekadent und verweichlicht dargestellt werden.

Zur Glorifizierung des englischen Monarchen trug auch Oliviers Aufwertung der (in Irland gedrehten) Schlacht von Azincourt bei, die in der damaligen politischen Situation einen beträchtlichen Symbolwert besaß. Der 1943 in Produktion gegangene Film, der ausdrücklich den britischen Luftlandetruppen gewidmet war, startete im November 1944, fünf Monate nach dem Beginn der Normandie-Invasion der Alliierten. Das Beispiel des britischen Kriegsherrn, der 1415 eine Armee zum Sieg über eine kontinentale Übermacht führte, sollte für den aktuellen Vorstoß nach Frankreich Optimismus verbreiten und die Moral der Bevölkerung stärken. Seinen Verweis auf die Überlegenheit britischer Kriegskunst verband Olivier mit einem Appell zu nationaler Geschlossenheit, indem er aus Heinrichs Gefolgsleuten einen Engländer, einen Schotten, einen Iren und einen Waliser herausstellte, die ihre regionalen Differenzen überwinden, um für die gemeinsame Sache zu kämpfen.

HENRY V lief zwar mit großem Erfolg in Großbritannien und den USA, konnte seine Kosten aber erst fünf Jahre nach der Premiere einspielen. Auch die internationale Kritik war begeistert und widmete dem Film große Aufmerksamkeit. Laurence Olivier erhielt u.a. den Preis der New Yorker Filmkritiker als bester Darsteller sowie einen Sonderpreis als Produzent, Regisseur und Hauptdarsteller bei den 19. Oscarverleihungen.

1948 inszenierte Olivier HAMLET, den er erneut für Filippo Del Giudices Firma Two Cities produzierte. Seine Entscheidung, den Film in schwarzweiß zu drehen, begründete Olivier folgendermaßen: »I chose black-and-white for it rather than color, to achieve through depth of focus a more majestic, more poetic image, in keeping with the statute of the verse. In one shot Ophelia, in close foreground, sees Hamlet down a long corridor through a mirror, seated 120 feet away; her every hair is in focus and so are his features.« (Vermilye 1992, 123). Mit 550.000 Pfund, die J. Arthur Rank in den Film investierte, war auch HAMLET eine außergewöhnlich teure Produktion und lag deutlich über zwei im selben Jahr erschienenen prestigeträchtigen Filmen, Carol Reeds THE FALLEN IDOL (400.000 Pfund) und David Leans OLIVER TWIST (350.000 Pfund). Der in den Denham Studios gedrehte Film beeindruckte vor allem durch die suggestive Kameraführung von Desmond Dickinson (1903–1986). In langen Fahrten durchstreift die Kamera rastlos die düsteren, gewölbeartigen Kulissen von Schloß Elsinore und betont dabei immer wieder die Isolation der dort lebenden Personen. Kritische Stimmen warfen Olivier indes vor, er habe durch die Kürzung des viereinhalbstündigen Dramas auf knapp zwei Stunden Spieldauer eine gravierende Akzentverschiebung von der politischen Dimension des Stücks zu Hamlets Persönlichkeit und seinen familiären Beziehungen vorgenommen. Die Folge hiervon sei eine reduktionistische freudianische Interpretation des komplexen Dramas, die sich zu stark auf die ödipale Auslegung der Beziehung zwischen Hamlet und seiner Mutter

RICHARD III
(Claire Bloom,
Laurence Olivier)

Gertrude festlege. (Die Darstellerin der Gertrude, Eileen Herlie, war übrigens dreizehn Jahre jünger als Olivier.)

Deutlich beeinflußt von Oliviers Film war die 1990 erschienene HAMLET-Version des italienischen Regisseurs Franco Zeffirelli (geb. 1923). Zugleich war Zeffirellis Film dem Genre des Actionfilms verpflichtet, von der mit dem populären Actionhelden Mel Gibson unkonventionell besetzten Titelrolle bis zu dem ungewöhnlich schnellen Schnittrhythmus. Auch Zeffirelli kürzte Shakespeares Vorlage erheblich und übernahm nur rund ein Drittel des Dramentextes, so daß Hauptdarsteller Gibson das Drehbuch spöttisch als »famous quotes from *Hamlet*« (Jensen 1991, 1) bezeichnete. Seinen Anspruch, Shakespeare zu popularisieren und ihn einem Publikum nahezubringen, das ansonsten wenig Zugang zu dessen Dramen hat, konnte Zeffirelli indes erfolgreich einlösen.

Oliviers dritte und letzte Shakespeare-Inszenierung, RICHARD III, entstand auf Anregung von Alexander Korda. Der Film um den letzten König des Hauses Plantagenet, dessen Tod auf dem Schlachtfeld von Bosworth das Ende der Rosenkriege einläutete, gilt trotz seines offensichtlich zu sparsamen Budgets vielen Kritikern als der beste Film der Shakespeare-Trilogie. Diese positive Resonanz beruht vor allem auf Oliviers bravouröser Darstellung des mißgestalteten Königs. Unterstützt von einem hervorragenden Ensemble um John Gielgud, Claire Bloom und Ralph Richardson gelang Olivier die Charakterstudie eines zynischen Tyrannen, der wie das böse Gegenstück zu dem tugendhaft wirkenden Heinrich V. erscheint. Wie schon in HAMLET tritt auch in diesem Film der politische Gehalt des Stücks zugunsten des individuellen Schicksals seiner Titelgestalt in den Hintergrund. Obwohl Richard in seiner menschenverachtenden Machtgier zu Mord, Verrat und Heuchelei greift, nötigt er dem Publikum doch Bewunderung ab, denn Olivier vermochte dessen brillante Verstellungskunst überzeugend auf die Leinwand zu bringen. Zu Richards Faszinationskraft trug auch bei, daß er, die Konventionen des filmischen Realismus durchbrechend, immer wieder in direkter Hinwendung zur Kamera das Geschehen kommentiert und das Publikum in seine perfiden Pläne einweiht.

Als Schauspieler trat Olivier noch in einem weiteren Shakespeare-Film auf. Nach John Dexters Inszenierung am National Theatre spielte er die Titelrolle in dem von Anthony Havelock-Allan und John Brabourne produzierten OTHELLO (1965, Stuart Burge, OTHELLO). Olivier wurde 1947 zum Ritter geschlagen und 1970 in den Adelsstand erhoben. Er starb 1989 nach seiner letzten Rolle in Derek Jarmans WAR REQUIEM.

14.3 Kenneth Branagh

Das Schaffen des 1960 im nordirischen Belfast geborenen Kenneth Branagh weist mehrere Parallelen zu Laurence Olivier auf. Auch Branagh kam ursprünglich vom Theater, bevor er sich dem Film zuwandte, und wie Olivier machte er sich dort vor allem mit Shakespeare-Inszenierungen einen Namen, in denen er selbst die Hauptrollen übernahm. Den Vergleich mit Olivier forderte Branagh geradezu heraus, indem er als erste Shakespeare-Verfilmung das Königsdrama HENRY V wählte.

Branagh begann seine Karriere als Schauspieler der Royal Shakespeare Company. Dort spielte er bereits als 23jähriger den Titelpart von *Henry V* in einer Inszenierung von Adrian Noble, die Branaghs spätere Verfilmung des Dramas erkennbar geprägt hat. 1986 gründete er seine eigene Shakespeare-Truppe, die Renaissance Theatre Company. Zu dem Ensemble gehörte u.a. die Cambridge-Absolventin Emma Thompson (geb. 1959), die mit Branagh von 1989 bis 1995 verheiratet war und die Rollen der Katherine bzw. der Beatrice in seinen Inszenierungen von HENRY V und MUCH ADO ABOUT NOTHING spielte.

Branaghs erste Spielfilm-Regie, HENRY V (1989), wurde von Kritik und Publikum begeistert aufgenommen und lief mit großem Erfolg auch in den USA. Der Film entstand – wie später auch HAMLET – in den Shepperton Studios und brachte Branagh Oscar-Nominierungen in den Kategorien Beste Regie und Bester Hauptdarsteller ein. Die Kritik tendierte dazu, Branaghs Verfilmung des Historiendramas mit Laurence Oliviers Version aus dem Jahr 1944 zu vergleichen, um Rückschlüsse darauf zu ziehen, wie sich die veränderte politische Situation auf die Darstellung von König Heinrich ausgewirkt hat. Branaghs König erscheint danach weniger machiavellistisch, er ist unerfahrener und unsicherer, zugleich aufrichtiger und weniger selbstherrlich als Oliviers Heinrich. Während Olivier einen Herrscher darstellte, der mit kühler Taktik klar definierte politische Zielsetzungen verfolgt, präsentierte Branagh einen gefühlsbestimmten Regenten, der sich von Prinzipien wie Ehrlichkeit und Fairness leiten läßt, und der an der Rechtmäßigkeit seines Anspruchs auf den französischen Thron ernsthafte Zweifel hegt. Um so ernüchternder wirkt es daher, wenn Heinrich sein Heer in ein grausames Morden führt, das in unmißverständlichen Bildern als schmutzige Schlammschlacht inszeniert wird. Diese deutliche Distanzierung vom politischen Mittel des Kriegs unterscheidet Branaghs Film von der patriotischen Botschaft, die Oliviers Adaption zugrunde lag.

Nach dem Thriller DEAD AGAIN (USA 1991, SCHATTEN DER VERGANGENHEIT) und der Komödie PETER'S FRIENDS (1992, PETER'S FRIENDS) folgte Branaghs zweite Shakespeare-Inszenierung, MUCH ADO ABOUT NOTHING (1993). Die beschwingte Komödie besetzte er mit einem gemischten Ensemble aus gelernten Theaterschauspielern wie Emma Thompson und amerikanischen Filmschauspielern wie Denzel Washington und Keanu Reeves. Sein drittes und bislang ehrgeizigstes Shakespeare-Projekt präsentierte Branagh 1996 mit dem 18 Millionen Dollar teuren HAMLET, den er als Film der Superlative konzipiert hatte: Erstmals seit David Leans Epos RYAN'S DAUGHTER (1970) wurde wieder ein britischer Film im 70 mm-Breitwandformat produziert. Viele Rollen wurden mit bekannten Shakespeare-Darstellern wie Derek Jacobi, John Gielgud, John Mills, Judi Dench und Charlton Heston besetzt, deren Auftritte auf zahlreiche frühere Shakespeare-Verfilmungen anspielen. Zudem traten Hollywood-Stars wie Billy Crystal, Jack Lemmon, Robin Williams und Gérard Départdieu in kleinen Nebenrollen auf, die Branagh teilweise eigens in das Stück einfügte. So setzte er beispielsweise Monologe in Rückblenden um und konnte dadurch Personen auftreten lassen, die im Text lediglich erwähnt werden. Besonders spektakulär war es aber, daß sich Branagh als erster Filmregisseur dafür entschied, das Drama ungekürzt zu verfilmen. Das Drehbuch des vierstündigen Films (für das Branagh eine Oscar-Nominierung erhielt) ist identisch mit dem vollständigen Text der First Folio von 1623, ergänzt durch Passagen aus der zweiten Quarto-Ausgabe von 1604. Dem wirtschaftlichen Risiko einer solchen Überlänge stand der künstlerische Vorteil gegenüber, daß die in früheren HAMLET-Verfilmungen übliche Verengung des Themenspektrums vermieden werden konnte. So gewährt der Film, der das mittelalterliche Geschehen in die Epoche des Viktorianismus verlegt, insbesondere den politischen Handlungsmomenten breiteren Raum als es bei Olivier und Zeffirelli der Fall ist.

Die Kritik reagierte zwiespältig auf Branaghs HAMLET. Die Tatsache, daß dem Film der vollständige Dramentext zugrunde lag, wurde einerseits begrüßt, weil deutlich wurde, wieviel Bedeutungspotential den gekürzten Versionen entgangen war. Andererseits galt die Überlänge auch als Hindernis, um aus Branaghs Film die definitive HAMLET-Verfilmung zu machen. Branagh sei, so der Tenor vieler Kritiker, allzu ambitioniert und übermotiviert zu Werk gegangen und sei bei dem Bemühen, den Film visuell attraktiv zu gestalten, über das Ziel hinausgeschossen. So wurden etwa die Auftritte von König Hamlets Geist moniert, die von Spezialeffekten aus dem Arsenal des Horrorfilms begleitet wurden und im Rahmen des Stücks unangemessen wirkten. Auch die Kurzauftritte von Hollywood-Schauspielern wurden häufig als überflüssige Konzessionen an den populären Publikumsgeschmack empfunden. Doch ungeachtet dieser Kritik hat HAMLET maßgeblich dazu beigetragen, Branaghs Renommee des führenden zeitgenössischen Shakespeare-Filmers zu festigen.

15. Free Cinema und New Wave:
Die *angry young men* des britischen Kinos

15.1 Vom Free Cinema zur British New Wave

In den frühen 50er Jahren konstituierte sich in Oxford eine Gruppe junger Filmschaffender, deren Ideen und Werke die britische Filmszene veränderten und vorübergehend prägten. Zu der Gruppe, die ab 1956 unter dem Schlagwort ›Free Cinema‹ bekannt wurde, gehörten Lindsay Anderson, Karel Reisz und Gavin Lambert, Tony Richardson, John Fletcher, Walter Lassally und die von Anderson protegierte Italienerin Lorenza Mazzetti. Den geistigen Nährboden des Free Cinema bereitete die ursprünglich in Oxford, später in London von Lindsay Anderson, Gavin Lambert und Penelope Houston herausgegebene Filmzeitschrift *Sequence* (1947–1952). Ähnlich wie die Zeitschriften *Close Up* und *Movie* war *Sequence* als Gegenmodell zur etablierten britischen Filmkritik konzipiert. Die Gruppe um Lindsay Anderson, zumeist Oxford-Absolventen, veröffentlichte zahlreiche programmatische Artikel in *Sequence*, (teilweise unter diversen Pseudonymen, um einen größeren Beiträgerkreis vorzutäuschen). Später verlagerte sich ihre Publikationstätigkeit auf die BFI-Zeitschrift *Sight and Sound*, die von 1949 bis 1956 von Gavin Lambert und von 1956 bis 1990 von Penelope Houston redaktionell verantwortet wurde.

Die *Sequence*-Artikel bezogen einerseits gegen das etablierte, gesellschaftskonforme ›Qualitätskino‹ von Regisseuren wie Laurence Olivier, David Lean und Anthony Asquith Position, andererseits aber auch gegen die als bloße »Soziologie« empfundenen Filme der britischen Dokumentarfilmbewegung. Statt dessen stellte man das Konzept des freien Ausdrucks der künstlerischen Persönlichkeit in den Mittelpunkt, die sich, befreit sowohl von den Zwängen des kommerziellen Kinos als auch von den Normen des Dokumentarfilms, einer »kreativen Regie« und einer »Poesie des Alltags« zuwenden konnte. Die hiermit einhergehende Aufwertung der Arbeit des Regisseurs kann in Zusammenhang mit der in den französischen *Cahiers du cinéma* dargelegten *auteur*-Theorie gesehen werden, die in England vor allem durch die 1962 gegründete Filmzeitschrift *Movie* Verbreitung fand.

Insbesondere Lindsay Anderson propagierte sein Konzept des Regisseurs als eines Poeten des Kinos und bezog sich dabei in erster Linie auf den Dokumentarfilmer Humphrey Jennings (1907–1950), für ihn der einzige wahre Poet des britischen Kinos, sowie auf den Amerikaner John Ford (1895–1973). In den 50er Jahren verfaßte Anderson für *Sight and Sound*, den *New Statesman* und den *Observer* z.T. polemische Artikel, in denen er für ein sozial engagiertes Kino eintrat. In dem programmatischen Essay »Stand Up! Stand Up!« für *Sight and Sound* schrieb Anderson 1956: »Fighting means commitment, means believing what you say, and saying what you believe. It will also mean being called sentimental, irresponsible, self-righteous and out of date by those who equate maturity with scepticism, art with amusement and responsibility with romantic excess.«

Die Vertreter des Free Cinema begannen ihre Laufbahnen mit dokumentarischen Kurzfilmen, darunter beispielsweise Andersons THURSDAY'S CHILDREN (1953) über eine Schule für gehörlose Kinder und der von Karel Reisz und Tony Richardson gemeinsam inszenierte MOMMA DON'T ALLOW (1956) über die Auftritte der Chris Barber Band in einem Londoner Jazzclub. Die Kamera führte in beiden Fällen Walter Lassally (geb. 1926), der Pionier unter den Kameraleuten, die den visuellen Stil der New Wave Filme prägen sollten – neben Lassally vor allem Denys Coop (1920–1981), Oswald Morris (geb. 1915) und David Watkin (geb. 1925). Lindsay Anderson entwickelte die Idee, diese Filme in einer Reihe zu vereinen, die im Februar 1956 unter dem programmatischen Titel ›Free Cinema‹ im National Film Theatre gezeigt wurde. Insgesamt umfaßte das Free Cinema (benannt nach dem Titel eines Anderson-Artikels in *Sequence*) sechs Filmprogramme, die zwischen 1956 und 1959 veranstaltet wurden und durch Beiträge ausländischer Regisseure wie François Truffaut (LES MISTONS, 1957), Claude Chabrol (LE BEAU SERGE, 1957) und Roman Polanski (DWAJ LUDZIE Z SZAFA, 1958) bereichert wurden. Aus Anlaß des ersten Free Cinema-Programms veröffentlichte Anderson das folgende von allen Mitwirkenden unterzeichnete Manifest:

> »As film-makers we believe that
> No film can be too personal.
> The image speaks. Sound amplifies and comments. Size is irrelevant.
> Perfection is not an aim.
> An attitude means a style. A style means an attitude.«
> (Richardson 1993, 69f.)

Anderson stellte später die Verbindlichkeit dieses Manifests freilich in Abrede: »In the subsequent films I've made I don't think I have, and I don't think any of us have, been in any way affected by that manifesto« (Hacker/Price 1991, 48).

Ende der 50er Jahre mündete das Free Cinema in die britische New Wave-Bewegung, deren Beginn meist mit der John Braine-Verfilmung Room at the Top (1958, Der Weg nach oben) angesetzt wird. Es handelt sich hierbei um den ersten Spielfilm des englischen Regisseurs Jack Clayton (geb. 1921), der jedoch auf Distanz zu der sozialkritischen Modeströmung blieb und später das Regieangebot zu Saturday Night and Sunday Morning (Samstagnacht bis Sonntagmorgen) ablehnte. Die Ursprünge der New Wave – die sich letztlich bis zu den naturalistischen Dramen und Romanen des 19. Jahrhunderts zurückverfolgen lassen – lagen neben der Zeitschrift *Sequence* und der Dokumentarfilmbewegung der 30er Jahre auch im Neo-Realismus der Regisseure Roberto Rossellini (1906–1977) und Vittorio De Sica (1902–1974) sowie insbesondere in Zeitströmungen des britischen Theaters. Die New Wave bildet das filmische Pendant des Generationswechsels, der sich zur selben Zeit am britischen Theater vollzog und durch die sogenannten ›angry young men‹ wie John Osborne, Harold Pinter, Arnold Wesker und – als einzige ›angry young woman‹ – Shelagh Delaney repräsentiert wurde.

Die Schlüsselfiguren der New Wave waren die Regisseure Lindsay Anderson, Karel Reisz, Tony Richardson und John Schlesinger. Sie alle wurden in den 20er Jahren geboren, sammelten erste Erfahrungen mit Dokumentarfilmen und inszenierten ihre ersten Spielfilme zwischen 1959 und 1963. Ihr Versuch, das Aufbegehren ihrer Generation gegen die selbstzufriedene Londoner Bougeoisie ins Kino zu übertragen, fand seinen Ausdruck in der Figur des besitzlosen jungen Arbeiters aus den englischen Industriestädten – meist ausgeprägt individualistische Männer, die der Gesellschaft entfremdet sind und dem Konformismus zu entfliehen versuchen. Diese Figuren verkörperten eine Vitalität und Rauhheit, die zuvor im britischen Kino nur selten präsent war – zu den wenigen Ausnahmen gehörten Robert Hamers It Always Rains on Sunday (1947, Whitechapel) und Basil Deardens The Blue Lamp (1950). Das Unterschicht-Milieu, in dem sie ihre Filme ansiedelten, sahen die New Wave-Regisseure indes aus der Perspektive des Außenstehenden, denn sie alle besaßen einen akademischen Hintergrund, der ihre Sympathie für die Arbeiterklasse nicht selten romantisch-idealisierend einfärbte.

Unterstützt wurde die inhaltliche Konzentration auf soziale Probleme und Alltagsbewältigung durch einen neutralen visuellen Stil. Am Beispiel von Karel Reisz' Saturday Night and Sunday Morning beobachtete Andrew Higson:

> »Its style is more or less unobtrusive, subordinated to the primary function of the text, which is to tell a self-contained, coherent and credible story. As in the classical film, *re*presentation masquerades as presentation, the fictional diegesis as the real world. The spectator is invited to attend to the unfolding of the story, not to the way in which it is told.« (Higson 1996, 136).

Konkret prägen folgende Kennzeichen den Stil der New Wave-Filme: Die Erzählstruktur ist vergleichsweise lose und episodisch und hält wenige Spannungselemente bereit, so daß sich die Aufmerksamkeit des Publikums von der kausalen Ereignisfolge weg- und zur Dokumentation des individuellen Erlebens und des sozialen Umfelds der Figuren hinverlagert. Eine minimale technische Ausrüstung soll den Eindruck des Spontanen und Ungekünstelten vermitteln, und der Einsatz schwarzweißen Filmmaterials reduziert zusätzlich den visuellen Reiz, um die Aufmerksamkeit nicht von der Aussage der Filme abzulenken. An die Stelle von Studioaufnahmen tritt das Drehen an Originalschauplätzen, die ebenfalls zum Authentizitätsschein beitragen. Dabei wurden als Handlungsorte bevorzugt die grau und trostlos erscheinenden Industriestädte der Midlands und des englischen Nordens gewählt, die eine rauhe und wenig einladende Atmosphäre vermitteln. Dem Ziel einer möglichst authentischen Wirkung dient auch der weitgehende Verzicht auf etablierte Schauspieler zugunsten neuer und unverbrauchter Gesichter. Auf diese Weise brachte die New Wave eine junge Schauspielergeneration auf die Leinwand, zu deren Kern Richard Harris (geb. 1933), Alan Bates (geb. 1934), Albert Finney (geb. 1936), Vanessa Redgrave (geb. 1937), Tom Courtenay (geb. 1937) und Rita Tushingham (geb. 1940) gehörten.

Titel	Jahr	Regie
Room at the Top	1958	Jack Clayton
Look Back in Anger	1959	Tony Richardson
The Entertainer	1960	Tony Richardson
Saturday Night and Sunday Morning	1960	Karel Reisz
A Taste of Honey	1961	Tony Richardson
A Kind of Loving	1962	John Schlesinger
The Loneliness of the Long Distance Runner	1962	Tony Richardson
This Sporting Life	1963	Lindsay Anderson

Die Filme der britischen New Wave

15.2 Die Filme von Lindsay Anderson, Tony Richardson und Karel Reisz

Der im indischen Bangalore geborene, schottisch-stämmige Lindsay Anderson (1923-1994) profilierte sich als Kritiker, Produzent, Theater- und Filmregisseur. Er inszenierte Spielfilme ebenso wie Dokumentar- und Werbefilme, Fernsehsendungen und Musikvideos. Gelegentlich war er auch in Nebenrollen vor der Kamera zu sehen, etwa in O Lucky Man! (1973) und Chariots of Fire (1981). Zum Free Cinema steuerte Anderson mehr Artikel und Dokumentarfilme bei als seine Mitstreiter, zur Spielfilmproduktion der New Wave leistete er dagegen nur einen geringen Beitrag. Er galt als intellektueller Regisseur, der zu einem didaktischen Ton und zur Intoleranz gegenüber Andersdenkenden neigte. In seinen Filmen stand für ihn das soziale Engagement im Vordergrund, wobei er ästhetische Erwägungen stets hinter das inhaltliche Anliegen zurückstellte. Stilistische Raffinessen und auffällige Kameraarbeit vermied er gewöhnlich, so daß der visuelle Stil seiner Filme häufig statisch und minimalistisch wirkt. Beim Publikum fanden Andersons Filme nur selten nennenswerten Zuspruch; eine Ausnahme bildete If... (1968), der exakt das Lebensgefühl seiner Zeit traf.

Andersons Karriere nahm ihren Ausgangspunkt in Dokumentarfilmen und Bühneninszenierungen. Beginnend mit Meet the Pioneers (1948) schuf er bis zum Ende der 50er Jahre mehr als ein Dutzend dokumentarischer Kurzfilme, am bekanntesten wurden O Dreamland (1953), Every Day Except Christmas (1957) und Thursday's Children (1953), für den er seinen einzigen Oscar erhielt. 1956 kam er als Regieassistent zum Londoner Royal Court Theatre, wo Tony Richardson mit seiner Produktion von *Look Back in Anger* eine Theater-Revolution entfacht hatte. Ab 1957 inszenierte Anderson hier regelmäßig Theaterstücke, unter denen sich neben zahlreichen Klassikern des internationalen Theaters auffällig viele Dramen des Engländers David Storey (geb. 1933) befanden. Storey schrieb nach seinem eigenen Roman auch das Drehbuch für Andersons Spielfilm-Debüt, This Sporting Life (1963, Lockender Lorbeer), der als der letzte wichtige Film der New Wave-Bewegung gilt. Mit dieser in Yorkshire gedrehten Milieustudie um die Beziehung zwischen dem Rugby-Profi Frank Machin (Richard Harris) und seiner Vermieterin (Rachel Roberts) setzte Anderson seine Vorstellungen vom Regisseur als einem Poeten des Kinos um und machte zugleich deutlich, daß er seine Filme nicht als naturalistische Sozialdramen verstanden wissen wollte: »We were not making a film about a ›worker‹, but about an extraordinary (and therefore more deeply significant) man, and about an extraordinary relationship. We were not, in a word, making sociology« (Caughie/Rockett 1996, 20). Das geteilte kritische Echo, auf das This Sporting Life stieß, erscheint symptomatisch für die gesamte New Wave: Diejenigen Publikationen, die das soziale Engagement und den psychologischen Realismus in den Mittelpunkt stellten (z.B. *Sight and Sound*), feierten den Film enthusiastisch als Wiedergeburt des großen britischen Films, diejenigen, die nach der kreativen Handschrift eines *auteur* suchten (z.B. *Movie*), werteten den Film demgegenüber als enttäuschenden Fehlschlag.

Andersons Distanz zum Naturalismus der ›kitchen sink‹-Filme wird noch deutlicher in den allegorischen Untertönen der Filmtrilogie um Mick Travis, der Hauptfigur der von David Sherwin geschriebenen sozialen Satiren IF... (1968, IF...), O LUCKY MAN! (1973, O LUCKY MAN!) und BRITANNIA HOSPITAL (1982, BRITANNIA HOSPITAL). In IF... diente Anderson der männliche Mikrokosmos einer englischen Privatschule als Symbol für die zeitgenössischen Zustände in Großbritannien. Dabei steht die altehrwürdige Bildungsinstitution für überkommene Traditionen und rigide Machthierarchien der britischen Gesellschaft. Widerstand gegen den Konformitätsdruck und die willkürlichen Repressalien der reformunwilligen Autoritäten regt sich bei einer kleinen Schülergruppe unter Führung des rebellischen Mick Travis (Malcolm McDowell). Travis wurde daher zu einem Sinnbild der revoltierenden Studenten von 1968 – wobei der gewalttätige Schluß, in dem er vom Dach der Schule Lehrpersonal und Schüler niederschießt und seine Maschinenpistole schließlich in die Kamera (und damit auf das Publikum) richtet, sinnbildlich zu verstehen ist. Um dem Vorwurf des Gewaltaufrufs vorzubeugen, durchbrach Anderson den Realismus des Films an zahlreichen Stellen durch distanzierende Mittel wie abrupte Wechsel zwischen Farbe und Schwarzweiß, Zwischentitel, absurde Handlungsmomente und eine Durchdringung von äußerer Realität und Phantasie. IF..., den Anderson als autobiographischen Film bezeichnete und an seiner ehemaligen Schule Cheltenham College drehte, gewann bei den Filmfestspielen von Cannes die Goldene Palme für den besten Film.

Hauptdarsteller Malcolm McDowell (geb. 1943) war es, der David Sherwin zu einer Fortsetzung von IF... anregte. O LUCKY MAN!, formal an das klassische Epos ebenso angelehnt wie an Brecht und Fellini, führt Travis durch eine Reihe episodenhafter Abenteuer und Begegnungen, bevor er in selbstreflexivem Gestus von einem Regisseur (dargestellt von Anderson selbst) die Rolle in dem Film O LUCKY MAN! angeboten bekommt. In BRITANNIA HOSPITAL knüpfte Anderson wieder stärker an die bissigen satirischen Attacken von IF... an, wobei ihm diesmal ein Krankenhaus als Sinnbild einer repressiven Gesellschaftsform diente. Endete IF... noch mit einer vagen Aussicht auf Veränderung, so schließt die Trilogie mit einer pessimistischen Note, da das System letztlich über Mick Travis triumphiert.

Anderson beurteilte das Vermächtnis der New Wave illusionslos. Den radikalen Impuls, den das Free Cinema seiner Ansicht nach im britischen

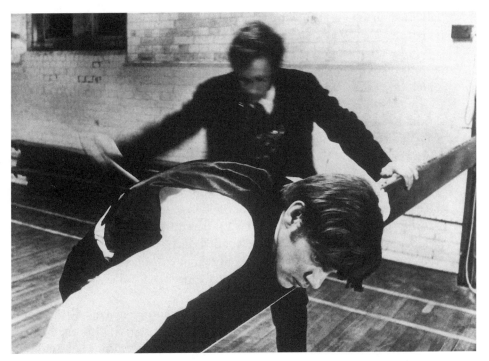

IF... (Malcolm McDowell)

Film ausgelöst hatte, sah er spätestens Ende der 60er Jahre erloschen (Friedman/Stewart 1994, 165). In einem fünf Jahre vor seinem Tod geführten Interview betrachtete er sich selbst als den einzigen Filmemacher, der den Idealen der späten 50er und frühen 60er Jahre treu geblieben sei (vgl. Hacker/Price 1991, 53).

Die zweite Leitfigur der britischen New Wave war Tony Richardson (1928–1991), ihr vielseitigster und kommerziell erfolgreichster Regisseur. Nach seinem Studium in Oxford arbeitete er zunächst in der Fernsehspielredaktion der BBC. 1955 gründete er mit George Devine die English Stage Company am Londoner Royal Court Theatre. Am 8. Mai 1956 hatte dort seine Inszenierung von *Look Back in Anger* Uraufführung, das gefeierte und einflußreiche Stück von John Osborne (geb. 1929), den Richardson als Freund gewann und als Künstler förderte. Es war diese Inszenierung, die das sozial engagierte Drama der ›angry young men‹ begründete und die filmische New Wave ins Leben rief. 1958 gründete Richardson gemeinsam mit Osborne und dem Produzenten Harry Saltzman die Gesellschaft Woodfall Productions mit dem Ziel, die neue sozialkritische Strömung des Theaters für das Kino zu übersetzen und kommerziell auszuschlachten. Die willkürlich nach der Woodfall Street in Chelsea benannte Firma wurde die wichtigste Produktionsgesellschaft der New Wave. Bei ihren Produktionen handelte es sich nahezu ausnahmslos um Adaptionen zeitgenössischer Romane, Erzählungen und Dramen.

Im Herbst 1958 begannen die Dreharbeiten zu Richardsons erstem Spielfilm, Look Back in Anger (Blick zurück im Zorn), mit Richard Burton als Jimmy Porter an der Seite von Claire Bloom. Für Richardson war Look Back in Anger eine Art Trojanisches Pferd, das ihm und der Free Cinema-Bewegung einen Zugang zur Filmindustrie verschaffen sollte. Osborne überarbeitete sein Stück für die Verfilmung, indem er einige zusätzliche Figuren einfügte und den Schluß, als Hommage an David Leans Filmklassiker Brief Encounter (1945), in einen Bahnhof verlegte. Das eigentliche Drehbuch stammte indes nicht von Osborne selbst, sondern von dem britischen Schriftsteller Nigel Kneale (geb. 1922), der zuvor für die Hammer Studios gearbeitet hatte. Erst später ging Woodfall dazu über, die Drehbücher von den Autoren der literarischen Vorlagen schreiben zu lassen; den naheliegenden Schritt, von diesen Autoren Originalvorlagen zu verlangen, unternahm man indes nicht.

Ebenfalls nach einem Stück von John Osborne entstand Richardsons zweiter Film The Entertainer (1960, Der Komödiant). Osborne hatte in diesem Drama Parallelen zwischen dem Niedergang der Music Hall-Tradition und dem sich während der Suezkrise abzeichnenden Ende des britischen Weltreichs gezogen. Im Gegensatz zu dem noch überwiegend im Studio entstandenen Look Back in Anger wurde The Entertainer größtenteils an Originalschauplätzen gedreht. Mit Laurence Olivier in der Rolle des abgehalfterten Komödianten Archie Rice stand nach Richard Burton abermals ein hochkarätiger Schauspieler im Mittelpunkt – ein frühes Indiz für Richardsons Schwanken zwischen dem nüchternen New Wave-Stil und dem kommerziell ausgerichteten Leinwandspektakel. Dieser scheinbar mühelose Wechsel wurde auch deutlich, als Richardson angesichts des zögerlichen Umgangs von Verleih und Kinos mit The Entertainer und der hieraus resultierenden schwachen Rezeption seine Pläne für den Film A Taste of Honey (Bitterer Honig) zurückstellte und statt dessen das Angebot von 20th Century-Fox akzeptierte, in Hollywood die Faulkner-Adaption Sanctuary (USA 1961, Geständnis einer Sünderin) zu inszenieren.

Die hierdurch entstandene Produktionslücke von Woodfall füllte Karel Reisz mit Saturday Night and Sunday Morning (1960), nach Alan Silitoes gleichnamigem Roman aus dem Jahr 1958. Der 1926 im tschechischen Ostrava geborene Karel Reisz war 1938 als Flüchtling nach England gekommen. Er studierte in Cambridge, schrieb für die Zeitschrift *Sequence* und veröffentlichte 1953 sein einflußreiches Buch *The Technique of Film Editing*. An den Free Cinema-Programmen war er u.a. mit den Kurzfilmen Momma

Don't Allow (1956) und We Are the Lambeth Boys (1959) beteiligt. Sein erster Spielfilm Saturday Night and Sunday Morning wurde von den Verleihern zunächst skeptisch aufgenommen, gelangte aber schließlich doch auf die Spielpläne und wurde von der Kritik sofort als bedeutend erkannt. Das positive Echo lockte viele Zuschauer an, und Saturday Night and Sunday Morning konnte innerhalb von drei Wochen fast sein gesamtes Budget von 117.000 Pfund wieder einspielen. Bis heute blieb er der bekannteste und erfolgreichste Film der britischen New Wave.

Hauptdarsteller von Saturday Night and Sunday Morning war Albert Finney, ein Vertreter der Generation nordenglischer Theaterschauspieler, die Mitte der 50er Jahre große Erfolge feierten und im Sog der New Wave ins Filmfach wechselten. Sein Debüt gab Finney in einer Nebenrolle in Richardsons The Entertainer, doch war es sein Part des Arthur Seaton in Saturday Night and Sunday Morning, der starken Einfluß auf das britische Kino jener Jahre ausübte. Paradigmatisch verkörperte Seaton den neuen Typ des jungen Arbeiters, dem die in den Ealing-Komödien repräsentierten bescheidenen Träume der Nachkriegsgeneration zu bieder sind, und dessen respektloses, aufsässiges und aggressives Auftreten darauf angelegt war, die Mittelschicht vor den Kopf zu stoßen. Zugleich stand der Fabrikarbeiter aus Nottingham mit seiner privaten Rebellion gegen die Gesellschaftsordnung und seinem (vergeblichen) Bestreben, den Beschränkungen seiner Klasse zu entkommen, für einen neuartigen Antagonismus zwischen Individuum und Gesellschaft, der den Nachkriegs-Konsensus in Frage stellte. Karel Reisz selbst brachte freilich nur wenig Sympathie für seinen Protagonisten auf: »He was a sad person, terribly limited in his sensibilities, narrow in his ambitions and a bloody fool into the bargain, by no means a standard-bearer of any ideas of mine.« (Murphy 1992, 19).

Stilistisch besitzt Saturday Night and Sunday Morning eine deutliche Nähe zum Dokumentarfilm. In seiner Rezension für den *New Left Review* schrieb Alan Lovell zu diesem Aspekt:

> »Karel Reisz gets his main effect from the style he uses. It's almost an anti-style. The camera does only enough work to tell the story as simply and directly as possible. Because of this the audience is encouraged to make judgments for itself. Just how important this is has gone unnoticed. [...] Very few film-makers have enough confidence in the audience just to assume their co-operation. Karel Reisz does just this.« (Lovell 1961, 52).

Aufgrund des kommerziellen Erfolgs und der guten Kritiken von Saturday Night and Sunday Morning war Woodfall finanziell abgesichert, und Tony Richardson, der nach Saltzmans Ausscheiden die bestimmende Kraft der Firma

Tom Jones (Albert Finney, Susannah York)

war, konnte sich seinem Projekt A Taste of Honey zuwenden. Die Verfilmung des 1958 uraufgeführten Schauspiels von Shelagh Delaney drehte Richardson an Originalschauplätzen in den Industrievierteln von Manchester und kehrte damit der ihm verhaßten Studioatmosphäre endgültig den Rücken, die seiner Ansicht nach notwendigerweise eine Künstlichkeit der Darstellung bedingte. Da er an kein Studio gebunden war, konnte sich Richardson seine Filmcrew zudem selbst zusammenstellen. Er entschied sich u.a. für den Kameramann Walter Lassally, der auf dem Kontinent bereits eine hervorragende Reputation besaß, in Großbritannien aber noch keinen bedeutenden Spielfilm fotografiert hatte. A Taste of Honey wurde ein kommerzieller Volltreffer, und Rita Tushingham wurde in Cannes als beste Schauspielerin ausgezeichnet. Doch bereits Richardsons folgender Film, The Loneliness of the Long Distance Runner (1962, Die Einsamkeit des Langstreckenläufers), wurde fast einhellig zerrissen. Dies war bereits ein Indiz dafür, daß der Zeitgeist in eine andere Richtung ging, und die New Wave im Begriff war zu verebben.

Tatsächlich war der New Wave-Bewegung nur eine kurze Lebensdauer beschieden. Ab Mitte der 60er Jahre arbeiteten ihre Regisseure – mit Ausnahme von Lindsay Anderson – überwiegend in Hollywood. Der sozialkritische Film fand sein Forum für längere Zeit eher im Fernsehen als im Kino (s. Kap. 17). Heute hat sich allgemein die Ansicht durchgesetzt, daß sich die wichtigsten New Wave-Regisseure dem Realismus eher aus Kalkül denn aus innerer Überzeugung verschrieben hatten. Die neuen Inhalte gingen mit zu wenig formaler Experimentierfreude einher, die Darstellung der Protagonisten verriet zu wenig Empathie, und die Bevorzugung eines den Realismus transzendierenden poetischen oder expressiven Kinos blieb unübersehbar.

Tony Richardson zog frühzeitig die Konsequenzen aus dem Mißerfolg von THE LONELINESS OF THE LONG DISTANCE RUNNER. Mit dem vom Londoner Zweig der United Artists finanzierten Kostümfilm TOM JONES (1963, TOM JONES – ZWISCHEN BETT UND GALGEN), einer Osborne-Adaption von Henry Fieldings 1749 publiziertem Romanklassiker, nahm er Abschied von den sozialkritischen Gegenwartsfilmen der New Wave. In der *Daily Mail* vom 2. Juli 1962 bekräftigte Richardson diese Intention: »We thought it was time we made a really uncommitted film. No social significance for once. No contemporary problems to lay bare, just a lot of colourful, sexy fun.« Walter Lassallys leichtfüßige Kameraarbeit und die markante Stilisierung des Films (z.B. durch direkte Kameraanreden der Schauspieler, Veränderungen der Aufnahmegeschwindigkeit, Verwendung von Trickblenden für Szenenübergänge) kennzeichnet TOM JONES als Vorläufer der schwungvollen ›Swinging Sixties‹-Filme. Woodfalls sechste Produktion erwies sich als spektakulärer Publikumshit und eröffnete die Reihe der britschen Filme aus den 60er Jahren, die auch in den USA mit großem Erfolg liefen. Richardson gewann den Regie-Oscar, und Albert Finney, der mit der Titelrolle seine Entschlossenheit unter Beweis stellte, sich nicht auf einen Rollentyp festlegen zu lassen, schaffte den Durchbruch zum internationalen Star.

Einen weiteren künstlerischen Höhepunkt seiner Laufbahn erreichte Tony Richardson mit dem Antikriegsfilm THE CHARGE OF THE LIGHT BRIGADE (1968, DER ANGRIFF DER LEICHTEN BRIGADE), den die Kritik, trotz anfänglicher Verrisse, in den Status eines britischen Nationalepos gerückt hat. Der von United Artists mit einem großen Budget ausgestattete Film schildert den sinnlosen Tod von 600 britischen Kavalleristen im russischen Artilleriefeuer während des Krimkriegs und legt dabei insbesondere die Fehlentscheidungen und das Versagen der militärischen Führung bloß. John Osbornes Drehbuchentwurf zog eine Plagiatsklage durch Laurence Harvey nach sich, der die Filmrechte an Cecil Woodham-Smiths literarischer Vorlage besaß. Wenngleich das Gerichtsverfahren gütlich beigelegt werden konnte, führte die Affäre letztlich zum Bruch der Freundschaft zwischen Osborne und Richardson und zum Ende ihrer Zusammenarbeit.

Mit seinen übrigen britischen Inszenierungen der späten 60er Jahre, THE SAILOR FROM GIBRALTAR (1967, NUR EINE FRAU AN BORD), RED AND BLUE (1967), HAMLET (1969), LAUGHTER IN THE DARK (1969, DER SATAN MISCHT DIE KARTEN) und NED KELLY (1970, KELLY, DER BANDIT), konnte Richardson nicht mehr an frühere Erfolge anknüpfen. Auch seine zweite Fielding-Verfilmung, JOSEPH ANDREWS (1977), erwies sich als Flop; über die Gründe hierfür spekulierte der Regisseur: »JOSEPH ANDREWS was simply not to the taste of the time. I believe it to be a much better-made film than TOM JONES, but, coming after it, it was inevitably judged in comparison.« (Richardson 1993, 252). Nach JOSEPH ANDREWS, seiner letzten Woodfall-Produktion, verließ er England und inszenierte eine Reihe unbedeutenderer Filme in den USA. Richardson starb im November 1991 in Los Angeles an Aids; sein letzter Film BLUE SKY kam 1994 postum in die Kinos.

Karel Reisz ließ dem Erfolg von SATURDAY NIGHT AND SUNDAY MORNING und dem wenig überzeugenden Melodrama NIGHT MUST FALL (1964, DER GRIFF AUS DEM DUNKEL) den Film MORGAN, A SUITCABLE CASE FOR TREATMENT (1966, PROTEST) folgen. Vor dem Hintergrund der seinerzeit überaus einflußreichen Theorien des Psychiatrie-Kritikers Ronald David Laing schrieb David Mercer nach seinem eigenen Fernsehspiel das Drehbuch zu dieser satirischen Charakterkomödie über einen exzentrischen Maler (David Warner), der seine geschiedene Frau (Vanessa Redgrave) zurückerobern will. Nach ISADORA (1968, ISADORA), der aufwendig verfilmten, aber oberflächlich bleibenden Lebensgeschichte der skandalumwitterten Tänzerin Isadora Duncan (Vanessa Redgrave), wirkte Reisz in den 70er Jahren in Hollywood, wo er u.a. in THE GAMBLER (USA 1974, SPIELER OHNE SKRUPEL) und THE DOG SOLDIERS (USA 1978, DRECKIGE HUNDE) Regie führte.

Seinen bekanntesten und kommerziell erfolgreichsten Film, THE FRENCH LIEUTENANT'S WOMAN (1981, DIE GELIEBTE DES FRANZÖSISCHEN LEUTNANTS), inszenierte Reisz wiederum in England, und zwar vorwiegend an Originalschauplätzen in Lyme, dem Wohnort von John Fowles, dem Autor der gleichnamigen Romanvorlage von 1969. Fowles' postmoderner Roman stellt eine filmische Bearbeitung vor besondere Probleme, vor allem im Hinblick auf den Erzähler, der sich selbstreflexiv in den Erzählvorgang einschaltet, den Roman als fiktionales Produkt enttarnt und den Lesern mehrere gleichberechtigte Schlüsse anbietet. Mit Richard Lester/Charles Wood und Fred Zinnemann/Dennis Potter hatten bereits zwei versierte Regisseur-Autor-Teams den Versuch einer Leinwand-Adaption aufgegeben, bevor Karel Reisz und der Dramatiker Harold Pinter eine Lösung fanden. Pinter konzipierte sein oscar-nominiertes Drehbuch als Film-im-Film-Struktur und ergänzte dabei die um 1860 spielende Kostümhandlung durch eine zeitgenössische Metaebene. So wird die im Roman erzählte Liebesgeschichte zwischen Sarah Woodruff

THE FRENCH LIEUTENANT'S WOMAN (Jeremy Irons, Meryl Streep)

(Meryl Streep) und Charles Smithson (Jeremy Irons) im Film gespiegelt durch die Liebeshandlung zwischen der Schauspielerin Anna, der Darstellerin der Sarah, und dem Schauspieler Mike, dem Darsteller des Charles. Die realen Schauspieler erscheinen somit jeweils in einer Doppelrolle, Meryl Streep als Anna und als Sarah, Jeremy Irons als Mike und als Charles. Auf diese Weise konnte Reisz zwei wesentliche Konzepte des Romans in den Film übertragen: Erstens verweisen die Doppelrollen auf das als heuchlerisch angeprangerte gesellschaftliche Rollenspiel des Viktorianismus, zweitens ergibt sich aus dieser Konstellation ein für die Postmoderne typisches Verwirrspiel zwischen Realität und Fiktion, dem selbst die Darsteller zu erliegen scheinen, wenn Mike am Schluß des Films den wahren Namen und den Rollennamen seiner Partnerin verwechselt.

Nach THE FRENCH LIEUTENANT'S WOMAN ging Reisz abermals nach Hollywood, wo er seither arbeitet. Dort entstand u.a. der Film EVERYBODY WINS (USA 1990, EVERYBODY WINS), die Verfilmung eines Schauspiels von Arthur Miller.

16. Talent-Import: Ausländische Regisseure im Großbritannien der 60er Jahre

16.1 London als Anziehungspunkt für den internationalen Film

Häufig wird in Studien zur britischen Filmgeschichte der Umstand beklagt, daß die meisten bedeutenden Regisseure, die das Land hervorgebracht hat, früher oder später nach Hollywood auswanderten und dadurch der heimischen Filmkultur verloren gingen. Dabei wird jedoch übersehen, daß dem Talent-Export als Kompensation das Wirken ausländischer Regisseure gegenübersteht, die sich zeitweise oder dauerhaft in England niederließen und dort wichtige Filme oder sogar ihre Hauptwerke inszenierten. Nachdem die 30er Jahre einen Zustrom kontinentaleuropäischer Exilanten wie Alexander Korda, Gabriel Pascal, Marcel Varnel, Paul Stein, Paul Merzbach, u.a. brachten, haben vor allem in den 60er Jahren neben europäischen Regisseuren wie Roman Polanski, François Truffaut und Michelangelo Antonioni auch zahlreiche Amerikaner wie John Huston, Joseph Losey und Stanley Kubrick in Großbritannien ihre Spuren hinterlassen, so daß Roy Armes in seiner britischen Filmgeschichte zutreffend feststellt: »One of the paradoxes of the British film renaissance of the 1960s is that though by 1964 ›it was England that was becoming the entertainment capital of the world‹, so much of the finance came from America and so many of the most striking films were made by foreign-born directors.« (Armes 1978, 280).

Eine wichtige Ursache hierfür lag in der Rolle Londons als Vorreiter und Zentrum der Pop-Kultur. Die einflußreichen kulturellen Trends, die das ›Swinging London‹ hervorbrachte, hatten eine starke Wirkung nach außen, und die Aufmerksamkeit, die die New Wave-Bewegung zu Beginn des Jahrzehnts auf die Industriestädte des englischen Nordens gelenkt hatte, galt nun wieder der Hauptstadt. London entwickelte sich in vielen kulturellen Bereichen zu einer Talentschmiede und zog dadurch auch ausländische Investoren an. Die Filmindustrie bildete hier keine Ausnahme. Die großen US-Studios investierten 1965 15 Millionen Pfund und 1967 20 Millionen Pfund in britische Filmproduktionen. London wurde daher für viele internationale Regisseure in doppelter Hinsicht reizvoll: Zum einen stand hier notwendiges Kapital für Filmprojekte zur Verfügung, zum anderen bot die Stadt künstlerische Inspiration, gute Kontaktmöglichkeiten und nebenbei auch eine ausgezeichnete Filmkulisse.

Der Italiener Michelangelo Antonioni (geb. 1912) inszenierte einen der besten und authentischsten Filme über das ›Swinging London‹. BLOW-UP (1966, BLOW UP), Antonionis Schritt vom Kunstfilm zum kommerziellen Kino, wurde nach seinem Erscheinen von der Kritik als Meisterwerk gefeiert und avancierte schnell zum Kultfilm, zumal er als erster britischer Film einen frontalen weiblichen Akt darstellte und dadurch eine gewisse Skandalwirkung besaß.

Für den später mit der Goldenen Palme von Cannes prämierten Film hatte Antonioni keineswegs zufällig London als Schauplatz ausgewählt. Nachdem die Geschichte um den Modefotografen Thomas ursprünglich in Italien gedreht werden sollte, kam der Regisseur zu dem Schluß, daß dies unmöglich sei:

»Firstly, a character like Thomas does not really exist in Italy. But the high-circulation newspapers in England do employ photographers similar to the one I have portrayed in the film. Apart from which, Thomas is about to deal with a complex of events which could more easily happen in the life of London than of Rome or Milan. He has chosen to take part in the revolution which has affected English life, customs and morality, at least among the young – the young artists, trend-setters, advertising executives, dress-designers or musicians, who have been inspired by the Pop movement. [...] I realized that London would be the perfect setting for a film like BLOW-UP.« (Antonioni 1971, 15–16).

BLOW-UP (= Filmvergrößerung) entstand nach einer Originalidee von Antonioni. Das gemeinsam mit Tonino Guerra und dem Dramatiker Edward Bond verfaßte Drehbuch wurde, ebenso wie Antonionis Regie, für den Oscar nominiert. Der Film bietet eine faszinierende Momentaufnahme der Jugendszene in der britischen Hauptstadt. Der Protagonist des Films, der erfolgreiche Modefotograf Thomas (David Hemmings), von dessen Gunst die Karriere vieler Möchtegern-Starlets abhängt, ist eine archetypische Figur aus der Metropole der Pop-Kultur der 60er Jahre, deren Atmosphäre Antonioni in teilweise improvisierten Dreharbeiten glaubwürdig einfing. Eingebettet in dieses Sittengemälde entwickelt sich eine ungewöhnliche Kriminalhandlung um die allmähliche Aufdeckung eines Mordes. Dadurch, daß Antonioni einen Fotografen in die Rolle des Amateurdetektivs schlüpfen ließ, konnte er das eigentliche Thema seines Films in idealer Weise behandeln, denn es geht in BLOW-UP in erster Linie um die Frage von Schein und Sein bzw. um Sehen und Nicht-Sehen: Thomas fotografiert zufällig einen Mord, ohne ihn als solchen zu er-

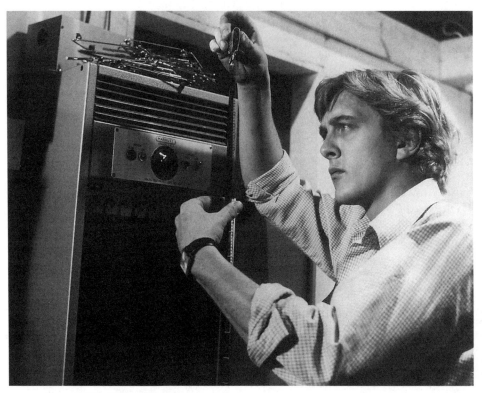

BLOW-UP (David Hemmings)

kennen. Als die Vergrößerung seiner Schnappschüsse neue Details freigibt und er dem Geheimnis allmählich auf die Spur kommt, interpretiert er das Geschehen zunächst falsch und kann letztlich weder das Motiv noch die Identität der Leiche klären. Dieser ausführlich dokumentierte Prozeß der Konstituierung und Interpretation von Bildinhalten verweist implizit auf die Bedeutungsoffenheit und die Subjektivität des filmischen Diskurses und macht BLOW-UP dadurch zu einem faszinierenden metafiktionalen Kunstwerk.

Im Gegensatz zu Antonionis sehr authentisch wirkendem Film ist die einzige britische Regiearbeit seines französischen Kollegen François Truffaut (1932–1984) dem Umstand zu verdanken, daß dieser sein Projekt FAHRENHEIT 451 (1966, FAHRENHEIT 451) in Frankreich nicht finanzieren konnte. Truffauts allgemein als enttäuschend angesehener Beitrag zur britischen Filmgeschichte (zugleich sein einziger Ausflug in das Science Fiction-Genre) basiert auf dem gleichnamigen Roman des amerikanischen Autors Ray Bradbury, einem mittlerweile, nicht zuletzt durch Truffauts Verfilmung, klassisch gewordenen Text aus der Blütezeit der anti-utopischen Literatur. Unter dem

Eindruck der von US-Senator Joseph McCarthy geführten politischen Kampagne gegen anti-amerikanische Umtriebe veröffentlichte Bradbury 1953 seine allegorische Geschichte von der Feuerwehr, deren Aufgabe nicht mehr in der Brandbekämpfung, sondern in der Bücherverbrennung besteht. Allerdings wandelte Truffaut die literarische Vorlage in entscheidenden Punkten ab, so daß der Film eher zu einer Satire auf den Medienkonsum der 60er Jahre wurde.

Truffauts zweifellos berühmteste Verbindung zum britischen Kino besteht freilich in seinen 1966 in Buchform erschienenen Interviews mit Alfred Hitchcock. Darin befindet sich Truffauts vielzitierte Einschätzung des britischen Films, die von zahlreichen Filmemachern als arrogante und haltlose Provokation empfunden wurde:

»Ich habe so eine Vorstellung, ich weiß nicht, ob sie richtig ist, daß England auf eine undefinierbare Weise ausgesprochen filmfeindlich ist. [...] Man könnte sich fragen, ob nicht die Begriffe Kino und England eigentlich unvereinbar sind. Das ist sicher übertrieben, aber ich denke an nationale Eigenheiten, die mir als filmfeindlich erscheinen, zum Beispiel das friedliche englische Leben, die solide Routine, die englische Landschaft und sogar das englische Klima. Der berühmte englische Humor, der soviele [sic] charmante Mordkomödien hervorgebracht hat, verhindert oft die wirkliche Emotion.« (Truffaut 1977, 112f.).

Einer der interessantesten Aspekte des in Pinewood (und teilweise an Münchener Originalschauplätzen) entstandenen Films ist Nicolas Roegs Farbfotografie, und es wurde wiederholt bemerkt, daß FAHRENHEIT 451 eher Roegs Handschrift trage als Truffauts (vgl. u.a. Finler 1985, 706).

Während Antonionis und Truffauts britische Filme einmalige Gastspiele blieben, wurde der in Wisconsin geborene Joseph Losey (1909-1984) in Großbritannien seßhaft. Losey wurde 1951 von der McCarthy-Kommission auf die Schwarze Liste gesetzt und inszenierte seither seine meisten Filme im englischen Exil, anfänglich noch unter Pseudonym: In seinem ersten britischen Film, THE SLEEPING TIGER (1954), wurde der Produzent Victor Hanbury formal als Regisseur benannt, und in THE INTIMATE STRANGER (1955) trat Losey unter dem Namen Joseph Walton in Erscheinung.

Nach diesen eher bescheidenen Anfängen konnte Losey bei der europäischen Filmkritik Erfolge feiern, an denen häufig erstrangige Literaten als Drehbuchautoren beteiligt waren, wie etwa Tennessee Williams (BOOM, nach seinem Theaterstück *The Milk Train Doesn't Stop Here Anymore*), David Mercer (A DOLL'S HOUSE, nach Ibsens Drama *Nora*), Tom Stoppard (THE ROMANTIC ENGLISHWOMAN, mit Thomas Wiseman nach dessen Roman) und George Tabori (SECRET CEREMONY, nach Marco Denevis Erzählung). Bahnbrechend

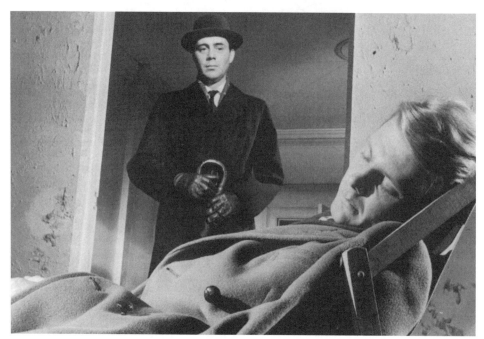

THE SERVANT (Dirk Bogarde, James Fox)

für Loseys Karriere war aber die Zusammenarbeit mit dem englischen Dramatiker Harold Pinter (geb. 1930), der für den Regisseur einige seiner besten Drehbücher schrieb. Am Beginn dieser künstlerischen Kooperation stand der beachtliche Film THE SERVANT (1963, DER DIENER), der die psychologische Beziehung zwischen dem jungen Aristokraten Tony (James Fox) und seinem neuen Butler Barratt (Dirk Bogarde) seziert. Barratt übernimmt Schritt für Schritt die Initiative im Leben seines Dienstherrn, so daß die Hierarchie des Herr-Diener-Verhältnisses schließlich nivelliert wird. Stilistisch paßt sich der Film dem Spiel der Figuren an: Je stärker die Balance zwischen Herr und Diener kippt, desto stilisierter wirken Kontraste, Beleuchtung und Kamerawinkel. Da THE SERVANT nicht zuletzt durch seine präzise Beobachtung von Klassenunterschieden und von kleinsten Nuancen des britischen Sozialverhaltens besticht, wurde zu Recht festgestellt, daß Losey schon diesen Film nicht mehr aus der Sicht des Ausländers inszeniert hat.

Nach THE SERVANT schrieb Pinter zwei weitere Drehbücher für Losey, ACCIDENT (1967, ACCIDENT – ZWISCHENFALL IN OXFORD) und die von Geoffrey Fisher hervorragend fotografierte edwardianische Romanze THE GO-BETWEEN (1970, DER MITTLER). Der letztgenannte Film, nach einem

Roman von L.P. Hartley, beeindruckt vor allem durch sein komplexes Zeitgerüst aus verschiedenen ineinandergeschnittenen Handlungsebenen. THE GO-BETWEEN, Sieger der Filmfestspiele von Cannes, wurde von der Kritik sehr gelobt, und viele bedauerten, daß das erfolgreiche Team Losey/Pinter ihr Folgeprojekt, die Adaption von Marcel Prousts epochalem Romanwerk *A la recherche du temps perdu* nicht realisieren konnte, weil sich kein Geldgeber fand. Zu bedenken ist hierbei freilich, daß Loseys Ansehen bei der Kritik seit den späten 60er Jahren bereits deutlich gelitten hatte. Nach dem pazifistischen Kriegsgerichts-Drama KING AND COUNTRY (1964, KING AND COUNTRY), der Agentenfilm-Parodie MODESTY BLAISE (1966, MODESTY BLAISE – DIE TÖDLICHE LADY) und dem komplexen Sittengemälde ACCIDENT (1967) – allesamt mit Darsteller Dirk Bogarde – leitete BOOM (1968, BRANDUNG) die Spätphase in Loseys Schaffen ein, die überwiegend negativ rezipiert wurde. Losey besaß genügend Selbstironie, um sich wegen des kommerziellen Mißerfolgs des Kammerspiels BOOM als ersten Regisseur zu bezeichnen, der es geschafft hat, mit einem Elizabeth Taylor/Richard Burton-Film Verluste zu machen.

Titel	Jahr	Produktion
THE SLEEPING TIGER	1954	Victor Hanbury
A MAN ON THE BEACH	1955	Anthony Hinds
THE INTIMATE STRANGER	1955	Alec Snowden
TIME WITHOUT PITY	1956	John Arnold/Anthony Simmons
THE GYPSY AND THE GENTLEMAN	1957	Maurice Cowan
BLIND DATE	1959	David Deutsch
THE CRIMINAL	1960	Jack Greenwood
THE DAMNED	1961	Anthony Hinds/Anthony Nelson Keys
THE SERVANT	1963	Joseph Losey/Norman Priggen
KING AND COUNTRY	1964	Joseph Losey/Norman Priggen
MODESTY BLAISE	1966	Joseph Janni
ACCIDENT	1967	Joseph Losey/Norman Priggen
BOOM	1968	John Heyman/Norman Priggen
SECRET CEREMONY	1968	John Heyman/Norman Priggen
THE GO-BETWEEN	1970	John Heyman/Norman Priggen

FIGURES IN A LANDSCAPE	1970	John Kohn
A DOLL'S HOUSE	1973	Joseph Losey
THE ROMANTIC ENGLISHWOMAN	1975	Daniel Angel
GALILEO	1976	Ely Landau
STEAMING	1985	Paul Mills/Richard F. Dalton

Joseph Loseys britische Filme

16.2 Stanley Kubrick

Stanley Kubrick wurde 1928 als Sohn jüdischer Einwanderer österreichisch-ungarischer Abstammung in New York geboren. Der am Vorbild der russischen Formalisten geschulte Autodidakt zählt zu den Regisseuren, die eine strenge Kontrolle über alle Phasen der Filmproduktion ausüben, von ersten Ideenskizzen bis zur Auswahl der Premierenkinos. Seit DR STRANGELOVE (1963) fungierte Kubrick in all seinen Filmen als Drehbuchautor, Regisseur und Produzent in Personalunion, daneben überwachte er den Schnitt seiner Filme und führte häufig selbst die Kamera. Diese Arbeitsweise ergab sich aus Kubricks Überzeugung, daß die Fotografie und der Schnitt eines Films verbal nicht kommunizierbar seien; insbesondere die Fotografie hänge von spontanen Entscheidungen auf der Grundlage des persönlichen Geschmacks und der Vorstellungskraft des Regisseurs ab (vgl. Strick/Houston 1972, 64).

Kubrick begann seine Filmkarriere zu Beginn der 50er Jahre in den USA mit mehreren kurzen Dokumentarfilmen (DAY OF THE FIGHT, 1951; FLYING PADRE, 1951; THE SEAFARERS, 1953). Nach dem Kriegsfilm FEAR AND DESIRE (USA 1953) und zwei Kriminalfilmen in der Tradition des *film noir*, KILLER'S KISS (USA 1955, DER TIGER VON NEW YORK) und THE KILLING (USA 1956, DIE RECHNUNG GING NICHT AUF), inszenierte Kubrick mit dem beklemmenden Antikriegsfilm PATHS OF GLORY (USA 1957, WEGE ZUM RUHM) seine erste große Produktion. Bei diesem Film arbeitete er erstmals mit dem Schauspieler Kirk Douglas zusammen, der anschließend einen eigenen, ganz auf sich selbst zugeschnittenen Spielfilm produzierte, den monumentalen Historienfilm SPARTACUS (SPARTACUS). Nachdem er sich binnen kurzem mit dem Regisseur Anthony Mann überworfen hatte, engagierte Douglas Stanley Kubrick als Ersatz, der den Film nach langwierigen Dreharbeiten 1960 fertigstellte. (Ungeachtet der Streitigkeiten zwischen Douglas und Anthony Mann drehten beide 1965 wieder gemeinsam den in Pinewood produzierten Film THE HEROES OF TELEMARK, einen schablonenhaften Film über eine norwegische Widerstandsgruppe, die im Zweiten Weltkrieg eine Fabrik zerstört, in der die deutschen Besatzer Bauteile für Atomwaffen herstellen.) Da er kaum Einfluß auf das Drehbuch hatte, wertete Kubrick SPARTACUS als negative Erfahrung. Obwohl der Film Kubricks Durchbruch zum Markt der international erfolgreichen Großproduktionen brachte, ist es daher nachvollziehbar, daß er anschließend den Studiozwängen Hollywoods entfloh und sein Aktionsfeld nach England verlegte. So entstand seine Adaption von Vladimir Nabokovs Roman *Lolita* in den ABPC-Studios im englischen Elstree.

LOLITA (1961, LOLITA), mit nur 94 Minuten Kubricks bei weitem kürzester britischer Film, erwies sich als Flop, obwohl Nabokov eigenhändig das Drehbuch geschrieben hatte. Immerhin konnte Peter Sellers mit seiner Darstellung des Quilty überzeugen, und mit demselben Hauptdarsteller wurde Kubricks nächster Film, DR STRANGELOVE, OR HOW I LEARNED TO STOP WORRYING AND LOVE THE BOMB (1964), besser und erfolgreicher. Kurz nach der Kubakrise entstanden, richtete dieser Film seine bissige Satire gegen den Kalten Krieg und dessen Strategie der atomaren Abschreckung. Der groteske Humor in bester britischer Tradition kam allerdings bei der amerikanischen Kritik weniger gut an, die dem Regisseur vorwarf, ein gefährliches und destruktives Spiel zu betreiben. Mit dieser schwarzen Komödie gab Kubrick dem Antikriegs-Genre eine völlig neue Note. Während frühere Kriegstragödien ihre Wirkung durch eine realistische Darstellung und eine emotionale Beteiligung der Zuschauer erzielten, betrieb Kubrick eine bewußte Stilisierung und offenen Sarkasmus. Ivan Butler beschrieb diesen Unterschied folgendermaßen: Die Botschaft früherer Antikriegsfilme, von ALL QUIET ON THE WESTERN FRONT bis THE VICTORS, lautete »Dies darf nie wieder passieren.« Die Botschaft von Kubricks Satire lautet hingegen: »Früher oder später passiert es ja doch, also können wir uns genausogut darüber lustig machen.« (Butler 1973, 254).

DR STRANGELOVE bildete den Auftakt zu Kubricks Trilogie futuristischer Kultfilme, die in den beiden Meisterwerken 2001 – A SPACE ODYSSEY (1968, 2001 – ODYSSEE IM WELTRAUM) und A CLOCKWORK ORANGE (1972, UHRWERK ORANGE) kulminierte. Aufgrund seiner universellen Thematik, seines bahnbrechenden Stils und seines maßgeblichen Einflusses auf die Geschichte des fantastischen Films repräsentiert 2001 – A SPACE ODYSSEY Kubricks Opus magnum. Seinen literarischen Ursprung hatte das 141minütige Weltraumepos in der 1951 erschienenen Kurzgeschichte »The Sentinel« des britischen Science Fiction-Autors Arthur C. Clarke. Für die filmische Adaption dieser Geschichte schrieb Clarke gemeinsam mit Kubrick ein 130seitiges Prosa-Treatment, auf dem sowohl das Drehbuch als auch Clarkes

1968 publizierte, vom Inhalt des Films mehrfach abweichende Romanversion basieren.

Mit seiner Revolutionierung von Stil und Struktur eilte 2001 – A SPACE ODYSSEY den zeitgenössischen Sehgewohnheiten weit voraus. Konsequent eliminierte oder reduzierte Kubrick gleich mehrere Grundelemente des narrativen Spielfilms: die durchgängige Plotlinie, die Kontinuität der Darsteller und, während des überwiegenden Teils der Filmhandlung, auch den Dialog. Die episodische Struktur des Films unterlief die Zuschauererwartung nach einer nachvollziehbaren Kausalität, zumal Kubrick auf erläuternde Kommentare verzichtete (weniger als 30 Prozent des Films enthalten überhaupt sprachliche Äußerungen, die zudem oft banal und bedeutungsleer sind). Die letzten gesprochenen Worte des Films lauten bezeichnenderweise »a total mystery«. Bei seiner vielbeachteten Erstaufführung sorgte 2001 – A SPACE ODYSSEY daher für Verständnisprobleme, denn zusätzlich zu seinem Verzicht auf herkömmliche Plot-Strukturen betreibt der anspielungsreiche Film ein verwirrendes Wechselspiel zwischen einer extremen Verkürzung historischer Entwicklungslinien und einem Verharren in ereignislosen Momenten.

Das Hauptthema von 2001 – A SPACE ODYSSEY ist die Entwicklung der Intelligenz und die Odyssee der Menschheit in vier aufeinander bezogenen Episoden, wobei jedes der durch Zwischentitel gegeneinander abgetrennten Kapitel eine neue Evolutionsstufe in der Menschheitsgeschichte markiert. Die erste Episode, »The Dawn of Man«, spielt im Pleistozän, zu einem Zeitpunkt, als der Australopithecus den Schritt zur Menschwerdung vollzog und sich durch den Gebrauch einer primitiven Waffe zum Herrn über andere Lebewesen erhob. Kubrick transponierte diese Geburtsstunde menschlicher Intelligenz ins Mythologische: Der Aufbruch der Menschheit wird verknüpft mit dem Auftauchen eines mysteriösen schwarzen Monolithen von außerirdischer Herkunft, der sich – neben den mehrfach auftretenden »magischen« Konjunktion verschiedener Himmelskörper – als einzige visuelle Konstante durch alle vier Episoden zieht. Kubrick setzte diesen wortlosen 15minütigen Eröffnungsteil mit Hilfe eines Frontprojektionsverfahrens in Szene, das die Darsteller vor der täuschend echt wirkenden Kulisse einer einsamen Landschaft agieren ließ.

Der Übergang vom Prolog der frühen Hominidenkultur in das futuristische Szenario des Jahres 2001 wird eingeleitet durch einen berühmt gewordenen assoziativen Schnitt, der den größten Zeitsprung in der Filmgeschichte vollzieht und dabei den geringen Fortschritt der Menschheit symbolisiert: Einer der Urmenschen wirft einen Knochen in die Luft, und von der Drehbewegung des Knochens wechselt der Blick auf den Flug eines nahezu formgleichen Raumfahrzeugs. Die zweite Episode schildert die Entdeckung eines zweiten Monolithen, der im Mondkrater Tycho freigelegt wurde und, ausgelöst durch die Sonnenbestrahlung, ein Signal in Richtung des Jupiters aussendet. So gibt der Monolith seinen Erbauern die Anwesenheit intelligenten Lebens bekannt und verkündet zugleich der Menschheit die Existenz außerirdischer Intelligenz.

Die achtzehn Monate später stattfindende Jupiter-Mission des Raumschiffs Discovery, die das Geheimnis des Monolithen erkunden soll, ist Inhalt der dritten Episode. Mit einer neuartigen Modelltechnik und einer seinerzeit ungewöhnlich realistisch wirkenden Simulation des Raumfluges ließ 2001 – A SPACE ODYSSEY den Standard vorausgegangener Science Fiction-Filme weit hinter sich. Während die klinische Sterilität des Raumschiffs die Emotionslosigkeit und mangelnde Individualität der beiden Astronauten Frank Poole (Gary Lockwood) und David Bowman (Keir Dullea) widerspiegelt, fungiert der an Bord befindliche Supercomputer HAL 9000 als emotives Gegenstück, dessen Programm Empathie, Neugier, Scham und sogar Todesangst kennt. (Das Kürzel HAL steht für ›heuristisch-alogarithmisch‹, die auffällige alphabetische Nähe zu IBM war laut Kubrick unbeabsichtigt.) Als dem als unfehlbar geltenden Computer ein Irrtum unterläuft, und er die Zeugen seines Versagens zu beseitigen versucht, kommt es zu einem Showdown zwischen der Maschine und dem einzigen überlebenden Menschen an Bord, dem Astronauten Bowman. Im direkten Kräftemessen zwischen menschlicher und künstlicher Intelligenz bleibt der Mensch Sieger, da seine Kreativität den logischen Operationen des Computers überlegen ist.

Die Begegnung der Discovery mit einem weiteren Monolithen leitet die abschließende Episode des Films ein. In diesem die filmische Symmetrie betonenden Epilog tritt Bowman eine psychedelisch inspirierte Reise durch die Dimensionen des Bewußtseins an, an deren Ende er als erster Mensch eine höhere Evolutionsstufe des erweiterten Bewußtseins und der tieferen Erkenntnis über Schöpfung und Natur des Universums erlangt. Am Schluß des Films existiert Bowman auf mehreren Alters- und Bewußtseinsstufen gleichzeitig und durchläuft die Stadien von Tod und Wiedergeburt, um eine neue Phase der Evolution einzuleiten. Als akustische Klammer zum Beginn des Films erklingt dabei abermals Richard Strauß' *Also sprach Zarathustra*-Thema.

An die Thematik von Mensch und Maschine knüpfte Kubrik metaphorisch in seinem folgenden Film A CLOCKWORK ORANGE (1972) an, der auf dem 1962 erschienenen gleichnamigen Roman des Engländers Anthony Burgess basiert. Malcolm McDowell, der sich mit seiner beeindruckenden Darstellung eines Querschnittsgelähmten in Bryan Forbes' THE RAGING MOON (1970, ROSEN IM WINTER) empfohlen hatte, liefert hier eine überragende darstellerische Leistung in der Rolle des jugendlichen Hooligans und Mörders

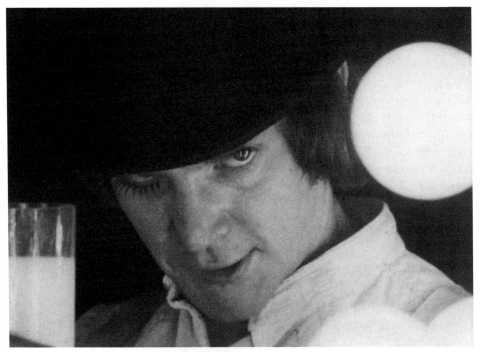

A Clockwork Orange (Malcolm McDowell)

Alexander De Large. Alex wird im Gefängnis zum Objekt eines Resozialisierungsprogramms auserkoren und einer behavioristischen Therapie unterzogen, die es ihm fortan verwehrt, Gewalt auszuüben und ihn als konditionierte Mensch-Maschine zum wehrlosen Opfer macht.

Obwohl der Film wegen seiner drastischen Gewaltdarstellungen auf den Widerstand der britischen Zensurkommission stieß, wurde er von Publikum und Kritik gleichermaßen als brillantes Kunstwerk gefeiert und erlangte schon bald einen Kultstatus, der auch Burgess zu ungeahnter Popularität verhalf. Dennoch repräsentiert A Clockwork Orange eines der Paradebeispiele für das Konfliktpotential zwischen Filmregisseur und dem Autor einer literarischen Vorlage, denn Burgess ließ Zeit seines Lebens keine Gelegenheit aus, sich – teilweise polemisch – von Kubricks Film zu distanzieren, da dieser gravierende inhaltliche Änderungen vorgenommen hatte. Eines der originellsten Beispiele für Burgess' Kampagne findet sich in dessen 1987 erschienener musikalischer Bühnenadaption von *A Clockwork Orange*. Dort lautet eine abschließende Regieanweisung: »A man bearded like Stanley Kubrick comes on playing [...] Singin' in the Rain on a trumpet. He is kicked off the stage.« (Burgess 1987, 48). Moniert wurde von Burgess und breiten Teilen der Kritik insbesondere die verharmlosende Gewaltdarstellung: Alex wirkt im Film generell sympathischer als im Buch, seine Taten erscheinen weniger verwerflich, seine Opfer weniger harmlos. Vorsorglich hatte Kubrick zahlreiche filmische Mittel eingesetzt, um die abstoßende Wirkung der Gewalt abzumildern. So unterlegte er Alex' brutale Handlungen mit einer betont kontrapunktischen Musik (z.B. *Die diebische Elster*, der Gene Kelley-Song *Singin' in the Rain*, die Ouvertüre zu *Wilhelm Tell*). Zudem erreichte er durch optische Verzerrungen und Veränderungen der Aufnahmegeschwindigkeit (Weitwinkelobjektive, Verwendung von Zeitlupe und Zeitraffer) illusionsdurchbrechende Verfremdungseffekte.

Nach A Clockwork Orange verfilmte Kubrick den historischen Roman *The Luck of Barry Lyndon* des viktorianischen Autors William Makepeace Thackeray. Der mehr als dreistündige Film über das Schicksal des pikaresken Antihelden Barry Lyndon (Ryan O'Neal) erreichte indes nicht das Niveau seiner Vorgänger. Die zeitgenössische Rezeption von Barry Lyndon (1975, Barry Lyndon) verlief zudem in engen Bahnen, da ein technisches Detail des Films einen Großteil der kritischen Aufmerksamkeit auf sich zog: Als erstem Regisseur war es Kubrick mittels aus NASA-Beständen stammenden Speziallinsen gelungen, Innenräume für einen Farbfilm lediglich mit Kerzenlicht auszuleuchten, wodurch die Atmosphäre des 18. Jahrhunderts sehr authentisch nachempfunden werden konnte. So war es weniger der Inhalt als die technische Perfektion und ästhetische Qualität des Films, die von der Kritik gelobt wurden. Bei der 48. Oscar-Verleihung wurden die Preise daher für die beste Ausstattung, die besten Kostüme und die beste musikalische Bearbeitung verliehen. Zudem ging ein Oscar an Kameramann John Alcott (1931–1986), der seit 2001 – A Space Odyssey innovativ für Kubrick gearbeitet hatte und auch in dessen folgendem Film, The Shining, für die Fotografie verantwortlich war.

Nach dem Historienfilm Barry Lyndon wandte sich Kubrick mit The Shining (1980, Shining) erstmals dem Horrorgenre zu und damit vor allem der Möglichkeit, in das Labyrinth des menschlichen Unterbewußtseins vorzudringen. Die in den EMI-Studios in Elstree produzierte Verfilmung von Stephen Kings gleichnamiger Romanvorlage brach mit den üblichen Genrekonventionen des Horrorfilms, die allenfalls als filmgeschichtliche Zitate aufgegriffen werden. Mit Hitchcocks Psycho beispielsweise teilt The Shining den Schauplatz (ein Hotel) und eine wichtige Requisite (ein Küchenmesser). Zusätzliche Querverweise aus der Märchen- und Mythenwelt verdichten das vielschichtige Bedeutungspotential von The Shining und gestalten die Möglichkeit einer kausalen Ordnungsstiftung ähnlich schwierig wie bei 2001 – A Space Odyssey. Mit der Geschichte um den Hausmeister Jack Torrance (Jack Nicholson), der in dem einsamen Overlook-Hotel in den Bergen Colorados dem Wahnsinn verfällt, führt Kubrick sein Publikum auf mehreren Ebenen in ein Labyrinth aus Täuschungen, in dem Normalität und Paranormalität verschwimmen und Vergangenheit und Gegenwart durch Spiegelungen und Motivverdoppelungen ineinanderfließen. Auf der gegenständlichen Ebene wird der Film von formalen Entsprechungen dieses Strukturprinzips durchzogen, insbesondere in Gestalt des (auf dem Studiogelände in Elstree errichteten) Heckenlabyrinths, das als Sinnbild des Unterbewußten und der Suche nach dem inneren Zentrum fungiert.

1987 kehrte Kubrick mit FULL METAL JACKET (FULL METAL JACKET) zum Genre des Kriegsfilms zurück. Auch dieser Film über die Ausbildung von US-Marines und ihren anschließenden Einsatz im Vietnamkrieg weist typische Merkmale auf, die Kubricks britische Filme stilistisch und motivisch verbinden – etwa die symmetrischen Bildkompositionen, die gleitenden Kamerafahrten, die zentrale Bedeutung physischer Gewalt sowie die in der strengen formalen Gliederung beobachtbare Tendenz zur Fragmentierung des Erzählprozesses. Nach zwölfjähriger Unterbrechung wandte sich Kubrick mit dem auf Arthur Schnitzlers *Traumnovelle* basierenden Ehedrama EYES WIDE SHUT (1999) erneut einer Literaturverfilmung zu. Vier Monate vor der angekündigten Premiere dieses Films starb Stanley Kubrick im März 1999 auf seinem englischen Landsitz.

Titel	Jahr	Produktion
LOLITA	1961	James B. Harris
DR STRANGELOVE	1964	Stanley Kubrick
2001 – A SPACE ODYSSEY	1968	Stanley Kubrick
A CLOCKWORK ORANGE	1972	Stanley Kubrick
BARRY LYNDON	1975	Stanley Kubrick
THE SHINING	1980	Stanley Kubrick
FULL METAL JACKET	1987	Stanley Kubrick
EYES WIDE SHUT	1999	Stanley Kubrick

Stanley Kubricks britische Spielfilme

16.3 Roman Polanski

Roman Polanski, 1933 als Sohn polnischer Eltern in Paris geboren und in Krakau aufgewachsen, studierte das Regiefach an der Staatlichen Filmschule von Lodz. Ab 1962 inszenierte er Spielfilme in Polen, Frankreich, Großbritannien, Italien und den USA. Während Polanskis Filme seit Mitte der 70er Jahre nicht immer zu überzeugen vermochten, fallen die vier britischen Filme in seine stärkste Schaffensperiode und gehören gemeinsam mit ROSEMARY'S BABY (USA 1968, ROSEMARYS BABY) zu seinen besten Arbeiten.

Obwohl Polanski erst am Beginn seiner Karriere stand, als er mittellos im London der Swinging Sixties eintraf, war der polnische Regisseur bereits kein unbeschriebenes Blatt mehr. Als Empfehlung brachte er eine Oscarnominierung für sein Spielfilmdebüt NOZ W WODZIE (Polen 1962, DAS MESSER IM WASSER) mit, die ihm in London viele Türen öffnete. Auf dem Weg zu seinem ersten britischen Filmprojekt geriet Polanski ausgerechnet an Tony Tensers und Michael Klingers Produktionsfirma Compton-Tekli, die zu dieser Zeit dem erfolgreichen Beispiel der Hammer-Studios nacheiferte. Was Tenser und Klinger von Polanski erwarteten, war ein billig produzierter, vordergründiger Horrorstreifen. Gezwungen, seinen geplanten Film CUL-DE-SAC vorerst zurückzustellen, schrieb Polanski innerhalb von nur 17 Tagen mit seinem Freund Gérard Brach das Drehbuch zu dem Psychothriller REPULSION (1965, EKEL).

Mit seiner engen Begrenzung auf klaustrophobische Räume und wenige isolierte Personen, sowie mit dem erkennbaren Einfluß Kafkas, Becketts und Pinters weist REPULSION mehrere Merkmale auf, die für Polanskis weiteres Schaffen typisch wurden. REPULSION ist eine psychologische Studie der schizophrenen Carole Ledoux (Catherine Deneuve), die gemeinsam mit ihrer Schwester Hélène ein Apartment am Londoner Earls Court bewohnt. Als ihre Schwester verreist, und Carole gezwungen ist, einige Tage alleine in der Wohnung zu verbringen, verliert die introvertierte Frau in der bedrückenden Einsamkeit der verlassenen Räume allmählich die Bindung an die Realität und wird zur Mörderin zweier Männer. Polanskis Absicht, die mangelnde Komplexität des Plots durch eine möglichst realitätsnahe visuelle Umsetzung von Caroles Psychose auszugleichen, prägt den Stil dieses Schwarzweißfilms. Zu diesem Zweck tritt die anfänglich objektive Kameraperspektive im Verlauf des Films stärker hinter eine subjektive Darstellungsweise zurück, die dem Zuschauer eine Differenzierung zwischen optischer Wahrnehmung, Halluzination und Imagination erschwert. Kameramann Gilbert Taylor (geb. 1914), der zuvor durch seine Leistungen in Stanley Kubricks DR STRANGELOVE und Richard Lesters A HARD DAY'S NIGHT aufgefallen war, setzte Caroles Halluzinationen durch perspektivische Verzerrungen einfühlsam ins Bild und zog die Zuschauer dadurch in die Traumwelt der Protagonistin hinein. Der entstandene alptraumhafte Effekt wurde u.a. durch nicht maßstabsgerechte Requisiten, einen schleichenden Verfall des Apartments und durch schockartige Wechsel von völliger Stille zu plötzlich einsetzenden überlauten Geräuschen verstärkt. Eine raffinierte Kulissenanordnung bot Polanski zudem die Möglichkeit, die Proportionen der Wohnung durch Verschieben der Wände und Herabziehen der Decke so zu variieren, daß sich die Atmosphäre des Unbehaglichen und Bedrohlichen auf das Publikum überträgt. Gilbert Taylor fotografierte auch Polanskis Filme CUL-DE-SAC und MACBETH, später auch amerikanische Großproduktionen wie STAR WARS und FLASH GORDON.

Als die Produzenten merkten, daß ihr Regisseur sich anschickte, anstelle des erwarteten billigen Horrorfilms ein anspruchsvolles Kunstwerk zu schaffen und Budget und Drehplan hoffnungslos zu überziehen, setzten sie Polanski massiv unter Druck. In seiner Autobiographie *Roman* schilderte Polanski die weiteren Dreharbeiten als endlose Folge von Querelen und Auseinandersetzungen mit Tenser und Klinger, die ihn zwangen, einen künstlerischen Kompromiß einzugehen. Von all seinen Filmen, so das rückblickende Urteil des Regisseurs, sei REPULSION daher der minderwertigste, voller schlampiger Spezialeffekte und technisch weit unter dem von ihm angestrebten Niveau (Polanski 1984, 186). Diese Einschätzung erscheint freilich allzu selbstkritisch, denn die überzeugende künstlerische Leistung machte Polanskis erste britische Inszenierung zu einem kommerziellen Erfolg und veranlaßte die Kritik (nur fünf Jahre nach Michael Powells Debakel mit PEEPING TOM) zu anerkennenden Würdigungen. Die Auszeichnung mit dem Silbernen Bären bei den Berliner Filmfestspielen 1965 beeindruckte sogar die hartgesottenen Produzenten Klinger und Tenser und tröstete sie über den finanziellen Mehraufwand hinweg, so daß sie anschließend Polanskis Wunschprojekt CUL-DE-SAC finanzierten, eine meisterhafte, teilweise am absurden Theater orientierte schwarze Komödie und Parabel über die Absurdität der menschlichen Existenz.

Polanski bezeichnete CUL-DE-SAC (1966, WENN KATELBACH KOMMT) stets als seinen künstlerisch wertvollsten Film. Das Drehbuch für diese »Studie in Neurose mit auf den Kopf gestellten Thriller-Konventionen« (Polanski 1984, 195) hatte er bereits 1962/63 gemeinsam mit Gérard Brach geschrieben. CUL-DE-SAC erzählt die Geschichte eines Gangsters (Lionel Stander), der sich mit seinem verwundeten Komplizen (Jack McGowran) in einen Landsitz auf einer unzugänglichen Insel flüchtet und dessen Bewohner (Donald Pleasance und Françoise Dorléac) als Geiseln nimmt. Während der eine Gangster schon bald stirbt, harrt der andere aus und wartet auf seinen Boß, Mr. Katelbach, der freilich niemals auftaucht.

Eine Nähe zum absurden Theater attestierte Polanski in seinen Erinnerungen auch den teilweise chaotischen Dreharbeiten auf der Insel Lindisfarne vor der schottischen Küste, die nur bei Ebbe zu erreichen ist. Da sich der Darsteller Jack McGowran wohltuend von der kapriziösen Crew abhob, beschloß Polanski, seinen nächsten Film um diesen Schauspieler herum aufzubauen.

Abermals verfaßte Polanski gemeinsam mit Brach das Originaldrehbuch für die Horrorkomödie DANCE OF THE VAMPIRES (1967, TANZ DER VAMPIRE), die Geschichte des schrulligen Vampirjägers Professor Abronsius (Jack McGowran) und seines linkischen Assistenten Alfred (Roman Polanski). Der Film schildert ihre vergeblichen Bemühungen, den blutsaugenden Grafen von Krolock (Ferdy Mayne) und seinen homosexuellen Sohn unschädlich zu machen sowie die hübsche Wirtstochter Sarah vor dem Verderben zu retten. Die Rolle der Sarah wurde mit der Amerikanerin Sharon Tate besetzt, die Polanski während der Dreharbeiten kennenlernte und Anfang 1968 heiratete.

DANCE OF THE VAMPIRES ist ein überaus unterhaltsamer Film, dessen Komplexität erst bei näherer Betrachtung erkennbar wird. Durchzogen von zahlreichen Anspielungen auf frühere Vertreter des Horrorfilms repräsentiert DANCE OF THE VAMPIRES eine der gelungensten Parodien auf das Vampirgenre, dessen typische Motive und Figuren Polanski mit viel Gespür für Situationskomik subversiv aufs Korn nahm – etwa in Gestalt eines jüdischen Vampirs, der gegen die übliche Blutsauger-Abwehr, das Kruzifix, immun ist.

Polanski achtete indes darauf, daß DANCE OF THE VAMPIRES seine komische Wirkung auch ohne eine Dechiffrierung der genrespezifischen Anspielungen entfaltet. Hierfür zog er alle Register des Komödienfachs, von derb-burleskem Slapstick über ein skurriles (und hervorragend besetztes) Figurenarsenal, bis zu hintersinniger Ironie. Häufig sind es dabei die leiseren Pointen, die den Zugang zu weiteren Bedeutungsebenen des Films eröffnen, etwa zu dessen latenter Wissenschaftskritik. Nicht zuletzt besticht der Film durch seine technische Brillanz und durch einprägsame Szenen, allen voran die Ballsaalszene mit dem titelgebenden Menuett und dem verräterischen Spiegelbild, das nur Abronsius, Alfred und Sarah zeigt, nicht aber die anwesenden Vampire. (Tatsächlich gab es gar keinen Spiegel, sondern nur eine Wandöffnung. Hinter der Öffnung befand sich ein zweiter, spiegelverkehrter Set, in dem nur McGowran, Polanski und Tate agierten. Im vorderen Set wurden die drei Schauspieler durch Doubles ersetzt, die dem Publikum den Rücken zuwandten.)

Obwohl formal ein britischer Film, wurde DANCE OF THE VAMPIRES von amerikanischen Produzenten finanziert. Hierfür mußte Polanski ein Mitspracherecht der Amerikaner in Kauf nehmen. Als schwere Fehlentscheidung erwies es sich jedoch, daß Polanski dem amerikanischen Produktionsleiter Marty Ransohoff den Endschnitt für den amerikanischen Markt überließ, denn dieser ging äußerst despektierlich mit dem Filmmaterial um. Aus DANCE OF THE VAMPIRES wurde der verunglückte Titel THE FEARLESS VAMPIRE KILLERS; or, PARDON ME BUT YOUR TEETH ARE IN MY NECK. Zudem hatte Ransohoff den Film nicht nur neu synchronisiert, sondern auch von 107 auf 98 Minuten gekürzt und dadurch die Handlung verändert. In Polanskis Augen war der Film entstellt, und er weigerte sich, für diese »Mißgeburt« (Polanski 1984, 233) mit seinem Namen geradezustehen. Die ursprüngliche Fassung ist indes erhalten geblieben, und heute ist der Film wieder in der restaurierten Originalversion zugänglich. Eine von Polanski inszenierte Musical-Adaption der Geschichte hatte im Oktober 1997 in Wien Uraufführung.

Polanski war mittlerweile im Besitz einer Daueraufenthaltsgenehmigung für Großbritannien und überdies Mitglied der Gewerkschaften Equity und ACTT. Die Amerikanerin Tate hingegen erhielt ihre Drehgenehmigung nur, weil DANCE OF THE VAMPIRES voll von amerikanischer Seite finanziert wurde. Es erscheint aufschlußreich, wie Polanski aus der Perspektive des Ausländers rückblickend mit der Macht der Gewerkschaften in der britischen Filmindustrie abrechnete. In seiner Autobiographie schrieb der Regisseur über die Dreharbeiten zu DANCE OF THE VAMPIRES:

> »Mancherlei trug zur Verzögerung bei, nicht zuletzt die britischen Gewerkschaften. Jetzt, da so viele Filmfirmen in Großbritannien arbeiteten, saßen sie am längeren Hebel. Früher hatte man ohne Voranmeldung über den offiziellen Arbeitsschluß um 17 Uhr 20 hinaus gedreht; damit war es nun vorbei, und das sollte für uns zum Alptraum werden. Mehrmals mußten wir die Studios wechseln. In Elstree hatten wir eine Ballsaalszene, die in fünf Tagen abgeschlossen werden mußte. Da es Stunden dauerte, bis die gut sechzig Vampire kostümiert und geschminkt waren, konnten wir erst ab Mittag drehen. Gene [Gutowski] hatte vorgesorgt und sich mit dem Team auf zwei Überstunden pro Tag geeinigt. Leider stellte sich heraus, daß wegen eines Streits von zwei Studioarbeitern mit dem Elstree-Management das ganze Team keine Überstunden machen konnte, den vereinbarten Lohn aber dennoch einstrich. Die britischen Filmgewerkschaften trugen ganz gewiß das Ihre zum frühen Niedergang der britischen Filmindustrie bei.« (Polanski 1984, 216–217).

Nach diesen Erfahrungen kehrte Polanski England vorübergehend den Rücken und ging nach Hollywood, wo er 1968 den Psychothriller ROSEMARY'S BABY inszenierte. Für das britische Kino bedeutete Polanskis Weggang einen spürbaren Verlust. Mit seinem Hang zum Bizarren, seiner für den britischen Film untypischen Verbindung von Fantastik und Sexualität, und seinem Verzicht auf literarische Vorlagen bildete der polnische Regisseur eine belebende Kraft innerhalb der britischen Filmkultur. 1971 kehrte er noch einmal in die Shepperton Studios zurück, wo er mit MACBETH die mit DANCE OF THE VAMPIRES und ROSEMARY'S BABY begonnene Hinwendung zum Okkulten fortsetzte. In MACBETH lieferte Polanski eine zutiefst pessimistische Interpretation von Shakespeares ohnehin düsterer Tragödie um den blutigen

Aufstieg und Fall des Usurpators Macbeth (Jon Finch). Wie ein Beispiel aus der Bankettszene im ersten Akt zeigt, setzte er dabei die im Stück angelegten Konflikte und Konstellationen nuancenreich und psychologisch überzeugend um: Als sich Macbeth nach heftigem innerem Kampf dazu entschließt, seinen Plan der Ermordung König Duncans fallenzulassen, führt bekanntlich die geschickte Argumentation seiner Frau einen erneuten Meinungsumschwung herbei. Polanski erschien diese Kehrtwendung offenbar nicht hinreichend motiviert. Bei ihm bleibt die Überzeugungsrede der Lady Macbeth (Francesca Annis) ohne unmittelbare Reaktion. Statt dessen fügte er eine kurze Szene ein, in welcher der soeben zum Thronfolger bestimmte Malcolm seinen Gastgeber Macbeth erniedrigt, indem er sich von ihm seinen Weinkelch nachfüllen läßt und mit spöttischem Unterton einen Toast auf Macbeths neuen Titel des Than von Cawdor ausruft. Erst nach diesem Affront, den die Kamera im Minenspiel der beiden Machtkonkurrenten detailliert einfängt, richtet Macbeth die einlenkende Frage an seine Frau: »If we should fail?«

Ein ähnlich gutes Gespür für die Psychologie seiner Figuren bewies Polanski auch mit der schärferen Profilierung des Rosse (John Stride), der bei Shakespeare vorwiegend im Hintergrund bleibt. Im Film wird Rosse zu einem allgegenwärtigen Opportunisten, der maßgeblich dazu beiträgt, das pessimistische zyklische Geschichtsbild des Films zu verdichten, etwa wenn er dem toten Macbeth die blutverschmierte Krone abnimmt und sie ungereinigt dem neuen König Malcolm aufsetzt. Dieser Pessimismus äußert sich auch in der Darstellung des bei Shakespeare hinter die Bühne verlegten Mordes an Duncan, den Polanski in drastischem Realismus ins Bild setzte. Es verwundert nicht, daß Teile der Kritik die Blutrüstigkeit und Hoffnungslosigkeit des Films darauf zurückzuführen suchten, daß die schwangere Sharon Tate im August 1969 unter spektakulären Umständen brutal ermordet worden war.

Einen guten Einblick in Polanskis Arbeitsweise vermittelt ein Zitat von Douglas Slocombe (geb. 1913), dem Chefkameramann von DANCE OF THE VAMPIRES:

> »Roman Polanski is a tremendously demanding, highly critical and most exciting director to work with. He allowed my camera operator and myself a very great deal of freedom, but at the same time he knew exactly what he was doing and what he wanted. He was always open to suggestion – in fact we suggested as much as he did. He could improvise quickly and would often go back time after time for some effect he wanted to achieve, though the numerous takes he made on occasion were generally for some point in a performance (often, in DANCE OF THE VAMPIRES, his own) rather than a question of lighting or camerawork. [...] His training and extensive all-round knowledge of film-making gives him an attitude on the floor which,

I think, sometimes upsets certain union-bound workers. He will interfere, with enormous enthusiasm and vigour, in any form of construction or other work which is going on – props, plasterers, painters, anyone. [...] Some directors who know little about the technique of filming can be happily carried around by the cameraman. They may have an idea or an inspiration, but to have it made practical they must rely on the lighting cameraman or operator. But no one can contradict Roman about any technical point.« (Butler 1970, 186–188).

Titel	Jahr	Produktion
Repulsion	1965	Gene Gutowski (Compton-Tekli)
Cul-de-Sac	1966	Gene Gutowski (Compton-Tekli)
Dance of the Vampires	1967	Gene Gutowski (Cadre/Filmways)
Macbeth	1971	Andrew Braunsberg/ Hugh Hefner (Playboy/Caliban)

Roman Polanskis britische Spielfilme

17. Auf den Spuren der New Wave: Vom *kitchen sink*-Film zum New British Cinema

17.1 Der Niedergang des *kitchen sink*-Films

Ebenso plötzlich wie die britische New Wave 1958 mit Jack Claytons Room at the Top aus der Taufe gehoben wurde, verebbte sie 1963 nach Lindsay Andersons This Sporting Life. Hierfür lassen sich mehrere Ursachen ausmachen: Erstens hatte die Kritik dem sozialkritischen realistischen Film bereits vor 1963 Ermüdungserscheinungen bescheinigt, zweitens gingen mit Tony Richardson, Karel Reisz und John Schlesinger zentrale Figuren der New Wave-Bewegung im Laufe der 60er Jahre in die USA, und drittens wurde das Terrain gesellschaftskritischer Filme zunehmend durch das Konkurrenzmedium Fernsehen besetzt. Die vielleicht wichtigste Ursache lag jedoch in dem unwiderstehlichen Sog der Pop-Revolution, die das pulsierende London zum Zentrum eines kulturellen Paradigmenwechsels machte. Filme über deprimierende Arbeiterschicksale vor dem Hintergrund trister Alltagsfassaden nordenglischer Industriestädte lagen nicht länger im Trend der Zeit. Statt dessen trafen temporeiche Unterhaltungsfilme wie Tom Jones, A Hard Day's Night und Goldfinger das Lebensgefühl einer lebensbejahenden und weltoffenen Zuschauergeneration.

Zwar wurden auch weiterhin britische Filme produziert, die inhaltlich und stilistisch in der Tradition der New Wave standen, doch bildeten diese im weiteren Verlauf der 60er Jahre nur noch eine Randerscheinung. Als Beispiele hierfür können zwei beachtliche Regiedebüts gelten, Desmond Davis' The Girl With Green Eyes (1963, Die erste Nacht) nach Edna O'Briens Adaption ihres Romans *The Lonely Girl* und Albert Finneys Charlie Bubbles (1967, Ein erfolgreicher Blindgänger), für den Shelagh Delaney das Drehbuch schrieb. Von solchen Einzelfällen abgesehen verlagerte sich eine kontinuierliche Produktion von sozialkritischen Filmen jedoch vom Kino auf das Fernsehen. Es ist daher nicht verwunderlich, daß gerade die britischen Regisseure, die seit den späten 60er Jahren am auffälligsten die Tradition des Sozialdramas fortsetzten, eng mit dem Fernsehen assoziiert sind. Zu ihnen gehören in erster Linie Kenneth Loach, Mike Leigh und Stephen Frears.

17.2 Kenneth Loach und Mike Leigh

Der am 17. Juni 1936 im englischen Warwickshire geborene Kenneth Loach ist einer der beständigsten politischen Regisseure des britischen Kinos. Formal an Griersons Dokumentarfilmbewegung, thematisch eher am italienischen Neo-Realismus und an der tschechischen New Wave um Miloš Forman und Jiří Menzel orientiert, vertritt Loach seit mehr als 30 Jahren in bislang über drei Dutzend Kino- und Fernsehfilmen nachdrücklich sozialistische Positionen und sieht sich selbst als Gegenpol zum konventionellen britischen Kino, dem er pauschal eine gedankenlose Nachahmung der US-amerikanischen Spielfilmtradition vorwirft.

Nach einem Jurastudium in Oxford und einer kurzen Zwischenstation am Northampton Repertory Theatre ging Loach 1963 zur BBC. Seine erste TV-Inszenierung war das Fernsehspiel CATHERINE, in dem sein späterer Produzent und marxistischer Weggefährte Tony Garnett (geb. 1936) als Schauspieler auftrat. Anschließend inszenierte Loach für die BBC sechs Episoden der Fernsehserien Z CARS und DIARY OF A YOUNG MAN, bevor er zu der neuen BBC-Sendereihe THE WEDNESDAY PLAY wechselte. Diese am 28. Oktober 1964 gestartete Fernsehspiel-Reihe basierte auf Originalbeiträgen und Adaptionen zeitgenössischer Autoren (darunter Dennis Potter, Jim Allen, Nell Dunn, u.v.a.) und bildete ein Pendant zu der im Theater und Kino initiierten New Wave-Bewegung. Beginnend mit der am 6. Januar 1965 ausgestrahlten Folge TAP ON THE SHOULDER führte Loach insgesamt zehnmal Regie für die WEDNESDAY PLAY-Reihe. Mit der Nell Dunn-Verfilmung UP THE JUNCTION (3.11.1965) begann die Zusammenarbeit des Teams Loach/Garnett, das bald zu einem Genrebegriff für kontroverse Fernsehspiele wurde, aus denen besonders Jeremy Sandfords CATHY COME HOME (16.11.1966) und David Mercers IN TWO MINDS (1.3.1967) herausragten. (Die Zusammenarbeit endete erst 1979, als Garnett in die USA ging.) Seit diesen frühen Produktionen wandte sich Loach in seinen Filmen immer wieder gesellschafts- und sozialpolitischen Problemen im zeitgenössischen Großbritannien zu, wie etwa Obdachlosigkeit (CATHY COME HOME), Abtreibung (UP THE JUNCTION), Arbeitslosigkeit (LOOKS AND SMILES, RAINING STONES, u.a.) und Alleinerziehung (LADYBIRD, LADYBIRD). Je nach ideologischem Standort der Kritiker ernteten diese Arbeiten überschwengliches Lob oder schroffe Ablehnung. Während sie für die politische Linke zum Besten gehörten, was die BBC in den 60er Jahren hervorbrachte, sorgten sie im konservativen Lager für Entrüstung, vor allem wegen des Vorwurfs einer gezielt manipulativen Vermischung von Tatsachen und Fiktion. Selbst innerhalb der BBC war Loach umstritten, weil sein quasi-dokumentarischer Ansatz den Fiktionscharakter seiner Filme verschleierte und das Publikum dadurch in die Irre geleitet werden konnte. Insbesondere die Dokumentarfilme, die Loach in den 80er Jahren für verschiedene unabhängige Fernsehsender herstellte – darunter seine Beiträge über nationale Streikbewegungen wie QUESTIONS OF LEADERSHIP (1983) und WHICH SIDE ARE YOU ON? (1984) – wurden aufgrund ihrer als unausgewogen empfundenen Darstellungen oft nur mit erheblichen Auflagen gesendet oder ganz aus dem Programm genommen.

Loach, der das Filmemachen vornehmlich als Mittel zum Zweck politischer Einflußnahme sah, hat solche Kritik stets als durchsichtige politische Kampagne des Establishments zurückgewiesen. Mit ästhetisch begründeten Einwänden gegen sein Schaffen setzte er sich daher auch kaum ernsthaft auseinander, da er diese entweder für irrelevant erachtete oder als ideologisch fundiertes Ablenkungsmanöver politischer Gegner interpretierte. Typisch ist in diesem Zusammenhang Loachs Reaktion auf die kritische Debatte um die Frage, ob Filme, die sich – wie die seinen – den tradierten Konventionen realistischer Darstellungsweise verschrieben haben, wirklich als progressiv gelten können: »The big issue which we tried to make plain to ordinary folks who aren't film critics was that the Labour leadership had betrayed them fifty years ago and were about to do so again. That's the important thing to tell people. It surprised me that critics didn't take the political point, but a rather abstruse cinematic point.« (Thomas 1990, 523).

Ende der 60er Jahre übertrug Loach seine im Fernsehen erprobte Konzeption auf das Kino. Mit dem Ziel einer radikalen Veränderung der Gesellschaft nahm er in seinen Spielfilmen Partei für die Arbeiterklasse und gesellschaftliche Außenseiter, indem er deren Alltagsprobleme ohne beschönigende Romantik darstellte. Ein ganzes Bündel von Maßnahmen trug dazu bei, das filmische Endergebnis so gewöhnlich wie möglich aussehen zu lassen. Die ruhige Kameraarbeit von Loachs bevorzugtem Kameramann Chris Menges (geb. 1940) ist unauffällig und evoziert einen dokumentarischen Stil. Da er den Eindruck von ungeprobter, spontaner Authentizität erzeugen wollte, setzte Loach häufig Laiendarsteller ein und bestand mitunter darauf, daß die Schauspieler ihre Rollen nicht einstudierten, sondern Worte und Handlungen improvisierten. Um ihnen dies zu erleichtern, drehte er wenn möglich an Originalschauplätzen und, entgegen der üblichen Konvention, kontinuierlich, d.h. in der tatsächlichen Chronologie der Ereignisse. Mit dem Einsatz von Laiendarstellern handelte sich Loach heftige Kritik von der Schauspielergewerkschaft Equity ein und wurde wiederholt gezwungen, Rollen mit Schauspielern zu besetzen, die der Gewerkschaft angehörten.

POOR COW (1967, POOR COW – GEKÜSST UND GESCHLAGEN), Loachs erster Kinofilm und zugleich Malcolm McDowells Schauspieldebüt, wurde von dem 1916 in Mailand geborenen Joseph Janni finanziert, der zuvor mehrere Filme von John Schlesinger produziert hatte. Der nach einer Romanvorlage von Nell Dunn entstandene Film handelt von einer jungen Frau (Carol White, 1942-1991) aus dem Londoner Arbeitermilieu auf der Suche nach persönlichem Glück und lief recht erfolgreich in den britischen Kinos. Dies gilt auch für Loachs zweiten Film, KES (1969, KES), der durch Vermittlung Tony Richardsons von United Artists finanziert wurde. Dieser auf Barry Hines' Roman *Kestrel for a Knave* basierende Film spielt in der Bergarbeiterstadt Barnsley in Yorkshire. Er beleuchtet das trostlose Leben des fünfzehnjährigen Schülers Billy Casper (David Bradley), der weder in der Familie noch in der Schule Halt und Anerkennung findet. Zu Billys wichtigstem Lebensinhalt wird daher sein Falke Kes (Abkürzung für Kestrel = Turmfalke; Kestrel ist zugleich der Name der 1969 von Loach und Garnett gegründeten gemeinsamen Produktionsfirma), den er mit viel Geduld selbst abrichtet. Die im Zentrum des Films stehende Anklage gegen ein versagendes Erziehungssystem erfährt, wie häufig bei Loach, eine emotionale Steigerung, als der Falke am Schluß des Films von Billys Bruder Jed (Freddie Fletcher in einer typischen ›angry young man‹-Rolle) aus Rachsucht getötet wird, und Billy in die Isolation einer verständnislosen Umwelt zurückfällt. Die Tötung des Falken, des Symbols für Freiheit und Unabhängigkeit, ist zugleich Ausdruck von Loachs Überzeugung, daß die Frustration der Arbeiterklasse immer nur in Selbstzerstörung mündet. Diese Ansicht schlägt sich auch in Loachs späteren Filmen nieder, so beispielsweise in LAND AND FREEDOM (1995, LAND AND FREEDOM), einer von George Orwell inspirierten Episode aus dem spanischen Bürgerkrieg, die exemplarisch beklagt, wie Idealismus und Engagement des Einzelnen durch linken Fraktionismus aufgerieben werden.

Loachs dritter Kinofilm FAMILY LIFE (1971, FAMILY LIFE) ist eine Neufassung seines Fernsehspiels IN TWO MINDS. Die in weitgehend improvisierten Dialogen erzählte Geschichte der schizophrenen Janice (Sandy Ratcliff) basiert auf den Veröffentlichungen des britischen Psychiaters Ronald David Laing. Zielscheibe von Loachs Gesellschaftskritik war hier neben der Schulpsychiatrie auch die Kleinfamilie, deren Konformitätsdruck einen negativen Einfluß auf die Persönlichkeitsentfaltung der heranwachsenden Tochter ausübt und diese allmählich in eine schwere Identitätskrise stürzt. Nach dem finanziellen Fehlschlag von FAMILY LIFE fiel es Loach zunehmend schwerer, Geldgeber für seine Projekte zu finden, und es wurde für zwei Jahrzehnte still um ihn. Der politisch unbequeme und aus Sicht der Filmindustrie zu unkommerzielle Regisseur verlegte sich während der 70er und 80er Jahre weitgehend auf Dokumentarfilme und Fernsehwerbung und inszenierte zwischendurch lediglich drei weitere Spielfilme, die von der Kritik zudem meist mit Enttäuschung zur Kenntnis genommen wurden. Darunter befanden sich zwei für Loach eher untypische Projekte, der im 18. Jahrhundert spielende 16 mm-Kinderfilm BLACK JACK (1979, BLACK JACK, DER GALGENVOGEL) sowie der u.a. von den Fernsehsendern Channel Four und ZDF finanzierte Film FATHERLAND (1986, VATERLAND) um einen aus der DDR ausgebürgerten kritischen Liedermacher auf der Suche nach einer Identität. (Das ZDF kürzte den Film um eine Szene, in der der Dissident westdeutschen Politikern eine faschistische Gesinnung unterstellt.) Loach selbst beurteilte diese Schaffensperiode selbstkritisch: »Frankly, I don't think I was very competent at film-making in that period. I see, in retrospect, that I'd lost any sense of clarity in the work I was doing.« (Fuller 1998, 60).

Erst mit dem auf eine Initiative des Produzenten David Puttnam zurückgehenden brisanten Nordirland-Thriller HIDDEN AGENDA (1990, GEHEIMPROTOKOLL) rückte Loach wieder stärker ins Blickfeld der Öffentlichkeit. Zu dem Ruf eines international geachteten Spielfilmregisseurs, den sich Loach seither erwarb, trug maßgeblich das Team bei, das ihm in den 90er Jahren zur Seite stand. Der Filmkritiker Graham Fuller (1998, 78f.) nannte in diesem Zusammenhang drei Schlüsselpositionen: erstens die Produzentinnen Rebecca O'Brien und Sally Hibbin von der Firma Parallax Pictures, die Loach seit 1991 protegierten und Geld für seine Projekte auftreiben konnten – üblicherweise von Channel Four und ausländischen Koproduzenten; zweitens Autoren, die Loach mit geeigneten Stoffen versorgten, unter ihnen besonders Jim Allen, der die Drehbücher zu HIDDEN AGENDA, RAINING STONES (1993, RAINING STONES) und LAND AND FREEDOM (1995) schrieb; drittens Kameramann Barry Ackroyd, der ab RIFF-RAFF (1991, RIFF-RAFF) sämtliche Loach-Filme fotografierte und deren Ästhetik entscheidend prägte. Mitverantwortlich für Loachs Erfolg in den 90er Jahren ist aber auch die mit HIDDEN AGENDA eingeleitete Hinwendung zu konventionellen Erzählformen. Dies gilt auch für die drei anschließenden Sozialstudien RIFF-RAFF, RAINING STONES und LADYBIRD, LADYBIRD (LADYBIRD, LADYBIRD), wenngleich diese drei Filme improvisierter und lockerer strukturiert wirken als HIDDEN AGENDA. In seinen anschließenden Werken LAND AND FREEDOM (1995) und CARLA'S SONG (1996, CARLA'S SONG), mit Budgets von 2,75 und 3 Millionen Pfund seine bislang teuersten Produktionen, weitete Loach den historischen und geographischen Rahmen seiner Filme aus und blickte auf die Zeit des spanischen Bürgerkriegs bzw. der nicaraguanischen Revolution. Mit MY NAME IS JOE (1998, MY NAME IS JOE) erfolgte eine Rückkehr in das Milieu der britischen Arbeiterviertel, diesmal freilich an schottischen Schauplätzen.

In den 90er Jahren erhielt Loach, der im eigenen Land heftig umstritten ist und teilweise vernichtende Verrisse in der britischen Presse hinnehmen mußte, auf internationaler Bühne zahlreiche Auszeichnungen. Bei den Filmfestspielen von Cannes wurde ihm zweimal den Spezialpreis der Jury zuerkannt, und zwar für seinen Film über das Vorgehen britischer Sicherheitskräfte in Nordirland, Hidden Agenda, sowie für den in Manchester spielenden Raining Stones, der die tragikomischen Versuche eines arbeitslosen Katholiken schildert, sich Geld zu leihen, um seiner siebenjährigen Tochter ein Kommunionskleid kaufen zu können. Die Arbeiterkomödie Riff-Raff (1990) wurde als bester Film mit dem Felix der Europäischen Filmakademie prämiert. Ladybird, Ladybird, ein gefühlsbetontes Porträt der alleinerziehenden Mutter Maggie (Crissy Rock), der von den Behörden das Sorgerecht für ihre vier Kinder entzogen wird, erhielt auf der Berlinale den Preis der Internationalen Filmpresse. Die britisch-deutsch-spanische Koproduktion My Name Is Joe konnte 1998 den Publikumspreis bei den Filmfestspielen von Locarno gewinnen.

Diese Erfolge können freilich nicht darüber hinwegtäuschen, daß die Ansichten über den künstlerischen Rang Kenneth Loachs weit auseinandergehen. So stehen neben der Meinung, daß Loach der einzige lebende britische Regisseur von Weltrang sei, auch zahlreiche skeptische Einschätzungen, die teils polemisch, teils seriös vorgetragen wurden. Einer der ernstzunehmenden Vorwürfe gegen Loachs Filme lautet, daß ihre einfühlsamen Charakterzeichnungen und ihre nachvollziehbare Parteinahme für die Unterprivilegierten immer wieder in übertriebenes Pathos und polemische Schwarzweißfärberei abgleiten. Einen grundsätzlichen Einwand erhob auch der Regisseur Danny Boyle, der Loach attestierte, daß seine jüngeren Filme einem veralteten Gesellschaftsbild nachhingen und sich seit den 60er Jahren inhaltlich nicht weiterentwickelt hätten (*Sight and Sound*, Januar 1995, 36).

Titel	Jahr	Produktion	Buch
Poor Cow	1967	Joseph Janni	Ken Loach/Nell Dunn
Kes	1969	Tony Garnett	Barry Hines/Ken Loach
Family Life	1971	Tony Garnett	David Mercer
Black Jack	1979	Tony Garnett	Ken Loach
Looks and Smiles	1981	Irving Eitelbaum	Barry Hines
Fatherland	1986	Raymond Day	Trevor Griffiths
Hidden Agenda	1990	John Daly/Derek Gibson	Jim Allen

Riff-Raff	1990	Sally Hibbin	Bill Jesse
Raining Stones	1993	Sally Hibbin	Jim Allen
Ladybird, Ladybird	1994	Sally Hibbin	Rona Munro
Land and Freedom	1995	Rebecca O'Brien	Jim Allen
Carla's Song	1996	Sally Hibbin	Paul Laverty
My Name Is Joe	1998	Rebecca O'Brien	Paul Laverty
Sweet 16	2002		

Die Spielfilme von Kenneth Loach

Einige Parallelen zur Karriere von Kenneth Loach weist das filmische Schaffen von Mike Leigh auf. Der 1943 geborene Leigh begann seine künstlerische Karriere als Regieassistent bei der Royal Shakespeare Company und schrieb seither rund zwei Dutzend Theaterstücke. Seiner Herkunft vom Theater ist wohl Leighs bekannte Arbeitsweise zuzuschreiben, seine Schauspieler vor Drehbeginn während einer intensiven Improvisations- und Probenphase ihre Rollen entwickeln zu lassen. Diese Vorbereitungsphase steht zur eigentlichen Drehzeit nicht selten in einem Verhältnis von eins zu eins. Da für Leigh bei Beginn der Dreharbeiten die Zeit der Improvisation jedoch abgeschlossen ist, steht er zumindest in dieser Hinsicht in einem deutlichen Gegensatz zu Kenneth Loach.

1971 inszenierte Leigh nach einem eigenen Stück für lediglich 18.500 Pfund seinen ersten Spielfilm BLEAK MOMENTS (FREUDLOSE AUGENBLICKE), der sogleich den Großen Preis bei den Internationalen Filmfestspielen von Locarno gewann. Der teilweise von Albert Finney finanzierte Film über die Mühsal eines Pflegefalls konnte zwar bei der Kritik einen Achtungserfolg erzielen, dennoch zog sich Leigh, deutlich länger als dies bei Loach und selbst bei Stephen Frears der Fall war, in die Fernsehproduktion zurück. Hier konnte er mit vielbeachteten Beiträgen zu der Fernsehspiel-Reihe PLAY FOR TODAY auf sich aufmerksam machen, insbesondere mit NUTS IN MAY (13.1.1976) und ABIGAIL'S PARTY (1.11.1977).

Nach mehr als einem Dutzend Fernsehspielen kehrte Leigh erst 1988 mit HIGH HOPES (HIGH HOPES) in die Kinos zurück. Auf das satirische Familienporträt LIFE IS SWEET (1990, LIFE IS SWEET), in dessen Hauptrolle Leighs Ehefrau Alison Steadman agierte, folgte NAKED (1993, NACKT), eine düstere Persönlichkeitsstudie des zynischen Arbeitslosen Johnny (David Thewlis), der wie ein wortgewaltiger Prophet der Apokalypse ziellos die Straßen Londons durchstreift. NAKED brachte Leigh den endgültigen internationalen Durchbruch und trug ihm die Auszeichnung für die beste Regie bei den Filmfestspielen in Cannes ein. Sein Folgeprojekt SECRETS AND LIES (1996, LÜGEN UND GEHEIMNISSE) gewann am selben Ort die Goldene Palme als bester Film und erhielt Oscar-Nominierungen in den wichtigsten Kategorien. In seiner 1997 inszenierten Komödie CAREER GIRLS (KARRIERE GIRLS) schilderte Leigh in Rückblenden die Geschichten zweier ehemaliger College-Freundinnen.

Wie Loach präsentiert Leigh in seinen Filmen genau beobachtete Ausschnitte aus dem Leben einfacher Leute, doch ist der Ton meist weniger dogmatisch und didaktisch; zudem wirken Leighs Figuren stilisierter und werden mit größerer, häufig satirisch gefärbter Distanz dargestellt. Wenngleich in Filmen wie LIFE IS SWEET und SECRETS AND LIES gelegentlich pathologische Tendenzen hinter den kleinbürgerlichen Fassaden sichtbar werden, verlieren Leighs Schilderungen von Menschen und Milieu doch nie ihren humorvollen und optimistischen Unterton, schon gar nicht die tiefe Sympathie für ihre teilweise skurrilen Figuren. Diese Grundhaltung verbindet Leigh mit Stephen Frears.

Titel	Jahr	Produktion
BLEAK MOMENTS	1971	Leslie Blair
HIGH HOPES	1988	Simon Channing-Williams
LIFE IS SWEET	1990	Simon Channing-Williams
NAKED	1993	Simon Channing-Williams
SECRETS AND LIES	1996	Simon Channing-Williams
CAREER GIRLS	1997	Simon Channing-Williams

Die Spielfilme von Mike Leigh

17.3 Die Filme von Stephen Frears und Hanif Kureishi

Im Vergleich zu Kenneth Loach und selbst zu Mike Leigh zeichnen sich die sozialkritischen Filme des 1941 in Leicester geborenen Stephen Frears durch eine geradezu befreiende Heiterkeit aus. Nach einem Jurastudium in Cambridge ging der stark vom Free Cinema und der britischen New Wave beeinflußte Frears zum Royal Court Theatre, wo er während der Saison 1964/65 u.a. bei der Produktion von Samuel Becketts absurdem Drama *Waiting for Godot* assistierte. Bald darauf wechselte er in die Filmbranche und arbeitete als Regieassistent unter Karel Reisz und Lindsay Anderson. Reisz und Anderson betrachtete Frears später als seine wichtigsten Mentoren, als seine »wahren Väter«.

1967 inszenierte Frears seinen ersten Film, THE BURNING, einen 30-minütigen Kurzfilm über das heraufziehende Ende des britischen Kolonialismus vor dem Hintergrund südafrikanischer Rassenunruhen. Anschließend fand er für mehr als ein Jahrzehnt seine Heimat beim Fernsehen, wo er sowohl für die BBC als auch für unabhängige Produktionsfirmen wie Yorkshire TV und Thames TV arbeitete – u.a. inszenierte und produzierte er 1978/79 mehrere Dramenadaptionen von Alan Bennett. Als Regisseur besitzt Frears einen ausgeprägten Teamgeist und legt Wert auf die Meinungen aller am filmischen Entstehungsprozeß beteiligten Personen. Er begreift sich nicht als Autor oder Schöpfer seiner Filme, sondern als jemand, der lediglich bei deren Entstehen mithilft. Im Gegensatz zu den meisten seiner Kollegen besteht Frears auf der Anwesenheit des jeweiligen Drehbuchautors am Set, da er in ihm einen wichtigen künstlerischen Partner sieht. Viele prominente Autoren lernten Frears daher als beliebten und vertrauenswürdigen Regisseur schätzen. Alan Bennett bezeichnete ihn als »a writer's director«, der alles tue, um den wichtigsten Anliegen des Autors und dem Buchstaben des Drehbuchs gerecht zu werden. Auch Frears' unaufdringlicher, von der Ästhetik des Fernsehens geprägter Stil trug dazu bei, die Integrität seiner literarischen Vorlagen zu wahren. Dies führte indes dazu, daß zahlreiche Kritiker und Kollegen Frears persönliche Handschrift in seinen Projekten vermissen. Lindsay Anderson beispielsweise beschrieb Frears als einen chamäleonhaften Filmemacher, der es hervorragend versteht, ideologisch disparate Drehbücher umzusetzen, ohne dabei etwas über seine eigene Persönlichkeit zu verraten. Frears' Filme, so Anderson, gehörten daher weniger dem Regisseur als ihrem jeweiligen Autor (Friedman/Stewart 1994, 173f.).

Nach eigenem Bekunden kam Frears die Arbeit beim Fernsehen besonders entgegen, weil er dort mit fertigen Konzepten konfrontiert wurde, anstatt eigene Ideen entwickeln zu müssen. Einer der einflußreichsten Männer beim Fernsehen war zu jener Zeit Kenneth Loach, der neben Reisz und Anderson maßgeblichen ästhetischen Einfluß auf Frears ausübte. Die Palette der Themen, die Frears für das Fernsehen bearbeitete, bewegte sich vorwiegend in einem gesellschaftskritischen Kontext. Seine Sendungen drehten sich u.a. um Rassismus, die Behandlung politischer Flüchtlinge in Großbritannien, Massenentlassungen und Arbeitslosigkeit, Homosexualität oder die Situation geistig behinderter Menschen. Frears' Bestreben war es dabei, die Themen nicht vordergründig polemisch umzusetzen, sondern sie in eine narrative Handlung einzukleiden.

Kollegen aus der Kinobranche beschuldigten Frears indes, sich beim Fernsehen zu verkriechen und dort sein Talent zu vergeuden. Seine einzige

Arbeit für die Kinoindustrie blieb langezeit die *film noir*-Parodie GUMSHOE (1971, GUMSHOE), die Frears problemlos finanziert bekam, nachdem Albert Finney zugesagt hatte, die Hauptrolle zu übernehmen. Erst dreizehn Jahre nach diesem wenig beachteten Spielfilmdebüt kehrte Frears mit dem Thriller THE HIT (1984, THE HIT – DIE PROFI-KILLER) in die Kinos zurück. Nachdem er, wie er sagte, jahrelang nichts anderes gefilmt habe als die verregneten Straßen von Südlondon, empfand er diesen Schritt als Befreiung. Die Geschichte zweier Killer (John Hurt und Tim Roth), die Rache an einem Kronzeugen verüben wollen, besaß freilich deutliche dramaturgische Schwächen und war trotz einiger respektabler Kritiken kein kommerzieller Erfolg. Dem breiten Publikum wurde Frears erst 1985 bekannt, als er bereits rund 30 Filme für das Fernsehen inszeniert hatte.

Nach dem Mißerfolg von THE HIT brachte der ursprünglich für das Fernsehen vorgesehene Low-Budget-Film MY BEAUTIFUL LAUNDRETTE (1985, MEIN WUNDERBARER WASCHSALON) einen ebenso unerwarteten wie durchschlagenden nationalen und internationalen Erfolg. Der auf dem Edinburgh Film Festival uraufgeführte Film knüpfte deutlich erkennbar an die Beiträge an, die Frears jahrelang für das Fernsehen inszeniert hatte. Die Initiative zu MY BEAUTIFUL LAUNDRETTE ging von dem Fernsehsender Channel Four aus, der den jungen Dramatiker Hanif Kureishi (geb. 1954), einen in London lebenden Autor pakistanischer Abstammung, mit der Anfertigung eines Drehbuchs für die FILM ON FOUR-Reihe beauftragte. Obwohl das Drehbuch später sogar eine Oscarnominierung erhielt, war es zunächst weder Frears noch Kureishi in den Sinn gekommen, daß ihr 16mm-Film mit seinem schmalen Budget von 600.000 Pfund in den Kinos laufen würde. Frears sagte später hierzu: »You couldn't seriously have gone out and said to a financier: ›I'm going to make a film about a gay Pakistani laundrette owner‹.« (Hacker/Price 1991, 158). Dabei ging es in dem Film um mehr: Mit seinem Anspruch, ein wirklichkeitsgetreues Abbild des Lebens im zeitgenössischen England zu liefern, bezog Frears eine explizite Gegenposition zu dem seinerzeit dominierenden prestigeträchtigen Heritage-Kino. Frears bezeichnete die Geschichte des Anglo-Pakistani Omar (Gordon Warnecke), der gemeinsam mit seinem Freund und Geliebten Johnny (Daniel Day-Lewis in seiner ersten Hauptrolle) einen heruntergekommenen Waschsalon in ein florierendes Unternehmen verwandelt, als »a very accurate and ironic analysis of Britain under Thatcher, a really strong piece of radical writing« (Hacker/Price 1991, 158). In diesem Zusammenhang stand der marode Waschsalon als Sinnbild für den britischen Staat, der keiner kosmetischen Korrekturen bedarf, sondern einer grundlegenden Renovierung (vgl. Böhner 1996, 324f.). So plädierte MY BEAUTIFUL LAUNDRETTE für mehr zwischenmenschliche Wärme in einem rauhen wirtschaftlichen und sozialen Klima und schonte bei seiner Gesell-

MY BEAUTIFUL LAUNDRETTE
(Daniel Day-Lewis,
Gordon Warnecke)

schaftskritik weder Engländer noch Immigranten. Der Film spiegelte nicht zuletzt die Tatsache wider, daß es gerade die asiatischen Immigranten waren, die sich der Thatcherschen Wirtschaftspolitik hervorragend anzupassen wußten und in Schulbildung und sozialem Aufstieg viele Engländer hinter sich ließen. Symptomatisch erscheint in diesem Zusammenhang die Äußerung von Omars Onkel, »We're professional businessmen, not professional Pakistani.«.

Der Erfolg von MY BEAUTIFUL LAUNDRETTE ermöglichte es Frears, das 1,8 Millionen Pfund teure Filmprojekt PRICK UP YOUR EARS (1987, PRICK UP YOUR EARS) zu realisieren, das er seit geraumer Zeit mit dem Drehbuchautor Alan Bennett geplant hatte. Dieser Film, produziert in den 1984 gegründeten Londoner Jacob Street Studios, behandelt das Leben und den gewaltsamen Tod des Dramatikers Joe Orton (Gary Oldman) und die Beziehung zu seinem Mentor, Geliebten und schließlichen Mörder Kenneth Halliwell (Alfred Molina). In dem auf einem authentischen Fall basierenden, sorgfältig strukturierten Film konzentrierte sich Frears auf die Psychologie seiner Figuren und die sich wandelnde Beziehung der beiden Männer. In Rückblenden wird das Motiv des Mörders analysiert, der Orton alles über Literatur und Kunst beigebracht hatte und mit wachsender Eifersucht beobachtete, wie sich sein zum Kult-Autor aufgestiegener Schüler allmählich von ihm löst.

Nach PRICK UP YOUR EARS konstituierte sich das erfolgreiche Team Frears/Kureishi ein zweites Mal für den Film SAMMY AND ROSIE GET LAID (1987, SAMMY UND ROSIE TUN ES), einer weiteren satirischen Komödie um die während der Regierungszeit von Margaret Thatcher aufkeimenden ethnischen und sozialen Konflikte. Vor dem Hintergrund des sozialen Wandels in England, versinnbildlicht durch Rassenunruhen und allgemeine Verfallserscheinungen, kreist der Film um sechs Hauptfiguren (darunter der Fine Young Cannibals-Sänger Roland Gift). Verglichen mit MY BEAUTIFUL LAUNDRETTE ist SAMMY AND ROSIE GET LAID der didaktischere und politischere Film. Das Drehbuch ist weniger sorgfältig ausgearbeitet, und der häufige Szenenwechsel zwischen den Hauptfiguren führte zu einer oft monierten Fragmentarisierung der Filmhandlung. Generell fand SAMMY AND ROSIE GET LAID weniger Zuspruch als MY BEAUTIFUL LAUNDRETTE, und manche Kritiker äußerten den Verdacht, daß hier ein Film nachgeschoben wurde, um noch einmal vom Erfolg des Vorgängers zu profitieren. Dessen ungeachtet gehören die beiden Frears/Kureishi-Filme zu den wichtigsten und auffälligsten sozialkritischen Filmen der Thatcher-Ära. Mit ihrer ironischen, oft subversiven Behandlung politischer Inhalte stehen die zwei Filme auch in der Tradition der spontanen und freizügigen Gegenkultur der 60er Jahre.

Ein weiteres Mal beleuchtete Hanif Kureishi die Jugendszene der Londoner Armenviertel in seinem Drehbuch zu dem Film LONDON KILLS ME (1991, LONDON KILLS ME). Da Stephen Frears in den USA THE GRIFTERS inszenierte und nicht verfügbar war, setzte Kureishi den Film auf Vorschlag von Produzent Tim Bevan selbst in Szene. Abermals stellte Kureishi hier die Verlierer der Thatcher-Politik in den Mittelpunkt, doch war er als alleinverantwortlicher Filmregisseur offenbar überfordert. Die kritischen Reaktionen auf LONDON KILLS ME waren dementsprechend negativ, teilweise sogar vernichtend. So schrieb etwa die Londoner Times in ihrer Ausgabe vom 12. Dezember 1991: »Hanif Kureishi has declared that [...] his directorial debut was made for the Saturday night Odeon crowd. Two men and a dog in an art house seem more likely. [...] This is a film to be endured, like a migraine.« Nach der Erfahrung von LONDON KILLS ME zog Kureishi es vor, sich zukünftig auf das Schreiben von Drehbüchern zu beschränken und bezeichnete es als unwahrscheinlich, jemals wieder auf einem Regiestuhl Platz zu nehmen. Tatsächlich wurde sein Drehbuch *My Son the Fanatic* (1997) nicht von ihm, sondern von Udayan Prasad verfilmt.

Im Gegensatz zu Kureishi entfernte sich Stephen Frears mit seinen anschließenden Filmen weit vom Genre des Sozialdramas. Nach SAMMY AND ROSIE GET LAID erhielt er aus den USA das Regie-Angebot für den aufwendigen Kostümfilm DANGEROUS LIAISONS (USA 1988, GEFÄHRLICHE LIEBSCHAFTEN), eine 14 Millionen Dollar teure Produktion nach Pierre Choderlos de Laclos' Roman aus dem 18. Jahrhundert und dessen Bühnenadaption von Christopher Hampton. Daß dieser Film um aristokratische Machenschaften, um Ambition, Manipulation und sexuelle Eroberung ausschließlich mit amerikanischen Hauptdarstellern besetzt wurde (Glenn Close, John Malkovich, Michelle Pfeiffer), war eine Bedingung des Studios, aber auch Frears empfand dies als Vorteil, denn er wollte, wie er es ausdrückte, keinen respektablen Film fürs Museum inszenieren, sondern klarstellen, daß es sich hier um populäre Unterhaltung handelte. Auf DANGEROUS LIAISONS folgten der von Martin Scorsese produzierte Film THE GRIFTERS (USA 1990, GRIFTERS), eine Kriminalgeschichte mit ödipalen Untertönen, die Frears eine Oscarnominierung für die beste Regie einbrachte, sowie ACCIDENTAL HERO (USA 1992, EIN GANZ NORMALER HELD), eine Gesellschaftssatire um den Lebensretter Bernie LaPlante (Dustin Hoffman), der von den Massenmedien um seinen Heldenruhm betrogen wird.

Frears' Rückkehr nach Europa brachte zugleich eine Rückkehr zum Geist der Kureishi-Filme. Mit THE SNAPPER (1993, THE SNAPPER – HILFE, EIN BABY!) und THE VAN (1996, FISCH & CHIPS) vervollständigte er die Verfilmung von Roddy Doyles »Barrytown«-Romantrilogie, deren erster Teil, THE COMMITMENTS (Irland 1991, DIE COMMITMENTS) von Alan Parker inszeniert worden war. In diesen beiden irischen Milieustudien behandelte Frears ernsthafte soziale Probleme auf humorvolle Weise: THE VAN schildert den Versuch zweier Arbeitsloser, sich mit einem Fish and Chips-Imbiß selbständig zu machen. THE SNAPPER kreist um die Schwangerschaft der minderjährigen Sharon Curley (Tina Kellegher) und zeigt, wie familiärer Zusammenhalt kirchliche Dogmen und soziale Vorurteile überwinden kann. Anschließend wandte sich Frears mit MARY REILLY (1996, MARY REILLY), der Verfilmung von Robert Louis Stevensons Horrorklassiker *Dr Jekyll and Mr Hyde*, abermals einem neuen Genre zu. Für seinen anschließenden Film THE HI-LO COUNTRY (USA 1998) erhielt Frears bei den Berliner Filmfestspielen 1999 den Silbernen Bären für die beste Regie.

Titel	Jahr	Produktion
GUMSHOE	1971	Michael Medwin
THE HIT	1984	Jeremy Thomas
MY BEAUTIFUL LAUNDRETTE	1985	Sarah Radclyffe/Tim Bevan
PRICK UP YOUR EARS	1987	Andrew Brown
SAMMY AND ROSIE GET LAID	1987	Tim Bevan/Sarah Radclyffe
DANGEROUS LIAISONS	1988	Norma Heyman/Hank Moonjean
THE GRIFTERS	1990	Martin Scorsese
ACCIDENTAL HERO	1992	Laura Ziskin
THE SNAPPER	1993	Lynda Myles
THE VAN	1996	Lynda Myles
MARY REILLY	1996	Ned Tanen/Nancy Graham Tanen/ Norma Heyman
THE HI-LO COUNTRY	1998	Tim Bevan/Martin Scorsese/et. al.

Die Filme von Stephen Frears

17.4 New British Cinema

Ob Kenneth Loach, Mike Leigh und Stephen Frears tatsächlich als Nachfolger der New Wave gelten können, ist umstritten. Mit Lindsay Anderson äußerte sich zumindest einer der wichtigsten Repräsentanten der New Wave überaus skeptisch zu dieser Frage. Loach bezeichnete er als einen sentimentalen und unoriginellen Linken, der in unausgegorenen trotzkistischen Ideen steckengeblieben sei, und zu Frears bemerkte er:

> »I think something like Frears's SAMMY AND ROSIE GET LAID looks like a sort of dissident and ambitious film, but is in fact muddled and opportunist. [...] I feel the same with MY BEAUTIFUL LAUNDRETTE. They both lack conviction. They are half-baked. [...] I feel there's a certain glossy shallowness that you'd get from the *Sunday Times magazine*. It will have all those good pictures of the East End and all that, but in the end it just says, ›This is how things are.‹« (Hacker/Price 1991, 54).

Zeitgleich mit Leigh und Frears erzielten auch andere Regisseure des ›New British Cinema‹ Erfolge mit realistisch inszenierten Alltagsdramen, wobei diese zunehmend mit anderen Genres, etwa der Komödie oder dem Thriller, zu neuen Formen verschmolzen wurden. Einer der originellsten Filme gelang in diesem Zusammenhang Chris Bernard mit seinem Regiedebüt LETTER TO BREZHNEV (1985, BRIEF AN BRESHNEW). Diese Geschichte einer Fabrikarbeiterin und einer Arbeitslosen aus Liverpool (Alexandra Pigg und Margi Clarke), deren ereignisloses Leben sich radikal ändert, als sie in einer Diskothek zwei russische Matrosen kennenlernen, wurde zu einem unerwarteten Publikumserfolg.

Richard Eyres THE PLOUGHMAN'S LUNCH (1983) fand hingegen eher bei der Filmkritik Beachtung. In der Person des BBC-Nachrichtenredakteurs James (Jonathan Pryce) parallelisiert dieser ungewöhnliche Film zwei zentrale Ereignisse der britischen Außenpolitik: Bei seinen Recherchen für ein Buch über die Suezkrise wird James mit Widersprüchen und Geschichtsklitterungen konfrontiert, die sich in der Berichterstattung über den aktuell stattfindenden Falklandkrieg widerspiegeln. Wahrheit und Fälschung in der Politik gehen hier eine kaum noch zu entwirrende Verbindung ein, und die hybride Stellung der Geschichtsschreibung zwischen Fakt und Fiktion findet ihre Entsprechung in der Tatsache, daß die fiktiven Figuren des Films augenscheinlich an dem historischen Kongreß der Konservativen Partei von 1982 teilnehmen.

Außer der gesellschaftlichen und politischen Situation in England selbst standen häufig die Krisengebiete Nordirland und Südafrika im Mittelpunkt des sozial engagierten Films. Filme über den Nordirland-Konflikt stellten meist persönliche Schicksale unter dem Einfluß politischer Gewalt in das Zentrum ihrer Handlung. Dies gilt für Pat O'Connors CAL (1984, CAL), Mike Hodges' A PRAYER FOR THE DYING (1987, AUF DEN SCHWINGEN DES TODES) und Jim Sheridans IN THE NAME OF THE FATHER (1994, IM NAMEN DES VATERS). Auch Neil Jordans THE CRYING GAME (1992, THE CRYING GAME – DIE FRAU DES SOLDATEN) verdeutlicht diese Schwerpunktsetzung auf verblüffende Weise: Die Handlung verlagert sich hier zunächst von der Geiselnahme eines britischen Soldaten durch ein IRA-Kommando auf die Beziehung des IRA-Kämpfer Fergus (Stephen Rea) zu Dil, der Freundin des inzwischen getöteten Soldaten. Ihre zweite und spektakulärere (bei der Vermarktung des Films streng geheimgehaltene) Wendung nimmt die Handlung, als sich Dil (Jaye Davidson) als Transvestit entpuppt, und Fergus in ein Netz aus widersprüchlichen Loyalitäten verstrickt wird. THE CRYING GAME lief im Ausland mit großem Erfolg, in seinem Ursprungsland hatte er dagegen aufgrund der sensiblen IRA-Thematik einen schwereren Stand.

Die Tendenz, anstelle einer direkten Auseinandersetzung mit den politischen Verhältnissen diese indirekt anhand persönlicher Einzelschicksale zu kommentieren, läßt sich auch in britischen Filmen über das südafrikanische

Apartheid-Regime beobachten. Richard Attenboroughs aufwendige Produktion CRY FREEDOM (1987, SCHREI NACH FREIHEIT) widmete sich vorrangig der Freundschaft zwischen dem weißen Journalisten Donald Woods (Kevin Kline) und dem schwarzen Bürgerrechtler Steve Biko (Denzel Washington). Mit dem erfolglosen und tragisch endenden Einsatz der beiden Männer für politische Reformen verband Attenborough ein leidenschaftliches Plädoyer für Gleichberechtigung und Menschenrechte. Der an Originalschauplätzen gedrehte Film entstand in Anlehnung an die autobiographischen Erzählungen von Donald Woods. Im selben Jahr wie Attenboroughs CRY FREEDOM erschien A WORLD APART (1987, ZWEI WELTEN), das Regiedebüt des Kameramanns Chris Menges, der für die Fotografie von THE KILLING FIELDS und THE MISSION mit zwei Oscars ausgezeichnet worden war. Auch in A WORLD APART diente das Engagement eines weißen Ehepaars für die ANC-Partei als Appell für zwischenmenschliche Rücksichtnahme und Toleranz.

18. Die »Mad Poets«: Abkehr vom Realismus

18.1 Das »Britische« und das »Un-Britische«

In einer Veröffentlichung des Europarates zur Filmkunst in zehn europäischen Staaten schrieb David Robinson 1967 über Großbritannien: »Every sustained period of success of the British film has seemed to be based in a realist approach to contemporary life.« (Lovell 1967, 197). Tatsächlich ist es eine oft wiederholte Behauptung, daß der britische Film im wesentlichen an drei Prinzipien ausgerichtet sei: *realism, rationalism, restraint.* Diese Einschätzung trifft sicherlich auf viele wichtige Strömungen des britischen Kinos zu, von den Produktionen der Ealing Studios, über das Qualitätskino der Jahrhundertmitte (vertreten durch Laurence Olivier, David Lean, u.a.), bis zu der britischen New Wave und den erfolgreichen Heritage-Filmen von James Ivory und Richard Attenborough.

Andererseits gab es parallel hierzu stets Filme, die den realistischen Ansatz transzendierten und die Alltagswirklichkeit weit hinter sich ließen, wie beispielsweise die Kostüm-Melodramen der Gainsborough Studios und der Horror-Zyklus der Hammer Studios. Die genannte Sichtweise verstellt daher den Blick auf zahlreiche Filmschaffende, die häufig außerhalb der Grenzen des filmischen Realismus gearbeitet haben. Neil Sinyard sprach in diesem Zusammenhang von einer Schule der »Mad Poets« unter den britischen Regisseuren, die ihre bedeutendsten Vertreter in Michael Powell und Emeric Pressburger hatte, und der Regisseure wie Michael Reeves und John Boorman, Ken Russell und Nicolas Roeg zuzurechnen seien (Sinyard 1991, 4). Diese oft quer zum britischen Mainstream-Kino stehenden Regisseure schufen Filme, die sich durch einen extravaganten Stil, ein dezidiert amimetisches Sujet und/oder einen die jeweiligen zeitgenössischen filmischen Normen übersteigenden sexuellen Anspielungsreichtum auszeichneten. Anders als ihre im filmischen Realismus verwurzelten Kollegen konnten diese Regisseure nur selten auf das Wohlwollen der Kritik zählen, im Gegenteil: Ihre Filme waren meist heftig umstritten und wurden oft vorschnell als prätentiös und effekthascherisch abgetan, nicht selten gar als Botschafter des schlechten Geschmacks diffamiert. Von dem New Wave-Regisseur Lindsay Anderson wurde der »neo-barocke« Stil von Roeg und Russell gar für einen angeblichen Niedergang des britischen Films mitverantwortlich gemacht (Hacker/Price 1991, 55).

Zu den auffälligsten und kontroversesten Figuren des anti-realistischen Kinos gehört Ken Russell. Er gilt als der extravaganteste britische Regisseur der 70er Jahre, und seine Filme wurden häufig mit Prädikaten wie obszön, kitschig und dekadent bedacht. Der 1927 in Southampton geborene ehemalige Ballett-Tänzer begann seine Filmlaufbahn mit Amateurfilmen (z.B. AMELIA AND THE ANGEL, 1957), mit denen er die Aufmerksamkeit der BBC auf sich zog. Von dort erhielt Russell das Angebot, an der Fernsehreihe MONITOR mitzuwirken, einem Kulturmagazin für ein anspruchsvolles Publikum, das am 2. Februar 1958 mit John Schlesingers Beitrag CIRCUS erstmals auf Sendung ging. Russell zeichnete in den folgenden Jahren für rund 30 MONITOR-Beiträge als Regisseur und Autor bzw. Koautor verantwortlich, wobei insbesondere seine Künstlerbiographien zunehmend das Profil der Sendereihe prägten. Sein Debüt gab Russell in der 100. Monitor-Sendung mit der Biographie des Komponisten Edward Elgar (ELGAR, 11.11.1962). Es folgten u.a. Sendungen über Béla Bartók (BÉLA BARTÓK, 24.5.1964), Claude Debussy (THE DEBUSSY FILM, 18.5.1965) und Henri Rousseau (ALWAYS ON SUNDAY, 29.6.1965). Zu Russells Fernsehproduktionen der späteren 60er Jahre gehörten u.a. die Biographien der amerikanischen Tänzerin Isadora Duncan (ISADORA, 22.9.1966) und des englischen Komponisten Frederick Delius (A SONG OF SUMMER, 15.9.1968). Russell bezeichnete diese Sendungen später als »feature films masquerading under the banner of TV documentaries« (Russell 1993, 100). Um ihnen den Anschein einer dokumentarischen Authentizität zu verleihen, drehte er alle Künstlerbiographien in schwarzweiß, mit Ausnahme der letzten Sendung über Richard Strauß, DANCE OF THE SEVEN VEILS (1970).

Russells spätere Handschrift als Filmregisseur wurde in seinen Fernsehsendungen bereits teilweise deutlich, wenngleich das in ihnen immer wieder variierte Thema der Rolle des Künstlers in der Gesellschaft in seinen ersten beiden Spielfilminszenierungen keine Rolle spielte: FRENCH DRESSING (1963) ist eine harmlose Badeort-Komödie, mit der Russell vergeblich in die Fußstapfen von Jacques Tatis Klassiker LES VACANCES DE MONSIEUR HULOT zu treten versuchte. 1967 wurde Russell für BILLION DOLLAR BRAIN, den Abschluß der Filmtrilogie um den britischen Agenten Harry Palmer verpflichtet, der trotz eindrucksvoller Außenaufnahmen im verschneiten Finnland enttäuschte (s. Kap. 12).

Mit seinen folgenden drei Filmen, in denen sein Hang zum Extravaganten eine stetige Steigerung erfuhr, sorgte Russell indes für Furore. Erstes Aufsehen erregte er in der D.H. Lawrence-Adaption WOMEN IN LOVE (1969, LIEBENDE FRAUEN) mit dem virtuos inszenierten Ringkampf zwischen den beiden unbekleideten Protagonisten Rupert Birkin (Alan Bates) und Gerald Crich (Oliver Reed). Besonders umstritten waren aber die Filme THE MUSIC LOVERS (1970, TSCHAIKOWSKI – GENIE UND WAHNSINN) um den russischen Komponisten Peter Tschaikowskij und vor allem THE DEVILS (1971, DIE TEUFEL). Dieser nach Aldous Huxleys *The Devils of Loudon* und der Theateradaption von John Whiting entstandene Film – einer der wenigen britischen Filme, die sich primär mit Religion auseinandersetzen – löste bei seinem Erscheinen einen handfesten Skandal aus. Obwohl zahlreiche Sequenzen der Zensur zum Opfer fielen (darunter die Darstellung einer Vergewaltigung von Jesus Christus), ist der Film durch Gewalt, Grausamkeiten und schwarzen Humor gekennzeichnet.

Nach dem weniger bedeutsamen Revuefilm THE BOY FRIEND (1971, BOYFRIEND), der Henri Gaudier-Biographie SAVAGE MESSIAH (1972) und der Rock-Oper TOMMY (1974, s. Kap. 13) inszenierte Russell die Komponistenporträts MAHLER (1974) und LISZTOMANIA (1975, LISZTOMANIA). Wie sehr Russell auch mit LISZTOMANIA zu provozieren verstand, verdeutlicht die Reaktion des *Film-Dienstes*, der diesen Film als »orgiastische Sex- und Kitschmonstrosität« sowie als »wüste Attacke auf den bürgerlichen Kulturbetrieb, voller Blasphemien, Geschmacklosigkeiten und pseudopsychologischem Nonsens« attackierte (*Lexikon des Internationalen Films* 1987, 2308). Russell unternahm freilich in diesen und anderen Künstlerbiographien nicht den Versuch einer realistischen Annäherung an die jeweilige Persönlichkeit. Vielmehr verfolgte er mit seinen betont subjektiven Filmen die Absicht, unmittelbar auf den kreativen Kern der porträtierten Künstler einzugehen und setzte dazu Stilmittel des Surrealismus und der Pop Art ein, die einem solchen Sujet oft angemessener erscheinen als ein realistischer Ansatz. Hierdurch machte sich Russell in Großbritannien freilich zum Außenseiter. Bezeichnenderweise griff er für seine Literaturverfilmungen u.a. auf Vorlagen von D.H. Lawrence (WOMEN IN LOVE, 1969; THE RAINBOW, 1989) und Oscar Wilde (SALOME'S LAST DANCE, 1987) zurück – mithin auf Schriftsteller, die aufgrund ihrer Lebensführung und ihrer vermeintlich skandalösen Werke selbst unter den Angriffen einer scheinheiligen Kritik zu leiden hatten und ins Exil gingen. Nach dem Horrorfilm THE LAIR OF THE WHITE WORM (1988, DER BISS DER SCHLANGENFRAU) kehrte Russell in den 90er Jahren zum Fernsehen zurück, wo er für die BBC den überaus erfolgreichen Vierteiler LADY CHATTERLEY (1993) inszenierte.

Daß die Gleichung anti-realistisch = unbritisch auch in jüngerer Zeit noch Gültigkeit besitzt, zeigt sich am Beispiel des Regisseurs John Boorman (geb. 1933), der in Joel Finlers *Movie Directors Story* (1985) als »the most adventurously un-British of contemporary British film-makers« bezeichnet wurde. In seinen Filmen greift Boorman weit über die zeitgenössische Realität hinaus, von der mythologischen Vergangenheit des arthurischen England (EXCALIBUR, 1981, EXCALIBUR) bis in ein futuristisches 23. Jahrhundert (ZARDOZ, 1973, ZARDOZ). Nach seinem Regiedebüt mit dem Musikfilm CATCH US IF YOU CAN (1965, s. Kap. 13) konnte der ehemalige Filmkritiker und Regisseur von Fernsehdokumentationen durch mehrere erfolgreiche Inszenierungen in den USA auf sich aufmerksam machen, insbesondere mit POINT BLANK (USA 1967, POINT BLANK) und DELIVERANCE (USA 1972, BEIM STERBEN IST JEDER DER ERSTE). In Großbritannien drehte Boorman zwischenzeitlich LEO THE LAST (1970, LEO DER LETZTE), für den er bei den Filmfestspielen in Cannes als bester Regisseur ausgezeichnet wurde. Seine größten britischen Erfolge feierte er mit THE EMERALD FOREST (1985, DER SMARAGDWALD) und dem autobiographisch gefärbten Kriegsdrama HOPE AND GLORY (1987, HOPE AND GLORY). Die Idee zu THE EMERALD FOREST lieferte Boorman ein kurzer Zeitungsartikel über einen peruanischen Ingenieur, der zehn Jahre lang nach seinem im Dschungel verschollenen Sohn suchte, bevor er ihn bei einem Indianerstamm entdeckte, wo der Junge zufrieden lebte, so daß der Vater auf eine Rückführung in die Zivilisation verzichtete. Boorman interessierte an der Geschichte vor allem der Kontrast von primitiver Kultur und moderner Zivilisation. Er drehte den Film (mit seinem eigenen Sohn Charley in der Hauptrolle des jungen Tommy) unter schwierigsten Bedingungen im brasilianischen Regenwald.

Von sich selbst sagt Boorman: »People say to me that I'm not really English. I don't make restraint and ironic and underplayed films. But I tell them that there is another kind of English tradition« (Finler 1985). Zwei weitere Repräsentanten dieser »anderen Tradition« des britischen Films sind Nicolas Roeg und Ridley Scott.

18.2 Nicolas Roeg

Der am 15. August 1928 in London geborene Nicolas Roeg zählt zu den wenigen Modernisten des britischen Kinos und gilt manchen Kritikern als einer der am stärksten unterschätzten Filmregisseure der Gegenwart. Roeg entwickelte ein frühes Interesse für den Film und arbeitete ab 1947 in der Filmindustrie als Laufbursche und Handlanger, danach als Kameraassistent, ab 1958 als Kameramann. Bevor er 1968 seine erste Regie übernahm, hatte er sich den Ruf eines erstklassigen Kameramanns erworben, der entscheidend zur Qualität von Filmen beigetragen hatte wie THE CARETAKER (1964, Clive Donner, DER HAUSMEISTER), THE MASQUE OF THE RED DEATH (1964, Roger Corman), FAHRENHEIT 451 (1966, François Truffaut), FAR FROM THE MADDING CROWD (1967, John Schlesinger, DIE HERRIN VON THORNHILL) und PETULIA (USA 1968, Richard Lester). Daß Roeg das Filmhandwerk nicht im Schneideraum erlernt hat, sondern – wie seine Regiekollegen Ronald Neame, Jack Cardiff, Freddie Francis und Guy Green – hinter der Kamera, überrascht insofern, als es vor allem die komplexe Montagetechnik ist, die in seinen Filmen am stärksten ins Auge fällt.

Roegs Filme spiegeln die Auffassung ihres Regisseurs wider, daß es dem einzelnen Menschen verwehrt ist, sein Schicksal zu planen und zu lenken: »Life isn't like a Galsworthy story or a Priestley play, that flows, on and on, like this: a, b, c, and then she marries him, and so on. It happens in little jagged moments. Accidental encounters and random fortuitous events guide our lives.« (Hacker/Price 1991, 353). Bereits Roegs erster Spielfilm PERFORMANCE (1970, PERFORMANCE) illustriert dieses Credo durch einen Protagonisten, der in eine unvorhersehbare und unbeeinflußbare Ereigniskette verstrickt wird.

Im Herbst 1968 begannen die Dreharbeiten zu PERFORMANCE, in dem Roeg neben der Fotografie erstmals auch die Koregie (mit Donald Cammell) übernahm. Der Film erzählt die Geschichte des jungen Gangsters Chas (James Fox), der bei seinem Boß in Ungnade fällt und untertauchen muß. Auf seiner Flucht gerät er zufällig an den ehemaligen Popstar Turner (Mick Jagger), der mit zwei Gespielinnen (Anita Pallenberg und Michelle Breton) zurückgezogen in einer androgynen *ménage à trois* lebt. Chas findet bei dem dekadenten Bohémien Unterschlupf, doch die vermeintliche Sicherheit verkehrt sich unversehens ins Gegenteil, als er, mit alternativen Lebensformen konfrontiert und unter Drogen gesetzt, sein Gefühl für Identität verliert. PERFORMANCE ist ein Meilenstein des britischen Kunstfilms, der seine filmischen Vorbilder bei Jean-Luc Godard und Alain Resnais findet und literarisch Jorge Luis Borges und Harold Pinter verpflichtet ist. An Borges (dessen Porträt gegen Schluß des Films kurz eingeblendet wird) erinnert vor allem die labyrinthische Struktur des Films. Von Pinter, den Roeg bei den Dreharbeiten zu THE CARETAKER kennenlernte, übernimmt der Film das typische Motiv des Eindringens einer fremden Bedrohung in eine geordnete (hier freilich betont anti-) bürgerliche Welt.

Die große Dichte und Komplexität von PERFORMANCE machen den Film schwer zugänglich. Er eröffnet sein Bedeutungspotential weniger über eine lineare Erzählhandlung als über strukturbildende Themen und Motive, die häufig als Oppositionspaare angelegt sind. Im Spannungsfeld zwischen Männlichkeit und Weiblichkeit, Normalität und Irrsinn, Realität und Schauspiel sucht der Film seinen Weg vertikal in der psychologischen Tiefe seiner

PERFORMANCE (Anita Pallenberg, James Fox, Mick Jagger)

ambivalenten Figuren. Dominant ist dabei vor allem die spiegelbildliche Anlage der beiden Protagonisten Chas und Turner. Während der ehemalige Popstar eine alternative Kultur personifiziert, die sich androgyn, sinnlich und lustbetont gebärdet, verkörpert der Gangster einen adretten, selbstsicheren Macho-Typen. Doch die zu Anfang des Films deutlich konturierten Identitäten beginnen schon bald zu verschwimmen und sich innerlich und äußerlich gegenseitig zu überlagern. Erscheint zunächst Chas als der mächtigere und dominante Mann, der in Turners Refugium eindringt, dreht Turner (die Namensgebung deutet dies bereits an) die Verhältnisse im Laufe der Handlung um, indem er in Chas' Bewußtsein eindringt und die Kontrolle über dessen Persönlichkeit übernimmt. PERFORMANCE gehört nicht nur zu den seltenen modernistischen Filmen des britischen Kinos, er ist zugleich ein Schlüsselfilm der späten 60er Jahre. Unter dem Eindruck des Zusammenbruchs der ›Love and Peace‹-Bewegung unter dem doppelten Ansturm von Drogen und politischer Gewalt bildet sein zynischer und pessimistischer Grundton den Gegenpol zu der Unbeschwertheit von Richard Lesters A HARD DAY'S NIGHT.

Mit diesem experimentellen Regiedebüt ging Roeg sogleich auf Konfrontationskurs zu etablierten Sehgewohnheiten. In der englischen Tageszeitung *The Guardian* vom 1. Juli 1982 stellte Roeg fest: »Filmgoers have been conditioned. They expect the same sort of answers in a film: What's the plot? What happens here? What comes next?« All dies sind Fragen, deren Beantwortung sich Roegs Filme beharrlich entziehen, statt dessen untergraben sie die durch herkömmliche Genremuster, Plot- und Figurenkonstellationen geprägten Erwartungshaltungen des Kinopublikums. Da PERFORMANCE nicht nur gegen Sehgewohnheiten, sondern auch provokativ gegen geltende moralische Maßstäbe verstößt, waren die Reaktionen auf diesen wie auch auf viele von Roegs späteren Filmen kontrovers. Wie eine Rezension von John Simon belegt, stieß der Film auf die teilweise polemisch vorgetragene Ablehnung der etablierten Filmkritik: »You don't have to be a drug addict, pederast, sadomasochist or nitwit to enjoy it, but being one or more of these things would help.« (Walker 1995, 621).

In PERFORMANCE wie in den meisten seiner folgenden Filme war Roeg stärker an der Form als an greifbaren inhaltlichen Aussagen interessiert. Wenngleich seine Filme einen literarischen Vergleich zu den Bewußtseinsromanen der Moderne herausfordern, sind sie doch in starkem Maße kinematographisch, und ihr visueller Einfallsreichtum verrät die Handschrift des ehemaligen Kameramanns. Stets sind es weniger die kaum paraphrasierbaren Inhalte, die Roegs Filme dominieren, als deren eigenwilliger Stil, der durch irritierende Parallelschnitte, vielschichtige, mosaikhafte Montagetechniken und Veränderungen der Geschwindigkeit geprägt ist. Die Erzählhandlungen sind häufig fragmentiert und verschachtelt, mit desorientierenden Zeitsprüngen durchsetzt und einem Wechsel von Passagen scheinbaren Leerlaufs mit plötzlichen unerwarteten Ereignissen unterworfen. Roeg vertraute zudem auf gewagte Besetzungen und vergab Hauptrollen wiederholt und erfolgreich an Popstars: Mick Jagger (der 1970 weniger überzeugend in der Titelrolle von Tony Richardsons NED KELLY auftrat) in PERFORMANCE, David Bowie in THE MAN WHO FELL TO EARTH und Art Garfunkel in BAD TIMING.

Die seinen Filmen zugrunde liegenden Drehbücher betrachtete Roeg meist nur als unverbindliche Orientierungsrahmen. Seine erste eigenständige Inszenierung, WALKABOUT (zugleich sein letzter Film, in dem er selbst die Kamera führte), vermag diese Einstellung beispielhaft zu illustrieren. Für diese fatalistische Studie über die Kluft zwischen unterschiedlichen menschlichen Kulturen ließ er den englischen Dramatiker Edward Bond acht Wochen lang an einem Drehbuch arbeiten, während er selbst auf der Suche nach geeigneten Drehorten den australischen Kontinent bereiste. Als sich Roeg nach seiner Rückkehr über den Stand des Drehbuchs erkundigte, händigte ihm Bond lediglich 14 Seiten mit unausgearbeiteten Notizen aus. Roeg war von diesem Ergebnis begeistert, denn Bonds rohe Skizze bot dem Regisseur den erwünschten kreativen Spielraum, der die komplexen Verweisstrukturen seiner Filme erst ermöglicht.

Nach einer Kurzgeschichte von Daphne du Maurier entstand Roegs wohl bekanntester Film Don't Look Now (1973, Wenn die Gondeln Trauer tragen), in dessen Mittelpunkt der Restaurator John Baxter (Donald Sutherland) und seine Frau Laura (Julie Christie) stehen. Auch dieser Film läßt Roegs Faible für das Bizarre und Surreale erkennen.

Berühmt wurde in diesem Zusammenhang eine zunächst unerklärlich erscheinende Szene in Venedig, in der Baxter seine Frau Laura erblickt, wie sie in Trauerkleidung auf einer Gondel an ihm vorüberfährt. Was Baxter für die reale Gegenwart hält, ist in Wahrheit eine Vorahnung, ein Blick in die Zukunft, in der Laura um ihn trauert. Fatalerweise kann Baxter die Bedeutung der präkognitiven Wahrnehmung nicht deuten. Die Fehlinterpretationen, Rätsel und Paradoxien, die den ganzen Film durchziehen, führen letztlich zu Baxters Tod, als er von einem kleinwüchsigen Mörder, den er irrtümlich für die Reinkarnation seine Tochter hält, erstochen wird. Don't Look Now wurde zwar ein finanzieller Fehlschlag, fand jedoch Lob bei der Kritik.

Geteilt waren die Meinungen der Kritik hingegen über The Man Who Fell to Earth (1976, Der Mann, der vom Himmel fiel) – der erste britisch finanzierte Film, der komplett in den USA gedreht wurde. Mit diesem Film konnte Roeg seinen durch Performance erworbenen Ruf als Kultfilmer festigen. Nach einer Romanvorlage von Walter Tevis aus dem Jahr 1963 formten Roeg und sein Drehbuchautor Paul Mayersburg eine surreale Ereignisfolge, die viele Kritiker vergeblich auf eine sinnvolle Handlung zurückzuführen suchten. Obwohl David Bowie (geb. 1947) in der tragischen Rolle eines änigmatischen Außerirdischen beeindrucken konnte, blieb The Man Who Fell to Earth ein kommerzieller Mißerfolg.

Die Psychologie der Figuren stand auch im Mittelpunkt von Roegs folgenden Filmen. Der in Wien spielende Bad Timing (1980, Black Out – Anatomie einer Leidenschaft) beleuchtet in Rückblenden die abgründige erotische Beziehung zwischen der jungen Milena (Teresa Russell, Roegs spätere Ehefrau) und dem Psychologen Alex Linden (Art Garfunkel). Die Verschachtelung der verschiedenen Zeitebenen verleiht diesem Film eine ähnlich desorientierende Wirkung wie die Auslotung des Grenzbereichs zwischen Realität und Phantasie in der schwarzen Komödie Track 29 (1987, Track 29 – Ein gefährliches Spiel). Dieser nach einem Drehbuch von Dennis Potter entstandene Film zieht sein Publikum zunächst in die klaustrophobische Welt einer texanischen Hausfrau (Teresa Russell) und gibt erst allmählich durch objektive Kameraeinstellungen den Unterschied zwischen ihrer schizophrenen Vorstellungswelt und der äußeren Wirklichkeit zu erkennen.

»I think that directors basically make the same film all the time – the same things trouble, interest, or involve them again and again.« (Hacker/Price 1991, 369). Diese Äußerung Nicolas Roegs kann durchaus als zutreffende Selbsteinschätzung gelten, denn nur wenigen Regisseuren wird so beharrlich nachgesagt, daß ihre Filme immer wieder um dieselben Themen kreisen. Vor allem zwei Problemfelder durchziehen Roegs Schaffen wie ein roter Faden: die verzweifelte Suche des (meist räumlich entwurzelten) Individuums nach der eigenen Identität und die (meist unter pessimistischen Vorzeichen stehende) Analyse zwischengeschlechtlicher Beziehungen. Diese zwei Grundfragen menschlicher Existenz variiert Roeg in der Verschmelzung der Persönlichkeiten eines Popstars und eines Berufsverbrechers (PERFORMANCE) ebenso wie im melancholischen Porträt des Identitätsverlusts eines hypersensitiven Außenseiters, der seiner mediokren Umgebung immer ähnlicher wird (THE MAN WHO FELL TO EARTH) oder in dem Versuch eines Mannes und einer Frau, sich vom erstickenden Einfluß der Zivilisation zu befreien und in der Natur ihre ursprüngliche Vitalität wiederzufinden (CASTAWAY, 1986, CASTAWAY – DIE INSEL).

Die Reaktionen auf Roegs Filme waren meist deutlich polarisiert. Während sie manchen Kritikern abstoßend und geschmacklos erschienen, galten sie anderen als rare Kunstwerke, die den Blick auf eine dem britischen Kino sonst fremde Welt freigeben und gewohnte Wahrnehmungsweisen außer Kraft setzen. Es erscheint symptomatisch für Roegs Filme, die weder die Kinokassen füllen konnten, noch Preise davontrugen, daß PERFORMANCE nach langwierigen Streitigkeiten erst zwei Jahre nach Fertigstellung in die Kinos kam. In den 90er Jahren verlagerte sich Roeg zunehmend auf amerikanische Produktionen (z.B. THE WITCHES, 1990; COLD HEAVEN, 1992; HOTEL PARADISE, 1995), die die Originalität und den Ideenreichtum seiner früheren Filme häufig vermissen ließen und zum Selbst-Plagiat tendierten.

Titel	Jahr	Produktion
PERFORMANCE	1970	Sanford Lieberson
WALKABOUT	1971	Si Litvinoff/Max L. Raub
DON'T LOOK NOW	1973	Peter Katz
THE MAN WHO FELL TO EARTH	1976	Michael Deeley/Barry Spikings
BAD TIMING	1980	Jeremy Thomas
EUREKA	1983	Jeremy Thomas

INSIGNIFICANCE	1985	Jeremy Thomas
CASTAWAY	1986	Rick McCallum
TRACK 29	1987	Rick McCallum

Nicolas Roegs britische Spielfilme

18.3 Ridley Scott

Wichtigster Vorbote der Renaissance des britischen Kinos in den 80er Jahren wurde Ridley Scott, dessen frühe Filme durch ihre Sujets und ihren ungewöhnlichen visuellen Stil außerhalb der realistischen Tradition des britischen Kinos stehen. Scott wurde 1937 in South Shields geboren und wuchs in London, Wales und Deutschland auf. Er entwickelte früh künstlerische Neigungen und absolvierte am West Hartpool College, später am renommierten Londoner Royal College of Art ein Kunststudium. Sein zeichnerisches Talent erachtete Scott als »invaluable to the film-making process. A sketch is infinitely more useful than the best two-hour story conference« (Sammon 1996, 43). Am College entdeckte Scott nach ersten Experimenten mit einer 16mm Bolex Kamera seine Leidenschaft für die Filmerei.

In Scotts erstem Kurzfilm, BOY ON A BICYCLE (1966), übernahmen seine Familienangehörigen die Darstellerfunktionen, darunter sein jüngerer Bruder Tony, der später selbst als Regisseur von Filmen wie TOP GUN (USA 1985) und CRIMSON TIDE (USA 1995) Erfolge feierte. Obwohl seine Herstellung nur 65 Pfund kostete, beeindruckte BOY ON A BICYCLE so sehr, daß das British Film Institute 250 Pfund aus seinem Experimental Film Fund für die Nachproduktion bewilligte. Nach seinem Collegeabschluß erhielt Scott ein Stipendium für ein Aufbaustudium in New York. Ab 1964 arbeitete er für die BBC, zunächst als Set-Designer für die Science Fiction-Reihe OUT OF THE UNKNOWN, dann als Regisseur einzelner Episoden der populären Fernsehserien ADAM ADAMANT LIVES!, THE INFORMER und Z-CARS. 1967 verließ Scott die BBC und gründete die Werbeagentur Ridley Scott Associates. Als Leiter dieser Agentur, bei der zeitweise auch der spätere CHARIOTS OF FIRE-Regisseur Hugh Hudson beschäftigt war, produzierte Scott bis Mitte der 90er Jahre mehr als zweitausend z.T. preisgekrönte Werbefilme.

Mitte der 70er Jahre wurde der Produzent David Puttnam auf Scott aufmerksam und übertrug ihm die Regie für THE DUELLISTS (1976, DIE DUELLISTEN), den ersten Spielfilm seiner neugegründeten Produktionsgesellschaft

Enigma. Im Mittelpunkt dieses auf Joseph Conrads Novelle »The Duel« basierenden Kostümdramas steht der streitlustige französische Husar Gabriel Feraud (Harvey Keitel), der während der Napoleonischen Kriege unter Arrest gestellt werden soll, weil er sich unerlaubterweise duelliert hat. Als ihn sein Kamerad D'Hubert (Keith Carradine) festnehmen will, nimmt Feraud dies zum Anlaß, eine jahrelang andauernde Fehde mit D'Hubert zu beginnen, die sich bald zu einem grundlosen und sinnentleerten Ritual verselbständigt. Nicht zuletzt aufgrund seiner eindrucksvollen Fotografie, die sich an der zeitgenössischen Malerei orientiert, erhielt der Film bei den Filmfestspielen in Cannes die Palme für das beste Erstlingswerk. Von den Verleihern weniger als Unterhaltungs-, denn als Kunstfilm eingeschätzt, wurde THE DUELLISTS jedoch nur in kleineren Programmkinos gezeigt. Scott hielt dies für ein Mißverständnis und beklagte stets, daß der Film niemals das große Publikum erreicht habe.

Ein um so größeres Publikum erreichte indes der mit dem Werbeslogan »In space no-one can hear you scream« angekündigte Nachfolgefilm ALIEN (1979, ALIEN – DAS UNHEIMLICHE WESEN AUS EINER FREMDEN WELT). Allein im ersten Jahr nach seiner Premiere spielte ALIEN über 100 Millionen Dollar ein. Die Handlung dieses mit Elementen des Thriller- und Horrorgenres durchsetzten Science Fiction-Films läßt sich in einem Satz zusammenfassen: Eine außerirdische Lebensform gelangt an Bord des interstellaren Raumfrachters Nostromo und beginnt, die sieben Besatzungsmitglieder nacheinander umzubringen. Trotz dieser simplen Grundidee auf der Basis von Agatha Christies Krimi-Klassiker *And Then There Were None* markierte dieser Film eine deutliche Zäsur in der Entwicklungsgeschichte des Science Fiction-Films, da er neue Sehgewohnheiten etablierte und die Ausstattung späterer Genrefilme nachhaltig beeinflußte. Verantwortlich hierfür waren vor allem drei Ursachen: das neuartige Set-Design, der effektvolle Schnitt und die Protagonistin des Films.

Mit Ausnahme einer Sequenz spielt die Handlung von ALIEN ausschließlich in den (in Shepperton errichteten) Kulissen des Raumschiffs Nostromo, dessen Inneres in einem scharfen Kontrast zu der hellen, aseptischen Strenge der Discovery steht, mit der Stanley Kubrick in 2001 – A SPACE ODYSSEY die bisherigen Maßstäbe gesetzt hatte. Filmarchitekt Michael Seymour konstruierte ein düsteres und unübersichtliches Raumschiff von höchst glaubwürdiger Funktionalität, dessen blau-grün ausgeleuchtetes Gängelabyrinth eine überaus klaustrophobische Atmosphäre erzeugt. Durch das von ihm bevorzugte Verfahren des ›layering‹, d.h. der Überfrachtung der Bildinformation durch eine mehrlagige Schichtung visueller und akustischer Details, vermochte Scott diesen Eindruck noch zu intensivieren und ein neues Paradigma futuristischen Set-Designs vorzustellen, das seither unzählige Male kopiert wurde.

Potenziert wurde das von den Kulissen ausgehende Gefühl der Verunsicherung und Bedrohung durch die Figur des im Dunklen lauernden Außeriridischen, der nach den Vorlagen des surrealistischen Schweizer Künstlers Hans Ruedi Giger entstand. (Gemeinsam mit Carlo Rimaldi und dessen Mitarbeitern erhielt Giger einen Oscar für die Spezialeffekte.) Auch in diesem Punkt beschritt Scott neue Wege, indem er eine entscheidende Schwachstelle früherer Horrorfilme eliminierte, nämlich die explizite Darstellung des Monsters. Da die Kamera den Alien stets nur anschneidet und selbst diese Details jeweils nur für Sekundenbruchteile gezeigt werden, verlagert Scott das Grauen wirkungsvoll in die Phantasie der Zuschauer, die zusätzlich durch die unerwarteten Schockeffekte der Montage einem Höchstmaß an emotionaler Beteiligung ausgesetzt werden.

Eine dritte Ursache für den Erfolg von ALIEN lag in der zentralen Figur des weiblichen Offiziers Ripley (Sigourney Weaver, geb. 1949). Ungewöhnlich ist hieran, daß in einem traditionell männlich dominierten Genre die Heldenrolle mit einer Frau besetzt wurde, die letztlich auf sich allein gestellt den Kampf mit der Bestie aufnimmt. Wie die Nachfolgefilme ALIENS (USA 1986, James Cameron), ALIEN 3 (USA 1992, David Fincher) und ALIEN RESURRECTION (USA 1997, Jean-Pierre Jeunet) deutlich machten, konnte sich Ripley im Lauf der Zeit zu einem modernen Mythos verselbständigen. Ausgehend von der Figur Ripleys legten vor allem feministische und psychoanalytische Interpretationsansätze tieferliegende Bedeutungsschichten von ALIEN frei. Ins Zentrum des Interesses rückten dabei häufig die Leitmotive von Mutterschaft und Geburt sowie die durchgängige sexuelle Symbolik, die sich in den zahlreichen schlauch- und höhlenartigen Handlungsräumen ebenso manifestiert wie im scheiternden Versuch des Androiden Ash, Ripley durch eine symbolische Vergewaltigung umzubringen oder in der vielbeachteten Szene, in der der phallische Alien-Fetus die Bauchdecke des Besatzungsmitglieds Kane (John Hurt) durchbricht. Die deutlich präsente, doch niemals aufdringliche Symbolik wurde zu einem Markenzeichen auch in Scotts späteren Spielfilmen, wenngleich sie dort oft trivialer und vordergründiger in Erscheinung tritt.

Wie viele andere britische Erfolgsregisseure vor ihm folgte Scott dem Ruf Hollywoods, wo er zunächst mit BLADE RUNNER (USA 1982, DER BLADE RUNNER) einen weiteren Klassiker des Science Fiction-Genres schuf. Nach diesem Meisterwerk verflachte Scotts filmisches Schaffen jedoch zusehends. Neben einigen durchschnittlichen Filmen entstanden banale Inszenierungen, die nur noch wenig von den überragenden Regieleistungen der frühen Phase ahnen ließen und Scott den Ruf einbrachten, die Substanzlosigkeit seiner Geschichten durch Perfektionismus in Technik und Ausstattung zu kaschieren. In SOMEONE TO WATCH OVER ME (USA 1987, DER MANN IM HINTERGRUND)

ALIEN (Sigourney Weaver)

ließ sich Scott auf eine epigonale Hitchcock-Hommage ein, und mit dem im japanischen Mafia-Milieu angesiedelten Polizeifilm BLACK RAIN (USA 1989, BLACK RAIN) knüpfte er abermals an die Konventionen des *film noir* an, ohne freilich das Niveau von BLADE RUNNER zu erreichen. Während sich der sozialkritische Road Movie THELMA AND LOUISE (USA 1991, THELMA & LOUISE) als feministischer Kultfilm etablieren konnte, boten Scotts spätere Hollywood-Filme, WHITE SQUALL (USA 1995, WHITE SQUALL) und G.I. JANE (USA 1997, DIE AKTE JANE), allenfalls durchschnittliche Qualität.

Auch Scotts zwischenzeitliche britische Produktionen blieben enttäuschend. Der Fantasy-Film LEGEND (1985, LEGENDE) konnte trotz eindrucksvoller visueller Effekte nicht über die triviale Geschichte hinwegtäuschen, und die britisch-französisch-spanische Koproduktion 1492 – CONQUEST OF PARADISE (1992, 1492 – DIE EROBERUNG DES PARADIESES) war zwar der aufwendigste Film, der zum 500jährigen Jubiläum der Entdeckung Amerikas in die Kinos kam, konnte jedoch fernab historischer Realität und bar jeglicher Spannung nicht überzeugen.

Titel	Jahr	Produktion
THE DUELLISTS	1977	David Puttnam
ALIEN	1979	Walter Hill/ Gordon Carroll/David Giler
BLADE RUNNER	1982	Michael Deeley
LEGEND	1985	Arnon Milchan/Tim Hampton
SOMEONE TO WATCH OVER ME	1987	Thierry De Ganay/ Harold Schneider
BLACK RAIN	1989	Stanley Jaffe/Sherry Lansing/ Michael Douglas
THELMA AND LOUISE	1991	Ridley Scott/Mimi Polk
1492 – CONQUEST OF PARADISE	1992	Ridley Scott/Alain Goldman
WHITE SQUALL	1995	Mimi Polk Gitlin/Rocky Lang
G.I. JANE	1997	Roger Birnbaum/ Demi Moore/Suzanne Todd

Ridley Scotts Spielfilme

19. »The British Are Coming!«: Erfolgsfilme der 80er Jahre

19.1 Das Ende der Talfahrt der 70er Jahre

Die 70er Jahre gehören zu den profillosesten Phasen der britischen Filmgeschichte. Für den generellen Produktionsrückgang von 122 (1970) auf 61 (1980) Spielfilme und den häufig beklagten Mangel an attraktiven Filmen aus dieser Periode lassen sich zwei Hauptursachen ausmachen. Zum einen zogen die amerikanischen Studios das Kapital, das sie während des Booms der 60er Jahre in Großbritannien investiert hatten, in den 70er Jahren wieder ab. Sie taten dies vor allem, weil die heimische Filmwirtschaft selbst in Schwierigkeiten geraten war und keinen Spielraum für risikoreiche Investitionen im Ausland besaß. Zudem hatten sich die Produktionen der britischen US-Niederlassungen seit den späten 60er Jahren – wie United Artists Märchenmusical CHITTY CHITTY BANG BANG (1968, Ken Hughes, TSCHITTI TSCHITTI BÄNG BÄNG) oder das Weltkriegsepos THE BATTLE OF BRITAIN (1968, Guy Hamilton, LUFTSCHLACHT UM ENGLAND) – trotz Staraufgebots in den USA immer öfter als Flops erwiesen. Bereits zuvor hatte es in der Branche als Warnsignal gegolten, daß 20th Century-Fox die Dreharbeiten der Großproduktionen CLEOPATRA (1962) und DOCTOR DOOLITTLE (1966) aufgrund des schlechten englischen Wetters abbrechen und an andere Produktionsstandorte verlegen mußte. Zu der allgemeinen Fluchtbewegung trug auch die Doppelbesteuerung von in Großbritannien lebenden Ausländern bei. Selbst Albert Broccoli verließ für die James Bond-Produktion MOONRAKER (1979) den traditionellen Drehort Pinewood und ließ den größten Teil des Films in Frankreich herstellen. Der Rückzug Hollywoods aus Europa führte dazu, daß viele britische Regisseure von Rang nun selbst nach Hollywood gingen. Für die sporadischen internationalen Kassenerfolge des britischen Films sorgten hingegen meist ausländische Regisseure, wie Sidney Lumet mit MURDER ON THE ORIENT EXPRESS (1974) und Richard Donner mit SUPERMAN (1977). Die Agatha Christie-Verfilmung MURDER ON THE ORIENT EXPRESS wurde durch ihr beeindruckendes Starensemble zu einem der erfolgreichsten Filme der 70er Jahre, und Donners aufwendiger Film über den Comic-Helden Superman (Christopher Reeve) erwies sich mit seiner Mischung aus aktionsreicher Handlung, Spezialeffekten und Selbstironie als publikumswirksam und erhielt zusätzliche Publicity durch Marlon Brando, der nach langjähriger Leinwandabstinenz einen Kurzauftritt als Supermans Vater hatte.

Die zweite wichtige Ursache für den Niedergang des britischen Films in den 70er Jahren lag in dem steigenden Konkurrenzdruck durch andere Unterhaltungsmedien, insbesondere durch das Fernsehen. Die dramatisch rückläufigen Zuschauerzahlen halbierten sich von 193 Millionen im Jahr 1970 auf 101 Millionen im Jahr 1980. Bereits in den 60er Jahren hatte die wachsende Konkurrenz durch das Fernsehen zum Verkauf mehrerer Filmstudios an die BBC geführt. Zugleich wurden die Verflechtungen zwischen beiden Medien enger, immer mehr Filme wurden vom Fernsehen koproduziert, und eine zunehmende personelle Durchlässigkeit führte dazu, daß nicht nur viele Studiotechniker zum Fernsehen abwanderten, sondern auch umgekehrt Fernsehregisseure wie Peter Watkins, Kenneth Loach, John Boorman, Stephen Frears, Jack Gold, Roland Joffé und Ken Russell zum Spielfilm wechselten.

Eine Tendenzwende kündigte sich erst Ende der 70er Jahre an. Die sogenannte Britische Film-Renaissance mündete in eine Welle des Optimismus, und nach dem Sensationserfolg von CHARIOTS OF FIRE (1981, DIE STUNDE DES SIEGERS) prophezeite Drehbuchautor Colin Welland bei der Oscarverleihung am 23. März 1982 enthusiastisch: »You may have started something: The British are coming!« In den frühen 80er Jahren prägten etliche junge Regietalente die britische Filmszene. Neben den an anderer Stelle ausführlicher behandelten Regisseuren Ridley Scott, Peter Greenaway, Derek Jarman und Stephen Frears gehörten hierzu u.a.:

Alan Clarke (1935–1990) begann seine Regie-Karriere mit Fernsehinszenierungen und einem Film über Jugendkriminalität, SCUM (1979, ABSCHAUM – SCUM). Bekannt wurde er vor allem mit der Komödie RITA, SUE AND BOB TOO (1986, RITA, SUE... UND BOB DAZU) nach einem Theaterstück von Andrea Dunbar. Vor seinem frühen Tod drehte Clarke nur noch einige Kurzfilme (u.a. ROAD, 1987 und ELEPHANT, 1989).

Der Liverpooler Terence Davies (geb. 1945), der – ähnlich wie der Schotte Bill Douglas (1937–1991) – wiederholt mit Derek Jarman verglichen wurde, machte sich vor allem durch die sogenannte TERENCE DAVIES TRILOGY (TRILOGIE EINES LEBENS: CHILDREN, 1974; MADONNA AND CHILD, 1980; DEATH AND TRANSFIGURATION, 1983) einen Namen. Die sehr persönlichen Filme besitzen starke autobiographische Züge, und Davies betonte stets, daß er sie vor allem gemacht habe, um seine unglückliche Kindheit aufzuarbeiten. Am bekanntesten und erfolgreichsten wurde sein Film DISTANT VOICES, STILL LIVES (1988, ENTFERNTE STIMMEN – STILLEBEN), ein ebenfalls autobiographisch gefärbtes Familienporträt aus dem englischen Arbeitermilieu der 40er und 50er Jahre mit einer schwach ausgeprägten Handlungsstruktur. Neben anderen Auszeichnungen gewann Distant Voices, Still Lives den Großen Preis der Filmfestspiele von Locarno. Eine Fortsetzung des Films erschien 1992 unter dem Titel The Long Day Closes (Am Ende eines langen Tages). Auch dieses nostalgische »Bild- und Tongedicht« um den Jungen Bud (Leigh McCormack), der im Liverpool der 50er Jahre eine glückliche Kindheit verbringt, besticht weniger durch seine Handlungsanteile, als durch die Authentizität der in langen, statischen Kameraeinstellungen und zeitgenössischen Schlagern eingefangenen Atmosphäre der Nachkriegszeit.

Der von der *nouvelle vague* beeinflußte Schotte Bill Forsyth (geb. 1946) besuchte gemeinsam mit Michael Radford die National Film School und begann seine Laufbahn mit Experimental- und Industriefilmen. Aufgrund seiner vielbeachteten ersten Spielfilme, That Sinking Feeling (1979, That Sinking Feeling) und Gregory's Girl (1980, Gregorys Girl), galt Forsyth vorübergehend als vielversprechendste britische Filmhoffnung. Seine meist in Schottland spielenden Filme, deren Drehbücher er selbst schrieb, zeichnen sich durch einen zurückhaltenden Stil aus, der auch von Kameramann Michael Coulter (geb. 1952) mitbestimmt ist, mit dem Forsyth häufig zusammenarbeitete. Den Anfangserfolgen folgten Local Hero (1983, Local Hero), Comfort and Joy (1984, Comfort and Joy) sowie Housekeeping (1987, Housekeeping – Das Auge des Sees), sein erster außerhalb Schottlands gedrehter Film. Mit der Kriminalkomödie Breaking In (1989, Der Traumtänzer) und dem Episodenfilm Being Human (1994, Wer hat meine Familie geklaut?) konnte Forsyth nicht an seine früheren Erfolge anknüpfen. Eine Fortsetzung von Gregory's Girl brachte Forsyth 1998 unter dem Titel Gregory's 2 Girls in die Kinos.

Roland Joffé (geb. 1945) rückte durch seine beiden ersten, für die britische Produktionsfirma Goldcrest produzierten Filme The Killing Fields (1984, The Killing Fields – Schreiendes Land) und The Mission (1986, Mission) ins internationale Rampenlicht. Seither führte er jedoch nur noch in einem britischen Film Regie, City of Joy (1992, Stadt der Freude), ein Drama um die Selbstfindung eines in Kalkutta lebenden amerikanischen Arztes (Patrick Swayze). Joffés weitere Filme, Fat Man and Little Boy (USA 1989, Die Schattenmacher), Super Mario Bros. (USA 1993, Super Mario Bros.), The Scarlet Letter (USA 1995, Der scharlachrote Buchstabe) und Goodbye, Lover (USA 1998) waren amerikanische Produktionen.

Der Ire Neil Jordan (geb. 1950) begann seine Laufbahn als Schriftsteller, bevor John Boorman ihn 1980 als Berater für das Drehbuch zu Excalibur zum Film holte. Zwei Jahre später lieferte Jordan mit dem surrealistischen Angel (1982, Angel – Strasse ohne Ende) ein interessantes Regiedebüt ab.

Sein Ruhm gründet jedoch auf seinen beiden folgenden Filmen, THE COMPANY OF WOLVES (1984, ZEIT DER WÖLFE) und MONA LISA (1985, MONA LISA), die deutlich Jordans Vorliebe für ungewöhnliche, genreübergreifende und wirklichkeitstranszendierende Stoffe verraten. Nach einer Zwischenperiode in den USA meldete sich Jordan 1992 mit dem IRA-Thriller THE CRYING GAME in Großbritannien zurück. Dieser nach Jordans eigener Kurzgeschichte entstandene Film wurde einer der meistbeachteten Erfolge des Jahres 1992 und erhielt sechs Oscar-Nominierungen. Besondere Aufmerksamkeit erregte der kühne und unerwartete Handlungsumschwung von der Thriller-Ebene zu einer höchst ungewöhnlichen Liebesgeschichte (s. Kap. 17). Mit THE CRYING GAME begann auch Jordans immer stärkere Hinwendung zu Themen der irischen Geschichte, die in seinen Filmen MICHAEL COLLINS (Irland/USA 1996, MICHAEL COLLINS) und THE BUTCHER BOY (Irland 1997, DER SCHLÄCHTERBURSCHE) im Mittelpunkt stehen.

Mike Newell (geb. 1942) arbeitete in unterschiedlichsten Genres: dem Abenteuerfilm THE MAN IN THE IRON MASK (1976, DER MANN MIT DER EISERNEN MASKE) und dem Horrorfilm THE AWAKENING (1979, DAS ERWACHEN DER SPHINX) folgten u.a. das Liebesmelodram DANCE WITH A STRANGER (1985, DANCE WITH A STRANGER) und das Immigranten-Drama SOURSWEET (1988, CHINESE BLUES), die ihren Erfolg auch guten Drehbüchern von Autoren wie Shelagh Delaney und Ian McEwan verdankten. Positive Kritiken erhielt Newell auch für seine romantische Elisabeth von Arnim-Verfilmung ENCHANTED APRIL (1991, VERZAUBERTER APRIL). Einen sensationellen Überraschungserfolg erzielte er mit der Komödie FOUR WEDDINGS AND A FUNERAL (1994, VIER HOCHZEITEN UND EIN TODESFALL, s. Kap. 21). 1995 folgte das enttäuschende Theater-Drama AN AWFULLY BIG ADVENTURE (EINE SACHLICHE ROMANZE) mit Hugh Grant und Rita Tushingham. Newells anschließender Film DONNIE BRASCO (USA 1997, DONNIE BRASCO) verarbeitete eine Tatsachengeschichte aus dem Mafia-Milieu mit Al Pacino und Johnny Depp.

Der ehemalige Werbefilmer Alan Parker (geb. 1944) konnte mit seinen Filmen häufig ein großes Publikum erreichen, wenngleich sie im Urteil der Kritik oft als vordergründig und effekthascherisch galten. Bereits mit dem Musical BUGSY MALONE (1976, BUGSY MALONE), einer von Kindern gespielten Parodie auf das Gangster-Genre, sorgte Parker für Aufsehen, ebenso wie mit THE WALL (1982, THE WALL), der filmischen Adaption des gleichnamigen Pink Floyd-Albums. Parkers bekanntester, aber auch kontroversester Film wurde MIDNIGHT EXPRESS (1978, 12 UHR NACHTS – MIDNIGHT EXPRESS) nach dem authentischen Fall des in der Türkei wegen Drogenschmuggels zu einer lebenslangen Freiheitsstrafe verurteilten Amerikaners Billy Hayes (Brad Davis). Neben Oscar-Nominierungen für MIDNIGHT EXPRESS in den Sparten Bester Film und Beste Regie wurde Oliver Stones Drehbuch mit einem Academy Award prämiert, obwohl Stone aufgrund seiner klischeehaften und undifferenzierten Darstellung der Türken dem Vorwurf des Rassismus ausgesetzt war. In den 80er Jahren wirkte Parker vornehmlich in Hollywood, wo u.a. seine Filme FAME (USA 1980, FAME – DER WEG ZUM RUHM), BIRDY (USA 1984, BIRDY), ANGEL HEART (USA 1987, ANGEL HEART) und MISSISSIPPI BURNING (USA 1989, MISSISSIPPI BURNING) entstanden. Eine überzeugende, wenn auch nur vorübergehende Rückkehr nach Europa vollzog Parker, der als Vorbilder Carol Reed und David Lean nennt, mit dem Musikfilm THE COMMITMENTS (Irland 1990), dem ersten Teil der von Stephen Frears fortgesetzten Roddy Doyle-Trilogie.

Der 1950 in Neu-Delhi geborene Michael Radford begann mit Dokumentarfilmen und machte mit dem Spielfilm ANOTHER TIME, ANOTHER PLACE (1983, ANOTHER TIME, ANOTHER PLACE) auf sich aufmerksam. Einen großen Erfolg konnte er mit seiner alptraumhaften George Orwell-Adaption NINETEEN EIGHTY-FOUR (1984) erzielen. Der Film setzte Orwells beklemmende politische Vision inhaltlich und optisch wesentlich überzeugender um als Michael Andersons gleichnamige Verfilmung aus dem Jahr 1955. Ebenso wie ANOTHER TIME, ANOTHER PLACE und WHITE MISCHIEF wurde NINETEEN EIGHTY-FOUR von Roger Deakins (geb. 1949) fotografiert. Den technischen Prozeß, mit dem der eigentümliche archaisierende Effekt der Bilder erzielt wurde, beschreibt Deakins folgendermaßen:

> »They left the developed silver on the print which acts as a black-and-white layer, giving you 50 per cent colour. So we got a semi-black-and-white image which we wanted to make more brown, which we did in the printing and a bit with filters on the camera. [...] Because the colour was drained by this process some of the sets were really brightly coloured [...] and the costumes the workers wore were quite a bright blue which came out as a dark grey blue.« (Petrie 1996, 88f.).

Richard Burton, dem in der Rolle des Parteifunktionärs O'Brien noch einmal eine herausragende schauspielerische Leistung gelang, starb kurz nach Abschluß der Dreharbeiten im August 1984. Ebenfalls in seiner letzten Filmrolle erschien Trevor Howard in Radfords folgendem Film, WHITE MISCHIEF (1987, DIE LETZTEN TAGE IN KENYA). Auf diese an kenianischen Originalschauplätzen gedrehte Romanze folgten DELTA OF VENUS (1991, DELTA OF VENUS), THE ELIXIR (1993) und der außergewöhnliche IL POSTINO (Italien/Frankreich 1997, DER POSTMANN).

Die ehemalige Choreographin Sally Potter (geb. 1949) stellte sich nach ersten filmischen Experimenten (u.a. THRILLER, 1979) mit THE GOLD DIGGERS (1983, GOLD DIGGERS) einer breiteren Öffentlichkeit vor. In diesem ausschließlich mit Frauen besetzten Film problematisierte Potter sowohl die Konventionen des traditionellen Erzählkinos als auch die Repräsentationen des Weiblichen in der Kunst. Mit der internationalen Koproduktion ORLANDO (1993, ORLANDO) schlug Potter einen weniger avantgardistischen Weg ein. In ihrer Adaption des gleichnamigen Romans von Virginia Woolf transzendierte die Regisseurin die starren Geschlechterschranken auf der Suche nach dem essentiellen menschlichen Selbst (vgl. *Sight and Sound*, August 1992, 14). In ihrem Film THE TANGO LESSON (1997, TANGO LESSON) wirkte Potter nicht nur als Regisseurin, sondern auch als Autorin, Komponistin und Hauptdarstellerin. Die Liebesgeschichte zwischen einer Filmemacherin (Sally Potter) und einem argentinischen Tanzlehrer (Pablo Veron) fand bei der Kritik jedoch eine sehr zurückhaltende Aufnahme.

Einige der jungen Regisseure zog es schon zu Beginn der 80er Jahre nach Hollywood. Ridley Scott beispielsweise verließ England nach dem Erfolg von ALIEN. Auch der 1941 in Aylesbury geborene Michael Apted arbeitete nach einigen mäßigen Frühwerken ab 1980 in den USA, wo er mit Filmen wie GORKY PARK (1983, GORKY PARK), GORILLAS IN THE MIST (1988, GORILLAS IM NEBEL) und NELL (1995, NELL) internationale Beachtung fand. 1999 kehrte er nach Großbritannien zurück, um die Regie in dem neunzehnten James Bond-Film THE WORLD IS NOT ENOUGH zu übernehmen.

Die Vielzahl dieser Talente bot ausgezeichnete Voraussetzungen für einen Aufschwung des britischen Films, zumal zwei potentiell bedrohliche Tendenzen Mitte der 80er Jahre abgemildert werden konnten: Die Besuchszahlen der Kinos, die 1984 mit nur noch 54 Millionen einen historischen Tiefststand erreichten, stiegen seither kontinuierlich an und näherten sich zum Ende der Dekade wieder der 100 Millionen-Grenze. Und als Margaret Thatcher 1984 mit der Eady-Abgabe und der National Film Finance Corporation zwei wichtige Finanzquellen abschaffte und die britische Filmwirtschaft dem Prinzip des freien Wettbewerbs unterwarf (vgl. Kap. 3), erwies sich der 1982 gegründete Fernsehsender Channel Four als wertvoller Ersatz bei der Finanzierung zahlreicher Filmprojekte.

Freilich gab es auch Stimmen, die dem Aufschwung des britischen Films, bzw. der spezifischen Machart des neuen britischen Films kritisch gegenüberstanden. Zu ihren Wortführern zählte Derek Jarman:

»In the eighties of Margaret Thatcher has come the ›British Film Renaissance‹. But it was a fake. A group of advertising men who had gone into film – Alan Parker, Ridley Scott, Hugh Hudson, and their chum David Puttnam ran this PR exercise, declaring themselves to be ›British Cinema‹, using their knowledge of how to manipulate the media – it was very astute. But in this publicity campaign, they had hardly any truly British films. Ken Russell,

Nicolas Roeg, and Lindsay Anderson were largely ignored, while they included American films like REVOLUTION or THE KILLING FIELDS with some unbelievably tentative British connection – like an English producer or something.« (Hacker/Price 1991, 258).

Mit dieser polemischen Kritik zielte Jarman in erster Linie auf die britische Produktionsgesellschaft Goldcrest.

19.2 Der Aufstieg und Fall von Goldcrest

Die beherrschende unabhängige Produktionsfirma der 80er Jahre in Großbritannien war Goldcrest Productions. Während der kurzen Dauer ihres Bestehens wurde Goldcrest zum Flaggschiff der britischen Filmindustrie und zum Symbol der Renaissance des britischen Films. Zwischen 1980 und 1987 investierte Goldcrest rund 90 Millionen Pfund in die Filmproduktion, darunter befanden sich international renommierte Spielfilme wie CHARIOTS OF FIRE (1981), GANDHI (1982), LOCAL HERO (1983), THE KILLING FIELDS (1984) und A ROOM WITH A VIEW (1986). Mit insgesamt 19 Oscargewinnen bei 40 Nominierungen hält Goldcrest den Rekord unter unabhängigen Produktionsgesellschaften. Allein im Jahr 1985 erhielten Goldcrest-Produktionen 25 Nominierungen von der British Academy of Film and Television Arts (BAFTA), und in Hollywood hieß es im selben Jahr: »the Oscar nominations look like a benefit night for the British film industry« (Eberts/Ilott 1990, 445).

Gegründet wurde Goldcrest von dem kanadischen Finanzmakler Jake Eberts (geb. 1941), dessen ursprünglicher Plan es war, mit einer kleinen Firma eine Marktlücke auszufüllen: Während Produktionsfirmen üblicherweise in fertige Filmprojekte investieren, bestand Eberts' Geschäftsidee darin, Investoren zu vermitteln, um vielversprechende Ideen in Drehbuchentwürfe umzusetzen. Im Januar 1977 nahm die neue Gesellschaft ihre Arbeit auf. Als Hauptinvestor gewann Eberts die Verlagsgruppe Pearson Longman, und da deren Tochtergesellschaften häufig nach Vogelnamen benannt waren – am bekanntesten der Verlag Penguin Books – taufte Eberts die neue Firma auf den Namen Goldcrest (Goldhähnchen). Obwohl er so gut wie nichts vom Filmgeschäft verstand, konnte Eberts eine Reihe hochkarätiger Geschäftspartner an das Unternehmen binden, die sich im Laufe der Jahre als Mitstreiter von unschätzbarem Wert erweisen sollten. Hierzu gehörten insbesondere David Puttnam und Richard Attenborough.

Der 1941 in London geborene David Puttnam war in der Werbeindustrie tätig, bevor er 1968 in die Filmwirtschaft wechselte (ein Schritt, zu dem er auch die Regisseure Ridley Scott, Alan Parker und Hugh Hudson animierte). Puttnam hatte vor allem den internationalen Markt im Visier. Nach einigen erfolgreichen Produktionen wie BUGSY MALONE und MIDNIGHT EXPRESS legte Puttnam, inzwischen Vorsitzender der Produktionsfirma Enigma, Eberts den Entwurf für CHARIOTS OF FIRE vor, und Goldcrest finanzierte die Entwicklung des Drehbuchs. Obwohl Goldcrest mit der anschließenden Produktion des Films nichts mehr zu tun hatte, wurde die Firma in der Folgezeit meist in einem Atemzug mit CHARIOTS OF FIRE genannt, so daß der Film erheblich zum Erfolgsmythos von Goldcrest beitrug. Um dieser Assoziation entgegenzusteuern, starteten die Geldgeber des Films (Fox, Allied Stars und Dodi Fayed) sogar eine Pressekampagne.

Hugh Hudsons Regiedebüt CHARIOTS OF FIRE schildert einen historischen Wettkampf der Olympischen Spiele von Paris 1924. Im Zentrum des Films steht die Rivalität zwischen dem Schotten Eric Liddell (Ian Charleson) und dem Juden Harold Abrahams (Ben Cross), die beide als Läufer für Großbritannien starten. Jake Eberts umriß den Gehalt von CHARIOTS OF FIRE mit den Worten: »It's about class, it's about anti-Semitism, it's about achievement, it's about the Church of England, it's about growing up, it's about university life« (Eberts/Ilott 1990, 33). CHARIOTS OF FIRE (der Titel zitiert William Blakes Gedichte *Jerusalem* und *The Everlasting Gospel)* wurde mit Einnahmen von 62 Millionen Dollar an amerikanischen Kinokassen zum damals erfolgreichsten nicht-amerikanischen Film aller Zeiten. Er erhielt sieben Oscar-Nominierungen und siegte in den Kategorien Bester Film, Beste Originalvorlage (Colin Welland), Beste Kostüme (Milena Canonero) und Beste Musik (Vangelis). Der grandiose Erfolg dieses Films führte zu einer vorübergehenden Goldgräberstimmung in der britischen Filmindustrie, die sich mit der Situation Mitte der 30er Jahre vergleichen läßt, als Alexander Kordas THE PRIVATE LIFE OF HENRY VIII für eine beispiellose Konjunkturbelebung gesorgt hatte. Wie zuvor Kordas Film hob auch CHARIOTS OF FIRE schlagartig das Renommee des britischen Kinos im Ausland und animierte zahlreiche inländische Investoren dazu, sich der Filmproduktion zuzuwenden. Puttnam selbst konnte sich als einer der weltweit angesehensten Top-Produzenten etablieren und wurde zur Galionsfigur der britischen Film-Renaissance. Nach seinen Produktionen LOCAL HERO und THE KILLING FIELDS, beide ebenfalls von Goldcrest finanziert, leitete Puttnam als erster Brite von 1986 bis 1987 eines der großen Hollywood-Studios (Columbia), wo er u.a. Bernardo Bertoluccis THE LAST EMPEROR (1987, DER LETZTE KAISER) produzierte. Für seine ertragreichen Bemühungen um eine Revitalisierung der britischen Filmindustrie wurde Puttnam 1995 geadelt.

Eng verbunden mit dem Schicksal von Goldcrest war auch der Schauspieler, Produzent und Regisseur Richard Attenborough (geb. 1923), der nach seinem Schauspieldebüt als ängstlicher Matrose in David Leans Marinedrama IN WHICH WE SERVE (1942) in bislang über 60 Filmen auftrat, u.a. in BRIGHTON ROCK (1947, John Boulting), I'M ALL RIGHT, JACK (1959, John Boulting), THE HUMAN FACTOR (1979, Otto Preminger), JURASSIC PARK (USA 1993, Steven Spielberg) und HAMLET (1996, Kenneth Branagh). Bedeutender als seine schauspielerischen Erfolge erscheinen jedoch Attenboroughs Leistungen als Produzent und Regisseur sowie sein unermüdliches Engagement für die britische Filmindustrie. Gemeinsam mit dem Schauspieler und Drehbuchautor Bryan Forbes (geb. 1926) gründete Attenborough die Gruppe der Allied Film Makers, der auch Basil Dearden, Michael Relph und Jack Hawkins beitraten. Die Allied Film Makers produzierten erfolgreiche und qualitativ ansprechende Filme wie Basil Deardens Kriminalkomödie THE LEAGUE OF GENTLEMEN (1959, DIE HERREN EINBRECHER GEBEN SICH DIE EHRE) oder WHISTLE DOWN THE WIND (1961, ...WOHER DER WIND WEHT), bei dem Bryan Forbes erstmals Regie führte. Der im selben Jahr entstandene VICTIM (1961, Basil Dearden, DER TEUFELSKREIS) bedeutete für Hauptdarsteller Dirk Bogarde in der Rolle eines homosexuellen Rechtsanwalts den Wechsel vom leichten Komödienfach zu anspruchsvollen Charakterrollen. Forbes' Regie beeindruckte auch in THE L-SHAPED ROOM (1962, DAS INDISKRETE ZIMMER). Sein Kriminalfilm SÉANCE ON A WET AFTERNOON (1963, AN EINEM TRÜBEN NACHMITTAG), eigentlich eine gelungene Inszenierung, brachte indes Verluste ein, und die Allied Film Makers lösten sich 1964 auf.

1969 inszenierte Attenborough erstmals selbst einen Spielfilm, die Adaption von Joan Littlewoods satirischer Theaterrevue OH, WHAT A LOVELY WAR! (OH, WHAT A LOVELY WAR!), in dem die erste Riege der britischen Schauspieler, darunter Maggie Smith, John Gielgud, Laurence Olivier, Ralph Richardson und Michael Redgrave, ihren Kollegen bei dessen Regiedebüt unterstützte. Nach einigen weniger erfolgreichen Versuchen wie dem trotz großen Staraufgebots schwachen Weltkriegs-Drama A BRIDGE TOO FAR (1977, DIE BRÜCKE VON ARNHEIM) und dem Thriller MAGIC (1978, MAGIC – EINE UNHEIMLICHE LIEBESGESCHICHTE) feierte Attenborough 1982 seinen größten Triumph mit GANDHI (1982, GANDHI). Für die filmische Biographie des Führers der indischen Unabhängigkeitsbewegung, Mahatma Gandhi, hatte Attenborough seit zwanzig Jahren vergeblich einen Produzenten gesucht. Nachdem Jake Eberts das Projekt akzeptiert hatte, begannen die Dreharbeiten im November 1980 in Neu-Delhi, und zwei Jahre später veranstaltete Attenborough vielbeachtete Gala-Premieren in Indien, England, Kanada und den USA. GANDHI erhielt hervorragende Kritiken, und ein Jahr, nachdem CHARIOTS OF FIRE die Oscar-Verleihungen beherrscht hatte, stand dort abermals ein britischer Film im Rampenlicht: GANDHI erhielt elf Nominierungen, von denen er als bislang einziger britischer Film acht gewinnen konnte, u.a. in den Kategorien Bester Film, Beste Regie (Attenborough), Bester Hauptdarsteller (Ben Kingsley) und Beste Originalvorlage (John Briley). Das biographische Genre wurde für Attenboroughs weitere Filme maßgebend: CRY FREEDOM (1987) schildert das Leben und den Tod des südafrikanischen Anti-Apartheid-Kämpfers Steve Biko, CHAPLIN (1992, CHAPLIN) zeichnet die Karriere des bedeutendsten britischen Stummfilmstars nach, und SHADOWLANDS (1993, SHADOWLANDS) widmete sich dem Schriftsteller C.S. Lewis.

Neben seinen Filmprojekten hatte Attenborough zahlreiche wichtige Ämter inne, u.a. war er Vorsitzender des British Film Institute und des Fernsehsenders Channel Four. 1976 wurde er für seinen nachhaltigen Einsatz im Dienst der britischen Filmindustrie geadelt und 1993 in den Baronsstand erhoben. Auch für Goldcrest engagierte sich Attenborough voller Enthusiasmus, da er sich erhoffte, daß in dieser Firma Filmemacher das Sagen haben würden, die sich weniger an kommerziellen als an ideellen Zielen orientierten und die Firma zu einem Leitbild für die britische Filmindustrie machen würden. Einen der wichtigsten Beiträge hierzu leistete Attenborough selbst mit GANDHI, dessen sensationeller Erfolg den Zuschnitt von Eberts' Firma gründlich veränderte. Goldcrest, in den Schlagzeilen der britischen Presse als Eroberer Hollywoods gefeiert, wurde praktisch über Nacht zur ersten Adresse der britischen Filmindustrie. Die besten britischen Filmemacher stellten hier ihre Projekte vor, und auch in Hollywood erwarb sich die Firma Respekt.

Für Eberts besaß diese Entwicklung freilich eine Kehrseite. Goldcrest expandierte sehr rasch und wuchs, anders als von dem Firmengründer ursprünglich geplant, von einer überschaubaren Investmentgesellschaft zu einem international beachteten Produktions- und Vertriebsunternehmen mit einem vielköpfigen Entscheidungsgremium und einem hohen Verwaltungsapparat (wenngleich die Zahl der Beschäftigten nie über 55 hinausstieg). Da er sich mit dem neuen Zuschnitt der Firma nicht mehr identifizieren konnte, schied Eberts Ende 1983 aus dem Unternehmen aus und wechselte zu der amerikanischen Filmgesellschaft Embassy. Die Firmenleitung von Goldcrest übernahm während der folgenden zwei Jahre der Pearson Longman-Geschäftsführer James Lee. Der unter seiner Verantwortung einsetzende Niedergang von Goldcrest wurde von den meisten Beobachtern Lee persönlich angelastet, obwohl hierfür auch eine Reihe äußerer Ursachen auszumachen ist. So beschwor gerade der Erfolg von Goldcrest eine Konkurrenz in Gestalt neuer unabhängiger Produktionsfirmen wie Virgin, Boyd's oder HandMade Films herauf, die das Erfolgsrezept zu imitieren versuchten und den Markt enger machten. Aus diesem Grund sank der Profit der einzelnen Filme, zugleich trieb die steigende Nachfrage nach technischem Personal die Produktionskosten in die Höhe. Während CHARIOTS OF FIRE noch für 3 Millionen Pfund und GANDHI für 9,5 Millionen Pfund produziert wurden, mußte Goldcrest vier Jahre später bereits 17 Millionen Pfund in THE MISSION investieren. Auch der seit April 1985 steigende Kurs des britischen Pfunds gegenüber dem Dollar schmälerte die Profite. Hauptsächlich waren es jedoch James Lees Fehlentscheidungen, die dazu führten, daß Goldcrest in die falschen Filme investierte – aufwendig zu realisierende und teure Projekte mit schlechten Drehbüchern, bei denen man zu sehr auf die Reputation der Goldcrest-Regisseure und auf die Zugkraft hochrangiger Darsteller wie Robert De Niro und Al Pacino vertraute.

Eine der wenigen Ausnahmen aus der nun einsetzenden Reihe von Fehlschlägen bildete der ambitionierte THE KILLING FIELDS (1984, Roland Joffé), ein Film über die authentische Suche des amerikanischen Kriegsberichterstatters Sydney Schanberg nach seinem kambodschanischen Kollegen und Freund Dith Pran, der während der Pol Pot-Herrschaft in einem Arbeitslager gefangen war. In semidokumentarischen Aufnahmen zeigte Kameramann Chris Menges immer wieder drastische Schreckensbilder des fernöstlichen Kriegsschauplatzes. In ersten Rezensionen wurde Roland Joffés Regiedebüt in hohen Tönen gelobt und sofort als Oscar-Favorit gehandelt (tatsächlich erhielt der Film Auszeichnungen in den Kategorien Beste Kamera, Bester Schnitt und Bester Nebendarsteller). Dieser Erfolg konnte den bevorstehenden Zusammenbruch von Goldcrest jedoch nicht mehr aufhalten, der vor allem durch die anschließend produzierten Filme REVOLUTION (1985), ABSOLUTE BEGINNERS (1986) und THE MISSION (1986) herbeigeführt wurde, »certainly the most trumpeted, and arguably the most catastrophic, film-investment programme ever undertaken by a British company« (Eberts/Ilott 1990, 315). Einen großen und letztlich irreparablen finanziellen Schaden bereitete ausgerechnet Hugh Hudson, dessen CHARIOTS OF FIRE maßgeblichen Anteil am ursprünglichen Erfolg von Goldcrest gehabt hatte. Hudsons zweiter Film REVOLUTION, ein Familiendrama aus der Zeit des amerikanischen Unabhängigkeitskriegs, erwies sich in jeder Hinsicht als Fiasko: das minderwertige Drehbuch besaß einen zu dünnen Handlungsfaden, die teuren Stars Al Pacino, Donald Sutherland und Nastassja Kinski blieben blaß und erschienen in ihren Rollen unglaubwürdig. Zudem überstiegen die Produktionskosten des Films erheblich sein Budget, und an den Kinokassen erwies er sich angesichts vernichtender Rezensionen als Debakel. Goldcrests Verluste beliefen sich auf 9,6 Millionen Pfund.

Da er im Vorstand kein Vertrauen mehr besaß, trat James Lee von seinem Posten zurück. Richard Attenborough hatte seit längerem Firmengründer Jake Eberts zu überzeugen versucht, in den Vorstand zurückzukehren, um Goldcrest zu retten. Eberts bemerkte hierzu: »He cajoled, encouraged, pleaded, begged, reasoned, exhorted and flattered me, while, at the same time, imploring me to consider the damage that would be done if I didn't come back and Goldcrest went under. If we didn't save the company, he and I, there would soon be no British film business left« (Eberts/Ilott 1990, 564). Eberts übernahm 1985 noch einmal die Firmenleitung. Mit den Filmprojekten, die während seiner Abwesenheit in die Wege geleitet worden waren, ging er hart ins Gericht. Letztlich konnte Eberts den Untergang von Goldcrest aber nicht mehr verhindern, denn auch Roland Joffés Dschungel-Epos THE MISSION, das in Cannes die Goldene Palme als bester Film gewann, erwies sich ebenso als kommerzieller Fehlschlag wie ABSOLUTE BEGINNERS. Gemeinsam brachten diese beiden Filme der erfolgsverwöhnten Produktionsgesellschaft Verluste von rund 6 Millionen Pfund. Bei den Oscar-Verleihungen war Goldcrest 1986 erstmals nach vier aufeinanderfolgenden Jahren nicht mehr präsent. Der anschließende Überraschungserfolg von James Ivorys Sittenkomödie A ROOM WITH A VIEW konnte das Unternehmen nicht mehr retten. Im Oktober 1987 mußte Goldcrest verkauft werden, und David Puttnam konnte seine tiefe Enttäuschung nicht verhehlen: »I'm bitter and very angry. I have put ten years of my life into this company. It's tragic to find all that work wasted and the company in tatters. [...] Had REVOLUTION been even moderately OK and on budget none of this would ever had happened.« (Eberts/Ilott 1990, 619).

Zweifellos gehört die kurze Blütezeit von Goldcrest zu den glanzvollsten Phasen der britischen Filmgeschichte. Doch wie bereits in den 30er Jahren führte der Kollaps zu einem massiven Rückzug des britischen Kapitals aus der Filmwirtschaft.

19.3 Merchant Ivory und das Heritage Cinema

Die Bezeichnung ›Heritage Cinema‹ beschreibt ein vergleichsweise junges Filmgenre. Es wendet sich vergangenen Epochen zu, verzichtet dabei aber im Gegensatz zu herkömmlichen Historienfilmen auf spektakuläre Abenteuerhandlungen und stellt keine bedeutenden historischen Ereignisse oder Persönlichkeiten in den Mittelpunkt. Statt dessen bevorzugen diese oft nach einer angesehenen literarischen Vorlage entstandenen Filme die leisen Töne und beleuchten meist individuelle bürgerliche Schicksale. Zu den typischen Kennzeichen des Heritage Cinema gehört ein in Dekor, Kostümen und Schauplätzen sorgfältig rekonstruiertes Zeitkolorit, ein konventioneller, getragener Erzählstil, der die persönliche Handschrift des Regisseurs in den Hintergrund treten läßt, sowie ein zurückhaltender schauspielerischer Stil, der nuancierte psychische Regungen betont. In England wurde der Heritage-Film zum beherrschenden Genre der 80er Jahre, dessen Erfolg sich teilweise auf eine nostalgische Sehnsucht nach der nationalen Vergangenheit zurückführen läßt, die durch verklärende Rekonstruktionen der viktorianischen und edwardianischen Zeit befriedigt wurde.

Nahezu synonym mit dem Heritage Cinema steht die Firma Merchant Ivory Productions, getragen von einem dreiköpfigen internationalen Team, das später für die längste Zusammenarbeit in der Filmgeschichte in das Guiness Buch der Rekorde einging. Der 1936 in Bombay geborene Inder Ismail Noormohamed Abdul Rehman Merchant studierte Wirtschaft in New York, wo er 1961 James Ivory kennenlernte. Merchant fungierte später als Produzent in der gemeinsamen Firma. Der Amerikaner James Ivory, 1928 in Kalifornien geboren, schloß an der University of Southern California ein Filmstudium ab und wurde für die Regie verantwortlich. Dritte im Team war die Roman- und Drehbuchautorin Ruth Prawer Jhabvala, die 1927 in Köln geborene Tochter des Polen Marcus Prawer und der Berlinerin Eleonora Cohn. Sie emigrierte 1939 mit ihrer Familie nach England und heiratete 1951 den indischen Architekten Cyrus Jhabvala. Zu den zahlreichen Auszeichnungen, die sie im Lauf ihrer Karriere erhielt, zählt neben dem Oscar (für A ROOM WITH A VIEW) und dem National Film Critics Award auch der renommierte Booker-Literaturpreis (für den Roman *Heat and Dust*).

Die Filmproduktion von Merchant Ivory begann in Indien mit den Filmen THE HOUSEHOULDER (1963) und SHAKESPEARE WALLAH (1965). In den frühen 70er Jahren löste sich die Firma vom thematischen Bezug zu Indien und 1978 begann die Reihe ihrer bekannten Literaturverfilmungen, als Jhabvala Henry James' Roman *The Europeans* adaptierte. Der gleichnamige Film hatte im Mai 1979 seine Premiere bei den Filmfestspielen von Cannes, ebenso wie später QUARTET (1981, QUARTETT), ein Pariser Gesellschaftsdrama aus den 20er Jahren nach dem Roman von Jean Rhys, und THE BOSTONIANS (1984, DIE DAMEN AUS BOSTON), abermals nach einer Vorlage von Henry James. Den entscheidenden internationalen Durchbruch brachten jedoch erst die Verfilmungen der Romane von E.M. Forster. Als Vorlagen für das britische Heritage Cinema nahmen die Romane des englischen Autors Edward Morgan Forster eine zentrale Stellung ein. David Lean hatte die Reihe der Forster-Adaptionen 1984 eröffnet, als er dessen Meisterwerk A PASSAGE TO INDIA verfilmte und damit nach seiner vierzehnjährigen Regie-Abstinenz für große Publicity gesorgt hatte. Mit den Forster-Verfilmungen A ROOM WITH A VIEW, MAURICE (1987) und HOWARDS END, für die er zwei Regie-Oscars erhielt, machte James Ivory das Heritage Cinema zum Markenzeichen von Merchant Ivory. Wenngleich der überwältigende kritische und kommerzielle Erfolg von A ROOM WITH A VIEW, der weltweit über 60 Millionen Dollar ein-

A Room with a View (Julian Sands, Helena Bonham Carter)

spielte, Produzent, Regisseur und Autorin berühmt machte, blieb Merchant zurückhaltend:

> »After this success, we were flooded with dozens of proposals from Wall Street to go public. [...] Scripts kept arriving from the studios, with big stars attached and huge budgets to pay them with. But for the most part, the scripts were shallow and had been endlessly revised by several different writers. This was not how we saw ourselves. None of it had any link to our methods of filmmaking. And we didn't want to become the flavor of the month.« (Long 1991, 145).

Obwohl die Kritik dem Heritage-Kino zu Beginn der 90er Jahre erste Abnutzungserscheinungen attestierte, fand auch Howards End beim Publikum großen Anklang. Wie bereits in A Room with a View ließ Kameramann Tony Pierce-Roberts die Zeit der Jahrhundertwende in opulenten Farben auferstehen. Merchant Ivory setzte die erfolgreiche Formel mit The Remains of the Day (USA 1993, Was vom Tage übrig blieb) fort, einer Adaption von Kazuo Ishiguros gleichnamigem Erfolgsroman. Nur geringe Beachtung fanden hingegen die Merchant Ivory-Produktionen JEFFERSON IN PARIS (1995) und SURVIVING PICASSO (1996, MEIN MANN PICASSO). Nach einem eigenen Drehbuch inszenierte Ivory 1998 A SOLDIER'S DAUGHTER NEVER CRIES (DIE ZEIT DER JUGEND) und trat dabei erstmals auch als Produzent auf. Parallel hierzu begann Ismail Merchant eigene Regiearbeiten mit den Spielfilmen IN CUSTODY (1994) und THE PROPRIETOR (1997).

Ähnlich wie die britische New Wave der 60er Jahre griff auch das Heritage Cinema auf einen bewährten Schauspieler-Stamm zurück, zu dem u.a. Anthony Hopkins, Vanessa Redgrave, Emma Thompson, James Wilby und Hugh Grant gehörten. Darüber hinaus entdeckte James Ivory zahlreiche weibliche Schauspieltalente wie Helena Bonham Carter, Greta Scacchi, Sean Young und Madeleine Potter. Anthony Hopkins gab sein Regiedebüt ebenfalls mit einem Heritage-Film, AUGUST (1995, nach dem Schauspiel *Onkel Vanj*a von Anton Čechov), in dem er zugleich die Hauptrolle des despotischen Professors übernahm.

Ungeachtet des hohen Prestigewerts des Heritage Cinema und seiner anhaltenden Beliebtheit beim Publikum gab es auch kritische Wertungen der filmischen Nostalgie-Mode. Neben einer pauschalen Verurteilung dieser Filme als eskapistische Fluchtburg einer Mittelschicht, die die sozialen Konflikte ihrer Zeit zu verdrängen sucht, wurde mitunter die (zu) starke Ausrichtung auf das Visuelle moniert, das die Vergangenheit als elegantes Schauspiel inszeniert und dabei die Komplexität der literarischen Vorlagen ausblendet. So schrieb Andrew Higson zu diesem Aspekt: »The films [...] construct such a delightfully glossy visual surface that the ironic perspective and the narrative of social criticism diminish in their appeal for the spectator.« (Higson 1993, 120).

20. Film-Kunst: Peter Greenaway und Derek Jarman

20.1 The Cinema of Exhaustion: Peter Greenaway

Der am 5. April 1942 im walisischen Gwent geborene und in London aufgewachsene Peter Greenaway verkörpert ein künstlerisches Multitalent, dessen kreatives Schaffen sich an der Wagnerschen Idee des Gesamtkunstwerks orientiert. Greenaway studierte von 1960 bis 1965 Malerei an der Walthamstow Art School und profilierte sich als Zeichner und Aktionskünstler in zahlreichen Ausstellungen, darunter die spektakulären Kunstprojekte *The Physical Self* (Rotterdam 1991), *100 Objects to Represent the World* (Wien 1992) und *The Stairs* (Genf 1994 und München 1995).

Wie kaum ein anderer zeitgenössischer Filmemacher polarisierte Greenaway die Kritikermeinungen. Von den einen als genialer Schöpfer brillanter Kunstwerke und als einer der letzten Fanatiker des Kinos gefeiert, wurde er von anderen als »intellektueller Exhibitionist« und »Fußnoten-Fetischist« (Brown 1991) belächelt, der zu manieristischen Spielereien neigt und eine Überfrachtung ästhetischer und philosophischer Ideen betreibt, ohne auch nur eine davon näher auszuführen. Regiekollege Alan Parker drohte nach THE DRAUGHTSMAN'S CONTRACT an, Großbritannien zu verlassen, falls Greenaway erlaubt werde, noch einen einzigen Film aus britischen Fördermitteln zu drehen.

Zweifellos ist Greenaway ein schwer zugänglicher, intellektueller Regisseur, dessen provozierende Filme sich an eine kulturelle Elite wenden und dabei vor keinem Tabuthema zurückschrecken. Im Kontext der britischen Filmgeschichte entzieht sich Greenaway jeder vergleichenden Klassifizierung. Stephen Frears und Charles Barrs Filmgeschichte *Typically British* setzt sich bezeichnenderweise nicht mit Greenaway auseinander. Fernab vom filmischen Realismus und vom kommerziellen britischen Kino steht Greenaway – wie sein Selbstporträt in Gestalt des französischen Kochkünstlers Richard in THE COOK, THE THIEF, HIS WIFE AND HER LOVER andeutet – eher in der Tradition des kontinentaleuropäischen Postmodernismus. Darüber hinaus verraten Greenaways Filme einen deutlichen Einfluß von Strukturalismus, Formalismus und Klassizismus, häufig in atemberaubendem Kontrast zu einer an Barock und Romantik angelehnten Bildkomposition.

Greenaway begann seine filmische Laufbahn als Cutter von Dokumentarfilmen beim Central Office of Information und, nahezu zeitgleich, mit der Herstellung experimenteller Kurzfilme, die seine profunde Skepsis gegenüber der dokumentarischen Schule widerspiegeln. Seine Erkenntnis, daß der dort erzeugte Schein von Faktizität auf Halbwahrheiten, Fälschungen, manipulierten Statistiken und arrangierten Spielszenen beruht, ließ Greenaways anfänglichen Enthusiasmus für Dokumentarfilmer wie John Grierson, Robert Flaherty, Alberto Cavalcanti und Humphrey Jennings in Zynismus umschlagen. In Avantgardefilmen wie DEAR PHONE (1977), A WALK THROUGH H (1978) oder dem preisgekrönten THE FALLS (1980), die er selbst als »artificial documentaries« oder »bogus documentaries« (Woods 1996, 242f.) bezeichnete, führte Greenaway unter Beibehaltung der formalen Merkmale des Dokumentarfilms dessen Wahrheitsanspruch parodistisch ad absurdum. Ein typisches Beispiel für dieses Verfahren lieferte der dreieinhalbminütige 16mm-Farbfilm WINDOWS (1975), den Greenaway als seinen ersten bedeutenden Film erachtete, da er maßgebliche Charakteristika seiner späteren Spielfilme vorausdeutete. WINDOWS besteht aus 24 statischen Kameraeinstellungen, wobei die Kamera aus verschiedenen Innenräumen durch ein Fenster auf pastorale Landschaften blickt. Die scheinbar willkürlich aneinandergereihten Bilder sind mit einem Cembalo-Stück von Rameau sowie mit Greenaways eigener voice over-Stimme unterlegt (ein Stilmittel, das auch seine Spielfilme kennzeichnet). Unter Betonung einer durch die Fensterrahmen vorgegebenen formalen Konstanz evoziert die autoritative, neutrale Stimme den Dokumentarfilm-Charakter und suggeriert zugleich einen Sinnzusammenhang der gelieferten Informationen über 37 Fensterstürze in der englischen Gemeinde Wardour (eine Anspielung auf die Londoner Wardour Street, den Sitz zahlreicher Filmproduktionsfirmen). Tatsächlich handelt es sich bei den statistischen Angaben aber um Scheininformationen, die beliebig verkürzbar oder erweiterbar sind und sich der Erwartung des Publikums nach verwertbaren Daten und einem sinnvollen Kausalzusammenhang verweigern:

> »In 1973 in the parish of Wardour, 37 people were killed as a result of falling out of windows. Of the 37 people who fell, 7 were children under 11, 11 were adolescents under 18 and the remaining adults were all under 71 save for a man believed by some to be 103.
>
> 5 of the 7 children fell from bedroom windows as did 4 of the 11 adolescents and 3 of the 19 adults. Of the 7 children who fell all cases were of misadventure save 1 of infanticide.
>
> Of the 11 adolescents, 3 committed suicide for reasons of the heart,

2 fell through misadventure, 2 were drunk, 1 was pushed, 1 was accredited insane, 1 jumped for a bet and 1 was experimenting with a parachute.

Of the 18 men, 2 jumped deliberately, 4 were pushed, 5 were cases of misadventure and 1, under the influence of an unknown drug, thought he could fly.

Of the 11 adolescents who fell, 2 were clerks, 2 were unemployed, 1 was married, 1 was a window cleaner and 5 were students of aeronautics, 1 of whom played a harpsichord.

Among the 19 adults who fell were an air-stewardess, 2 politicians, an ornithologist, a glazier and a seamstress.

Of the 37 people, 19 fell in summer before midday, 8 fell on summer afternoons and 3 fell into snow. The ornithologist, the adolescent experimenting with a parachute and the man who thought he could fly all fell or were pushed on spring evenings. At sunset on the 14th of April 1973 the seamstress and the student of aeronautics who played the harpsichord jumped into a plum tree from the window in this house.«

Die hier erkennbare Vorliebe für das Formel- und Kataloghafte, das Archivarische und zugleich Rätselhafte zeigt sich auch in Greenaways Spielfilmen. Sein erster Spielfilm, THE DRAUGHTSMAN'S CONTRACT (1982, DER KONTRAKT DES ZEICHNERS), wurde finanziert von Channel Four sowie vom British Film Institute, das seine Filme bereits seit 1978 gefördert hatte. Der prächtig ausgestattete Film kann mit einer die Genrekonventionen von Kostüm- und Kriminalfilm verschmelzenden Hybridform verglichen werden, dessen Inspirationsquelle möglicherweise in dem unmittelbar vorausgegangenen Erfolg von Umberto Ecos Roman *Il Nome della Rosa* zu suchen ist. In diesem Film betrieb Greenaway mit seinem Protagonisten und seinem Publikum gleichermaßen ein komplexes Verwirrspiel: Im England des Jahres 1694 spielt THE DRAUGHTSMAN'S CONTRACT auf dem Landsitz Compton Anstey, wo Mr. und Mrs. Herbert (Dave Hill und Janet Suzman) mit ihrer Tochter (Anne Louise Lambert) und ihrem deutschen Schwiegersohn Mr. Talman (Hugh Frazer) wohnen. Als Mr. Herbert eines Tages ankündigt, eine zweiwöchige Reise nach Southampton zu unternehmen, beschließt seine Frau, während seiner Abwesenheit zwölf Zeichnungen des Anwesens anfertigen zu lassen. Der talentierte, aber eitle und arrogante Landschaftsmaler Neville (Anthony Higgins) nimmt den Auftrag unter der Bedingung an, daß ihm seine Auftraggeberin für jedes angefertigte Bild ein intimes Beisammensein gewährt. Auf diese Weise kommt der Kontrakt des Zeichners zustande, der dem Künstler eine trügerische Machtfülle verleiht, obwohl er ihn in Wahrheit zum Werkzeug und schließlich zum Opfer der gesellschaftlichen Oberschicht macht.

THE DRAUGHTSMAN'S CONTRACT (Anthony Higgins, Neil Cunningham, Anne Louise Lambert)

Unverzüglich macht sich Neville nach einem minutiös festgelegten Stundenplan ans Werk. Doch obwohl er strikte Anweisung erteilt hatte, daß an dem gesamten Anwesen während seiner zwölftägigen Tätigkeit nichts verändert werden darf, tauchen in den barocken Parkanlagen nach und nach einige herrenlose Kleidungsstücke auf. Gemäß seinem künstlerischen Credo, »never to distort or to dissemble«, abstrahiert Neville seine Landschaftsmotive nicht von den Fundgegenständen, sondern dokumentiert (einer Kamera vergleichbar) exakt das, was er sieht. Dieses Vorgehen führt zu einer unbeabsichtigten Sinnkomplexion der Zeichnungen: Indem sie die herrenlosen Gegenstände abbilden, werden Nevilles Bilder zu vermeintlichen Allegorien, die, je nach Auslegung, die Geschichte eines Mordes oder eines Ehebruchs erzählen. Zugleich kündigt das scheinbar zufällige Eindringen der fremden Objekte in die präfabrizierte Ordnung der Bildmotive eine Destabilisierung der bisherigen Rollenverteilung an. Dies deutet sich erstmals in den Worten Mrs. Talmans an:

> »In your drawing of the north side of the house my father's cloak lies wrapped around the feet of the figure of Bacchus. In the drawing of the prospect over which my husband turns an appreciative gaze you will notice that there

is unclaimed a pair of riding boots. In the drawing of the park from the east side it is possible to see leaning against my father's wardroom a ladder, usually put to use for the collecting of apples. And in the drawing of the laundry there is a jacket of my father's, slit across the chest. Do you not think that before long you might find a body that inhabited all those clothes?«

Von Mrs. Talman implizit der Mitwisser- oder Komplizenschaft an einem Mord beschuldigt, willigt der Zeichner in einen zweiten Kontrakt ein, der insofern eine Umkehrung des ersten darstellt, als er Neville dazu verpflichtet, fortan den sexuellen Wünschen von Mrs. Talman Folge zu leisten. Nachdem Neville die zwölf Zeichnungen (die übrigens von Greenaway selbst stammen) fertiggestellt hat, wird im Wassergraben die Leiche des ermordeten Mr. Herbert gefunden. Neville wird so zum unfreiwilligen Chronisten eines letztlich ungeklärt bleibenden Mordfalles – und damit auch zur intermedialen Anspielung auf den Fotografen Thomas aus Antonionis BLOW-UP.

Dieses filmische Zitat ist Teil eines umfassenden Dialogs der Medien, den Greenaway häufig bis zu einem Punkt vorantreibt, an dem die Grenzen zwischen den beteiligten Medien zu verschwimmen scheinen und ursprünglich separate Kunstformen eine synthetische Verbindung eingehen. Mit Bezug auf THE DRAUGHTSMAN'S CONTRACT bemerkte Greenaway zu diesem Aspekt: »I wanted to make a cinema of ideas, not plots, and to try to use the same aesthetics as painting which has always paid great attention to formal devices of structure, composition and framing, and most importantly, insisted on attention to metaphor.« (Woods 1996, 18).

Zu den auffälligsten formalen Gestaltungsmitteln von THE DRAUGHTSMAN'S CONTRACT zählt in diesem Zusammenhang der Einsatz der Kamera, die sich extrem statisch verhält, oft in der Totalen verharrt und die gezeigten Bilder in *tableaux vivants* verwandelt. Die Kamera imitiert damit die Arbeit des Zeichners und rahmt ihre Bilder ebenso ein wie Neville, der seine Motive durch eine Kadrage betrachtet. Indem die Filmkamera immer wieder durch diese Kadrage blickt, betont sie einerseits die malerische Qualität der filmischen Bilder, andererseits relativiert sie ironisch die fotografische Qualität von Nevilles Zeichnungen.

Generell tendiert die Kameraführung in Greenaways Filmen dazu, eine Distanz zwischen Motiv und Betrachter zu wahren und die Zuschauer nicht wie üblich in den filmischen Raum hineinzuziehen. Statische Kamerapositionen, parallele Kamerafahrten und der Verzicht auf eine Schnitt-Gegenschnitt-Montage zwingen Greenaways Publikum eher in die Rolle von Besuchern einer Gemäldegalerie. Signifikante Ausnahmen bilden die langen Rückwärtsfahrten am Schluß von THE BABY OF MÂCON und PROSPERO'S BOOKS, wo die

Kamera aus den verschiedenen Ebenen des filmischen Geschehens letztlich auf das reale Kinopublikum verweist. Die hier deutlich werdende Tiefenschichtung der Filmbilder spielt in Greenaways Filmen eine eminent wichtige Rolle. Die Bilder sind sehr häufig klar unterteilt in Vordergrund, Mittel- und Hintergrund, und oft agieren Schauspieler auf allen drei Ebenen gleichzeitig.

Das in THE DRAUGHTSMAN'S CONTRACT erst andeutungsweise erkennbar werdende Ineinandergreifen der Medien und Künste vertiefte Greenaway in seinen folgenden Spielfilmen zu einem engmaschigen Geflecht aus Anspielungen, Zitaten und Kommentaren. Dabei repräsentiert sein intermediales Referenzfeld einen Querschnitt durch die europäische Kulturgeschichte, der sich von der Malerei (z.B. Dürer, Raphael, Hals, Bosch, Vermeer, Magritte, Bacon) über die Literatur (z.B. Shakespeare, Swift, Sterne, Blake, Lear, Carroll, Wilder, Borges) und die Musik (z.B. Bach, Cage) bis zur Fotografie (z.B. Muybridge, Sherman) und zum Film (z.B. Buñuel, Bergman, Antonioni, Pasolini, Resnais, Godard) erstreckt. Auch wer die Fülle der kulturellen Anspielungen des Kunstexperten Greenaway nicht immer zu erfassen vermag, bemerkt doch den exzessiven Gebrauch von Referenzobjekten, der oft eine bis ins kleinste Detail sorgfältig komponierte Arrangiertheit der Bilder bedingt.

Zumindest ebenso auffällig wie der Dialog der Medien ist die Anwendung von Klassifikationssystemen und formalen Ordnungsprinzipien. Greenaway organisiert seine Filme stets nach formalen Systemen, mit denen er u.a. ironisch die Vergeblichkeit und Ineffizienz von Ordnungsstiftung und Bedeutungssuche symbolisieren will. Zugleich zielt die Vielzahl semiotischer Verweissysteme, kabbalistischer Zahlenreihen, Listen und Kodifizierungen bewußt darauf ab, die Zuschauererwartungen an Plot und Figurenentwicklung zu unterminieren und macht jede Inhaltssynopse von Greenaways späteren Filmen (mit Ausnahme von THE COOK, THE THIEF, HIS WIFE AND HER LOVER) zunehmend inadäquat. Der Kritiker Alan Woods sprach in diesem Zusammenhang von Plot-Fragmenten, von narrativen Signalen, die an die Stelle einer erzählerischen Entwicklung treten (Woods 1996, 126). Ist das strukturelle Ordnungsprinzip von THE DRAUGHTSMAN'S CONTRACT durch die Serie der zwölf Zeichnungen noch vergleichsweise dezent und zudem deutlich handlungsmotiviert, wird es bereits in Greenaways zweitem Spielfilm, A ZED AND TWO NOUGHTS (1985, EIN Z UND ZWEI NULLEN) markanter und zugleich willkürlicher. Der Film ist neben seiner symmetrischen und spiegelbildlichen Struktur vorrangig durch drei Ordnungssysteme gekennzeichnet, die auf der antiken Mythologie, der Darwinschen Evolutionslehre sowie der Zahl 8 basieren. So finden alle agierenden Figuren ihre Entsprechung in Gestalten der griechischen oder römischen Mythologie (z.B. Oliver und Oswald = Castor und Pollux, Fallast = Jupiter, Alba = Juno, Milo =

Venus). Des weiteren betrachtet der Protagonist Oliver (Eric Deacon) im Verlauf der Handlung acht Pseudo-Dokumentarfilme, die auf den acht Entwicklungsstufen der Darwinschen Evolutionstheorie beruhen und deutlich auf Greenaways Experimentalfilme verweisen. Parallel dazu studiert sein Zwillingsbruder Oswald (Brian Deacon) den organischen Zerfallsprozeß anhand von acht Zeitrafferfilmen, die die Verwesung verschiedener Pflanzen und Tiere darstellen. Die von Darwin beeinflußten Motive von Schöpfung und Evolution, Körperlichkeit, Sexualität und Verfall, Geburt und Tod bilden einen Themenkreis, der in Greenaways Filmen stetig wiederkehrt.

Wohl am auffälligsten tritt das strukturalistische Ordnungsprinzip in Greenaways viertem Spielfilm, dem bereits 1981 geschriebenen Drowning by Numbers (1988, Verschwörung der Frauen) hervor, der 1988 in Cannes als ›Bester künstlerischer Beitrag‹ prämiert wurde. Der Film kreist um Cissie Colpitts, eine in drei Personen bzw. Lebensstadien aufgespaltene Figur, die bereits in mehreren von Greenaways Experimentalfilmen aufgetreten war. In Gestalt von Mutter, Tochter und Enkeltochter (Joan Plowright, Juliet Stevenson, Joely Richardson) ertränken alle drei Cissie Colpitts ihre Ehemänner mit Unterstützung des Leichenbeschauers Madgett (Bernard Hill). Hierauf bezieht sich eine mögliche Auslegung des Titels, wenn man ihn als Abwandlung der Freizeitbeschäftigung ›Drawing by Numbers‹ versteht, d.h. dem Ausmalen vorgefertigter Bilder. Drowning by Numbers hieße dann sinngemäß ›Ertränken nach Zahlen‹. Der Titel läßt sich aber auch übersetzen als ›von Zahlen ertränkt werden‹, und dies beschreibt treffend die Rolle der Zuschauer dieses Films. Greenaway hat die Ziffern von 1 bis 100 in chronologischer Reihenfolge in die Bilder und in den Dialog inkorporiert, teilweise auffällig, oft aber auch versteckt. (Eine vollständige Übersicht findet sich in Greenaway 1989, 21–35.) Sobald das Publikum dieses formale Prinzip begriffen hat, beginnt es unweigerlich, jede Einstellung nach Ziffern zu durchforsten und gerät dadurch in Gefahr, den Blick für das Wesentliche zu verlieren. Legt man Greenaways Äußerung zugrunde, daß die Ziffernfolge eine Parodie auf die Linearität des konventionellen Erzählkinos darstellt (Barchfeld 1993, 138), so lautet die Analogie, daß es dort gerade der Plot ist, der die Zuschauer von der Essenz des Films ablenkt. Wie sehr sich die formalen Gestaltungsprinzipien seither bis in die Mikrostruktur seiner Filme erstrecken und nur noch durch akribische Tiefenanalyse zu eruieren sind, läßt Greenaways Hinweis ahnen, Drowning by Numbers beinhalte neben den 100 Ziffern und den 100 Sternen, die von einem seilspringenden Mädchen benannt werden, auch 100 Objekte, die mit einem ›S‹ beginnen (Pally 1991, 7).

Mit seinem als heftige Attacke auf den guten Geschmack gewerteten fünften Film, The Cook, the Thief, His Wife and Her Lover (1989, Der Koch, der Dieb, seine Frau und ihr Liebhaber), provozierte Greenaway bei der Uraufführung in Venedig zwar einen Eklat, doch wurde der Film sein bis dahin kommerziell erfolgreichster. Dieser Film, der erste im Rahmen eines Produktionsvertrags über drei Filme mit der niederländischen Firma Allarts, näherte sich stärker als die vorausgegangenen dem konventionellen Erzählkino an. In der Tradition des blutrünstigen und sensationalistischen Jakobinischen Theaters, insbesondere von John Fords Tragödie *Tis Pity She's a Whore* (1633), erzählt Greenaway eine kraftvolle Geschichte um Macht und Korruption, Sex, Gewalt und Rache. Die neun Tage umspannende Handlung spielt sich zum überwiegenden Teil in dem Gourmet-Restaurant ›Le Hollandais‹ des Meisterkochs Richard (Richard Bohringer) ab, wo allabendlich der ungehobelte und tyrannische Gangster Albert Spica (Michael Gambon) mit seiner Gefolgschaft tafelt. Alberts Frau Georgina (Helen Mirren) beginnt in dem Restaurant eine heimliche Affäre mit dem kultivierten Buchhändler Michael (Alan Howard), bis Albert den beiden auf die Schliche kommt und eine doppelte Rachetragödie ihren Lauf nimmt: Albert bringt Michael auf brutale Weise um, indem er ihn mit den Seiten seines Lieblingsbuchs erstickt, Georgina rächt sich, indem sie ihren Mann zwingt, die von Richard zubereitete Leiche ihres Liebhabers zu verspeisen.

Dieser vergleichsweise einfache Plot und seine Nähe zum Jakobinischen Theater (die durch den Aufzug und Fall eines Vorhangs am Beginn und Schluß des Films zusätzlich betont wird) bilden freilich auch hier nur eine Facette eines vielschichtigen Bedeutungsgefüges. Unterstützt durch die bewährte Zusammenarbeit mit Kameramann Sacha Vierny und Komponist Michael Nyman gestaltete Greenaway mit diesem Film vor allem eine Allegorie über Kunst und Kunstkonsum. Seine verschlüsselten Kommentare über den Kunstbetrieb lassen sich am ehesten an den Figuren des Kochs und des Diebes explizieren, die hier stellvertretend für das gegenseitige Abhängigkeitsverhältnis zwischen dem ambitionierten Künstler (bzw. Filmemacher) und seinem Geldgeber (bzw. Produzenten) stehen. Der kulturlose Emporkömmling Albert Spica strebt nach gesellschaftlicher Anerkennung und geht daher mit Richard eine Symbiose ein, er protegiert den Koch, da er sich von dieser Verbindung soziales Prestige erhofft. Der Koch seinerseits erträgt stoisch die barbarischen Willkürakte seines Mäzens, weil dessen Geld es ihm ermöglicht, seine Vorstellungen höchster Kochkunst zu realisieren. Bei der Wahl seines Publikums läßt sich der perfektionistische Koch seinen elitären Anspruch indes nicht nehmen: Dem Barbaren Spica bleiben die exquisiteren Kreationen der Haute Cuisine vorenthalten, die wahre Kunst offeriert Richard ausschließlich jenen Gästen, die sie, wie Georgina und Michael, zu goutieren wissen. (Es paßt in diesen Kontext, daß Greenaway in THE DRAUGHTSMAN'S CONTRACT das modifizierte Truffaut-Zitat »English painting is a contradiction in terms« bezeichnenderweise dem ignoranten Mr. Talman in den Mund legt.) Insofern sind die Prioritäten klar verteilt: Der Künstler Richard ist zwar gezwungen, sich zu prostituieren, kommt es aber zum Interessenkonflikt, hält er zu seinem Publikum und unterstützt hinter Spicas Rücken bedingungslos die Liebenden.

Die auf dem Studiogelände von Elstree errichtete Kulisse des weitläufigen Restaurants gliedert sich in eine logisch gestaffelte Flucht von Handlungsräumen, vom Restaurantparkplatz (wo das Essen angeliefert wird) über die Küche (Zubereitung), den Speisesaal (Nahrungsaufnahme und -verdauung) bis zur Toilette (Ausscheidung). Lange Kamerafahrten, die fortan zu einem Markenzeichen Greenaways wurden, tasten diesen Mikrokosmos ab und geben dabei zu erkennen, wie sich der Kreislauf des Nahrungs- bzw. Kunstkonsums auch in der deutlichen Farbsymbolik niederschlägt. Von den Blautönen des Parkplatzes wechselt die Farbpalette zum vegetarischen Grün der Küche und zum Gefahr signalisierenden Rot des Speisesaals, des bevorzugten Aufenthaltsorts Spicas. Die Toilette hingegen, der Ort von Georginas erstem Ehebruch, wird von einem unschuldigen Weiß dominiert. Zugunsten dieser Farbsymbolik durchbrach Greenaway sogar die Illusion erzählerischer Kontinuität, da oft die Farbe der von Couturier Jean-Paul Gaultier entworfenen Kostüme wechselt, sobald die Schauspieler einen anderen Raum betreten.

Auch dieser Film ist durch Greenaways Affinität zur Malerei geprägt. Die hervorstechendsten Beispiele hierfür sind die als Stilleben arrangierten Delikatessen des Restaurants sowie das den Speisesaal dominierende Gemälde von Franz Hals, *Das Festmahl der Offiziere der St. Georgs-Schützengilde* (1616), ein Porträt ehrenwerter Bürger, als deren korrumpierte Variante des ausgehenden 20. Jahrhunderts Albert Spica und seine Bande auftreten.

Zu seinem folgenden Film, PROSPERO'S BOOKS (1991, PROSPEROS BÜCHER), wurde Greenaway durch den klassischen Shakespeare-Darsteller Sir John Gielgud (geb. 1904) angeregt, dessen langgehegte Ambition es war, als Prospero in einer signifikanten Filmversion von William Shakespeares Romanze *The Tempest* mitzuwirken. PROSPERO'S BOOKS war Greenaways erster Film, der nicht auf einer eigenen Originalvorlage beruht (wenngleich er auch in diesem Fall, wie stets, das Drehbuch selbst verfaßte). Nach der geteilten Resonanz auf Greenaways vorausgegangene Filme fand PROSPERO'S BOOKS ein vorwiegend positives Echo, und Unbehagen entstand allenfalls angesichts der Vielzahl unbekleideter Statisten. (Der dezidiert unerotische Einsatz von Nacktheit in Greenaways Filmen veranlaßte die Motion Picture Association of America zur Einführung einer neuen Bewertungs-Kategorie, um die künstlerisch legitimierte Darstellung nackter Körper gegen pornographische Werke abzugrenzen.) Shakespeares Drama um den vertriebenen Herzog von Mailand, der zusammen mit seiner Tochter Miranda an einer einsamen Insel strandet und nur wenige Exemplare aus seiner geliebten Bibliothek retten kann, nahm Greenaway zum Anlaß, um über Art und Inhalt dieser Bücher zu spekulieren. Im einzelnen werden 24 Bücher vorgestellt, darunter eine Gesamtausgabe der Theaterstücke William Shakespeares, deren noch unbeschriebene erste 19 Seiten für das Stück *The Tempest* reserviert sind – das Stück, das Prospero im Laufe des Films niederschreibt. Mit dieser hochgradig selbstreflexiven Konstellation bringt Greenaway die Tatsache zu Bewußtsein, daß Teile der Shakespeare-Forschung Prospero als Personifizierung seines geistigen Schöpfers beschrieben haben. Indem Greenaway den 86jährigen John Gielgud nicht nur den Prospero spielen, sondern ihn auch sämtliche übrigen Rollen des Stückes sprechen läßt, verwischt auch er die Grenze zwischen Künstler und Werk und erweitert die Gleichung Shakespeare = Prospero zu der spiegelbildlichen Relation Shakespeare – Prospero | Gielgud – Greenaway. Die hier manifest werdende Nähe zwischen Autor/Regisseur und Protagonist hat Greenaway auch im Hinblick auf die Hauptfiguren seiner übrigen Filme – in dem einen oder anderen Sinne ausnahmslos schöpferisch tätige Menschen – immer wieder betont; die folgende zugespitzte Aussage kann daher als typisch gelten: »I suppose one could say, ›the film-maker's contract‹ or ›the belly of a film-maker‹« (Rodgers 1991/92, 18).

Um Prosperos magische Inselwelt zu visualisieren, nutzte Greenaway die Möglichkeiten der HDTV-Technik und der Computer-Elektronik. Im Frühjahr 1990 in Amsterdam auf 35mm-Film fotografiert, wurde der Film anschließend auf ein 1125zeiliges High Definition-Videoband kopiert und in Japan einer umfangreichen Nachproduktion unterzogen, bevor der fertige Film auf Zelluloid zurückkopiert wurde. Unter Nutzung von modernster digitaler Technik intensivierte Greenaway die vorhandene Tiefenstaffelung der Filmbilder durch mehrfache Überblendungen sowie durch kalligraphische Zeichen. Als Herzstück der Tricktechnik wurde die Paintbox eingesetzt, ein digitales Gerät, das die elektronische Bildgestaltung mit der traditionellen Handhabung von Feder, Pinsel und Palette vereint. Sie gestattet die endlose Modifizierung von Umrissen, Formen, Farben, Strukturen und Proportionen und ermöglicht Effekte, die oft den Eindruck erwecken, als würden die 24 magischen Bücher ein Eigenleben führen.

Die zahlreichen visuellen Lasuren ließen ein filmisches Palimpsest entstehen, das in seiner Vielschichtigkeit vom Kinozuschauer kaum zu bewältigen ist. Als adäquate Rezeptionssituation bietet sich daher die Betrachtung am Videogerät an, wo ein von der Fernbedienung gesteuerter Rezeptionsvorgang das Erfassen und Studieren der komplexen Bilder erst ermöglicht. Selbst dann erscheint eine vollständige Dekodierung der Anspielungen und Bedeutungsebenen nahezu unmöglich. Greenaways erläuternde Buchpublikationen beim Pariser Verlag Dis Voir (z.B. *The Baby of Mâcon*, 1994 und *The Pillow Book*, 1996) liefern daher wertvolle Interpretationshilfen.

Greenaway empfand PROSPERO'S BOOKS als seinen bislang wichtigsten Beitrag zu einer Revolutionierung des konservativen Mediums Kino. Wiederholt vertrat er die Auffassung, daß es den Film als eigenständige Kunstform mit einer eigenen Grammatik noch gar nicht gebe, da sich der Film angesichts der Erblast der europäischen und insbesondere der angelsächsischen Kultur bislang auf den Status illustrierter Literatur beschränkt habe. Die gravierenden Umwälzungen, denen die Malerei im 20. Jahrhundert unterworfen war, hätten, so Greenaway, den Film noch nicht einmal ansatzweise erfaßt (was natürlich auch mit den kollektiven und kostenintensiven Arbeitsformen des filmischen Mediums zusammenhängt). Die Zukunft des Kinos erblickt Greenaway vor allem dort, wo sich die Filmemacher von dem übermächtigen Kulturerbe lösen und neue Wege beschreiten, etwa unter Nutzung der Computertechnologie.

Noch stärker als THE COOK, THE THIEF, HIS WIFE AND HER LOVER orientierte sich Greenaways anschließender Film, THE BABY OF MÂCON (1993, DAS WUNDER VON MÂCON, an den Konventionen der Bühne. Der ursprünglich als Oper konzipierte Stoff (ein Vorhaben, das Greenaway wegen der schlechten Verständlichkeit der sprachlichen Äußerungen aufgab) verweist in mancherlei Hinsicht auf die Operntradition: Neben den gestelzten Auftritten der Schauspieler, den prunkvollen Kostümen und der Verwendung von Chören betrifft dies vor allem die Struktur des Films, der sich in einen Prolog, drei Akte, zwei Pausen und einen Epilog gliedert.

Mit diesem Film wandte sich Greenaway abermals dem 17. Jahrhundert zu. Im Jahr 1659 wohnt der junge Cosimo Medici (Jonathan Lacey) mit seinem Gefolge der Aufführung eines Mysterienspiels bei, deren Dauer der zweistündigen Filmhandlung entspricht. Der Film handelt von einer jungen Frau (Julia Ormond), die sich als jungfräuliche Mutter eines Babys ausgibt, und von der Komplizenschaft der Kirche, die von dem angeblichen Wunder durch den Verkauf »heiliger« Reliquien profitiert. Als diese Vermarktung immer groteskere Blüten treibt, erstickt die selbsternannte Mutter das Baby, darf aber, da sie noch jungfräulich ist, für ihre Tat nicht zur Rechenschaft gezogen werden. Um sie dennoch bestrafen zu können, unterstellt sie der Bischof der Obhut des Militärs und ordnet an, sie von 208 Soldaten vergewaltigen zu lassen. Nach diesem grausamen Ritual hat sich die Arbeit des Henkers erübrigt.

Mit der Absicht, die Orientierung der Zuschauer gezielt zu verwirren, verwischte Greenaway in diesem Film die Grenzen zwischen Schauspiel und (filmischer) Realität teilweise bis zur Unkenntlichkeit, etwa durch den gleitenden Schauplatzwechsel von der Theaterbühne in eine Kathedrale. Seinen krassesten Ausdruck fand das Thema von Täuschung und Illusion in der Vergewaltigungsszene, die Greenaway zu einem perspektivischen Verwirrspiel gestaltete: Das Kinopublikum sieht ein gespieltes Theaterpublikum, das einer

Theateraufführung beiwohnt. Deren Hauptdarstellerin glaubt, hinter einem Vorhang ein Vergewaltigungsopfer darstellen zu sollen, doch sie wird (auf der filmischen Handlungsebene) tatsächlich vergewaltigt. Dieser Umstand bleibt dem Theaterpublikum verborgen; die realen Hilfeschreie des Opfers hält es für Schauspiel. Das Kinopublikum erhält zwar die zusätzliche Information, daß die Vergewaltigung nicht gespielt ist, gleichzeitig weiß es aber, daß es sich bei dem Opfer um eine Schauspielerin handelt, die so tut, als sei sie eine Bühnendarstellerin, die sich arglos einer realen Vergewaltigung aussetzt.

In seinen Filmen hat sich Greenaway stets mit verschiedenen Kunstformen und Medien auseinandergesetzt, die als Wurzeln des Films betrachtet werden können, wie die Malerei (THE DRAUGHTSMAN'S CONTRACT), die Architektur (THE BELLY OF AN ARCHITECT, 1986, DER BAUCH DES ARCHITEKTEN), die Literatur (PROSPERO'S BOOKS) und das Theater (THE BABY OF MÂCON). In THE PILLOW BOOK (1996, DIE BETTLEKTÜRE) wandte er sich, ausgehend von dem vor ca. 1000 Jahren entstandenen Kopfkissenbuch der japanischen Hofdame Sei Shonagon, der Kalligraphie und Schriftstellerei zu. Auch in diesem Film über eine in Hongkong lebende Japanerin, die die Körper ihrer Liebhaber mit kunstvollen Schriftzeichen bemalt, setzte Greenaway seinen Weg der Erneuerung des Kinos und der Auslotung filmischer Möglichkeiten konsequent fort. Er ist daher, wie Jonathan Hacker und David Price 1991 resümierten, einer der wenigen britischen Filmemacher, die sich allein durch ihre persönliche Handschrift ein Stammpublikum erworben haben (Hacker/Price 1991, 189).

Titel	Jahr	Länge
TRAIN	1966	5 min.
TREE	1966	15 min.
FIVE POSTCARDS FROM CAPITAL CITIES	1967	35 min.
REVOLUTION	1968	5 min.
INTERVALS	1969	7 min.
EROSION	1971	25 min.
H IS FOR HOUSE	1973	9 min.
WINDOWS	1975	4 min.
WATER	1975	5 min.
WATER WRACKETS	1975	12 min.
GOOLE BY NUMBERS	1976	40 min.
DEAR PHONE	1977	17 min.

EDDIE KID	1978	5 min.
A WALK THROUGH H	1978	41 min.
VERTICAL FEATURES REMAKE	1978	45 min.
A CUT ABOVE THE REST	1978	5 min.
WOMEN ARTISTS	1979	5 min.
LEEDS CASTLE	1979	5 min.
THE FALLS	1980	185 min.
LACOCK VILLAGE	1980	5 min.
COUNTRY DIARY	1980	5 min.
ACT OF GOD	1980	28 min.
TERENCE CORAN	1981	15 min.
ZANDRA RHODES	1981	15 min.
THE DRAUGHTSMAN'S CONTRACT	1982	108 min.
THE COASTLINE	1983	25 min.
FOUR AMERICAN COMPOSERS	1983	4 x 50 min.
MAKING A SPLASH	1984	25 min.
26 BATHROOMS	1985	27 min.
A ZED AND TWO NOUGHTS	1985	115 min.
THE BELLY OF AN ARCHITECT	1986	118 min.
DROWNING BY NUMBERS	1988	118 min.
THE COOK, THE THIEF, HIS WIFE AND HER LOVER	1989	124 min.
DEATH IN THE SEINE	1989	40 min.
HUBERT BAL'S HANDSHAKE	1989	5 min.
A TV DANTE – CANTOS I–VIII	1990	8 x 12 min.
PROSPERO'S BOOKS	1991	124 min.
M IS FOR MAN, MUSIC, MOZART	1991	30 min.
A WALK THROUGH PROSPERO'S LIBRARY	1992	23 min.
DARWIN	1992	50 min.
ROSA	1992	12 min.
THE BABY OF MÂCON	1993	121 min.
THE STAIRS GENEVA	1994	107 min.
THE PILLOW BOOK	1996	126 min.

Experimental- und Spielfilme von Peter Greenaway

20.2 Derek Jarman

Die Parallelen zwischen Peter Greenaway und Derek Jarman sind auf den ersten Blick verblüffend. Beide Regisseure kamen über die Malerei zum Film, beide setzten sich in ihren avantgardistischen Filmen mit anderen Kunstformen (insbesondere Malerei und Theater) auseinander und experimentierten mit filmischen Ausdrucksmöglichkeiten jenseits konventioneller narrativer Strukturen. Beide flankierten ihre Filme durch kommentierende Buchveröffentlichungen, und beide haben Shakespeares Romanze *The Tempest* für das Kino adaptiert. Damit enden die Parallelen jedoch.

Derek Jarman wurde am 31. Januar 1942 in Middlesex geboren. Er stammte aus einer Mittelschichtfamilie und genoß eine konventionelle Ausbildung. Von 1960 bis 1963 studierte er am Londoner King's College Englisch, Geschichte und Kunstgeschichte, da sein Vater dies zur Bedingung für das angestrebte Kunststudium machte. Nach seinem Abschluß wechselte er auf die Londoner Slade School of Art, wo er Malerei und Bühnendesign studierte. Er trat dem Kreis um den Maler David Hockney bei und beteiligte sich nach seinem Diplom 1967 an mehreren prestigeträchtigen Ausstellungen u.a. in London, Edinburgh und Paris. Daneben entwarf er Theaterkulissen und Bühnenausstattungen für Oper und Ballett. 1970 erhielt Jarman durch zufällige Vermittlung den Ausstattungsauftrag für Ken Russells Film THE DEVILS, zwei Jahre später auch für dessen SAVAGE MESSIAH. Mit Russell lernte Jarman seinen wichtigsten Mentor für die eigenen filmischen Arbeiten kennen, die im selben Jahr mit ersten kurzen Schmalfilmprojekten ihren Anfang nahmen. Beginnend mit STUDIO BANKSIDE (1970) umfaßt das Gesamtschaffen seiner Kurz- und Experimentalfilme ca. 50 Werke. Daneben inszenierte er mehrere Musikvideos u.a. für Bryan Ferry, Patti Smith, Bob Geldof und die Pet Shop Boys.

Nach seinem Spielfilmdebüt SEBASTIANE (1976) trat das Filmemachen an die Stelle der jetzt nur noch sporadisch betriebenen Malerei. Zu diesem ersten von insgesamt elf Langfilmen ließ sich Jarman durch das Schicksal des römischen Märtyrers der diokletianischen Zeit inspirieren. Dabei lieferten die zahlreichen Renaissance-Darstellungen vom Martyrium des heiligen Sebastian – nur mit Lendenschurz bekleidet an einen Baum gebunden und von Pfeilen durchbohrt – Jarman ein Alibi für eine auf Spielfilmlänge gedehnte, teilweise kitschige Studie des männlichen Aktes. Mit diesem Film wollte Jarman nach eigenem Bekunden die Möglichkeiten des Filmemachens außerhalb der Grenzen des britischen Kinos erproben und dabei die Beschränkungen des kommerziellen Spielfilms so weit wie möglich hinter sich lassen. Deutlich wurde hier bereits, daß Jarman in seinen Filmen die üblichen Vorstellungen von Plot, psychologischer Entwicklung, Geschwindigkeit, Rhythmus und

Kamerabewegung verwarf. An die Stelle dieser filmischen Grundbausteine setzte er eine private Grammatik aus Bildern, Symbolen, Farben und Klängen. Eine vergleichbare Maßnahme ergriff Jarman mit seiner provokativen Abkehr vom üblichen technischen Niveau von Spielfilmproduktionen. Anstelle professioneller Aufnahmegeräte benutzte er, angeregt durch das filmische Schaffen Andy Warhols, handelsübliche Billiggeräte wie die Super-8-Kamera oder die Videokamera, die seiner an der Malerei geschulten künstlerischen Intuition entgegenkamen. Im Gegensatz zur branchenüblichen 35 mm-Kamera ermöglichte ihm die Super-8-Kamera (z.B. in THE ANGELIC CONVERSATION und THE LAST OF ENGLAND) Unabhängigkeit und spontane kreative Ausdrucksmöglichkeit. (Daß Jarman für CARAVAGGIO dennoch auf die ungeliebte 35 mm-Kamera zurückgriff, geht auf eine Bedingung für die finanzielle Förderung durch das British Film Institute zurück.) Eine Kompilation seiner zwischen 1971 und 1986 entstandenen Arbeiten auf Super-8 erschien 1994 unter dem Titel GLITTERBUG.

Obwohl Jarman durch finanzielle Förderung des Zweiten Deutschen Fernsehens und seine häufige Präsenz auf den Berliner Filmfestspielen dem cineastischen Filmpublikum in Deutschland schon früh zum Begriff wurde, hat er ein breiteres Publikum nie erreicht. Auch das kritische Echo auf seine skandalträchtigen Filme blieb lange reserviert und zwiespältig. Wie kontrovers die Kritik selbst auf einen seiner wenigen kommerziell erfolgreichen Filme reagierte, zeigt sich an der Shakespeare-Adaption THE TEMPEST (1980, DER STURM). Während der Rezensent der *Sunday Times* vom 4. Mai 1980 überschwenglich von »one of the most original and masterly films ever made in Britain« sprach, resümierte Vincent Canby in der *New York Times* seinen Eindruck mit den Worten »no poetry, no ideas, no characterizations, no narrative, no fun«. Mit dem assoziativen, fragmentarisierenden und abstrakten Stil, erst recht mit den provokativen Inhalten seiner Filme erwarb sich Jarman zügig den Ruf eines *enfant terrible* des britischen Kinos. Etiketten (z.B. »der englische Andy Warhol«) ließ er sich jedoch nicht anhängen und wehrte sich dagegen, als Avantgardefilmer, Essayfilmer oder Underground-Filmemacher bezeichnet zu werden. Trotz des für Außenstehende eher wirklichkeitsfremden Eindrucks seiner Filme sah sich Jarman am ehesten als Dokumentarfilmer in dem Sinne, daß er die subjektive Realität seines Lebens so getreu wie möglich wiederzugeben versuchte. Die kategoriale Trennung von Realität, bzw. Realismus, und Fiktion sah Jarman als nichtig an. Vehement wandte er sich gegen die vorherrschende Meinung, daß die Filme sozialkritischer Filmemacher wie Kenneth Loach realistischer seien als diejenigen von Michael Powell oder Ken Russell. Nach seiner Ansicht über Regisseure gefragt, die mit ihren Filmen eine didaktische Absicht verfolgen und die Gesellschaft verändern wollen, antwortete Jarman, er halte nichts von Leuten, die sich Themen widmen, die außerhalb ihres privaten Erfahrungsbereichs liegen. Ausdrücklich bezog er in diese Kritik Kenneth Loach ein, der in dem Badeort Bath lebe und Filme drehe, die in den Bergarbeiterstädten des Nordens spielen (vgl. Hacker/Price 1991, 252).

Die herkömmliche Tätigkeit eines Regisseurs verglich Jarman mit der eines Buchillustrators, der fremde Ideen (hier die literarische Vorlage oder das Drehbuch) kauft und lediglich in ein anderes Medium überträgt, anstatt die Ideen selbst zu erschaffen. Jarman sah sich selbst – zumindest bis zu THE TEMPEST – weniger als Filmregisseur, denn als Maler auf Zelluloid bzw. als Schriftsteller, der statt mit der Schreibmaschine mit der Kamera arbeitet. Er wirkte nach selbstgeschaffenen Regeln und war an Kunst vor allem dann interessiert, wenn sie keine offensichtliche Funktion besaß. Zugleich vertrat er eine radikal subjektivistische Kunstauffassung, in der der Schöpfer zweckfreier Ideen an der Spitze der künstlerischen Hierarchie steht und allein der individuelle kreative Akt zählt.

Die Filme des stark von C.G. Jung beeinflußten Autodidakten Jarman zeichnen sich durch ein hohes Maß an Improvisation, durch den Mut zu Tabuverletzungen und durch einen betont anti-naturalistischen, subjektivistischen Stil aus. Typisch für Jarman ist auch das experimentelle Arbeiten im Team, das im Film weniger das fertige Produkt, als dessen Entstehungsprozeß betont, nicht zuletzt den Spaß der Beteiligten an diesem Entstehungsprozeß. Der absichtsvolle Dilettantismus dieses ›everybody have fun‹-Ansatzes mag letztlich auch dafür mitverantwortlich sein, daß es bei den Dreharbeiten häufig am organisatorischen Rüstzeug mangelte, das eine Filmproduktion üblicherweise auszeichnet. Die Grenze zwischen dem Experiment als Programm und als unvermeidliche Folge von mangelnder Professionalität ist hier nur schwer zu ziehen.

Ungeachtet solcher kritischer Vorbehalte ist unbestritten, daß Jarman dem britischen Kunstfilm – zeitlich, aber nicht inhaltlich parallel zu Peter Greenaway – beachtliche Impulse verliehen hat. Mit bescheidenen technischen Mitteln bewies er Experimentierfreude und zeigte neue Richtungen formaler Filmgestaltung auf: Durch Veränderung der Aufnahmegeschwindigkeit oder durch Video-Abfilmung der grobkörnigen Super-8-Bilder von einer Projektionsfläche erhielten seine Filme oft malerische Züge und einen eigentümlichen, traumartigen Rhythmus. Mit seinen Filmen THE LAST OF ENGLAND (1987, THE LAST OF ENGLAND) und THE GARDEN (1990, THE GARDEN) orientierte sich Jarman an der Form der Collage. Er experimentierte mit unterschiedlichen Filmmaterialien, zerhackte die Bewegungen und montierte Bilder zu zufallsbestimmten Abfolgen. THE LAST OF ENGLAND beispielsweise besteht aus einer Vielzahl filmischer Fragmente, die von verschiedenen Kameraleuten unabhängig voneinander gedreht wurden. Einzelne Impressionen aus Londoner Elendsvierteln stehen neben Schmalfilmstücken, die Jarman im Kreise seiner Familie filmte. Am Schneidetisch zerstückelte Jarman diese Fragmente zusätzlich in kleine und kleinste Einheiten, die chaotisch aufeinanderprallende Bilder ergeben und jeglichen linearen Zeitablauf aufheben.

Daneben lehnte sich Jarman aber auch vorübergehend an die Konventionen des narrativen Films an, etwa in seiner herausragenden Adaption von Christopher Marlowes Historiendrama über den homosexuellen König EDWARD II (1991, EDWARD II.). Es verwundert nicht, daß Jarman kritischen Beifall und (bescheidene) Breitenwirkung in erster Linie mit seinen weniger persönlichen Filmen erzielen konnte, wie etwa mit WAR REQUIEM (1989, WAR REQUIEM), einer Filmversion von Benjamin Brittens Oratorium. Ähnliches gilt für die in zahlreichen Scriptversionen akribisch vorbereitete Künstlerbiographie CARAVAGGIO (1986, CARAVAGGIO), Jarmans konventionellsten Film, der bei den Filmfestspielen in Cannes eine lobende Erwähnung erhielt und auf der Berlinale mit dem Silbernen Bären für seine herausragende bildliche Gestaltung ausgezeichnet wurde.

Sein letzter Film BLUE (BLUE), dessen Premiere auf der Biennale in Venedig 1993 stattfand, und der beim Edinburgh Film Festival mit dem Michael Powell-Award prämiert wurde, repräsentiert von allen Filmen Jarmans die höchste Abstraktionsstufe. In diesem »Filmgedicht« werden aus dem Off vor einem bilderlosen, blau eingefärbten Hintergrund Passagen aus Jarmans Tagebüchern verlesen. Das von den monochromen Leinwänden des französischen Malers Yves Klein inspirierte Blau repräsentiert im kinematographischen Kontext zugleich die Farbe des Blue Screen, so daß Jarman das eigentlich Unsichtbare sichtbar macht. Das minimalistische Bild lenkt die Aufmerksamkeit auf den *voice over*-Kommentar, der durch Schilderungen von Krankheitsverlauf und Therapie des Aids-infizierten Regisseurs und durch Reminiszenzen an dessen verstorbene Freunde den Charakter eines Vermächtnisses besitzt.

Kunst und Homosexualität, in Verbindung mit z.T. massiver Gesellschaftskritik, sind die dominanten Themenkreise in Jarmans Schaffen, der sich auch einen Namen als Aktivist der englischen Homosexuellen-Bewegung machte. Seine Helden, vom antiken Märtyrer Sebastian über den Renaissancemaler Michelangelo Caravaggio bis zum modernen Philosophen Ludwig Wittgenstein, stellte Jarman in einen homosexuellen Kontext, und selbst sein blühender Garten auf dem kargen südenglischen Boden von Dungeness (THE GARDEN, 1990) wurde zur Metapher der Situation des Homosexuellen in einer feindseligen gesellschaftlichen Umgebung. Doch gerade der überaus persönliche THE GARDEN ist kein zorniger, sondern ein friedlicher und entspannter Film, der ein privates Utopia inmitten gesellschaftlicher Turbulenzen schildert und damit an Voltaires Maxime erinnert, »Il faut cultiver notre jardin.«

Hierzu paßt es, daß Jarman auf die Langzeitwirkung seiner Filme setzte: »My films are what you call ›slow burners‹. [...] Either you go for the quick Hollywood turnover, or you can do a slow burner and people come back and look at it year after year. I hope this is what will happen with my films« (Scherer/Vogt 1996, 14). Derek Jarman starb im Februar 1994 an Aids.

Titel	Jahr	Produktion
SEBASTIANE	1976	James Whaley/Howard Malin
JUBILEE	1978	James Whaley/Howard Malin
THE TEMPEST	1980	Sarah Radclyffe/Guy Ford/ Mordecai Schreiber
THE ANGELIC CONVERSATION	1985	James Mackay
CARAVAGGIO	1986	Sarah Radclyffe
THE LAST OF ENGLAND	1987	James Mackay/Don Boyd
WAR REQUIEM	1989	Don Boyd
THE GARDEN	1990	James Mackay
EDWARD II	1991	Steve Clark-Hall/Antony Root
WITTGENSTEIN	1992	Tariq Ali
BLUE	1993	James Mackay/Takashi Asai

Langfilme von Derek Jarman

21. The State of the art: Das britische Kino der Gegenwart

21.1 Aktuelle Entwicklungstendenzen: Daten und Personen

In den 90er Jahren erfuhr die britische Filmindustrie eine überwiegend positive Entwicklung. Der vielbeschworene Niedergang des Kinos oder gar dessen Verdrängung durch andere Zweige der Unterhaltungsindustrie ist nicht eingetreten. Als einziges europäisches Land konnte Großbritannien seit Mitte der 80er Jahre, auch bedingt durch die Einführung der Multiplex-Kinos, kontinuierlich ansteigende Zuschauerzahlen verzeichnen. Von 54 Millionen Zuschauern im Jahr 1984 stiegen die Besucherzahlen auf 139,3 Millionen im Jahr 1997. (Zum Vergleich: In Deutschland lagen die Zuschauerzahlen 1995 trotz der Erweiterung um die neuen Bundesländer mit 125 Millionen auf demselben Niveau wie 1983.) Parallel zu dem neuen Publikumsandrang stieg auch die Zahl der Kino-Neubauten: Ende 1997 gab es in Großbritannien 747 Kinos mit insgesamt 2.389 Zuschauersälen, darunter befanden sich 79 Multiplex-Kinos. Die größte Kinokette war zu diesem Zeitpunkt ABC mit 80 Kinos und 225 Sälen, gefolgt von Odeon mit 362 Sälen in 72 Spielstätten.

Während sich die Kinobetreiber im wirtschaftlichen Aufwind befanden, stellte sich die Lage der Filmproduktion differenzierter dar. So trugen aktuelle britische Filmproduktionen auf dem nationalen Markt nur einen sehr geringen Anteil zum Kassenerfolg bei (1991: 5,9%; 1992: 6,8%; 1993: 7,9%; 1994: 11%; 1995: 4,2%), und auch im internationalen Verleih konnten nur wenige britische Produktionen, allen voran Mike Newells FOUR WEDDINGS AND A FUNERAL (VIER HOCHZEITEN UND EIN TODESFALL) und Peter Cattaneos THE FULL MONTY (GANZ ODER GAR NICHT), einen nennenswerten Marktanteil erobern. Auch die Resonanz der Kritik und der Festival-Jurys blieb generell verhaltener als in den 80er Jahren. Seit 1990 konnte kein britischer Spielfilm mehr einen Oscar in den wichtigen Kategorien Bester Film oder Beste Regie gewinnen. Erfolgreicher waren dagegen die britischen Schauspielerinnen und Schauspieler: Einen Oscar gewannen Jessica Tendy (für DRIVING MISS DAISY, USA 1989, MISS DAISY UND IHR CHAUFFEUR), Daniel Day-

Lewis und Brenda Fricker (für MY LEFT FOOT, Irland 1989, MEIN LINKER FUSS), Jeremy Irons (für REVERSAL OF FORTUNE, USA 1990, DIE AFFÄRE DER SUNNY VON B.), Anthony Hopkins (SILENCE OF THE LAMBS, USA 1990, DAS SCHWEIGEN DER LÄMMER) und Emma Thompson (für HOWARDS END, 1992; sowie 1995 für ihr Drehbuch zu SENSE AND SENSIBILITY). Oscars gingen auch an zwei Veteranen der britischen Filmindustrie: Kameramann Freddie Francis erhielt den Preis für die Fotografie von GLORY (USA 1989, GLORY), und Filmarchitekt Ken Adam wurde für THE MADNESS OF KING GEORGE (1995, KING GEORGE – EIN KÖNIGREICH FÜR MEHR VERSTAND) ausgezeichnet.

Ungeachtet der relativ niedrigen Erfolgsquote britischer Spielfilme erlebte aber auch der Produktionssektor in den 90er Jahren einen Aufschwung. So lag die Zahl der produzierten Filme Mitte des Jahrzehnts sogar deutlich über dem Niveau der erfolgreichen frühen 80er Jahre. Zudem zog es die großen amerikanischen Firmen wieder verstärkt in die englischen Studios, wo sie auf hohem technischem Niveau, aber kostengünstiger als in den USA produzieren konnten. In den Pinewood Studios entstanden beispielsweise US-Großproduktionen wie FIRST KNIGHT (USA 1995, Jerry Zucker, DER ERSTE RITTER) und MISSION: IMPOSSIBLE (USA 1996, Brian De Palma, MISSION: IMPOSSIBLE). Diese Entwicklung führte auch zu einer Vielzahl amerikanisch-britischer Koproduktion wie BRAVEHEART (USA/GB 1995, Mel Gibson, BRAVEHEART) und THE ENGLISH PATIENT (USA/GB 1996, Anthony Minghella, DER ENGLISCHE PATIENT).

Mitte der 90er Jahre waren in Großbritannien insgesamt 24 Studios aktiv. Neben reinen Fernsehstudios befanden sich darunter auch zahlreiche traditionsreiche Filmstudios. So wurde 1996 das ehemalige ABPC-Studio in Elstree wiedereröffnet. In Bray, dem ehemaligen Domizil von Hammer, wurde u.a. Adrian Nobles A MIDSUMMER NIGHT'S DREAM (1996) produziert, in Ealing entstand JANE EYRE (USA 1995, Franco Zeffirelli), und Shepperton beherbergte die Shakespeare-Verfilmungen HAMLET (USA 1996, Kenneth Branagh) und RICHARD III (USA/GB 1995, Richard Loncraine). Die James Bond-Produktion GOLDENEYE (1997) zog (ebenso wie George Lucas' THE PHANTOM MENACE, USA 1999) in Großbritanniens jüngstes Studio, die Leavesden Studios in Watford. Um die Generation junger Regisseure, die in den 70er und 80er Jahren vielversprechend von sich reden machte, ist es hingegen stiller geworden. Zu der Frage, welche Filmemacher noch in der Lage seien, den britischen Gegenwartsfilm mit ihrem persönlichen Stil zu prägen, gab Peter Greenaway 1991 folgende Einschätzung:

»Neil Jordan seems to have relinquished his auteur status and moved into a middle commercial ground. Mike Radford moved to a safe neutral space in a British context but now seems silent. Bill Forsyth is working abroad. Nic

> Roeg has consistently been his own man – long may he go on being so – though I thought THE WITCHES was a sad, if calculated, move.
> Bill Douglas is quiet and Terence Davies is struggling for funds. Derek Jarman remains almost alone as a working and uncompromised personal voice though maybe to less exposure than before. I have admired Terry Jones and Terry Gilliam. This is not because I would make movies like they do but because they pursued anarchic and irreverent tangents away from the English obsessions of realism. Ridley Scott is another example – I personally would wish for more substance in his work but his earlier movies, for me, are self-aware. I enjoyed their energy and the sharp referential use of artforms outside of cinema.
> A lot of names – but it's not easy to be optimistic. In this country, at least, perhaps they have more Past than Present.« (Hacker/Price 1991, 211f.).

Aus Sicht der späten 90er Jahre erscheint Greenaways Bestandsaufname indes zu pessimistisch. Zum einen sind einige Regisseure der genannten Generation weiterhin erfolgreich im britischen Kino aktiv, wie etwa Stephen Frears und nicht zuletzt Greenaway selbst. Zum anderen traten in den 90er Jahren neue Talente ins Rampenlicht, die dazu beitrugen, einige traditionelle Genres des britischen Films wieder aufleben zu lassen.

21.2 Genres: Von FOUR WEDDINGS AND A FUNERAL zu TRAINSPOTTING

Die Palette der britischen Filmgenres erfuhr in den 90er Jahren einige Modifizierungen. Zu den dominierenden Genres zählten vor allem die Komödie und das Sozialdrama, aber auch prestigeträchtige Literaturverfilmungen in der Tradition des Heritage-Kinos der 80er Jahre. Während auch weiterhin viele Thriller und Liebesromanzen produziert wurden, rückten andere Genres wie der Kriegsfilm und das Musical in den Hintergrund.

Seine spektakulärsten Erfolge feierte das britische Kino im Bereich der Komödie. Der Film FOUR WEDDINGS AND A FUNERAL (1994, Mike Newell, VIER HOCHZEITEN UND EIN TODESFALL) wurde, gemessen an seinen Einspielergebnissen, bereits im Jahr seines Erscheinens zum bis dahin erfolgreichsten britischen Film. Einige Zahlen verdeutlichen seine außergewöhnliche kommerzielle Stellung: Die Komödie, die am 13. Mai in Großbritannien gestartet war, fand 1994 8,8 Millionen Zuschauer in britischen Kinos. An den heimischen Kinokassen spielte sie bis Jahresende 27,8 Millionen Pfund und weltweit über 250 Millionen Dollar ein und wurde in zahlreichen Ländern zum erfolgreichsten Film des Jahres.

FOUR WEDDINGS AND
A FUNERAL (Hugh Grant)

Produziert wurde FOUR WEDDINGS AND A FUNERAL für ein vergleichsweise geringes Budget von 2,9 Millionen Pfund von der die Firma Working Title, eine Produktionsgesellschaft, die in den 80er Jahren im Sog des Erfolgs von Goldcrest gegründet worden war, und die bereits Stephen Frears' MY BEAUTIFUL LAUNDRETTE produziert hatte. Regisseur Mike Newell überarbeitete ein Jahr lang das Drehbuch gemeinsam mit dem Autor Richard Curtis, der u.a. als Gagschreiber für Rowan Atkinson alias Mr. Bean arbeitete. (In FOUR WEDDINGS AND A FUNERAL tritt Atkinson in einer Nebenrolle auf.) Ebenso wie der Film wurde das Drehbuch später für den Oscar nominiert. Der sensationelle Erfolg des Films war umso erstaunlicher, als die betont episodische Handlung recht simpel und unspektakulär ausfällt: Eine Clique junger Menschen aus der gehobenen Mittelschicht trifft sich sporadisch aus Anlaß von vier Hochzeiten. Einer von ihnen, Charles (Hugh Grant, geb. 1962), verliebt sich bei der ersten Hochzeit in die Amerikanerin Carrie

(Andie MacDowell), beide finden aber nach einigen Verwirrungen erst kurz vor Schluß des Films zueinander.

Von dem (außer Andie MacDowell) nahezu unbekannten Ensemble konnte Hauptdarsteller Hugh Grant seine neu gewonnene Popularität am effektivsten nutzen und trat anschließend in mehreren Hauptrollen auf: Neben der Jane Austen-Verfilmung SENSE AND SENSIBILITY befand sich darunter auch die in Wales spielende Komödie THE ENGLISCHMAN WHO WENT UP A HILL, BUT CAME DOWN A MOUNTAIN (1995, DER ENGLÄNDER, DER AUF EINEN HÜGEL STIEG UND VON EINEM BERG HERUNTERKAM), die Christopher Monger nach seinem eigenen Roman inszenierte.

Im Jahr 1997 wurde das Rekord-Einspielergebnis von FOUR WEDDINGS AND A FUNERAL nochmals übertroffen. Mit seinem Erstlingswerk THE FULL MONTY (1997, GANZ ODER GAR NICHT) übersprang Regisseur Peter Cattaneo allein in den USA die 100 Millionen Dollar-Grenze und schuf damit den erfolgreichsten britischen Film aller Zeiten. Vor dem deprimierenden Hintergrund der Massenarbeitslosigkeit in der Industriestadt Sheffield entfaltete Cattaneo eine heitere Komödienhandlung: Wie zuvor Omar in MY BEAUTIFUL LAUNDRETTE (1985) oder Larry und Bimbo in THE VAN (1996) ist es hier der arbeitslose Stahlarbeiter Gaz (Robert Carlyle), der mit einer originellen Geschäftsidee zu schnellem Reichtum kommen will. Gemeinam mit fünf arbeitslosen Kollegen studiert er eine Männer-Striptease-Show ein. Für die körperlich keineswegs makellose Truppe wird das Unternehmen jedoch zur Mutprobe und trägt dazu bei, starre männliche Denkmuster zu überwinden. THE FULL MONTY erhielt 1997 den Europäischen Filmpreis in der Kategorie Bester Film.

Zur anhaltenden Konjunktur britischer Komödien trugen auch einige weitere Regiedebüts bei. Hierzu zählt die erste Inszenierung von David Evans, FEVER PITCH (1996, FEVER PITCH), nach dem gleichnamigen Roman von Nick Hornby. Im Mittelpunkt dieses Films steht der fußballverrückte Paul (Colin Firth), der zwischen der Liebe zu seinem Verein Arsenal London und zu seiner Kollegin Sarah (Ruth Gemmell) hin- und hergerissen wird. Die britische Tradition morbider Komödien setzte Benjamin Ross fort. Sein Film THE YOUNG POISONER'S HANDBOOK (1994, DAS HANDBUCH DES JUNGEN GIFTMISCHERS) entstand nach einem authentischen Kriminalfall um den jugendlichen Mörder Graham (Hugh O'Connor), der sich auf seinen Traumberuf eines Toxikologen vorbereitet, indem er Freunde und Familienmitglieder mit selbstgebrauten Giftmischungen umbringt. Eine originelle Idee lag auch der Komödie SLIDING DOORS (1998, SIE LIEBT IHN, SIE LIEBT IHN NICHT) zugrunde. Diese erste Inszenierung von Peter Howitt spekuliert über die Frage »Was wäre, wenn ...«, und zeigt, wie das Leben einer jungen Frau (Gwyneth Paltrow) aufgrund einer geringfügigen Ursache in völlig unterschiedliche Bahnen gelenkt werden kann. Für den erfolgreichsten britischen Film des Jahres 1998 sorgte ebenfalls ein Regiedebütant: Dem ehemaligen Musikvideo- und Werbefilmer Guy Ritchie (geb. 1969) gelang mit LOCK, STOCK AND TWO SMOKING BARRELS (1998, BUBE, DAME, KÖNIG, GRAS) eine moderne Gaunerkomödie, die sich durch eine Mischung aus verschlungener Handlungsführung, zynischer Gewaltdarstellung und gesellschaftlichem Außenseiter-Panorama als typisches Produkt der späten 90er Jahre zu erkennen gibt.

Neben der Komödie verzeichnete in den 90er Jahren vor allem das Genre des Sozialdramas einige beachtliche Publikumserfolge. Neben den sozialkritischen Filmen von etablierten Regisseuren wie Stephen Frears, Mike Leigh und Kenneth Loach (s. Kap. 17) lieferten mehrere Nachwuchsregisseure in diesem Genre überzeugende Debüts ab. Paul Anderson entwarf in seinem ersten Spielfilm SHOPPING (1993, SHOPPING) ein aktionsbetontes Porträt krimineller Jugendlicher in trostlosen englischen Industrievierteln, die aus Langeweile Luxusautos stehlen und Geschäfte ausrauben. Auch STELLA DOES TRICKS (1996, STELLA DOES TRICKS), das Debüt der Regisseurin Coky Giedroyc, beleuchtet mit einem semidokumentarischen Ansatz den Alltag der No Future-Generation am Beispiel der fünfzehnjährigen Prostituierten Stella (Kelly McDonald) und ihrem Versuch, aus ihrer Situation auszubrechen. Einer der gelungensten Vertreter dieses Genres ist Mark Hermans Film BRASSED OFF (1996, BRASSED OFF – MIT PAUKEN UND TROMPETEN), der romantische mit sozialkritischen Elementen kombiniert: Parallel zu den erfolgreichen Bemühungen einer Bergmannskapelle, einen landesweiten Orchesterwettbewerb zu gewinnen, verläuft der ernüchternde Prozeß der Schließung ihrer Kohlenzeche. Die oft variierte Geschichte vom Triumph eines ursprünglich chancenlosen Außenseiters erfährt hier eine signifikante Abwandlung, da der musikalische Erfolg der Bergarbeiter durch ihren sozialen Abstieg relativiert, und das erwartete Happy End durch einen melancholischen Schluß ersetzt wird.

Während sich diese Filme mit den Problemen der englischen Unterschicht auseinandersetzten, rückten zunehmend auch ethnische und sexuelle Randgruppen in den Blickpunkt des Sozialdramas. Dem Thema Homosexualität beispielsweise wandten sich, aus verschiedenen Blickwinkeln und mit unterschiedlicher Intensität, u.a. Isaac Juliens YOUNG SOUL REBELS (1991, YOUNG SOUL REBELS), Stephen Whittakers CLOSING NUMBERS (1993, CLOSING NUMBERS – UND DAS LEBEN GEHT WEITER), Michael Winterbottoms BUTTERFLY KISS (1994, BUTTERFLY KISS), Nancy Mecklers SISTER MY SISTER (1994), Chris Newbys MADAGASCAR SKIN (1995, MADAGASCAR SKIN), Nigel Finchs STONEWALL (1995, STONEWALL), Hettie MacDonalds BEAUTIFUL THING (1996, BEAUTIFUL THING) und John Mayburys LOVE IS THE DEVIL (1997) zu.

Als drittes bedeutsames Genre konnte sich in den 90er Jahren das Heritage Cinema behaupten. Standen bei den einschlägigen Literaturverfilmungen der 80er Jahre die Romane E.M. Forsters im Mittelpunkt, so nahmen in den 90er Jahren vor allem die Werke von William Shakespeare eine zentrale Stellung ein (s. Kap. 14). Zu den Vorlagen des Heritage-Kinos zählten aber auch weiterhin zahlreiche Romane, u.a. von Jane Austen – neben der amerikanischen Produktion SENSE AND SENSIBILITY (USA 1995, Ang Lee, SINN UND SINNLICHKEIT) erschienen PERSUASION (1995, Roger Michell, JANE AUSTENS VERFÜHRUNG) und EMMA (GB/USA 1997 Douglas McGrath, EMMA) – sowie von Thomas Hardy (JUDE, 1995, Michael Winterbottom; THE WOODLANDERS, 1997, Phil Agland) und Virginia Woolf (MRS DALLOWAY, 1997, Marleen Gorris).

Außerhalb der üblichen Genrekonventionen arbeitete eines der interessantesten Produktionsteams der 90er Jahre, bestehend aus dem Drehbuchautor John Hodge (geb. 1964), dem Produzenten Andrew MacDonald (geb. 1966) und dem Regisseur Danny Boyle (geb. 1956). Am Beginn ihrer Zusammenarbeit stand Hodges Drehbuch zu dem Film SHALLOW GRAVE (1995, KLEINE MORDE UNTER FREUNDEN). Nachdem Channel Four eine 85prozentige Finanzierung in Aussicht gestellt hatte, suchte Hodge gemeinsam mit MacDonald nach einem geeigneten Regisseur, und die Wahl fiel auf den Neuling Danny Boyle. Dieser hatte eine Schauspieler-Karriere bei der Royal Shakespeare Company und am Royal Court Theatre hinter sich, bevor er begann, Fernsehreportagen zu drehen. Mit einem Budget von einer Million Pfund inszenierte Boyle mit SHALLOW GRAVE seinen ersten Spielfilm und wurde sogleich als neuer Kultregisseur und »britischer Quentin Tarantino« gehandelt.

SHALLOW GRAVE ist die makabre Geschichte einer Wohngemeinschaft in Edinburgh. Drei Yuppies, die Ärztin Juliet (Kerry Fox), der Journalist Alex (Ewan McGregor) und der Buchhalter David (Christopher Eccleston), unterschlagen einen Koffer voll Geld, den sie im Besitz eines Toten fanden. Daraufhin geraten sie nicht nur ins Fadenkreuz von Polizei und Profikillern, sondern begegnen sich selbst zunehmend mit Mißtrauen und Gewalt. Mit einem Einspielergebnis von über fünf Millionen Pfund wurde SHALLOW GRAVE an britischen Kinokassen zum erfolgreichsten britischen Film des Jahres 1995.

Trotz lukrativer Angebote aus Hollywood beschlossen Hodge, MacDonald und Boyle eine Fortsetzung ihrer Zusammenarbeit. Boyle erläuterte hierzu: »We worked very much as a team – it was always our desire that the three of us, Andrew, John and I, should be equally creative. So we took the same fee, the same percentage points. I found it very liberating to sacrifice some of the ego and control you expect to have as a director.« (*Sight and Sound*, Januar 1995, 35). Der zweite Film, TRAINSPOTTING (1995, TRAINSPOTTING – NEUE HELDEN), spielt wiederum in Edinburgh, wenngleich am entgegenge-

TRAINSPOTTING (Ewan McGregor)

setzten Ende des sozialen Spektrums. Der auf einem Roman von Irvine Welsh basierende Film führt ins Drogenmilieu und erzählt seine Geschichte aus der Sicht der Abhängigen. Der Junkie Mark Renton (Ewan McGregor) ist die Hauptfigur der episodischen Handlung und fungiert zugleich als voice over-Erzähler, der aus erster Hand die Höhen und Tiefen des Drogenkonsums schildert. Ausgehend von dieser betont subjektiven Perspektive vermied Regisseur Boyle den naturalistischen Ansatz der Sozialdramen und wechselte statt dessen zwischen unterschiedlichen Stilrichtungen bis hin zum Surrealismus von Rentons Fantasievorstellungen während des Drogenkonsums und -entzugs. Berühmtheit erlangte in diesem Zusammenhang eine Szene, in der Renton in ein dreckstarrendes öffentliches Toilettenbecken hinabtaucht, um zwei Opiumzäpfchen wiederzufinden, und sich dabei in einem klaren, blauen Ozean erlebt.

Der dritte Film des Trios, A LIFE LESS ORDINARY (1997, LEBE LIEBER UNGEWÖHNLICH), wurde in den USA gedreht. Auch in diesem Film trat der 1972 geborene Schotte Ewan McGregor in einer Hauptrolle auf und wurde von vielen Rezensenten mit früheren jungen Anti-Helden des britischen Kinos wie Malcolm McDowell und Gary Oldman verglichen. An der Seite von McGregor spielten mit Holly Hunter und Cameron Diaz erstmals bekannte Darstellerinnen.

Anhang

Bibliographie

Aitken, Ian: *Film and Reform: John Grierson and the Documentary Film Movement.* London 1990.
–: »The British Documentary Film Movement.« In: *British Cinema Book*, ed. Robert Murphy. London 1997, 58-67.
Aldgate, Anthony/Jeffrey Richards: *Britain Can Take It: The British Cinema in the Second World War.* Edinburgh 1994.
Allister, Ray: *Friese-Greene: Close Up of an Inventor.* London 1951.
Anderegg, Michael A.: *David Lean.* Boston 1984.
Anderson, Lindsay: »Stand Up! Stand Up!« In: *Sight and Sound* (Herbst 1956).
Antonioni, Michelangelo: *Blow-Up.* London 1971.
Armes, Roy: *A Critical History of the British Cinema.* London 1978.
Armitage, Peter: »British Cinema: Attitudes and Illusions.« In: *Film*, 36 (Sommer 1963), 16-24.
Aspinall, Sue/Robert Murphy (eds.): *Gainsborough Melodrama.* London 1983.
Auty, Martyn/Nick Roddick (eds.): *British Cinema Now.* London 1985.
Balcon, Michael: »The British Film During the War.« In: *Penguin Film Review*, 1 (1946), 66-73.
–/Ernest Lindgren/Forsyth Hardy/Roger Manvell: *Twenty Years of British Film, 1925-1945.* London 1947.
–: *A Lifetime of Films.* London 1969.
Barchfeld, Christiane: *Filming by Numbers: Peter Greenaway.* Tübingen 1993.
Barnes, John: *The Beginnings of the Cinema in England, 1894-1901.* Exeter 1996.
Barr, Charles (ed.): *All Our Yesterdays: Ninety Years of British Cinema.* London 1986.
–: *Ealing Studios.* London 1993.
- /Stephen Fears: *Typically British: A Short History of the Cinema in Britain.* London 1996.
–: »Before *Blackmail*: Silent British Cinema.« In: *The British Cinema Book*, ed. Robert Murphy. London 1997, 5-16.
Baxter, John: *An Appalling Talent: Ken Russell.* London 1973.
Bechmann, Helga: *Das filmische Universum des Stephen Frears: Genrevielfalt und Erzählkonstanten.* Alfeld/Leine 1997.
Belfrage, Colin: *All Is Grist.* London 1988.
Bennett, Tony/Janet Woollacott: *Bond and Beyond.* London 1987.
Berger, John: »Look at Britain.« In: *Sight and Sound* (Sommer 1957), 12-14.
Beveridge, James: *John Grierson, Film Master.* New York 1978.
Böhner, Ines Karin: My Beautiful Laundrette *und* Sammy and Rosie Get Laid: *Filmische Reflexion von Identitätsprozessen.* Frankfurt a.M. 1996.
Boose, Lynda E./Richard Burt: *Shakespeare, the Movie: Popularizing the Plays on Film, TV, and Video.* London 1997.
Boot, Andy: *Fragments of Fear: An Illustrated History of British Horror Films.* London 1996.
Booth, M.R.: *English Melodrama.* London 1965.
Bourne, Stephen: *Black in the British Frame: Black People in British Film and Television, 1896-1996.* London 1998.
British Film Academy (ed.): *The Film Industry in Great Britain: Some Facts and Figures.* London 1950.
Brooker, Nancy: *John Schlesinger: A Guide to References and Resources.* London 1978.
Brosnan, John: *James Bond in the Cinema.* London 1981.

Brown, Geoff: *Launder and Gilliat.* London 1977.
–: »Sister of the Stage«: British Film and British Theatre.« In: *All Our Yesterdays: Ninety Years of British Cinema,* ed. Charles Barr. London 1986, 143-167.
–: »Paradise Found and Lost: The Course of British Realism.« In: *The British Cinema Book,* ed. Robert Murphy. London 1997, 187-197.
Brown, Joe: »Prospero's Books.« In: *Washington Post,* 29. November 1991.
Browning, H.E./A.A. Sorrell: »Cinemas and Cinema-Going in Great Britain.« In: *Journal of the Royal Statistical Society,* 117/2 (1954), 9-170.
Brownlow, Kevin: *David Lean.* London 1996.
Burgess, Anthony: *A Clockwork Orange: A Play with Music.* London 1987.
Burrows, Elaine/Janet Moat/David Sharp/Linda Wood (eds.): *The British Cinema Source Book: BFI Archive Viewing Copies and Library Materials.* London 1995.
Burton, Alan/Tim O'Sullivan/Paul Wells (eds.): *Liberal Directions: Basil Dearden and Postwar British Film Culture.* London 1997.
Butler, Ivan: *The Cinema of Roman Polanski.* New York 1970.
–: *Cinema in Britain: An Illustrated Survey.* London 1973.
Carr, Roy: *Beatles at the Movies.* New York 1996.
Castelli, Louis/Caryn Lynn Cleeland: *David Lean: A Guide to References and Resources.* London 1980.
Caughie, John/Kevin Rockett: *The Companion to British and Irish Cinema.* London 1996.
Chanan, Michael: *The Dream that Kicks: The Prehistory and Early Years of Cinema in Britain.* London 1996.
Christie, Ian (ed.): *Powell, Pressburger and Others.* London 1973.
–: *Arrows of Desire: The Films of Michael Powell and Emeric Pressburger.* London 1985.
–/Philip Dodd (eds.): *Spellbound: Art and Film in Britain.* London 1996.
Ciment, Michel: *Kubrick.* München 1982.
–: *Conversations with Losey.* London 1985.
–: *John Boorman.* London 1986.
Conrich, Ian: »Traditions of the British Horror Film.« In: *The British Cinema Book,* ed. Robert Murphy. London 1997, 226-234.
Cook, David A.: *A History of Narrative Film.* New York 1981.
Cook, Pam: *Fashioning the Nation: Costume and Identity in British Cinema.* London 1996.
–: *Gainsborough Pictures: Rethinking British Cinema.* London 1997.
Cooke, Lez: »British Cinema: Representing the Nation.« In: *An Introduction to Film Studies,* ed. Jill Neimes. London 1996, 293-327.
Cosandey, Roland (ed.): *Retrospective: Powell and Pressburger.* Locarno 1982.
Cross, Robin: *The Big Book of British Films.* London 1984.
Curran, James/Vincent Porter (eds.): *British Cinema History.* London 1983.
Dacre, Richard: »Traditions of British Comedy.« In: *The British Cinema Book,* ed. Robert Murphy. London 1997, 198-206.
Davies, Anthony/Stanley Wells (eds.): *Shakespeare and the Moving Image.* Cambridge 1994.
Dick, Eddie/Andrew Noble/Duncan Petrie (eds.): *Bill Douglas: A Lanternist's Account.* London 1993.
Dickinson, Margaret/Sarah Street: *Cinema and State: The Film Industry and the British Government, 1927-1984.* London 1985.
Dixon, Wheeler Winston: *The Films of Freddie Francis.* Metuchen, N.J. 1991.
–: (ed.): *Re-Viewing British Cinema,* 1900-1992. New York 1994.
Docherty, David/David Morrison/Michael Tracey (eds.): *The Last Picture Show? Britain's Changing Film Audiences.* London 1987.
Drazin, Charles: *The Finest Years: British Cinema of the 1940s.* London 1998.
Drexler, Peter (Hrsg.): *British Cinema – Journal for the Study of British Cultures,* 5/2 (1998).

Durgnat, Raymond: *A Mirror for England: British Movies from Austerity to Affluence.* London 1970.
–: »Some Lines of Inquiry into Post-war British Crimes.« In: *The British Cinema Book*, ed. Robert Murphy. London 1997, 90-103.
Eberts, Jake/Terry Ilott: *My Indecision Is Final: The Rise and Fall of Goldcrest Films.* London 1990.
Elkins, Charles (ed.): »Symposium on *Alien*.« In: *Science-Fiction Studies*, 7 (1980), 278-304.
Ellis, John: »Made in Ealing.« In: *Screen*, 16/1 (1977), 78-127.
Elvin, George et al. (eds.): *Anthony Asquith: A Tribute.* London 1968.
Eves, Vicky: »Britain's Social Cinema.« In: *Screen*, 10 (November/Dezember 1969), 51-66.
–: »The Structure of the British Film Industry.« In: *Screen*, 11 (Januar/Februar 1970), 41-54.
Eyles, Allen/Robert Adkinson/Nicholas Fry: *The House of Horror: The Story of Hammer Films.* London 1973.
Eyles, Allen: *Gaumont British Cinemas.* London 1996.
–: »Exhibition and the Cinemagoing Experience.« In: *The British Cinema Book*, ed. Robert Murphy. London 1997, 217-225.
Finler, Joel W.: *The Movie Directors Story.* London 1985.
Finney, Angus: *The Egos Have Landed: The Rise and Fall of Palace Pictures.* London 1996.
Fluegel, Jane (ed.): *Michael Balcon: The Pursuit of British Cinema.* New York 1984.
Forman, Denis: *Films 1945–1950.* London 1952.
Friedman, Lester (ed.): *Fires Were Started: British Cinema and Thatcherism.* London 1993.
– / Scott Stewart: »The Tradition of Independence: An Interview with Lindsay Anderson.« In: *Re-Viewing British Cinema, 1900-1992,* ed. Wheeler Winston Dixon. New York 1994, 165-176.
Geraghty, Christine: »Women and Sixties British Cinema: The Development of the ›Darling‹ Girl.« In: *The British Cinema Book*, ed. Robert Murphy. London 1997, 154-163.
Gifford, Denis: *British Cinema: An Illustrated Guide.* London 1968.
–: *The British Film Catalogue.* (vol. 1: Fiction Films, vol. 2: Non-fiction Films) London 1998.
–: *Entertainers in British Films: A Century of Showbiz in the Cinema.* London 1997.
Gomez, Joseph A.: *Ken Russell: The Adaptor as Creator.* London 1976.
Gough-Yates, Kevin: *Michael Powell.* London 1971.
–: »Exiles and British Cinema.« In: *The British Cinema Book*, ed. Robert Murphy. London 1997, 104-113.
Greenaway, Peter: *Fear of Drowning, Règles du Jeu.* Paris 1989.
Greene, Graham: *The Third Man and The Fallen Idol.* London 1971.
Gross, Edward: *The Fab Films of the Beatles.* Las Vegas 1990.
Hacker, Jonathan/David Price: *Take 10: Contemporary British Film Directors.* Oxford 1991.
Hardy, Forsyth (ed.): *Grierson on Documentary*, London 1946.
Harper, Sue: *Picturing the Past: The Rise and Fall of the British Costume Film.* London 1994.
–: »Bonnie Prince Charlie Revisited: British Costume Film in the 1950s.« In: *The British Cinema Book*, ed. Robert Murphy. London 1997, 133-143.
Harry, Bill: *The Ultimate Beatles Encyclopedia.* Zürich 1993.
Hedling, Erik: »Lindsay Anderson and the Development of British Art Cinema.« In: *The British Cinema Book*, ed. Robert Murphy. London 1997, 178-186.
–: *Lindsay Anderson: Maverick Film-Maker.* London 1998.

Hedrick, Donald K.: »War Is Mud: Branagh's Dirty Harry V and the Types of Political Ambiguity.« In: *Shakespeare, the Movie: Popularizing the Plays on Film, TV, and Video*, ed. Lynda E. Boose/Richard Burt. London 1997, 45-66.

Helbig, Jörg: »*Terra incognita:* Thesen zur Rolle der römischen Antike als Tabuzone des britischen Spielfilms.« In: *Antike Dramen – neu gelesen, neu gesehen,* hrsg. Karl Hölz et al. Frankfurt a. M. 1998, 21-28.

Herbert, Stephen/Luke McKernan (eds.): *Who Is Who in Victorian Cinema*. London 1996.

Higson, Andrew: »Critical Theory and ›British Cinema‹.« In: *Screen*, 24 (1983), 80-95.

–: »Saturday Night or Sunday Morning: British Cinema in the Fifties.« In: *Ideas and Production*, 9-10 (1989), 141-160.

–: *Waving the Flag: Constructing a National Cinema in Britain*. Oxford 1995.

– (ed.): *Dissolving Views: Key Writings on British Cinema*. London 1996.

Hill, John: »Ideology, Economy and the British Cinema.« In: *Ideology and Cultural Production*, ed. Michèle Barrett/Philip Corrigan/Janet Wolff. London 1979, 112-134.

–: *Sex, Class and Realism: British Cinema, 1956-1963*. London 1986.

– /Martin McLoone/Paul Hainsworth (eds.): *Border Crossings: Film in Ireland, Britain and Europe*. Belfast 1994.

–: »British Cinema as National Cinema: Production, Audience and Representation.« In: *The British Cinema Book*, ed. Robert Murphy. London 1997, 244-254.

Hörl, Patrick: *Film als Fenster zur Welt: Eine Untersuchung des filmtheoretischen Denkens von John Grierson*. Konstanz 1996.

Hogenkamp, Bert: *Deadly Parallels: Film and the Left in Britain, 1929-1939*. London 1986.

Holderness, Graham/Christopher McCullough: »Shakespeare on the Screen: A Selective Filmography.« In: *Shakespeare and the Moving Image*, ed. Anthony Davies/Stanley Wells. Cambridge 1994, 18-49.

Honri, Baynham: »Cecil M. Hepworth – His Studio and Techniques.« In: *British Journal of Photography*, (15./22. Januar 1971), 48-51 und 74-79.

Howard, James: *Michael Powell*. London 1996.

Huntley, John: *British Technicolor Films*. London 1950.

Hurd, Geoff (ed.): *National Fictions: World War Two in British Films and Television*. London 1984.

Hutchings, Peter: *Hammer and Beyond: The British Horror Film*. Manchester 1993.

Jensen, Michael P.: »Mel Gibson on Hamlet.« In: *Shakespeare on Film Newsletter*, 15 (April 1991), 1, 2, 6.

Johnston, Lucy (ed.): *Talking Pictures: Interviews with Young British Filmmakers*. London 1996.

Jorgens, Jack J.: *Shakespeare on Film*. London 1977.

Jung, Uli: *Dracula: Filmanalytische Studien zur Funktionalisierung eines Motivs der viktorianischen Populär-Literatur*. Trier 1997.

Kael, Pauline: *Kiss Kiss Bang Bang*. New York 1969.

Kagan, Norman: *The Cinema of Stanley Kubrick*. Oxford 1995.

Kaleta, Kenneth C.: *Hanif Kureishi: Postcolonial Storyteller*. Austin 1998.

Kelly, Terence, et al.: *A Competitive Cinema*. London 1966.

Kemp, Philip: *Lethal Innocence: The Cinema of Alexander Mackendrick*. London 1991.

Kinney, Judy Lee: *Text and Pretext: Stanley Kubrick's Adaptations*. Los Angeles 1982.

Klingender, F.D./Stuart Legg: *Money Behind the Screen: A Report Prepared on Behalf of the Film Council*. London 1937.

Kocian, Erich: *Die James Bond Filme*. München 1982.

Kremer, Detlef: *Peter Greenaways Filme: Vom Überleben der Bilder und Bücher*. Stuttgart 1995.

Kulik, Karol: *Alexander Korda: The Man Who Could Work Miracles*. London 1975.

Lan, Yong Li: »›The Very Painting of Your Fear‹: Roman Polanski's *Macbeth*.« In: *Shakespeare Jahrbuch*, 133 (1997), 109-117.
Landy, Marcia: *British Genres: Cinema and Society, 1930-1960*. Princeton 1991.
–: »Melodrama and Femininity in World War Two British Cinema.« In: *The British Cinema Book*, ed. Robert Murphy. London 1997, 79-89.
Lange-Fuchs, Hauke: *Birt Acres: Der erste Schleswig-Holsteinische Film Pionier*. Kiel 1987.
Lant, Antonia: *Blackout: Re-inventing Women for War-time British Cinema*. Princeton 1991.
Law, Jonathan et al. (eds.): *Cassell Companion to Cinema*. London 1997.
Leahy, James: *The Cinema of Joseph Losey*. London 1967.
Lexikon des internationalen Films. Hrsg. vom Katholischen Institut für Medieninformation e.V. und der Katholischen Filmkommission für Deutschland. Reinbek 1987.
Locke, Stephen: »›The British are Coming!‹: Der neue britische Film, Rückblick und Ausschau.« In: *Fischer Film Almanach 1989*, ed. Walter Schobert, Horst Schäfer. Frankurt a. M. 1989, 466-476.
Loehlin, James N.: »›Top of the World, Ma‹ *Richard III* and Cinematic Convention.« In: *Shakespeare, the Movie: Popularizing the Plays on Film, TV, and Video*, ed. Lynda E. Boose/Richard Burt. London 1997, 67-79.
Long, Robert Emmet: *The Films of Merchant Ivory*. New York 1991.
Lovell, Alan: »Film Chronicle.« In: *New Left Review*, 7 (Januar/Februar 1961), 52.
– (ed.): *Art of the Cinema in Ten European Countries*. Strasbourg 1967.
–: »Notes on British Film Culture.« In: *Screen*, 13 (1972), 5-15.
–: »The British Cinema: The Known Cinema?« In: *The British Cinema Book*, ed. Robert Murphy. London 1997, 235-243.
Low, Rachael: *The History of the British Film*. (vol. 1: 1896-1906; with Roger Manvell; vol. 2: 1906-1914; vol. 3: 1914-1918; vol. 4: 1918-1929; vol. 5: 1929-1939) London 1948.
–: *Filmmaking in 1930s Britain*. London 1985.
Lüdeke, Jean: *Die Schönheit des Schrecklichen: Peter Greenaway und seine Filme*. Bergisch Gladbach 1996.
Macdonald, Kevin: *Emeric Pressburger: The Life and Death of a Screenwriter*. London 1994.
McDougall, Gordon: »To Deprave and Corrupt? An Examination of the Methods and Aims of Film Censorship in Britain.« In: *Motion*, 2 (Winter 1961/62), 5-8.
McFarlane, Brian (ed.): *Sixty Voices: Celebrities Recall the Golden Age of British Cinema*. London 1992.
–: *An Autobiography of British Cinema: By the Actors and Filmmakers Who Made It*. London 1997.
McGillivrey, David: *Doing Rude Things: The History of the British Sex Film, 1957-1981*. London 1992.
McKnight, George (ed.): *Agent of Challenge and Defiance: The Films of Ken Loach*. London 1997.
Macnab, Geoffrey: *J. Arthur Rank and the British Film Industry*. London 1993.
Macpherson, Don (ed.): *Traditions of Independence: British Cinema in the Thirties*. London 1980.
Martini, Emanuela (ed.): *Powell and Pressburger*. Bergamo 1986.
Manvell, Roger: *New Cinema in Britain*. London 1969.
– (ed.): *The International Encyclopedia of Film*. New York 1972.
Maxford, Howard: *Hammer, House of Horror: Behind the Screams*. London 1996.
Mayer, J.P.: *British Cinemas and their Audiences*. London 1948.
Miller, Mark Crispin: »Kubrick's Anti-Reading of *The Luck of Barry Lyndon*.« In: *Modern Language Notes*, 91 (1976), 1360-1379.

Minney, R.J.: *The Films of Anthony Asquith*. New York 1976.
Modleski, Tania: *The Women Who Knew Too Much*. London 1988.
Moss, Robert F.: *The Films of Carol Reed*. London 1987.
Mullally, Frederic: *Films: An Alternative to Rank*. London 1946.
Murphy, Robert: »A Rival to Hollywood? The British Film Industry in the Thirties.« In: *Screen*, 24 (1983), 96-106.
–: *Realism and Tinsel: Cinema and Society in Britain, 1939-1948*. London 1989.
–: *Sixties British Cinema*. London 1992.
– (ed.): *The British Cinema Book*. London 1997.
–: »The Heart of Britain.« In: *The British Cinema Book*, ed. Robert Murphy. London 1997, 68-78.
Napper, Lawrence: »A Despicable Tradition? Quota Quickies in the 1930s.« In: *The British Cinema Book*, ed. Robert Murphy. London 1997, 37-47.
Nation, Michael: *A Dictionary of Modern Britain*. Harmondsworth 1991.
Nelson, Thomas Allen: *Kubrick: Inside a Film Artist's Maze*. Bloomington, Ind. 1982.
Nowell-Smith, Geoffrey: *Geschichte des internationalen Films*. Stuttgart/Weimar 1998.
Oakley, C.A.: *Where We Came In: 70 Years of the British Film Industry*. London 1964.
O'Pray, Michael: *Derek Jarman: Dreams of England*. London 1996.
Pally, M.: »Interview with Peter Greenaway.« In: *Cinéaste*, 18 (1991), 6-11.
Palmer, James/Michael Riley: *The Films of Joseph Losey*. Cambridge 1993.
Palmer, Scott: *A Who's Who of British Film Actors*. Metuchen, N.J. 1981.
Park, James: *Learning to Dream: The New British Cinema*. London 1984.
–: *British Cinema: The Lights That Failed*. London 1990.
Pascoe, David: *Peter Greenaway: Museums and Moving Images*. London 1997.
Pearson, George: *Flashback: An Autobiography of a British Film Maker*. London 1957.
Pendreigh, Brian: *On Location: The Film Fan's Guide to Britain and Ireland*. Edinburgh 1995.
Perkins, Victor: »The British Cinema.« In: *Movie*, 1 (1962), 3-7.
–: »Supporting the British Cinema.« In: *Movie*, 16 (1968/69), 13-16.
Perry, George: *The Great British Picture Show: From the 90s to the 70s*. London: Pavilion, 1985.
–: *Forever Ealing: A Celebration of the Great British Film Studio*. London 1985.
–: *Movies from the Mansion: A History of Pinewood Studios*. London 1986.
Petrie, Duncan (ed.): *New Questions of British Cinema*. London 1992.
– (ed.): *The British Cinematographer*. London 1996.
– (ed.): *Inside Stories: Diaries of British Film-makers at Work*. London 1996.
Phelps, Guy: *Film Censorship*. London 1975.
Philips, Gene: *John Schlesinger*. Boston 1981.
–: *Alfred Hitchcock*. New York 1984.
Pines, Jim: »British Cinema and Black Representation.« In: *The British Cinema Book*, ed. Robert Murphy. London 1997, 207-216.
Pirie, David: *A Heritage of Horror: The English Gothic Cinema, 1946-1972*. London 1973.
Polanski, Roman: *Roman Polanski*. München 1984.
Porter, Vincent: »Methodism versus the Market-place: The Rank Organisation and British Cinema.« In: *The British Cinema Book*, ed. Robert Murphy. London 1997, 122-132.
Powell, Dilys: *Films Since 1939*. London 1947.
Powell, Michael: *A Life in Movies*. London 1985.
–: *Million Dollar Movie*. New York 1992.
Pratley, Gerald: *The Cinema of David Lean*. London 1974.
Price, Theodore: *Hitchcock and Homosexuality*. Metuchen, N.J. 1992.
Pulleine, Tim: »A Song and Dance at the Local: Thoughts on Ealing.« In: *The British Cinema Book*, ed. Robert Murphy. London 1997, 114-121.

Pym, John: *Film on Four, 1982-1991: A Survey.* London 1992.
Quinlan, David: *British Sound Films: The Studio Years, 1928-1959.* London 1984.
Rhode, Eric: »British Film-Makers.« In: *The Listener* (26. September 1968), 385-387.
–: »The British Cinema in the Seventies.« In: *The Listener* (14. August 1969), 201-203.
Richards, Jeffrey/Anthony Aldgate: *Best of British: Cinema and Society, 1930-1970.* Oxford 1983.
Richards, Jeffrey: *The Age of the Dream Palace: Cinema and Society in Britain, 1930-1939.* London 1984a.
–: *Thorold Dickinson: The Man and His Films.* London 1984b.
–: *Films and British National Identity: From Dickens to Dad's Army.* Manchester 1997.
–: »British Film Censorship.« In: *The British Cinema Book,* ed. Robert Murphy. London 1997, 167-177.
– (ed.): *The Unknown 1930s: An Alternative History of the British Cinema, 1929-1939.* London 1998.
Richardson, Tony: *Long Distance Runner.* London 1993.
Ringel, Harry: »The Horrible Hammer Films of Terence Fisher.« In: *Take One* (Mai 1973), 8-12.
–: »Terence Fisher: The Human Side.« In: *Cine-Fantastique,* 4 (Herbst 1975), 7-16.
Roberts, John: »British Mod Films of the 60s.« In: *Classic Images,* 126 (Dezember 1985), c26, 63.
Robertson, Robbie: »The Narrative Sources of Ridley Scott's ALIEN.« In: *Cinema and Fiction: New Modes of Adapting, 1950-1990,* ed. John Orr. Edinburgh 1992, 171-179.
Rodgers, Marlene: »*Prospero's Books* – Word and Spectacle: An Interview with Peter Greenaway.« In: *Film Quarterly,* 45 (1991/92), 11-19.
Rohmer, Eric/Claude Chabrol: *Hitchcock.* Paris 1957.
Rosenfeldt, Diane: *Richard Lester: A Guide to References and Resources.* London 1978.
–: *Ken Russell: A Guide to References and Resources.* London 1978.
Ross, Robert: *The Carry On Companion.* London 1996.
Rowson, Simon: »A Statistical Survey of the Cinema Industry in Great Britain in 1934.« In: *Journal of the Royal Statistical Society,* 99 (1936), 67-129.
Rubin, Steven Jay: *The Complete James Bond Movie Encyclopedia.* Chicago 1990.
Russell, Ken: *The Lion Roars.* London 1993.
Rutherford, Jonathan: *Forever England: Reflections on Masculinity and Empire.* London 1997.
Ryall, Tom: *Alfred Hitchcock and the British Cinema.* London 1986.
–: »A British Studio System: The Associated British Picture Corporation and the Gaumont-British Picture Corporation in the 1930s.« In: *The British Cinema Book,* ed. Robert Murphy. London 1997, 27-36.
Scherer, Christina/Guntram Vogt: »Derek Jarman.« In: *Augen-Blick,* 24 (1996), 8-68.
Scobie, Stephen: »What's the Story, Mother?: The Mourning of the Alien.« In: *Science-Fiction Studies,* 20 (1993), 80-93.
Silet, Charles L.P.: *Lindsay Anderson: A Guide to References and Resources.* London 1979.
Silver, Alain/James Ursini: *David Lean and His Films.* London 1974.
Silverman, Stephen M.: *David Lean.* New York 1989.
Sinyard, Neil: *Beatles, Musketeers and Supermen: The Films of Richard Lester.* London 1984.
–: *Filming Literature.* London 1986.
–: *The Films of Alfred Hitchcock.* New York 1989.
–: *The Films of Nicolas Roeg.* London 1991.
Slide, Anthony: *Fifty Classic British Films.* New York 1985.
Sloan, Jane E.: *Alfred Hitchcock: The Definite Filmography.* Berkeley 1995.

Sorensen, Colin: *London on Film: 100 Years of Filmmaking in London.* London 1996.
Spicer, Andrew: »Male Stars, Masculinity and British Cinema, 1945-1960.« In: *The British Cinema Book*, ed. Robert Murphy. London 1997, 144-143.
Spoto, Donald: *The Dark Side of Genius: The Life of Alfred Hitchcock.* London 1983.
Starr, Michael: *Peter Sellers: A Film History.* London 1991.
Stockham, Martin: *The Korda Collection: Alexander Korda's Film Classics.* London 1992.
Street, Sarah: *British National Cinema.* London 1997.
–: British Film and the National Interest, 1927-1939.« In: *The British Cinema Book*, ed. Robert Murphy. London 1997, 17-26.
Strick, Philip/Penelope Houston: »Interview with Stanley Kubrick.« In: *Sight and Sound*, 41 (Frühjahr 1972), 62-66.
Sussex, Elizabeth: *The Rise and Fall of British Documentary: The Story of the Film Movement Founded by John Grierson.* London 1975.
Swann, Paul: *The British Documentary Film Movement, 1926-1946.* Cambridge 1989.
Tabori, Paul: *Alexander Korda.* New York 1966.
Taylor, Neil: »The Films of *Hamlet*.« In: *Shakespeare and the Moving Image*, ed. Anthony Davies/Stanley Wells. Cambridge 1994, 180-195.
Taylor, Philip (ed.): *Britain and the Cinema in the Second World War.* London 1988.
Thomas, Nicholas (ed.): *International Dictionary of Films and Filmmakers.* (vol. 1: Films, vol 2: Directors/Filmmakers) Chicago 1990.
Thorpe, Frances/Nicholas Pronay/Clive Coultass: *British Official Films in the Second World War.* Oxford 1980.
Threadgall, Derek: *Shepperton Studios: An Independent View.* London 1994.
Töteberg, Michael: *Metzler Film Lexikon.* Stuttgart/Weimar 1995.
Trevelyan, John: »Film Censorship in Great Britain.« In: *Screen*, 11 (Sommer 1970), 19-30.
Trewin, J.C.: *Robert Donat: A Biography.* London 1968.
Truffaut, François: *Mr. Hitchcock, wie haben Sie das gemacht?* München 1977.
Twitchell, James B.: *Dreadful Pleasures: An Anatomy of Modern Horror.* New York 1985.
Vaughan, Dai: *Odd Man Out.* London 1995.
Vermilye, Jerry: *The Great British Films.* Secaucus, N.J. 1978.
–: *The Complete Films of Laurence Olivier.* New York 1992.
Walker, Alexander: *Stanley Kubrick Directs.* London 1972.
–: *National Heroes: British Cinema in the '70s and '80s.* London 1985.
Walker, John (ed.): *Halliwell's Film Guide.* New York 1998.
Warren, Patricia: *Elstree: The British Hollywood.* London 1983.
–: *The British Film Collection, 1896-1984: A History of the British Cinema in Pictures.* London 1993.
–: *British Film Studios: An Illustrated History.* London 1995.
Welsh, James Michael: *Peter Watkins: A Guide to References and Resources.* London 1986.
Woods, Alan: *Mr Rank.* London 1952.
–: *Being Naked Playing Dead: The Art of Peter Greenaway.* Manchester 1996.
Wood, Linda (ed.): *British Film Industry.* London 1980.
–: *British Films, 1927-1939.* London 1986.
–: »Low-budget British films in the 1930s.« In: *The British Cinema Book*, ed. Robert Murphy. London 1997, 48-57.
Wykes, Alan: *H.G. Wells in the Cinema.* London 1977.
Yacowar, Maurice: *Hitchcock's British Films.* Hamden, Conn. 1977.
–: »Negociating Culture: Greenaway's *Tempest*.« In: *Queen's Quarterly*, 99 (1992), 689-697.
Yule, Andrew: *The Man Who ›Framed‹ the Beatles: A Biography of Richard Lester.* New York 1994.

Personenregister

Ackroyd, Barry 239
Acres, Birt 1, 3-5
Adam, Ken 167, 299
Adler, Jerry 113
Agland, Phil 304
Aherne, Fred 52
Alcott, John 227
Aldridge, Alan 188
Alford, Kenneth J. 123
Ali, Tariq 297
Allen, Jim 236, 239-241
Allen, Woody 176
Allister, Ray 4
Alwyn, William 106
Ambler, Eric 165
Amis, Kingsley 174
Andersen, Hans Christian 95
Anderson, Lindsay 57, 203-207, 213, 235, 243, 248, 252, 271
Anderson, Michael 164, 269
Anderson, Paul 303
Andrews, Julie 143
Angel, Daniel 222
Annis, Francesca 233
Antonioni, Michelangelo 216-218, 284, 285
Apted, Michael 168, 191, 270
Arliss, Leslie 82
Armes, Roy 48, 117, 216
Arnaz Jr., Desi 159
Arnim, Elisabeth von 268
Arnold, Jack 141
Arnold, John 221
Arnold, Tom 52
Asai, Takashi 297
Ashby, Hal 143
Asher, Irving 100, 101
Asher, Jack 150
Askey, David 181
Aspinall, Sue 82
Asquith, Anthony 32, 53-59, 60, 71, 78, 82 89, 90, 114, 142, 196, 203
Asquith, Herbert 53
Atkinson, Rowan 301
Attenborough, Richard 116, 125, 126, 250, 251, 271-275
Austen, Jane 302, 304

Bacall, Lauren 178
Baird, Teddy 58
Baker, Roy Ward 150, 151, 153-155
Baker, Tom 156
Balcon, Michael 33-35, 40, 41, 44, 48, 52, 55, 65, 81, 82, 131, 133, 138, 148, 149

Balfour, Betty 9, 44
Bamberger, J. 31
Banks, Leslie 48
Banks, Monty 130
Barber, Chris 181
Bardot, Brigitte 119, 139
Barkas, Geoffrey 54
Barker, Clive 158
Barker, William George 8, 32, 194
Barnes, Binnie 66
Barr, Charles 1, 7, 33, 34, 131, 149, 280
Barry, Joan 46, 47
Barry, John 171, 174
Bart, Lionel 112
Bartók, Béla 252
Basinger, Kim 171
Bates, Alan 206, 253
Beatles, The 27, 180, 182-190
Beatty, Robert 106
Beckett, Samuel 229, 242
Behm, Marc 186
Belloc-Lowndes, Marie Adelaide 41
Belmondo, Jean-Paul 176
Bennett, Alan 243, 245
Bennett, Charles 45
Bennett, Compton 83
Benson, Annette 54
Benson, Frank 194
Bentine, Michael 140
Bentley, Thomas 8
Berger, Ludwig 73
Berger, Senta 165
Bergman, Ingrid 178
Bergner, Elisabeth 67, 196
Berkoff, Steven 172, 173
Bernard, Chris 249
Bernstein, Sidney 52
Bertolucci, Bernardo 20, 272
Bessett, Ronald 156
Best, Edna 48
Bevan, Tim 246, 248
Biko, Steve 274
Bilk, Acker 181
Binder, Maurice 174
Birkin, Jane 178
Birnbaum, Roger 264
Biró, Lajos 60, 62
Black, Edward 52, 58, 113
Blair, Leslie 242
Blair, Tony 12
Blake, Peter 186
Blake, William 272, 285
Blakemore, Michael 145
Blattner, Ludwig 28

Bloch, Robert 155
Bloom, Claire 199, 200, 210
Bogarde, Dirk 138, 139, 220, 221, 273
Böhm, Karlheinz 97, 98
Bohringer, Richard 287
Bolt, Robert 123, 125
Bond, Edward 217, 257
Bonham Carter, Helena 278, 279
Boorman, Charley 254
Boorman, John 186, 251, 253, 254, 266, 267
Boot, Charles 36, 37, 76
Booth, Walter 5
Borges, Jorge Luis 255, 285
Bosch, Hieronymus 285
Boulle, Pierre 123, 124
Boulting, John 4, 79, 141, 273
Boulting, Roy 79, 141
Bowie, David 95, 192, 257, 258
Box, Betty 83, 139, 176
Box, Muriel 83
Box, Sydney 83, 84
Boyd, Don 297
Boyle, Danny 240, 304, 305
Brabourne, John 127, 200
Brach, Gérard 229-231
Bracken, Brendan 94
Bradbury, Ray 218, 219
Bradley, David 238
Bragington, James 177
Braine, John 205
Bramble, A.V. 53
Branagh, Kenneth 148, 161, 195, 196, 200-202, 273, 299
Brandauer, Klaus Maria 171
Brando, Marlon 112, 266
Braunsberg, Andrew 234
Brazzi, Rossano 121
Brecht, Bertolt 208
Breton, Michelle 255
Brett, Jeremy 177
Briley, John 274
Britten, Benjamin 296
Broccoli, Albert R. 167, 171, 172, 175, 265
Brodax, Al 187, 188, 190
Brook, Clive 40
Brook, Peter 195
Brosnan, Pierce 168, 172, 173
Brown, Andrew 248
Brown, Robert 173
Brunel, Adrian 35, 73
Bryant, Gerard 180
Buchan, John 48
Buchanan, Jack 31
Buñuel, Luis 285

Bunyan, John 76
Burge, Stuart 196, 200
Burgess, Anthony 225, 226
Burton, Richard 165, 210, 221, 269
Butler, Ivan 223
Butt, Johnny 5
Byron, George Gordon Lord 147, 156

Cage, John 285
Caine, Michael 165, 166
Cameron, James 174, 175, 262
Cammell, Donald 255
Campbell, Ivar 35
Campbell, Martin 168
Canby, Vincent 294
Canonero, Milena 272
Caravaggio, Michelangelo da 112, 191, 296
Cardiff, Jack 93, 255
Cardinale, Claudia 143
Carlyle, Robert 302
Carpenter, John 158
Carradine, Keith 261
Carreras, Enrique 150
Carreras, James 150
Carreras, Michael 150
Carroll, Gordon 264
Carroll, Lewis 7, 188, 285
Carroll, Madeleine 49
Carstairs, John Paddy 180
Carter, Angela 160
Cattaneo, Peter298, 302
Caughie, John 114
Cavalcanti, Alberto 119, 149, 281
Čechov, Anton 279
Chabrol, Claude 204
Chamberlain, Neville 104
Channing-Williams, Simon 242
Chaplin, Charlie 53, 64
Chapman, Graham144, 145
Charleson, Ian 272
Christie, Agatha 30, 157, 177, 178, 261, 265
Christie, Julie 123, 126, 258
Churchill, Winston S. 62, 70, 93, 94, 104, 164
Clair, René 72
Clairmont, Claire 147
Clapton, Eric 191
Clark-Hall, Steve 297
Clarke, Alan 266
Clarke, Arthur C. 223
Clarke, Margi 249
Clarke, T.E.B. 33, 133
Clayton, Jack 19, 154, 205, 206, 235
Cleese, John 35, 144-146
Close, Glenn 247

Clyde, Thomas 59
Coburn, James 175
Coen, Guido 27
Cohen, Henry 100
Collier, James F.181
Collings, Esmé 5
Collins, Lewis 172
Collins, William Wilkie 186
Compson, Betty 40
Connery, Sean 167, 168, 170-172, 175, 178
Connor, Kenneth 139
Conrad, Joseph 49, 111, 261
Coop, Denys 204
Cooper, Gladys 26
Coppola, Francis Ford 161, 180
Coquillon, John 156
Corda, Maria 61
Corfield, John 76, 101
Corman, Roger 154, 255
Cornelius, Henry 34, 38, 131, 132, 134
Cotten, Joseph 108, 110, 111, 157
Coulter, Michael 267
Courteney, Tom 206
Courville, Albert de 45
Cousins, John D. 35
Cowan, Maurice 221
Coward, Noël 44, 78, 115-117, 119, 127, 152, 176
Cox, Alex 193
Cox, Jack 44, 46
Crichton, Charles 33-35, 131-133, 142, 146, 149
Cricks, C.H. 5
Croise, Hugh 39
Cronin, A.J. 103
Crosland, Alan 45
Cross, Ben 272
Cruikshank, George 119
Crystal, Billy 201
Cukor, George 32
Cunningham, Neil 283
Cunningham, Sean 158
Curry, Tim 191
Curties, Ian 156
Curtis, Jamie Lee 146
Curtis, Richard 301
Cusack, Cyril 106
Cushing, Peter 151-155, 157, 159
Cutts, Graham 33, 39, 40, 130
Czinner, Paul 67, 72, 114, 196

Dalrymple, Ian 71, 79
Dalton, Richard F. 222
Dalton, Timothy 168, 172
Daltrey, Roger 191
Daly, John 240

Danski, Mel 145
Danziger, Edward 32
Danziger, Harry 32
Darnborough, Anthony 58
Davidson, Jaye 249
Davies, Terence 266, 267, 300
Davis, Bette 178
Davis, Brad 268
Davis, Desmond 235
Davis, John 77, 79, 87, 88, 120
Davis, Stringer 179
Day, Doris 48
Day, Raymond 240
Day, Robert 142
Day-Lewis, Daniel 244, 245, 298, 299
Deacon, Brian 286
Deacon, Eric 286
Deakins, Roger 269
Dean, Basil 33, 45, 73, 103, 113, 129-131, 273
Dearden, Basil 33, 34, 132, 139, 149, 205
Debussy, Claude 252
Deeley, Michael 259, 264
Deen, Terry 180
Deighton, Len 162, 165, 169
Delaney, Shelagh 205, 212, 235, 268
Del Giudice, Filippo 78, 79, 81, 197, 198
Delius, Frederick 252
Dell, Jeffrey 141
Deneuve, Cathérine 229
Denevi, Marco 219
Dench, Judi 201
De Niro, Robert 275
De Palma, Brian 299
Dépardieu, Gérard 201
Depp, Johnny 268
De Sica, Vittorio 205
Deutsch, David 221
Deutsch, Oskar 75, 76
Devine, George 209
Dexter, John 200
Diaz, Cameron 305
Dickens, Charles 8, 112, 113
Dickinson, Desmond 198
Dickinson, Thorold 113
Dietrich, Marlene 70
Dighton, John 33
Donaldson, Roger 126
Donat, Robert 4, 14, 57, 62, 128
Donner, Clive 255
Donner, Richard 174, 265, 266
Dorléac, Françoise 230
Dors, Diana 119
Douglas, Bill 266, 300
Douglas, Kirk 222
Douglas, Michael 264

Personenregister

Downey, Robert 145
Doyle, Arthur Conan 177
Doyle, Roddy 247, 269
Duffell, Peter 155
Dullea, Keir 225
Dumas, Alexandre 187
Dunbar, Andrea 266
Duncan, Isadora 252
Dunn, Nell 236, 238, 240
Dunning, George 190
Dupuis, Paul 135
Dürer, Albrecht 285
Duvivier, Julien 73
Dwan, Allan 72

Eady, Sir Wilfried 15
Easdale, Brian 95
East, John 26-28
Eastwood, Clint 171
Eberts, Jake 193, 271-276
Eccleston, Christopher 304
Eco, Umberto 158, 282
Edison, Thomas 4
Edwards, Blake 142, 143
Edwards, Henry 178
Eisenstein, Sergej 166
Eitelbaum, Irving 240
Elgar, Edward 252
Elvey, Maurice 41, 114, 177
Epstein, Brian 182, 183, 188, 189
Ermans, Marcel 66
Essex, David 191
Evans, David 302
Evans, Mal 190
Eyre, Richard 249

Fairbanks, Douglas 64, 67
Fairbanks Jr., Douglas 28
Faith, Adam 180
Farjeon, J. Jefferson 47
Faulkner, William 210
Fay, W.G. 106
Fayed, Dodi 272
Feldman, Charles K. 167, 175
Feldman, Marty 145
Fellini, Federico 208
Fernandel 130
Ferrer, Mel 96
Ferry, Bryan 293
Feyder, Jacques 70, 72
Fielding, Henry 213
Fields, Garcie 128-131
Finch, Jon 233
Finch, Nigel 303
Fincher, David 158, 262
Finler, Joel 253
Finney, Albert 178, 206, 211-213, 235, 241, 244
Firth, Colin 302
Fisher, Geoffrey 220

Fisher, Terence 151-153, 177
Fitzhamon, Lewin 2
Flaherty, Robert 64, 72, 281
Flaubert, Gustave 125
Fleming, Ian 162, 166, 167, 169, 172, 174, 175
Fletcher, Freddie 238
Fletcher, John 203
Follett, Ken 164
Forbes, Bryan 30, 225, 273
Forbes-Robertson, Johnston 194
Ford, Guy 297
Ford, John 204
Foreman, Carl 113, 124
Forman, Milos˜ 236
Formby, George 128, 130, 131, 138
Forster, Edward Morgan 126, 277, 304
Forsyth, Bill 267, 299
Forsyth, Frederick 162, 165
Fowles, John 214
Fox, Charles 104
Fox, Edward 173
Fox, James 220, 255, 256
Fox, Kerry 304
Francis, Freddie 151, 153, 155, 157, 255, 299
Frazer, Hugh 282
Frazer-Smith, Charles 173
Frears, Stephen 15, 241-248, 266, 269, 280, 300, 301, 303
Freedman, John 33
Freeland, Thornton 73
Frend, Charles 33-35, 131, 132, 137
Fricker, Brenda 299
Friese-Greene, William 3-5
Fröbe, Gert 170, 173
Fuest, Robert 157
Fuller, Graham 239
Furie, Sidney J. 163, 166, 181

Gainsborough, Thomas 82
Galsworthy, John 47
Gambon, Michael 287
Ganay, Thierry de 264
Gandhi, Mahatma 125
Gardner, John 175
Garfunkel, Art 257, 258
Garnett, Tony 236, 238, 240
Gaudier, Henri 253
Gaultier, Jean-Paul 288
Gaumont, Léon 9
Geldof, Bob 293
Gemmell, Ruth 302
German, Edward 8
Gibson, Alan 151, 154
Gibson, Derek 240
Gibson, Mel 36, 126, 172, 199, 299

Giedroyc, Coky 303
Gielgud, John 49, 178, 200, 201, 273, 288, 289
Gift, Roland 246
Giger, Hans Ruedi 262
Gilbert, Lewis 38, 168, 170-172
Giler, David 264
Gilliam, Terry 144, 300
Gilliat, Sidney 37, 50, 71, 79, 81, 89, 104
Gillies, Stewart 75
Glen, John 168, 172, 173
Godard, Jean-Luc 255, 285
Godden, Rumer 95
Gold, Jack 266
Goldman, Alain 264
Goldsmith, Issidore 113
Goldwyn, Samuel 64
Goodwin, Richard 124
Goodwin, Ron 179
Gordon, Richard 138
Goring, Marius 95
Gorris, Marleen 304
Graham Tanen, Nancy 248
Granger, Stewart 80, 82
Granowski, Alexis 58
Grant, Arthur 150
Grant, Cary 145, 167
Grant, Hugh 268, 279, 301, 302
Green, Danny 137, 138
Green, F.L. 105
Green, Guy 119, 255
Greenaway, Peter 15, 30, 195, 266, 280-293, 295, 299, 300
Greene, Graham 65, 71, 103, 107-109, 141, 165, 176
Greenwood, Jack 221
Greenwood, Walter 131
Gregg, Everley 66
Gréville, Edmond T. 180
Grierson, John 125, 281
Griffith, D.W. 114
Griffiths, Trevor 240
Grigg, James 93
Grossmith Sr., George 62
Grunwald, Anatole de 58, 59
Guerra, Tonino 217
Guest, Val 150, 175, 181
Guillermin, John 142, 178
Guinness, Alec 119, 123, 133, 135, 137, 138, 141, 176
Gutowski, Gene 232, 234

Hacker, Jonathan 291
Hackney, Alan 141
Hagen, Julius 26, 31, 100, 178
Hall, Adam 165
Hals, Franz 285, 288
Hamer, Robert 33, 34, 131, 132, 136, 149, 205

Hamilton, Guy 163, 166, 168, 169, 178, 265
Hamlisch, Marvin 174
Hampton, Christopher 247
Hampton, Tim 264
Hanbury, Victor 219, 221
Hardy, Thomas 304
Harris, James B. 228
Harris, Richard 206, 207
Harrison, Rex 116
Harrison, George 144, 182, 183
Hartley, L.P. 220
Harvey, Laurence 213
Havelock-Allan, Anthony 58, 78, 79, 116, 127, 200
Hawkins, Jack 273
Hawtrey, Charles 139
Hay, Will 138
Hayers, Sidney 181
Haynes, Stanley 120, 127
Haynes, Todd 193
Hedren, Tippi 49
Hefner, Hugh 234
Helpman, Robert 95
Hemmings, David 217, 218
Henrey, Bobby 107
Hepburn, Katharine 121, 126
Hepworth, Cecil 2, 3, 6-9, 194
Herlie, Eileen 199
Herman, Mark 303
Hessler, Gordon 155
Heston, Charlton 201
Heyman, John 221
Heyman, Norma 248
Hibbin, Sally 239, 241
Hickox, Douglas 158
Hicks, Seymour 35
Higgins, Anthony 282, 293
Higgins, Jack 164
Higson, Andrew 205, 279
Hill, Bernard 286
Hill, Dave 282
Hill, James 113, 177
Hill, Walter 264
Hill, William 52
Hiller, Wendy 55, 56, 178
Hinds, Anthony 150, 221
Hinds, William 150
Hines, Barry 238, 240
Hiscott, Leslie 178
Hitchcock, Alfred 9, 28, 29, 33, 39-54, 81, 88-90, 97, 102, 104, 126, 162, 174, 196, 219, 227, 263
Hobson, Valerie 92
Hockney, David 293
Hodge, John 304
Hodges, Mike 156, 249
Hoffman, Dustin 247
Holden, William 176

Holderness, Graham 195
Holloway, Stanley 134
Holt, Seth 34, 175
Homolka, Oscar 49
Hooper, Tobe 158
Hopkins, Anthony 126, 279, 299
Hopkins, Matthew 156
Hornbeck, William 62
Hornby, Nick 302
Horniman, Roy 137
Hoskins, Bob 153
Hough, John 154
Houston, Penelope 203
Howard, Alan 287
Howard, Leslie 55, 61, 67, 79, 92
Howard, Trevor 108, 116-118, 120, 126, 269
Howard, William 63, 72, 73, 196
Howitt, Peter 302
Hudson, Hugh 260, 270, 272, 275
Hughes, Ken 175, 265
Hulbert, Jack 128
Hunt, Peter 156, 168
Hunter, Holly 305
Hunter, T. Hayes 148
Huntington, Lawrence 29
Hurst, Brian Desmond 73
Hurt, John 244, 262
Huston, John 29, 175, 216
Hutchings, Peter 149
Hutton, Brain G. 163
Huxley, Aldous 253

Ibsen, Henrik 219
Idle, Eric 144
Ince, Ralph 35
Ingram, Rex 89, 114
Irons, Jeremy 215, 299
Ishiguro, Kazuo 278
Ivory, James 251, 276-279

Jackson, Jerome 89, 90, 100
Jacobi, Derek 201
Jacques, Hattie 139
Jaffe, Stanley 264
Jagger, Mick 192, 255-257
James, Henry 145, 154, 277
James, Sidney 139
Janni, Joseph 221, 238, 240
Jarman, Derek 200, 266, 270, 271, 293-297, 300
Jarre, Maurice 123, 125
Jeayes, Allan 104
Jennings, Humphrey 204, 281
Jesse, Bill 241
Jeunet, Jean-Pierre 262
Jhabvala, Ruth Prawer 277
Joffé, Roland 266, 267, 275, 276

John, Elton 191
Johnson, Celia 116-118
Johnson, Katie 138
Johnson, Lyndon B. 166
Johnson, Richard 175, 176
Jones, Terry 144-145, 300
Jordan, Neil 36, 160, 161, 249, 267, 268, 299
Jorgens, Jack 194
Julien, Isaac 303
Jung, C.G. 295
Junge, Alfred 95
Jupp, Ralph Tennyson 26
Justice, James Robertson 138

Kael, Pauline 104
Kafka, Franz 229
Kanievska, Marek 15
Karas, Anton 108
Karloff, Boris 148
Karolyi, Mihaly 61
Kästner, Erich 133
Katz, Peter 259
Keaton, Buster 182
Keats, John 117
Keitel, Harvey 261
Kellegher, Tina 247
Kellett, Bob 140
Kelley, Gene 227
Kelly, Grace 49
Kendall, Henry 47
Kennedy, John F. 169
Kerr, Deborah 95
Keynes, Maynard
Keys, Anthony Nelson 31, 221
Kimmins, Anthony 35
King, Frank 148
King, George 119, 149
King, Stephen 227
Kingsley, Ben 274
Kinski, Nastassja 275
Kirchherr, Astrid 190
Kirchin, Basil 157
Klein, Yves 296
Kline, Kevin 146, 250
Klinger, Michael 156, 229, 230
Kneale, Nigel 210
Knoles, Harley 26
Kohn, John 222
Korda, Alexander 11, 31, 36, 55, 56, 60-73, 75-77, 81, 87, 90-92, 94-96, 101, 107, 108, 111, 112, 120, 121, 123, 124, 196, 199, 216, 272
Korda, Vincent 62, 66
Korda, Zoltán 62, 72, 73
Krampf, Günther 148
Krasker, Robert 106, 111 119
Kubrick, Stanley 20, 30, 32, 94, 142, 172, 216, 222-229, 261

Personenregister 319

Kulik, Karol 14, 69
Kun, Béla 61
Kureishi, Hanif 244, 246, 247

Lacey, Jonathan 290
Laclos, Pierre Choderlos de 247
Laing, R.D. 214, 238
Lambert, Anne Louise 282, 283
Lambert, Gavin 203
Landau, Ely 222
Landau, Leslie 100
Lang, Fritz 42, 148
Lang, Rocky 264
Lange-Fuchs, Hauke 5
Lansbury, Angela 178
Lansing, Sherry 264
Lassally, Walter 203, 204, 212, 213
Laughton, Charles 50, 52, 55, 60, 62, 64, 66-68, 121
Launder, Frank 50, 71, 79, 89, 104
Laurel, Stan 140
Laurents, Arthur 121
Laurie, John 90
Laverty, Paul 241
Lawrence, D.H. 253
Lawrence, Thomas Edward 124
Lazenby, George 168, 171
Le Carré, John 162, 165, 169
Le Fanu, Joseph Sheridan 154
Lean, David 37, 55, 62, 63, 71, 74, 78, 79, 89, 92, 105, 106, 111, 112, 114-127, 179, 198, 201, 203, 210, 251, 269, 273, 277
Lear, Edward 285
Lee, Ang 304
Lee, Bernard 173
Lee, Christopher 151, 152, 154, 155, 157, 159
Lee, James 274, 275
Lee, Rowland V. 72
Leigh, Mike
Leigh, Vivien 62, 63, 80
Lejeune, C.A. 53
Lemmon, Jack 201
Lennon, John 180, 182-185, 187
Leonard, Robert Z. 196
Lester, Richard 181-187, 189-191, 214, 229, 255, 257
Lewis, C.S. 274
Lewis, Jerry 187
Lieberson, Sanford 259
Lindsay-Hogg, Michael 190
Lion, Leon M. 52
Littlewood, Joan 273
Litvinoff, Si 259
Livesey, Roger 93, 94
Llewelyn, Desmond 173
Loach, Kenneth 236-243, 248, 266, 294, 295, 303
Lockwood, Gary 225
Lockwood, Margaret 29, 50, 57, 82, 83, 103, 104
Logan, Lillan 26
Lom, Herbert 137, 138
Loncraine, Richard 145, 195, 299
Lonsdale, Michel 173
Lopert, Ilja 127
Loren Sophia 57, 142
Lorraine, Harry 177
Lorre, Peter 49
Losey, Joseph 139, 216, 219-222
Loudon, Norman 35, 36
Lovell, Alan 211
Low, David 93
Lubitsch, Ernst 53
Lucas, George 30, 299
Lugosi, Béla 148, 151
Luhrmann, Buz 195
Lumet, Sidney 165, 178, 265
Lumière, Louis und Auguste 1
Lynn, Jonathan 145

McCallum, Rick 260
McCarthy, Joseph 124, 219
McCartney, Paul 174, 182, 183, 187, 189
McClory, Kevin 170
McCormack, Leigh 267
McCullough, Christopher 195
MacDonald, Andrew 304
MacDonald, Hettie 303
McDonald, Kelly 303
McDowell, Andie 302
McDowell, Malcolm 208, 209, 225, 226, 238, 305
McEwan, Ian 268
McGowran, Jack 230, 231
McGrath, Douglas 304
McGrath, Joseph 175, 187
McGregor, Ewan 193, 304, 305
MacInnes, Colin 192
Mackay, James 297
Mackendrick, Alexander 33, 34, 131, 132, 136, 137
Mackenzie, Compton 136
McLaglen, Andrew V. 163
MacLean, Alistair 162, 163
McLuhan, Marshall 188
Macmillan, Harold 11
McNeile, Hermann Cyril 176
Macphail, Angus 33
MacPherson, Don 192
McQueen, Steve 171
Magritte, René 285
Maibaum, Richard 167, 169-172, 174
Malin, Howard 297
Malkovich, John 247

Mankiewicz, Joseph 140
Mann, Anthony 163, 222
Marks, Leo 99
Marlowe, Christopher 296
Marney, Derrick de 49
Marquand, Richard 164
Marryat, Frederick 103
Martin, Dean 175
Marx, Groucho 184
Mason, James 57, 82, 83, 106, 128, 145, 167
Mason, Richard 123
Massey, Anna 98
Matthews, Jessie 47, 128
Maude, Arthur 35, 45
Maugham, William Somerset 49
Maurier, Daphne du 50, 258
Maxwell, John 24, 28, 29, 31, 45, 52, 55, 75-77
Maxwell, Lois 173
Maybury, John 303
Mayersburg, Paul 258
Mayne, Ferdy 231
Mazzetti, Lorenza 203
Meckler, Nancy 303
Medwin, Michael 248
Mendes, Lothar 72
Menges, Chris 237, 250, 275
Menzel, Jiří 236
Menzies, William Cameron 68, 72
Mercer, David 214, 219, 236, 240
Merchant, Ismail 276-279
Merzbach, Paul 216
Michell, Roger 304
Milchan, Arnon 264
Milestone, Lewis 112
Millar, Adelqui 31
Miller, Arthur 215
Milligan, Spike 140, 182
Mills, John 126, 201
Mills, Paul 222
Milton, Robert 72
Minghella, Anthony 299
Minney, R.J. 58
Mirren, Helen 287
Mitchell, Andrew 30, 181
Molina, Alfred 246
Monger, Christopher 302
Monroe, Marilyn 119, 191
Montagu, Ivor 41, 52
Monty Python 144-146
Moonjean, Hank 248
Moore, Demi 264
Moore, George 138
Moore, Roger 167, 168, 171, 172, 174
Morahan, Christopher 145
Moran, Percy 177

More, Kenneth 139
Morgan, Emily 176
Morley, Robert 35, 158
Morris, Oswald 204
Morrow, Jo 176
Moseby, Karl 59
Moss, Robert F. 102, 107
Mottershaw, Frank 3, 5
Mowbray, Malcolm 145
Mullally, Frederic 75
Munro, Rona 241
Murnau, F.W. 42
Murphy, Robert 82, 162
Murray, Barbara 135
Myles, Lynda 248

Nabokov, Vladimir 223
Nash, Percy 26-28
Neagle, Anna 31
Neame, Ronald 4, 46, 78, 79, 93, 115, 116, 119, 127, 165, 255
Newby, Chris 303
Newell, Mike 268, 298, 300, 301
Nichols, Mike 187
Nicholson, Jack 227
Niven, David 94, 142, 143, 167, 175, 176
Noble, Adrian 195, 200, 299
Noble, Peter 24
Norgate, P.G. 177
Norton, Richard 37
Norwood, Eille 177
Novak, Kim 49
Novello, Ivor 26, 41-43
Nunn, Trevor 195
Nyman, Michael 287

O'Brien, Edna 235
O'Brien, Rebecca 239, 241
O'Brien, Richard 191
O'Casey, Sean 47
O'Connor, Hugh 302
O'Connor, Pat 249
O'Dea, Dennis 106, 107
O'Leary, Liam 117
O'Neal, Ryan 227
O'Toole, Peter 123, 124
Oberon, Merle 63, 66
Oldman, Gary 245, 305
Olivier, Laurence 36, 57, 62, 63, 71, 78-80, 92, 94, 106, 195-203, 210, 251, 273
Ondra, Anny 45, 46
Ormond, Julia 290
Ornstein, Bud 182
Orton, Joe 245, 246
Orwell, George 238, 269
Osborne, John 205, 209, 210, 213

Ostrer, Isidore 75, 76
Ostrer, Mark 76
Ostrer, Maurice 58, 76, 82, 83
Owen, Alun 184, 186

Pacino, Al 195, 268, 275
Packard, Vance 188
Page, Anthony 88
Palache, Albert 84
Palin, Michael 144, 145, 146
Pallenberg, Anita 255, 256
Paltrow, Gwyneth 302
Parker, Alan 247, 268-270, 272, 280
Parker, Cecil 138
Parker, Oliver 195
Parkinson, Roy 59
Parrish, Robert 175
Pascal, Gabriel 24, 55, 58, 63, 79, 80, 115, 216
Pasolini, Pier Paolo 285
Pasternak, Boris 124
Patrick, Nigel 120, 121
Paul, Robert W. 3-6, 147
Pearson, George 2, 8, 9
Pelissier, Anthony 132
Périer, Etienne 164
Périnal, Georges 60, 62, 67, 93
Perkins, Anthony 97
Petley, Julian 17
Pfeiffer, Michelle 247
Pickford, Mary 64
Pierce-Roberts, Tony 278
Pigg, Alexandra 249
Pinter, Harold 164, 205, 214, 220 221, 229, 255
Pirie, David 147, 155
Pitt, William 104
Pleasence, Donald 230
Plowright, Joan 286
Plumb, E. Hay 194
Poe, Edgar Allan 154
Polanski, Roman 181, 195, 204, 216, 228-234
Polidori, William 147
Polk, Mimi 264
Pollack, Sidney 36
Pollock, George 179
Pommer, Erich 50, 52, 196
Ponti, Carlo 124, 127
Portman, Eric 82
Potter, Dennis 214, 236, 258
Potter, Madeleine 279
Potter, Sally 269, 270
Powell, Michael 28, 37, 46, 67, 71, 73, 74, 79, 81, 89-101, 114, 115, 154, 162, 163, 196, 230, 251, 294
Powell, Tristram 145
Prasad, Udayan 176, 247

Preminger, Otto 273
Presley, Elvis 180
Pressburger, Emeric 71, 79, 81, 91-96, 101, 251
Price, David 291
Price, Dennis 137
Price, Vincent 154, 156-159
Priggen, Norman 221
Proust, Marcel 221
Pryce, Jonathan 249
Puttnam, David 191, 239, 260, 264, 270-272, 276
Python s. Monty Python

Rachmaninow, Sergej 117
Radclyffe, Sarah 248, 297
Radford, Basil 134, 136
Radford, Michael 144, 267, 269, 299
Rains, Claude 80
Randall, Tony 178
Rank, J. Arthur 24, 29,31, 32, 35, 37, 70, 71, 74-88, 94, 95, 105, 107, 116, 120, 152, 197, 198
Ransohoff, Marty 231
Ratcliff, Sandy 238
Ratoff, Gregory 167
Rattigan, Terence 56, 57, 120
Raub, Max L. 259
Rauschenberg, Robert 186
Raymond, Charles 194
Raymond, Jack 113
Rea, Stephen 249
Redgrave, Michael 35, 50, 57, 96, 103, 104, 273
Redgrave, Vanessa 206, 214, 279
Reed, Carol 15, 36, 37, 63. 71, 74, 89, 102-113, 119, 162, 169, 176, 197, 198, 269
Reed, Oliver 125, 253
Reeve, Christopher 125, 266
Reeves, Keanu 201
Reeves, Michael 156, 157, 251
Reisch, Walter 72
Reisz, Karel 27, 203-206, 210, 214, 215, 235, 243
Relph, Michael 34, 132, 273
Resnais, Alain 139, 255, 285
Reville, Alma 41
Rhys, Jean 277
Rice, Anne 161
Richard, Cliff 180, 181
Richards, Jeffrey 129
Richardson, Joely 286
Richardson, Ralph 29, 63, 107, 120, 200, 273
Richardson, Tony 29, 36, 57, 195, 203-207, 209-214, 235, 238, 257

Personenregister

Ridgwell, George 177
Rigg, Diana 157, 158, 171, 178
Rimaldi, Carlo 262
Ritchie, Guy 303
Ritt, Martin 165
Roberts, Rachel 207
Robinson, Martha 13
Rock, Chrissy 240
Rock, Joe 28, 90, 101
Roddam, Frank 191
Rodgers, Noël 182
Roeg, Nicolas 88, 124, 187, 219, 251, 252, 254-260, 271, 300
Rogers, Maclean 141
Rogers, Peter 139
Romero, George 158
Root, Antony 297
Rose, William 138
Rosenberg, Max J. 154, 181
Rosmer, Milton 72, 149
Ross, Benjamin 302
Ross, Herbert 32
Rossellini, Roberto 205
Roth, Tim 244
Rothenberger, Anneliese 96
Rothwell, Talbot 139
Rousseau, Henri 252
Rouve, Pierre 59
Rowson, Geoffrey 101
Rowson, Simon 101
Russell, Ken 20, 100, 147, 166, 190, 191, 251-253, 266, 270, 293, 294
Russell, Teresa 258
Rutherford, Margaret 116, 134, 138, 178, 179
Ryall, Tom 162
Ryan, Patrick 187

Sabine, Martin 113
Sabu 64
Sagan, Leontine 72
Saltzman, Harry 165, 167, 171, 172, 175, 209, 211
Sandford, Jeremy 236
Sands, Julian 278
Sandys, Oliver 41
Sangster, Jimmy 151, 154
Sasdy, Peter 151
Saville, John 29, 33
Saville, Victor 72
Scacchi, Greta 279
Schanberg, Sydney 275
Schell, Maximilian 165
Schepisi, Fred 146
Schlesinger, I.W. 28
Schlesinger, John 205, 206, 235, 238, 252, 255
Schneider, Harold 264
Schnitzler, Arthur 228

Schreiber, Mordecai 297
Schroeder, Kurt 60
Schünzel, Reinhold 143
Schwartz, Hans 67, 72
Schwarzenegger, Arnold 175
Scorsese, Martin 247, 248
Scott, Ridley 36, 158, 172, 254, 260-264, 266, 270, 272, 300
Scott, Tony 36, 260
Scott, Walter 8
Secombe, Harry 140
Segal, Erich 188
Segal, George 165
Sellek, Tom 172
Sellers, Peter 57, 137, 138, 140-143, 176, 182, 223
Selznick, David O. 50
Seymour, Michael 261
Shakespeare, William 47, 145, 158, 194-202, 285, 288, 289, 293, 294, 304
Shannon, Dell 181
Shapiro, Helen 181
Sharman, Jim 191
Sharp, Don 88, 153, 180
Shaw, George Bernard 24, 55, 57, 80
Shaw, Harold M. 26
Shaw, Robert 163
Shearer, Moira 95, 96
Shelley, Mary 147, 148
Percy Shelley 147
Shenson, Walter 182-184, 186, 190
Sheridan, Jim 249
Sherwin, David 208
Shonteff, Lindsay 176
Siegel, Don 156
Silitoe, Alan 210
Silver, Alain 122
Simmons, Anthony 221
Simon, John 256
Sims, Joan 139
Sinyard, Neil 196, 251
Slater, John 135
Slaughter, Tod 149
Slocombe, Douglas 233
Smith, C. Aubrey 26
Smith, George Albert 3, 5, 8, 22
Smith, Madeleine 120
Smith, Maggie 178, 273
Smith, Patti 293
Snowdon, Alec 221
Softley, Iain 190
Soskin, Paul 32, 58
Spiegel, Sam 123, 125, 127
Spielberg, Steven 30, 172, 174, 175, 273
Spiers, Bob 186
Spikings, Barry 259

Spottiswoode, Roger 168
Spungen, Nancy 193
St. John, Earl 58, 88
Stander, Lionel 230
Starr, Ringo 182-184, 186
Steadman, Alison 241
Steele, Tommy 180, 181
Stein, Paul 216
Sterne, Laurence 285
Stevenson, Juliet 286
Stevenson, Robert 148
Stevenson, Robert Louis 247
Stewart, James 48
Stoker, Bram 148, 154
Stoll, Oswald 177
Stone, Oliver 268
Stoppard, Tom 144, 219
Storey, David 207
Stow, Percy 177
Strauß, Johann 48, 96
Strauß, Richard 225, 252
Streep, Meryl 215
Stride, John 233
Sturges, John 164
Subotsky, Milton 154, 181
Sutcliffe, Stuart 190
Sutherland, Donald 155, 164, 258, 275
Sutro, John 113
Suzman, Janet 282
Swayze, Patrick 267
Swift, Jonathan 285
Sylvester, Rick 174

Tabori, George 57, 219
Tanen, Ned 248
Tashlin, Frank 178
Tate, Sharon 231-233
Tati, Jacques 140, 182, 252
Taylor, Alma 6
Taylor, Elizabeth 221
Taylor, Gilbert 186, 229, 230
Temple, Julian 192, 193
Tendy, Jessica 298
Tennyson, Alfred Lord 137
Tenser, Tony 156, 227, 230
Tevis, Walter 258
Thackeray, William Makepeace 227
Thatcher, Margaret 11, 15, 244-246, 270
Thewlis, David 241
Thomas, Gerald 139, 176, 180
Thomas, Jeremy 248, 259, 260
Thomas, Ralph 83, 123, 139, 163, 176
Thompson, Emma 200, 201, 279, 299
Thompson, Jack Lee 163
Thornton, F. Martin 4

Thorpe, John 45
Thorpe, Richard 32, 180
Thurber, James 35
Todd, Ann 29, 120, 121
Todd, Richard 159
Todd, Suzanne 264
Townshend, Pete 190, 191
Tree, Herbert Beerbohm 8, 26, 102, 194
Trenker, Luis 72
Trevelyan, John 17, 20
Trevor, Austin 178
Trewey, Félicien 1
Tronson, Robert 165
Truffaut, François 41, 43, 50, 204, 216, 218, 219, 255
Truman, Michael 132
Tschaikowskij, Peter 253
Tucker, George Loane 26
Turner, Tina 191
Tushingham, Rita 206, 212, 268

Urban, Charles 5
Ursini, James 122
Ustinov, Peter 142, 178

Vajda, Ernest 61
Valli, Alida 110
Vangelis 272
Varnel, Marcel 216
Veidt, Conrad 91, 92
Vermeer van Delft 285
Veron, Pablo 270
Vicious, Sid 193
Vierny, Sacha 287
Vincent, Gene 181
Visconti, Luchino 139
Vivian, Arthur 8
Voight, Jon 165
Voltaire 296

Wagner, Robert 143
Walbrook, Anton 93, 95
Walker, Norman 113
Walker, Pete 158
Wallace, Edgar 9, 102, 103
Wallis, Hal B. 113
Walmsley, Leo 76
Warhol, Andy 186, 188, 294
Warnecke, Gordon 244, 245
Warner, David 214
Washington, Denzel 201, 250
Watkin, David 186, 204
Watkins, Peter 266
Watt, Harry 33-35
Weaver, Sigourney 262, 263
Webb, Robert D. 180
Welland, Colin 266, 272
Welles, Orson 108, 110, 111, 176
Wells, Billy 74
Wells, H.G. 67, 68, 104, 120
Welsh, Irvine 305
Welsh, Thomas A. 9
Wesker, Arnold 205
Whale, James 148
Whaley, James 297
Whelan, Tim 72, 73, 196
White, Carol 238
White, Chrissie 6
Whiting, John 253
Whittaker, Stephen 303
Wicking, Chris 155
Widmark, Richard 178
Wiene, Robert 91, 148
Wilby, James 279
Wilcox, Herbert 26, 28, 31, 37, 125
Wilde, Oscar 57, 71, 253
Wilder, Billy 177
Wilder, Thornton 285
Williams, Emlyn 104
Williams, J.B. 45
Williams, J.D. 28
Williams, Kenneth 139
Williams, Robin 201
Williams, Tennessee 219
Williamson, James 2, 3, 5, 6
Willis, Hubert 177
Wilson, Harold 15, 87
Wilson, Maurice J. 88
Wilson, Michael 124
Wimperis, Arthur 60
Windsor, Barbara 139
Winterbottom, Michael 303, 304
Wisdom, Norman 138
Wise, Robert 154
Wiseman, Thomas 219
Wittgenstein, Ludwig 296
Wood, Charles 186, 214
Wood, Grant 191
Woodham-Smith, Cecil 213
Woods, Alan 285
Woods, Donald 250
Woolf, C.M. 29, 41, 52, 75, 112
Woolf, James 112
Woolf, John 112, 113
Woolf, Virginia 270, 304
Woolfe, Harry Bruce 53, 58
Wyler, Robert 103
Wyler, William 63, 196, 197

Yates, Peter 181
York, Susannah 212
Young, Freddie 31, 123-125
Young, Harold 60, 62, 72
Young, Robert 49, 145, 146
Young, Sean 279
Young, Terence 167, 168, 181, 197
Yule, Lady 28, 75, 76

Zampi, Mario 58, 78
Zeffirelli, Franco 35, 36, 195, 199, 202, 299
Zilahy, Gyula 61
Zinnemann, Fred 214
Ziskin, Laura 248
Zucker, Jerry 299

Titelregister

Das Register verzeichnet die Originaltitel aller zitierten Spielfilme, Dokumentarfilme und Fernsehsendungen. Zusätzlich wurden deutsche Verleihtitel aufgenommen, sofern diese signifikant vom Originaltitel abweichen.

A Tiszti Kardbojd 61
Abenteuer des Joseph Andrews, Die 214
Abenteuer in Brasilien 101
Aber, Herr Doktor... 139
Abigail's Party 241
Abominable Dr Phibes, The 157
Abschaum – Scum 266
Absolute Beginners 192, 193, 275, 276
Accident 220, 221
Accidental Hero 247, 248
Achtung: Grün 37
Act of God 292
Adam Adamant Lives! 260
Adel verpflichtet 34, 132-137
Adler ist gelandet, Der 164
Adventures of Sherlock Holmes, The 177
Affäre der Sunny von B., Die 299
Agenten kennen keinen Schlaf 176
Agenten sterben einsam 163
Agony and the Ecstasy, The 112, 113
Akte Jane, Die 263, 264
Akte ODESSA, Die 165
Al Pacino's Looking for Richard 195
Aleksandr Nevskij 166
Alf's Button 7
Alien 36, 158, 261-264, 270
Aliens 262
Alien 3 262
Alien Resurrection 262
All Quiet on the Western Front 223
Alphabet Murders, The 178
Always on Sunday 252
Always Tell Your Wife 39
Am Ende eines langen Tages 267
American Friends 145
Amerikanische Freundinnen 145
An einem trüben Nachmittag 273
And Now for Something Completely Different 144
Angel 267
Angel Heart 269
Angelic Conversation, The 294, 297
Angriff der leichten Brigade, Der 213

Anna Karenina 73
Another Country 15
Another Time, Another Place 167, 269
Anruf für einen Toten 165
Apotheker Sutton 34
Arzt am Scheideweg 57, 59
As You Like It 114, 196
Astonished Heart, The 152
Asylum 155
Attack on a Chinese Mission Station 3
Auch die Kleinen wollen nach oben 182
Auf den Schwingen des Todes 249
Auge des Sees, Das 267
Augen der Angst 96-101, 154, 230
August 279
Aus dem Reich der Toten 51
Ausgerechnet Charlie Brown 141
Ausgestoßen 78, 105-107, 111, 113
Avengers, The 30, 157, 175
Aventure Malgache 51
Awakening, The 268
Awfully Big Adventure, An 268
Baby of Mâcon, The 284, 290-292
Backbeat 190, 193
Bad Timing 88, 257, 258, 259
Bank Holiday 103, 113
Barnacle Bill 132
Baron, The 30
Barry Lyndon 227, 228
Bathers, The 6
Battle of Britain, The 265
Battle of the River Plate, The 96, 101
Battle of the Sexes, The 35, 142
Bauch des Architekten, Der 291, 292
Beat Girl 180
Beau Serge, The 204
Beautiful Thing 303
Bed Sitting Room, The 187
Begegnung 106, 111, 116-120, 122, 125-127
Beim Sterben ist jeder der Erste 254
Being Human 267

Being There 143
Béla Bartók 252
Belly of an Architect, The 291, 292
Berg ruft, Der 73
Bergadler, Der 41, 52
Berüchtigt 51
Beste Mann beim Militär, Der 141
Besuch zur Nacht 72, 196
Bettlektüre, Die 291, 292
Big Swallow, The 6
Billion Dollar Brain 165, 166, 252
Bin kein Mr. Niemand 181
Birds, The 51
Birdy 269
Bis auf's Messer 47, 52
Bis das Blut gefriert 154
Biß der Schlangenfrau, Der 253
Bitterer Honig 206, 210, 212
Blackguard, The 40
Black Jack 239
Blackmail 45, 46, 52, 89
Black Narcissus 80, 93, 95, 101
Black out – Anatomie einer Leidenschaft 88, 257, 258, 260
Black Rain 263-264
Blade Runner 262-264
blaue Lagune, Die 71
blaue Lampe, Die 33, 133, 139, 205
Bleak Moments 241, 242
Blick zurück im Zorn 29, 206, 210
Blind Date 221
Blithe Spirits 78, 116, 127
Blockade in London 33, 132-136
Blow-up 217, 218, 284
Blue 296, 297
Blue Lagoon, The 71
Blue Lamp, The 33, 133, 139, 205
Blue Sky 214
Blut für Dracula 151
Blutgericht in Texas 158
Bohemian Girl, The 26
Bon Voyage 51
Boom 219, 221
Boots! Boots! 131
Born Lucky 90, 100
Böse unter der Sonne, Das 178

Bostonians, The 277
Bounty, The 125, 126
Boyfriend, The 253
Boy on a Bicycle 260
Boy Who Turned Yellow, The 99
Brandung 219, 221
Bram Stoker's Dracula 161
Brassed Off 303
Braveheart 36, 299
Bravo, George 138
Brazil 144
Breaking In 267
Bride of Frankenstein, The 148
Brides of Dracula, The 151
Bridge on the River Kwai, The 122-124, 126, 127
Bridge Too Far, A 273
Brief an Breshnew 249
Brief Encounter 106, 111, 116-120, 122, 125-127
Brighton Rock 141, 273
Britannia Hospital 208
Brothers in Law 141
Browning Version, The 56, 58
Brown Wallet, The 101
Brücke am Kwai, Die 122-124, 126, 127
Brücke von Arnheim, Die 273
Brüll den Teufel an 156
Bube, Dame, König, Gras 303
Bugsy Malone 268, 272
Burning, The 243
Butcher Boy, The 268
Butterfly Kiss 303

Cabinet des Dr. Caligari, Das 91
Caesar and Cleopatra 63, 80
Cal 249
Canterbury Tale, A 80, 94, 97, 99, 101
Caravaggio 294, 296, 297
Career Girls 242
Caretaker, The 255
Carla's Song 239, 241
Carlton-Browne of the F.O. 141
Carnival 26
Carrington V.C. 58
Carry on Cleo 140
Carry on Columbus 140
Carry on Constable 139
Carry on Emmanuelle 140
Carry on Nurse 139
Carry on Screaming 139
Carry on Sergeant 139
Carry on Spying 139, 176
Carry on Teacher 139
Cash 14, 66, 72
Casino Royale 175
Castaway 259, 260
Catch-22 187

Catch Us If You Can 186, 254
Catherine 236
Cathy Come Home 236
Challenge, The 72
Champagne 44, 52
Chance Meeting 57, 58
Chaplin 274
Charge of the Light Brigade, The 213
Chariots of Fire 207, 261, 266, 271-273, 275
Charlie Bubbles 235
Children 266
Chinese Blues 268
Chitty Chitty Bang Bang 265
Chorus Line, A 95
Christopher Columbus 84
Circus 252
Citizen Kane 93, 110
City of Joy 267
Cleo, Liebe und Antike 140
Cleopatra 140, 265
Climbing High 113
Clockwise 145
Clockwork Orange, A 20, 223, 225-228
Close Encounters of the Third Kind 172
Closing Numbers 303
Clue of the New Pin, The 45
Coastline, The 292
Cocaine 40
C.O.D. 90. 100
Cold Heaven 259
Come on, George 138
Comfort and Joy 267
Comin' Thro' the Rye 7
Commitments, The 247, 269
Company of Wolves, The 160, 268
Contraband 92, 101
Cook, the Thief, His Wife and Her Lover, The 30, 280, 285, 286, 290, 292
Cottage on Dartmoor, A 54, 56, 58
Cottage to Let 58
Counsel's Opinion 66, 72
Count of Monte Christo, The 63
Country Diary 292
Courtneys of Curzon Street, The 31
Creeping Flesh, The 157
Criminal, The 221
Crimson Tide 260
Crown v Stevens 101
Cry Freedom 250, 274
Crying Game, The 36, 249, 268
Cul-de-sac 229, 230, 234
Curse of Frankenstein, The 151

Curse of the Pink Panther, The 143
Cut Above the Rest, A 292

Dame verschwindet, Eine 48-50, 52, 104, 162
Damen aus Boston, Die 277
Damned, The 221
Danach 187
Dance of the Seven Veils 252
Dance of the Vampires 231, 232, 234
Dance Pretty Lady 55, 58
Dance with a Stranger 268
Danger Route 175
Dangerous Liaisons 247, 248
Darby O'Gill and the Little People 167
Daring Daylight Robbery, A 3
Dark Journey 72
Darwin 292
David Copperfield 8
Davy 132
Day of the Fight 222
Dead Again 201
Dead of Night 33, 34, 149, 150, 155
Deadlier than the Male 176
Deadly Affair, The 165
Dear Phone 281, 291
Death and Transfiguration 266
Death in the Seine 292
Death on the Nile 178
Debussy Film, The 252
Dein Schicksal in meiner Hand 34
Deliverance 254
Delta of Venus 269
Demi-Paradise, The 58, 196
Department »S« 30
Devils, The 20, 253, 293
Diamantenfieber 168, 171
Diamonds Are Forever 168, 171
Diary of a Young Man 236
Dieb von Bagdad, Der 34, 62, 64, 73, 91, 101
Diener, Der 220, 221
Dirty Dozen, The 163
Distant Voices, Still Lives 266, 267
Divorce of Lady X 72, 196
Doctor at Large 139
Doctor at Sea 139
Doctor Doolittle 265
Doctor in Love 139
Doctor in the House 139
Doctor Zhivago 124-127
Doctor's Dilemma, The 57, 58
Dog Slodiers, The 214
Doktor Ahoi! 139

Titelregister

Doktor Schiwago 124-127
Dolche in der Kasbah 175
Doll's House, A 219, 222
Donnie Brasco 268
Don't Look Now 258, 259
Don't Raise the Bridge, Lower the River 187
Dotterbart 145
Down among the Z Men 141
Downhill 33, 44, 52
Dr No 167-169, 172
Dr. Seltsam oder wie ich lernte, die Bombe zu lieben 142, 143, 222, 223, 228, 229
Dr Strangelove, or How I Learned to Stop Worrying and Love the Bomb 142, 143, 222, 223, 228, 229
Dr Terror's House of Horrors 155
Dracula (1931) 148
Dracula (1958) 150-152
Dracula A.D. 1972 151, 154
Dracula braucht frisches Blut 151
Dracula Has Risen from the Grave 151
Dracula jagt Minimädchen 151, 154
Dracula – Nächte des Entsetzens 151
Dracula, Prince of Darkness 151
Dracula und seine Bräute 151
Draculas Hexenjagd 154
Draculas Rückkehr 151
Draughtsman's Contract, The 15, 280-185, 287, 291, 292
Dreckige Dutzend, Das 163
Dreckige Hunde 214
Dreimal Liebe täglich 139
Dritte Mann, Der 15, 36, 62, 71, 107-113, 169
Driving Miss Daisy 298
Drowning by Numbers 286, 292
Drum, The 62, 64, 72
Dschungelbuch, Das 62, 64
Dubarry von heute, Eine 61
Duell am Steuer 167
Duellisten, Die 260, 264
Duellists, The 260, 264
Duke Wore Jeans, The 180
Dunkelrote Siegel, Das 67, 73, 96, 101
Durbar at Delhi, The 4
Dwaj ludzie z szafa 204

Eagle Has Landed, The 164
Easy Virtue 33, 44, 52
Eccentric Dancer, The 6
Eddie Kid 292
Edge of the World, The 28, 90, 91, 101

Edward II 296, 297
Edward My Son 32
Einsamkeit des Langstreckenläufers, Die 206, 212, 213
41 Grad Liebe 139
Ekel 229, 230, 234
Elephant 266
Elephant Boy 34, 62, 72
Elgar 252
Elixir, The 269
Elusive Pimpernel, The 67, 73, 96, 101
Emerald Forest, The 254
Emma 304
Enchanted April 268
End of the River, The 101
Endlich sind wir reich 47, 52
Engländer, der auf einen Hügel stieg und von einem Berg herunterkam; Der 302
English Patient, The 299
Englishman Who Went Up a Hill, But Came Down a Mountain 302
Entertainer, The 26, 206, 210, 211
Entfernte Stimmen – Stilleben 266, 267
Enttäuschten, Die 204
erfolgreicher Blindgänger, Ein 235
Eric the Viking 145
Ernst sein ist alles 57, 58
Erosion 291
Erpressung 45, 46, 52, 89
Erste Nacht, Die 235
Erste Ritter, Der 299
Erwachen der Sphinx, Das 268
Erwartungen und Enttäuschungen 236
Escape 45
Ester Waters 138
Eureka 259
Europeans, The 277
Every Day Except Christmas 207
Everybody Wins 215
Evil of Frankenstein, The 151, 153
Evil under the Sun 178
Excalibur 254, 267
Experten aus dem Hinterzimmer 96, 101
Expresso Bongo 181
Eye of the Needle 164
Eyes Wide Shut 228

Fahrenheit 451 218, 255
Fall Winslow, Der 56, 58, 63, 71
Fallen Idol, The 36, 63, 71, 102, 107, 111, 113, 198

Falls, The 281, 292
Falsche Mann, Der 33
Fame 269
Familiengrab 51
Family Life 238
Family Plot 51
Fangt uns, wenn ihr könnt 186, 254
Fanny by Gaslight 58, 82
Far from the Madding Crowd 255
Farmer's Wife, The 44, 52
Fat Man and Little Boy 267
Fatal Hour, The 9
Father Brown 34
Fatherland 239
Fear and Desire 222
Fear and Loathing in Las Vegas 145
Feinde aus dem Nichts 150
Fenster zum Hof, Das 51
Feuer über England 63, 196
Feuerball 168, 170, 171
Feurige Isabella, Die 38
Fever Pitch 302
Fierce Creatures 146
Fighting with Sledgehammers 3
Figures in a Landscape 222
Final Test, The 58
Finale in Berlin 165, 166
Finders Keepers 181
Finian's Rainbow 180
Fire 2
Fire Over England 63, 196
Fire Raisers, The 90, 100
First Knight 299
Fisch namens Wanda, Ein 27, 35, 146
Fisch & Chips 247, 248, 302
Fish Called Wanda, A 27, 35, 146
Fisher King, The 145
Five Postcards from Capital Cities 291
Flash Gordon 230
Fledermaus 96, 101
Fluch des rosaroten Panthers, Der 143
Flucht aus dem Dunkel 59
Flying Padre 222
Follow me 113
Foltergarten des Dr. Diabolo, Der 155
Fool, The 9
For Your Eyes Only 168, 172
Force 10 From Navarone 163
Force 10 – Die Spezialeinheit 163
Forget-Me-Not 72
Four American Composers 292
Four Feathers, The 62, 73
Four Musketeers, The 187

Four Weddings and a Funeral 268, 298, 300-302
1492 – Conquest of Paradise 263, 264
49th Parallel 92, 93, 101, 114, 115, 196
Frankenstein 148
Frankenstein and the Monster from Hell 151
Frankenstein Created Woman 151, 153
Frankenstein muß sterben 151, 153
Frankenstein Must Be Destroyed 151, 153
Frankenstein schuf ein Weib 151, 153
Frankenstein 70 156
Frankensteins Braut 148
Frankensteins Fluch 151
Frankensteins Rache 151
Frankensteins Schrecken 151
Frankensteins Ungeheuer, 151, 153
Frau aus dem Nichts, Die 219, 221
Frau ohne Herz, Die 82, 83
Freedom radio 58
Freitag der 13. 158
French Dressing 252
French Lieutenant's Woman, The 27, 214, 215
French without Tears 56, 58, 78, 114
Frenzy 51, 52
Freudlose Augenblicke 241, 242
Freut euch des Lebens 34, 132, 134, 136
Friday 13th 158
From Russia with Love 168, 169
Full Metal Jacket 228
Full Monty, The 298, 302
Funeral in Berlin 165, 166
Funeral of Queen Victoria 3
Further Adventures of Sherlock Holmes, The 177

G.I. Jane 263, 264
Galileo 222
Gambler, The 214
Gandhi 271, 273-275
Ganz normaler Held, Ein 247, 248
Ganz oder gar nicht 298, 302
Garden, The 295-297
Garden of Allah, Der 89
Garten Allahs, Der 89
Gaslicht und Schatten 58, 82
Gefahr am Doro-Pass 62, 64, 73
Gefährliche Liebschaften 247, 248

Gefährlicher Urlaub 112, 113
Geheimagent 48, 49, 52, 162
Geheimnis der verwunschenen Höhle, Das 167
Geheimnisvolle Erbschaft 80, 111, 119, 125-127
Geheimprotokoll 239, 240
Geisterkomödie 78, 116, 127
Gelbe Rolls-Royce, Der 32, 57, 59
Geliebte des französischen Leutnants, Die 27, 214, 215
Genevieve 38
George bricht alle Rekorde 131
George in Civvy Street 131
Geschichten aus der Gruft 155
Gespenst geht nach Amerika, Ein 63, 67, 72
Geständnis einer Sünderin 210
Get Back 187
Get Carter 156
Ghost Goes West, The 63, 67, 72
Ghoul, The 148, 149
Girl in the Crowd, The 100
Girl in the News, The 104, 113
Girl Must Live, A 113
Girl with Green Eyes, The 235
Glitterbug 294
Glöckner von Notre Dame, Der 64
Glory 299
Glück kam über Nacht, Das 33, 34, 132, 133, 135
Glück muß man haben 131
Go-Between, The 220, 221
Gold Diggers, The 269
Golden Disc, The 180
Goldene Regenbogen, Der 180
Goldene Schallplatte, Die 180
Goldeneye 24, 168, 173, 299
Goldfinger 166, 168-170, 172, 175, 235
Gone to Earth 96, 101
Gone with the Wind 63
Goodbye Mr Chips 32, 63
Goodbye, Lover 267
Goodnight Vienna 31
Goole by Numbers 291
Goon Show, The 140, 182
Gorillas im Nebel – Die Leidenschaft der Dian Fossey 270
Gorillas in the Mist 270
Gorky Park 270
Gothic 147
Gramma's Reading Glass 5
Great Expectations 80, 111, 119, 125-127
Great Rock 'n' Roll Swindle, The 192
Green for Danger 37

Gregory's Girl 267
Gregory's 2 Girls 267
Greystoke – The Legend of Tarzan 63
Griff aus dem Dunkel, Der 214
Grifters, The 246-248
Große Leidenschaft 71, 120, 122, 127
Gruft der Vampire 154
Grüne Blut der Dämonen, Das 150
Grüne Minna, Die 142
Guinea Pig, The 79, 141
Gumshoe 244, 248
Guns of Darkness 59
Guns of Navarone, The 163
Gypsy and the Gentleman, The 221

H Is for House 291
Hallo Mr. Twen! 181
Halloween 158
Hamlet (1910) 194
Hamlet (1948) 78, 195, 196, 198-200
Hamlet (1969) 195, 214
Hamlet (1990) 36, 195, 199
Hamlet (1996) 195, 201, 202, 273, 299
Handbuch des jungen Giftmischers, Das 302
Hard Day's Night, A 27, 183-186, 189, 190, 229, 235, 256
Hauch des Todes, Der 168, 173
Haunted Curiosity Shop, The 5, 147
Haunting, The 154
Haus der langen Schatten, Das 159, 160
Hausmeister, Der 254, 255
Heinrich V. 78-80, 106, 196-198
Heiß auf nackten Steinen 180
Heiße Katzen 176
Hell Drivers 167
Hellraiser 158
Help! 186, 187, 190
Henry V (1944) 78-80, 106, 196-198
Henry V (1989) 195, 200, 201
Henry VIII 8, 194
Her Last Affair 101
Her mit den römischen Sklavinnen 140
Heroes of Telemark, The 163, 223
Herr im Haus bin ich 64, 121, 122, 127
Herr in Grau, Der 82
Herren Einbrecher geben sich die Ehre, Die 273

Herrin von Thornhill, Die 255
Herzen in Aufruhr 304
Herzlich willkommen im Kittchen 35
Hexen hexen 259, 300
Hexenjäger 156, 158
Hey, Soldat – dein Täschchen brennt 145
Hi-Hi-Hilfe 186, 187, 190
Hi-Lo Country, The 247
Hidden Agenda 239, 240
High Hopes 241, 242
Hilfe! Der Doktor kommt 139
Hilfe, die Bombe ist weg! 181
His Excellency 34
His Lordship 90, 100
Hit, The 244, 248
Hobson's Choice 64, 121, 122, 127
Hoffmanns Erzählungen 71, 96, 97, 101
Holiday für dich und mich 181
Hope and Glory 254
Horror of Frankenstein, The 151
Hotel International 57, 59
Hotel Paradise 259
Hotel Splendide 100
Hound of the Baskervilles, The (1921) 177
Hound of the Baskervilles, The (1959) 114, 177
House of the Long Shadows 159, 160
House that Dripped Blood, The 155
Householder, The 277
Housekeeping 267
How I Won the War 187
How It Feels to Be Run Over 6
How to Stop a Motorcar 6
Howards End 277, 278
Hubert Bal's handshake 292
Hue and Cry 34, 132, 133
Human Factor, The 273
Hunchback of Notre Dame, The 64

I Know Where I'm Going 94, 101
I'm All Right, Jack 141, 273
I Was a Spy 91
Ich kämpfe um dich 33
Ich weiß, wohin ich gehe 94, 101
Ideal Husband, An 67, 71, 73
Idealer Gatte, Ein 67, 71, 73
If... 207-209
Ill Met by Moonlight 92, 96, 101, 163
Im Angesicht des Todes 168, 172
Im Bann des Dr. Monserrat 156
Im Geheimdienst Ihrer Majestät 168, 171
Im Namen des Vaters 249
Im Westen nichts Neues 223
Importance of Being Earnest, The 57, 58
In Custody 279
In letzter Stunde 221
In the Name of the Father 249
In tödlicher Mission 168, 172
In Two Minds 236, 238
In Which We Serve 78, 105, 115, 116, 127, 273
Indiana Jones-Trilogie 30, 175
Indianer, Der 113
Indiskrete Zimmer, Das 273
Inferno und Ekstase 112, 113
Informer, The 260
Innocents, The 154
Insignificance 260
Inspector Clouseau – der »beste« Mann bei Interpol 143
Inspector Clouseau – der irre Flic mit dem heißen Blick 143
Intervals 291
Interview with the Vampire 161
Intimate Stranger, The 219, 221
Invaders, The 92, 93, 101, 114, 115, 196
Invisible Man, The 148
Ipcress File, The 165, 166
Ipcress – Streng geheim 165, 166
Irrgarten der Leidenschaft 41, 52
Irrtum im Jenseits 80, 94, 97, 101
Isadora 214, 252
Ist ja irre – Agenten auf dem Pulverfaß 139, 176
Ist ja irre – Alarm im Gruselschloss 139
Ist ja irre – Lauter liebenswerte Lehrer 139
It Always Rains on Sunday 34, 205
It Happened in Paris 103
It's All Happening 180
It's Trad, Dad 181
Ivanhoe 32

Jabberwocky 144
Jack rechnet ab 156
Jailhouse Rock 180
Jamaica Inn 50, 52
James Bond 007 jagt Dr. No 167-169, 172
Jane Eyre 35, 299
Jazz Singer, The 45
Jedermanns Frau 61
Jefferson in Paris 279
Jenseits von Afrika 36
Jolly Bad Fellow, A 34

Joseph Andrews 214
Jubilee 297
Jude 304
Julius Caesar (1911) 194
Julius Caesar (1969) 196
Jung und unschuldig 48, 49, 52
Junge sieht gelb, Ein 99
jungen Liebenden, Die, 57, 58
Junger Mann aus gutem Haus 141, 273
Jungle Book, The 62, 64
Juno and the Paycock 47, 52
Jurassic Park 273

Kanonen von Navarone, Die 163
Kapitän Seekrank 132
Karriere Girls 242
Katharina die Große 67, 72
Keep Smiling 130
Kelly, der Bandit 214, 257
Kennwort „Schweres Wasser" 163, 223
Kes 238
Key, The 113
Kid for Two Farthings, A 102, 112, 113
Killer's Kiss 222
Killing, The 222
Killing Fields, The 250, 267, 270-272, 275
Kind Hearts and Coronets 34, 132-137
Kind of Loving, A 206
King and Country 221
King George – Ein Königreich für mehr Verstand 299
King Lear 195
Kipps 104, 113
Kleine Morde unter Freunden 304
Kleinen Detektive, Die 34, 132, 133
Kleines Herz in Not 36, 63, 71, 102, 107, 111, 113, 198
Knight without Armour 63, 70, 72
Knights of the Round Table 32
Knotenpunkt London 236
Koch, der Dieb, seine Frau und ihr Liebhaber, Der 30, 280, 285, 286, 290, 292
Kollege stirbt gleich 34
Kommandosache nackter Po 140
Komödiant, Der 36, 206, 210, 211
Konflikt des Herzens 56, 58
König der Fischer, Der 145
Kontrakt des Zeichners, Der 15, 280-185, 287, 291, 292
Kopf hoch – Brust raus! 139

Krieg der Sterne 30, 230
Küß mich mit Musik 181

Laburnum Grove 113
Lacock Village 292
Lady Chatterley 253
Lady Hamilton 62, 196
Lady in the Lake, The 99
Lady Vanishes, The (1938) 48-50, 52, 104, 162
Lady Vanishes, The (1979) 88
Ladybird, Ladybird 236, 239-241
Ladykillers, The 34, 132, 133, 137, 141
Lair of the White Worm, The 353
Land and Freedom 238, 239, 241
Lange Arm, Der 35
Längste Tag, Der 62
Last Adventures of Sherlock Holmes, The 177
Last Emperor, The 272
Last of England, The 294, 295, 297
Last Warrior, The 113
Laughter in the Dark 214
Lautlose Krieg, Der 57, 58
Lavender Hill Mob, The 33, 34, 132, 133, 135
Law and Disorder 35
Lawrence of Arabia 122, 124-127
Lazybones 100
League of Gentlemen, The 273
Lebe lieber ungewöhnlich 305
Leben und Sterben des Colonel Blimp 93, 101
Leben und sterben lassen 16, 168, 171, 174
Lebenden Leichen des Dr. Mabuse, Die 155
Leeds Castle 292
Legend 172, 263, 264
Leo der Letzte 254
Leo the Last 254
Let It Be 189, 190
Letter from Home, A 113
Letter to Brezhnev 249
Letzte Kaiser, Der 272
Letzte Mann, Der 42
Letzte Schleier, Der 83, 84
Letzten Tage von Kenya, Die 269
Libel 58
Licence to Kill 168, 173, 175
Licenced to Kill 176
Liebe, Tod und Teufel 32
Liebende Frauen 253
Liebenswerter Schatten, Ein 113
Liebesgrüsse aus Moskau 168, 169
Lied vom Sommer, Ein 252
Lieutenant Rose and the Boxers 177

Lieutenant Rose and the Chinese Pirates 177
Lieutenant Rose and the Sealed Orders 177
Life and Death of Colonel Blimp, The 93, 101
Life Is Sweet 241, 242
Life Less Ordinary, A 305
Lion Has Wings, The 73, 91, 101
Lisztomania 253
Live and Let Die 16, 168, 171, 174
Living Daylights, The 168, 173
Lizenz zum Töten 168, 173, 175
Local Hero 267, 271, 272
Lock, Stock and two Smoking Barrels 303
Lockender Lorbeer 206, 207, 235
Lodger, The 33, 41-44, 50, 52
Lolita 142, 223, 228
London Kills Me 246
London Melody 37
Loneliness of the Long Distance Runner, The 206, 212, 213
Long Arm, The 35
Long Day Closes, The 267
Longest Day, The 62
Look Back in Anger 29, 206, 210
Look up and Laugh 130
Looking for Richard 195
Looking on the Bright Side 130
Looks and Smiles 236
Lord Edgware Dies 178
Lord Nelsons letzte Liebe 62, 196
Love Is the Devil 303
Love, Life and Laughter 9
Love Lottery, The 132
Love Me Tender 180
Love Test, The 100
L-Shaped Room, The 273
Lucky Number, The 55, 58
Luftschlacht um England 265
Lügen und Geheimnisse 242
Lust for a Vampire 154

M Is for Man, Music, Mozart 292
Macbeth (1911) 194
Macbeth (1971) 195, 230, 232-234
Mach's nochmal, Columbus 140
Mach' weiter, Emmanuelle 140
Madagascar Skin 303
Madame wünscht keine Kinder 61
Madeleine 71, 120, 122, 127
Madness of King George, The 299
Madonna and Child 266
Magere Zeiten 145
Maggie, The 34, 132
Magic 273

Magic Box, The 4, 63, 141
Magical Mystery Tour 189, 190
Magician, The 89
Magnet, The 132
Mahler 253
Major Barbara 24, 80, 115
Major Carrington 58
Making a Splash 292
Man Behind the Mask, The 101
Man Between, The 112, 113
Man in Grey, The 82
Man in the Iron Mask, The 268
Man in the White Suit, The 34, 132, 133
Man lebt nur zweimal 167, 168, 170, 171
Man on the Beach 221
Man on the Run 29
Man Who Changed His Mind, The 148, 149
Man Who Could Work Miracles, The 72
Man Who Fell to Earth, The 257-259
Man Who Knew too Much, The 48, 52, 162
Man with the Golden Gun, The 168, 171, 172
Mandy 34
Mann am Draht, Der 163
Mann, der die Welt verändern wollte, Der 72
Mann, der sein Gehirn austauschte, Der 148, 149
Mann, der vom Himmel fiel, Der 257-260
Mann, der zuviel wußte, Der 48, 52, 162
Mann im Hintergrund, Der 262-264
Mann im Netz 29
Mann im weißen Anzug, Der 34, 132, 133
Mann mit dem goldenen Colt, Der 168, 171, 172
Mann mit der eisernen Maske, Der 268
Manxman, The 44, 52, 89
Marder von London, Der 142
Mare Nostrum 89
Maria Marten, or The Murder in the Red Barn 149
Mary 47, 52
Mary Reilly 247, 248
Mary Shelley's Frankenstein 148, 161
Masque of the Red Death, The 154, 255
Matter of Life and Death, A 80, 94, 97, 101

Titelregister

Maurice 277
Maus, die brüllte, Die 141, 182
Maytime in Mayfair 31
Meaning of Life, The 30, 144
Meet Mr Lucifer 132
Meet the Pioneers 207
Mein linker Fuß 299
Mein Mann Picasso 279
Mein wunderbarer Waschsalon 15, 244-246, 248, 301, 302
Meine bessere Hälfte 132
Men Are not Gods 72
Men of Tomorrow 66, 72
Menschliche Faktor, Der 273
Messer im Wasser, Das 229
Metropolis 68
Meuterei auf der Bounty (1935) 64
Meuterei auf der Bounty (1961) 112
Michael Collins 268
Midnight Express 268, 272
Midshipman Easy 103, 113
Midsummer Night's Dream, A 195, 299
Milliarden-Dollar-Gehirn, Das 165, 166, 252
Millionairess, The 57, 59, 142
Millionärin, Die 57, 59, 142
Mirror Crack'd, The 178
Miss Daisy und ihr Chauffeur 298
Mission, The 250, 267, 275, 276
Mission: Impossible 299
Missionary, The 145
Mississippi Burning 269
Mister Miller ist kein Killer 35, 142
Mistons, Les 204
Mit Schirm, Charme und Melone 30, 157, 175
Mittler, Der 220, 221
Moby Dick 29
Modesty Blaise 221
Momma Don't Allow 204, 210
Mona Lisa 268
Monty Python and the Holy Grail 144
Monty Python Live at the Hollywood Bowl 144
Monty Python's – Das Leben des Brian 144
Monty Python's – Der Sinn des Lebens 30, 144
Monty Python's Flying Circus 144
Monty Python's Life of Brian 144
Monty Python's wunderbare Welt der Schwerkraft 144
Moonraker 168, 172, 265

Mord im Orient Express 30, 178, 265, 266
Mord im Spiegel 178
Morde des Herrn ABC, Die 178
Morgan, A Suitable Case for Treatment 214
Morgen stirbt nie, Der 168, 173
Moscow Nights 58
Motorists, The 5
Mountain Eagle, The 41, 52
Mouse on the Moon 182
Mouse that Roared, The 141, 182
Mrs Dalloway 304
Much Ado About Nothing 195, 201
Müde Tod, Der 42
Mumsie 26
Murder! 47, 52
Murder Ahoy 178
Murder at the Gallop 178
Murder Most Foul 178
Murder on the Orient Express 30, 178, 265, 266
Murder She Said 178
Music Lovers, The 253
Mutiny on the Bounty (1935) 64
Mutiny on the Bounty (1961) 112
My Beautiful Laundrette 15, 244-246, 248, 301, 302
My Friend the King 100
My Left Foot 299
My Name Is Joe 239-241

Nacht der lebenden Toten, Die 158
Nacht ist mein Feind, Die 58
Nachts, wenn das Skelett erwacht 157
Nackt 241, 242
Nadel, Die 164
Naked 241, 242
Naked Runner, The 163
Ned Kelly 214, 257
Nell 270
Net, The 58
1984 269
Never Let Go 142
Never Say Never Again 30, 171
New Lot, The 105
Nicholas Nickleby 119
Night Must Fall 214
Night of the Living Dead, The 158
Night of the Party, The 100
Night Train to Munich 102-104, 113, 162
Nineteen Eighty-Four 269
No Limit 131
Nonnen auf der Flucht 145

Nora 219, 222
North by Northwest 51
Notorious 51
Noz w wodzie 229
Number Seventeen 47, 52
Number Thirteen 39
Nummer Sechs 175
Nummer Siebzehn 47, 52
Nuns on the Run 145
Nur ein Hauch Glückseligkeit 206
Nur eine Frau an Bord 214
Nur Vampire küssen blutig 154
Nuts in May 241

O Dreamland 207
O Lucky Man! 207, 208
Octopussy 168, 171, 172
Odd Man Out 78, 105-107, 111, 113
ODESSA File, The 165
Off the Dole 131
Oh! What a Lovely War 273
Oh, Rosalinda!! 96, 101
Old Dark House, The 148
Oliver! 102, 112, 113
Oliver Twist (1912) 8
Oliver Twist (1948) 37, 80, 111, 112, 119, 127, 198
On Her Majesty's Secret Service 168, 171
One of Our Aircraft Is Missing 92, 93, 101, 115
Only Way, The 26
Opening of the Kiel Canal 3
Operation Blue Sky 214
Orders to Kill 57, 58
Orlando 270
Othello (1965) 200
Othello (1995) 195
Our Man in Havana 112, 113, 176
Out of Africa 36
Out of the Unknown 260
Outcast of the Islands 111-113
Over the Moon 73
Oxford and Cambridge Boat Race 3

Panzerschiff Graf Spee 96, 101
Party, The 142
Partyschreck, Der 142
Passage to India, A 122, 126, 127, 277
Passing of Mr Quinn, The 178
Passionate Adventure, The 40
Passionate Friends, The 71, 120, 122, 127
Passport to Pimlico 33, 132-136
Paths of Glory 222

Peeping Tom 96-101, 154, 230
Penny Paradise 113
Perfect Strangers 63, 67, 73
Performance 255-259
Persuasion 304
Peter's Friends 201
Petulia 187, 255
Phantom Friend, The 41
Phantom Light, The 90, 100
Phantom Menace, The 24, 299
Pillow Book, The 291, 292
Pink Panther, The 142
Pink Panther Strikes Again, The 143
Pink String and Sealing Wax 34
Pleasure Garden, The 41, 52
Ploughman's Lunch, The 249
Point Blank 254
Poor Cow 238
Postino, Il 269
Prayer for the Dying, A 249
Price of a Song, The 100
Prick Up Your Ears 245, 246, 248
Pride and Prejudice 196
Prison without Bars 73
Prisoner, The 175
Private Function, A 145
Private Life of Don Juan, The 67, 72
Private Life of Henry VIII 11, 31, 34, 56, 60, 62-64, 66, 72, 77, 272
Private Life of Sherlock Holmes, The 178
Privates on Parade 145
Private's Progress 141
Privatleben des Sherlock Holmes, Das 178
Privatleben Heinrichs VIII., Das 11, 31, 34, 56, 60, 62-64, 66, 72, 77, 272
Profi-Killer, Die 244, 248
Projected Man, The 156
Proprietor, The 279
Prospero's Books 195, 284, 288-292
Protest 214
Prude's Fall, The 40
Psycho 51, 97, 227
Pulverdampf und heiße Lieder 180
Pygmalion 55, 56, 58, 60, 80, 114

Q-Planes 73, 196
Quartet 277
Quatermass and the Pit 150
Quatermass II 150
Quatermass X-periment, The 150
Queen Victoria's Diamond Jubilee 3

Quentin Durward 32
Questions of Leadership 237
Quiet Wedding 58
Quiller Memorandum, The 164
Quinneys 114

Raging Moon, The 225
Rainbow, The 153, 253
Raining Stones 236, 239-241
Rasp, The 100
Rätsel von Monte Christo, Das 63
Ratten im Secret Service 175
Rear Window 51
Rebecca 50, 196
Rechnung ging nicht auf, Die 222
Red Ensign 100
Red Shoes, The 37, 80, 93, 95, 97, 101
Regenbogen, Der 153, 253
Reise nach Indien 122, 126, 127, 277
Remains of the Day, The 278
Rembrandt 62, 64, 67, 68, 72
Repulsion 229, 230, 234
Rescued by Rover 7
Return of the Musketeers, The 187
Return of the Pink Panther, The 143
Return of the Scarlet Pimpernel, The 67, 72
Return to the Edge of the World 90
Reveille 9
Revenge of Frankenstein, The 151
Revenge of the Blood Beast, The 156
Revenge of the Pink Panther, The 143
Reversal of Fortune 299
Revolution (1968) 291
Revolution (1985) 270, 275, 276
Rhythmus hinter Gittern 180
Rich and Strange 47, 52
Richard III (1911) 194
Richard III (1956) 36, 71, 196, 199, 200
Richard III (1994) 195, 299
Riff-Piraten 50, 52
Riff-Raff 239-241
Ring, The 44, 52
Ring of Spies 165
Rise of Catherine the Great, The 67, 72
Rita, Sue and Bob Too 266
Ritter der Kokosnuß, Die 144
Ritter der Tafelrunde, Die 32

Road 266
Rob Roy 8
Rocky Horror Picture Show, The 191, 192
Roman eines einfachen Menschen 104, 113
Romantic Englishwoman, The 219, 222
Rome Express 91
Romeo and Juliet 195
Room at the Top 19, 153, 205, 206, 235
Room with a View, A 271, 276-278
Rosa 292
Rosarote Panther, Der 142
Rosarote Panther kehrt zurück, Der 143
Rosarote Panther wird gejagt, Der 143
Rosemary's Baby 229, 232
Rosen im Winter 225
Rote Lola, Die 29, 51, 52
Roten Schuhe, Die 37, 80, 93, 95, 97, 101
Ruhige Hochzeit, Eine 58
Run for Your Money, A 132, 137
Runaway Princess, The 54, 58
Running Man, The 113
Running, Jumping and Standing Still Film, The 182
Runter mit dem Keuschheitsgürtel 140
Ryan's Daughter 122, 125, 127, 201
Rynox 90, 100

Sabotage 48, 49, 52
Sachliche Romanze, Eine 268
Sag niemals nie 30, 171
Sailor from Gibraltar, The 214
Saint, The 30, 171
Salome's Last Dance 253
Sammy and Rosie Get Laid 246-248
Samstagnacht bis Sonntagmorgen 27, 205, 206, 210, 211, 214
Sanctuary 210
Sanders of the River 62, 72
Satan mischt die Karten, Der 214
Satanas – das Schloß der blutigen Bestie 154, 255
Satanic Rites of Dracula, The 151
Saturday Night and Sunday Morning 27, 205, 206, 210, 211, 214
Savage Messiah 253, 293
Scarlet Letter, The 267
Scarlet Pimpernel, The 62, 63, 67, 72

Titelregister

Scars of Dracula 151
Schädel des Marquis de Sade, Der 155
Schamlosen, Die 181
Scharlachrote Buchstabe, Der 267
Scharlachrote Siegel, Das 62, 63, 67, 72
Schatten der Vergangenheit 201
Schattenmacher, Die 267
Schlächterbursche, Der 268
Schlafende Tiger, Der 219, 221
Schlag zwölf in London
Schloß des Schreckens 154
Schlüssel, Der 113
Schock 150
School for Scoundrels 34
Schreckenskabinett des Dr. Phibes, Das 157
Schrei nach Freiheit 250, 274
Schwarze Füchsin, Die 96, 101
Schwarze Narzisse, Die 80, 93, 95, 101
Schweigen der Lämmer, Das 299
Scream and Scream Again 155
Scum 266
Sea Wolves, The 163
Seafarers, The 222
Séance on a Wet Afternoon 273
Sebastiane 293, 297
16 Uhr 50 ab Paddington 178
Secret Agent 48, 49, 52, 162
Secret Ceremony 219, 221
Secrets and Lies 242
Seewölfe kommen, Die 163
Seltsamen Wege des Pater Brown, Die 34
Sense and Sensibility 299, 302, 304
Serious Charge 181
Servant, The 220, 221
Service for Ladies 61, 72
Seven 158
Seventh Veil, The 83, 84
Shadowlands 274
Shakespeare Wallah 277
Shallow Grave 304
Sherlock Holmes' größter Fall 177
Shining, The 30, 227, 228
Shipyard Sally 129, 130
Shirley Valentine 27
Shooting Stars 53, 54, 58
Shopping 303
Shot in the Dark, A 143
Shout at the Devil 156
Sid and Nancy 193
Sie liebt ihn – sie liebt ihn nicht 302
Sie sind verdammt 221
Sieben 158

Siege of Pinchgut, The 35
Sieger, Die 223
Sign of Four, The 177
Silence of the Lambs 299
Simon and Laura 83
Simon Templar 30, 171
Sing as We Go 129, 130
Sink the Bismarck! 38
Sinn und Sinnlichkeit 299, 302, 304
Sir Francis Drake 30
Sister My Sister 303
Skin Game, The 47, 52
Sklavin des Herzens 51, 52
Skull, The 155
Sleeping Tiger, The 219, 221
Sliding Doors 302
Small Back Room, The 96, 101
Smaragdwald, Der 254
Snapper, The 247, 248
Söhne und Liebhaber 153
Soldier's Courtship, The 3, 5
Soldier's Daughter Never Cries, A 279
Some Girls Do 176
Someday 100
Someone to Watch Over Me 262-264
Something Always Happens 100
Song for Tomorrow, A 152
Song of Summer, A 252
Sons and Lovers 153
Sorcerers, The 156
Sorella di Satana, La 156
Sound Barrier, The 63, 120, 121, 124, 127
Soursweet 268
Spartacus 222, 223
Spellbound 33
Spice World 186
Spieler ohne Skrupel 214
Spion, der aus der Kälte kam, Der 165
Spion, der mich liebte, Der 168, 172, 174
Spion in schwarz, Der 91, 92, 101, 162
Spinner, Der 187
Splitting Heirs 145
Spur führt ins Nichts, Die 221
Spy in Black, The 91, 92, 101, 162
Spy Who Came in from the Cold, The 165
Spy Who Loved Me, The 168, 172, 174
Squeaker, The 72
Squibs 9
Squibs' Honeymoon 9
Squibs, MP 9

Squibs Wins the Calcutta Sweep 9
Stage Fright 29, 51, 52
Stairs Geneva, The 292
Star Reporter, The 100
Star Wars 30, 230
Stardust 191
Stars Look Down, The 103, 104, 113
Steaming 222
Stella Does Tricks 303
Sterne blicken herab 103, 104, 113
Stich zuviel, Ein 145
Stolz und Vorurteil 196
Stonewall 303
Stop Thief! 6
Storm over the Nile 62
Strange Evidence 66, 72
Straße ohne Ende 267
Studio Bankside 293
Study in Scarlet, A 9, 177
Study in Terror, A 177
Stunde des Siegers, Die 207, 261, 266, 271-273, 275
Sturm, Der 294, 297
Sturm über dem Nil 62
Stürmische Höhen 63, 196
Summer Holiday 181
Summer Madness 71, 121, 122, 126, 127
Super Mario Bros. 267
Superman 265, 266
Superman II 187
Superman III 187
Surviving Picasso 279
Sweeney Todd, the Demon Barber of Fleet Street 149
Sweet Smell of Success 34

Take Me High 181
Tales from the Crypt 155
Tales of Hoffmann, The 71, 96, 97, 101
Talk of the Devil 37, 113
Taming of the Shrew, The 194
Tango Lesson, The 270
Tanz der Vampire 231, 232, 234
Tänzer meiner Frau, Der 61
Tap on the Shoulder 236
Taste of Honey, A 206, 210, 212
Taste the Blood of Dracula 151
Tatjana 63, 70, 72
Tell England 54, 55, 58
Tempest, The 294, 297
Terence Coran 292
Terence Davies Trilogy, The 266
Testflug QE 97 73, 196
Teufel, Die 20, 253, 293
Teufelskreis, Der 273

Texas Chainsaw Massacre, The 158
That Night in London 66, 72
That Sinking Feeling 267
Theater des Grauens 158
Theatre of Blood 158
Thelma and Louise 263, 264
They Never Slept 176
Thief of Bagdad, The 34, 62, 64, 73, 91, 101
Things Are Looking Up 63
Things to Come 62, 63, 67, 72
Third Man, The 15, 36, 62, 71, 107-113, 169
Thirty Is a Dangerous Age, Cynthia 186
39 Steps, The (1935) 46, 48, 49, 52, 63, 162
39 Steps, The (1959) 163
39 Steps, The (1978) 88
This Happy Breed 116, 127
This Happy Family 83
This Sporting Life 206, 207, 235
Three Musketeers, The 187
Thriller 269
Thunderball 168, 170, 171
Thursday's Children 204, 207
Tiger von New York, Der 222
Time Bandits 63, 144
Time without Pity 221
Titfield Thunderbolt, The 34, 132
Tod auf dem Nil 178
Todeskarten des Dr. Schreck, Die 155
tödliche Falle, Die 221
Tödliche Lady, Die 221
Tom Jones 212-214, 235
Tommy 190, 253
Tommy der Torero 180
Tommy Steele Story, The 180
Tommy the Toreador 180
Tomorrow Never Dies 168, 173
Too Much Sun 145
Top Gun 260
Topas 51
Torn Curtain 51
Torture Garden 155
Totentanz der Vampire 155
Touch and Go 132
Track 29 258-260
Tragödie im Hause Habsburg 61
Trail of the Pink Panther 143
Train 291
Trainspotting 304, 305
Trapeze 112, 113
Traum meines Lebens, Der 71, 121, 122, 126, 127
Traum ohne Ende 33, 34, 149, 150, 155

Traumtänzer, Der 267
Tree 291
Trilogie eines Lebens 266
True Lies 175
Tschaikowski – Genie und Wahnsinn 253
Tschitti Tschitti Bäng Bäng 265
Turn of the Tide, The 76
Turned out Nice Again 131
TV Dante – Cantos I-VIII, A 292
Twelfth Night 195
Twelve Monkeys, The 145
Twen-Hitparade 181
Twenty-one Days 73
26 Bathrooms 292
Twins of Evil 154
Two a Penny 181
Two Crowded Hours 90, 100
Two Faces of Dr Jekyll, The 153
Two Living, One Dead 59
2001 – A Space Odyssey 32, 94, 172, 223-225, 227, 228, 262
Two-way Stretch 142

Uhrwerk Orange 20, 223, 225-228
Ultimo Tango a Parigi, L' 20
Ultus 9
Unbekannte Feind, Der 63, 120, 121, 124, 127
Unbekannte Morgen, Das 61
Uncensored 58
... Und ewig schleichen die Erben 145
Under Capricorn 51, 52
Underground 54, 56, 58
Unheimliche Begegnung der dritten Art 172
Uns kann kein krummes Ding erschüttern 139
Unser Mann in Havanna 112, 113, 176
Unser Mann vom Secret Service 176
Unsichtbare, Der 148
Unsichtbare Dritte, Der 51
Up Pompeij 140
Up the Chastity Belt 140
Up the Front 140
Up the Junction 236

V.I.P.s, The 57, 59
Vacances de Monsieur Hulot, Les 252
Vampire Lovers, The 154
Van, The 247, 248, 302
Vaterland 239
Velvet Goldmine 193
Verdammten der Inseln, Der 111-113

Verflixte Nacht, Die 260
Verräter, Der 261
Verschwörung der Frauen 286, 292
Versuch's mal auf französisch 252
Vertical Features remake 292
Vertigo 51
Verzauberter April 268
Victim 273
Victor/Victoria 143
Victors, The 223
Viel Lärm um Nichts 195, 201
Vier Federn 62, 73
Vier Frauen und ein Mord 178
Vier Hochzeiten und ein Todesfall 268, 298, 300-302
Vier Musketiere – Die Rache der Mylady, Die 187
View to a Kill, A 168, 172
Vögel, Die 51
Voller Wunder ist das Leben 102, 112, 113
Volunteer, The 101
Vom Winde verweht 63

Wachsblumenstrauß, Der 178
Walk Through H, A 281, 292
Walk Through Prospero's Library, A 292
Walkabout 257, 259
Wall, The 268
Waltzes from Vienna 47, 52
War Requiem 200, 296, 297
Was ihr wollt 195
Was kommen wird 62, 63, 67, 72
Was vom Tage übrig blieb 278
Water 291
Water Wrackets 291
Way Ahead, The 78, 105, 113
Way to the Stars, The 57, 58
We Are the Lambeth Boys 211
We Dive at Dawn 58
Wedding Rehearsal 63, 65, 72
Weg nach oben, Der 19, 153, 205, 206, 235
Wege zum Ruhm 222
Wenn die Gondeln Trauer tragen 258, 260
Wenn Katelbach kommt 229, 230, 234
Wer hat meine Familie geklaut? 267
Where Eagles Dare 163
Where the Spies Are 175
Which Side Are You On? 237
Whisky Galore! 34, 132, 134, 136
Whistle Down the Wind 273
White Cargo 45
White Mischief 269

White Shadow, The 40
White Squall 263, 264
Whitechapel 34, 205
Who Done It? 132
Who's Your Lady Friend? 113
Wicked Lady, The 82, 83
Wie es euch gefällt 114, 196
Wie ich den Krieg gewann 187
Wie schmeckt das Blut von Dracula 151
Wiedersehen in Howards End 277, 278
Wild Geese, The 163
Wilde Kreaturen 146
Wildgänse kommen, Die 163
William Shakespeares Romeo und Julia 195
Willkommen, Mr. Chance 143
Windows 281, 282, 291
Winslow Boy, The 56, 58, 63, 71
Witches, The 259, 300
Witchfinder General 156, 158
Wittgenstein 297
... woher der Wind weht 273
Wolves 45
Woman in Question, The 58

Woman to Woman 39, 40
Women Artists 292
Women in Love 253
Wonderful Life 181
Woodlanders, The 304
World Apart, A 250
World Is not Enough, The 168, 270
World, the Flesh and the Devil, The 4
Wrong Man, The 33
Wunder von Mâcon, Das 285, 290-292
Wunderbare Flimmerkasten, Der 4, 63, 141
Wunderbare Zeiten 116, 127
Wuthering Heights 63, 196

Yeah! Yeah! Yeah! 27, 183-186, 189, 190, 229, 235, 257
Yellow Rolls-Royce, The 32, 57, 59
Yellow Submarine 188-190
Yellowbeard 145
You Only Live Twice 167, 168, 170, 171
Young and Innocent 48, 49, 52

Young Mr Pitt, The 194, 113
Young Ones, The 181
Young Poisoner's Handbook, The 302
Young Soul Rebels 303

Z-Cars 236, 260
Z und zwei Nullen, Ein 285, 286, 292
Zandra Rhodes 292
Zardoz 254
Zed and Two Noughts, A 285, 286, 292
Zeit der Jugend, Die 279
Zeit der Wölfe 160, 268
Zeppelin 164
Zimmer mit Aussicht 271, 276-278
Zur Hölle mit Sydney 35
Zwei Welten 250
2001 – Odyssee im Weltraum 32, 94, 172, 223-225, 227, 228, 261
Zweite Mann, Der 113
Zwischenfall in Oxford 220, 221
12 Uhr nachts – Midnight Express 268, 272

Bildquellenverzeichnis

Cinémathèque Municipale de Luxembourg 146, 152, 160, 199, 218, 226
Deutsches Filmmuseum, Frankfurt 56, 135, 188, 209, 245, 278, 283, 305
Stiftung Deutsche Kinemathek, Berlin 43, 66, 98, 110, 118, 137, 170, 212, 215, 256, 263

In einigen Fällen ist es uns nicht gelungen, die Rechtsinhaber der abgedruckten Bilder ausfindig zu machen. Hier ist der Verlag bereit, nach Meldung berechtigte Ansprüche abzugelten.